Johann Glatzel

Forensische Psychiatrie

Der Psychiater im Strafprozeß

Ferdinand Enke Verlag Stuttgart 1985

Professor Dr. med. Johann Glatzel

Psychiatrische Universitätsklinik
6500 Mainz

CIP-Kurztitelaufnahme der Deutschen Bibliothek

Glatzel, Johann:
Forensische Psychiatrie: d. Psychiater im
Strafprozeß / Johann Glatzel. — Stuttgart:
Enke, 1985.
ISBN 3-432-94901-4

Satz und Druck: Heinz Neubert GmbH, 8580 Bayreuth
Filmsatz: 10/11 p Times System Cg 7700

Vorwort

Der hier vorgelegte Text wendet sich zum einen an Psychiater und Psychologen, die mit der Begutachtung von Straftätern befaßt sind, zum anderen an die in der Strafrechtspflege tätigen Juristen, d.h. also vor allem an Richter und Strafverteidiger. Deswegen darf sich die Darstellung der rechtlichen Grundlagen darauf beschränken, dem Sachverständigen lediglich das notwendige Grundwissen zu vermitteln. Dem Juristen wiederum muß nur insoweit Einblick in psychiatrisch-psychopathologisches Denken und Diagnostizieren gegeben werden, daß er zu kritischem Verstehen der Ausführungen seines Gehilfen instand gesetzt wird. Ziel des Buches ist es, dem Gutachter das Verständnis seines Auftrages zu erleichtern und ihm zu helfen, diesem Auftrag formal ebenso wie inhaltlich angemessen zu genügen. Den Juristen will es in seinem Bemühen unterstützen, die Überlegungen des Sachverständigen nachzuvollziehen und auf ihre Stimmigkeit hin zu überprüfen. So konnte es nicht die Absicht sein, die Gesamtheit abnormer seelischer Verfassungen auf ihre forensisch-psychiatrische Relevanz hin zu untersuchen. Es werden vielmehr nur jene Störungen abgehandelt, mit denen es beide Seiten in foro am häufigsten zu tun haben.

Es lag nahe, die Bedeutung der psychischen Behinderungen unter dem hier interessierenden Aspekt anhand einer möglichst großen Zahl von Kasuistiken aufzuzeigen und zu diskutieren. Das bringt es mit sich, daß anläßlich einzelner Fallbeispiele bisweilen Probleme erörtert werden, die über den konkreten Fall hinausweisen. Wenn ein Delikt lediglich im Zusammenhang mit einer bestimmten seelischen Erkrankung oder Behinderung erwähnt wird, so bedeutet das nur, daß sich unter diesen Umständen die Frage nach der Schuldfähigkeit relativ häufig stellt, nicht aber, daß nicht auch eine anders geartete Beeinträchtigung einmal einen Zweifel an der Schuldfähigkeit zu begründen vermag. Deswegen werden im allgemeinen Teil die Eingangsmerkmale der §§ 20, 21 StGB und deren Beziehungen zu Psychopathologie und psychiatrischer Krankheitslehre relativ ausführlich dargestellt.

Der Text beschränkt sich ausdrücklich auf Probleme, die sich aus dem Zusammenwirken von Richter und Sachverständigem im Strafprozeß ergeben. Angesichts der Tatsache, daß zu einer Reihe von Problemen forensisch-psychiatrischer Tätigkeit eigenständige Darstellungen vorliegen, konnten die Straftaten Jugendlicher und Heranwachsender unberücksichtigt bleiben und durfte auch auf eine Erörterung des Problems der Kriminalprognose verzichtet werden.

Nicht um die Vermittlung konkreter, auf den besonderen Einzelfall zu übertragender Handlungsanweisungen war es dem Autor zu tun. Es war seine Absicht, dem Sachverständigen zu zeigen, zu welchen Überlegungen ihn seine Befunde zwingen müssen. Dem Strafjuristen soll der Zugang zu diesen Überlegungen erleichtert werden, so daß er zum einen die Formulierung seiner Fragestellung an den fachspezifischen Möglichkeiten und Grenzen seines Gehilfen zu orientieren vermag und zum anderen dessen Ausführungen mit kritischer Aufmerksamkeit und aufmerksamer Kritik zu folgen lernt.

Mein Dank gilt Herrn Oberstaatsanwalt Lothar Fuhlrott, der die Kapitel des allgemeinen Teils sorgfältig und sachkundig durchgesehen hat.

Frau Renate Bittendorf hat nicht nur Teile des Textes geschrieben und das Sachverzeichnis erstellt. Allein ihrer fortdauernden Unterstützung ist es zu danken, daß trotz wenig günstiger Arbeitsbedingungen die erforderlichen Vorbereitungen ebenso wie die Fertigstellung des Buches möglich wurden.

Mainz, Frühjahr 1985 *J. Glatzel*

Inhalt

Allgemeiner Teil

Spezieller Teil

Allgemeiner Teil

1 Zur Kompetenz des psychiatrischen Sachverständigen

Die Tatsache, daß man immerhin den Versuch unternehmen kann, einen Leitfaden der forensischen Psychiatrie zu schreiben, mag es unnötig erscheinen lassen, nach der Kompetenz des Psychiaters zu fragen, wenn er sich als Gehilfe des Richters im Strafprozeß äußert. Offensichtlich weiß er sich im Besitz einer fachspezifischen Kompetenz, und augenscheinlich befindet er sich in dieser Selbsteinschätzung in Übereinstimmung mit den Prozeßbeteiligten.

Die Psychiatrie versteht sich gemeinhin als jener Zweig der ärztlichen Heilkunde, der mit der Diagnose, Therapie und Vorbeugung seelischer Leiden befaßt ist. Es muß hier nicht erörtert werden, wo die Grenze zu ziehen ist zwischen einem der psychiatrischen Intervention bedürftigen Leiden und solchen Leidenszuständen, für die etwa der Geistliche, der Lebenspartner, der gute Freund oder der Betroffene alein zuständig ist. Diese Grenze ist erfahrungsgemäß unbestimmt und variabel, sie ist zum Beispiel abhängig vom „Geist der Zeit" und in Verbindung mit diesem von der Struktur des Gesundheitswesens und den Angeboten, die dem Leidenden mit der Versicherung gemacht werden, ihm zu helfen — wobei, wodurch, mit welchem Ziel und gestützt auf welches Fachwissen auch immer.

In foro aber ist der Psychiater allenfalls in zweiter oder dritter Linie als Arzt und Therapeut gefragt. Psychiatrische Diagnosen sind für das erkennende Gericht per se in aller Regel uninteressant und therapeutische Empfehlungen erwartet der Tatrichter von seinem Gehilfen lediglich in Ausnahmefällen [Frage der Maßregel, Kriminalprognose] ebenso wie Ratschläge zur Prophylaxe und prognostizierende Vermutungen.

Der forensische Psychiater soll also nicht heilen, meist auch keine Überlegungen hinsichtlich der möglichen Ursachen einer von ihm diagnostizierten „Krankheit" anstellen. Er hat es mit Beschuldigten oder Angeklagten zu tun, das heißt mit Menschen, die durch ihr Tun oder Unterlassen gegen die Rechtsordnung verstoßen haben. Diese Menschen sehen sich einer Sanktionsdrohung gegenüber und es ist die Aufgabe des forensischen Psychiaters, dem Gericht bei der Entscheidung behilflich zu sein, welche Sanktion im konkreten Fall angemessen ist. Dabei beschränken sich die folgenden Ausführungen ausdrücklich auf den psychisch kranken bzw. behinderten Rechtsbrecher. Maßnahmen, die ihre Veranlassung nicht in einer konkreten rechtswidrigen Tat, sondern unabhängig von einer solchen allein in der psychischen Abnormität haben, bleiben an dieser Stelle unberücksichtigt. Deren Vollzug regeln im Einzelfall die Unterbringungsgesetze der Bundesländer.

In der Etablierung einer forensischen Psychiatrie spricht sich die Überzeugung der Strafjustiz aus, daß nicht jedem Delinquenten sein Tun bzw. Unterlassen schuldhaft zuzurechnen ist, daß demnach in einem Teil der Fälle Strafanspruch nicht zu begründen ist — nulla poene sine culpa. In der Überzeugung, für diese Entscheidung nicht über das erforderliche fachliche Rüstzeug zu verfügen, bedient sich der Tatrichter der Hilfe eines Sachverständigen.

Im Beginn dieser Zusammenarbeit im 19. Jahrhundert stellten sich aus psychiatrischer Sicht die Dinge recht einfach dar. Unter dem Eindruck der Degenerationslehre und speziell der kruden Arbeiten *Lombrosos* zum Thema „delinquente nato" meinten die Psychiater sogar, brauchbare und zuverlässige Kriterien zu besitzen, die es ihnen gestatten, aufgrund anthropologischer Merkmale den „Verbrecher" schlechthin zu identifizieren. Man sollte denken; daß es einer Wissenschaft, die sich imstande sieht, „den" Verbrecher zu diagnostizieren, erst recht gelingen müßte, im Zweifelsfall auch die geisteskranke Variante dieses vermeintlichen anthropologischen Typus zu erkennen.

Die auf *Lombroso* zurückgehenden, in Deutschland etwa von *Kurella* und *Wulffen* vertretenen kriminologischen Grundüberzeugungen lassen sich mit wenigen Sätzen referieren. Die verbrecherische Tendenz im Wesen eines Menschen, so die Lehre, ist Ausdruck eines Atavismus im Sinne von Rückbildung auf eine Entwicklungsstufe, die, so die Lehre, die Spezies an sich längst hinter sich gelassen hat. Deswegen gleichen die seelischen und körperlichen Merkmale des Verbrechers denjenigen des Wilden. Neben den fixen Persönlichkeitscharakteristika, zu denen die Autoren alle Eigenschaften und Verhaltensbereitschaften zählen, die nach ihrer Auffassung hinter den gängigen Straftatbeständen stehen — Wollust, Brutalität, Gefühllosigkeit, Rücksichtslosigkeit usw. — beschreiben sie somatische Stigmata, die gleichermaßen den Rückschluß auf ein verbrecherisches Naturell erlauben: Abnormitäten der Schädel- und Gehirnbildung, Deformationen der Hände, mangelhafte Sprachentwicklung, verzerrtes und unausgeglichenes Schriftbild etc..

Angesichts dieser vermeintlich anthropologischen Fundierung des Verbrecherischen sollte sich die Frage nach der Schuldfähigkeit des Delinquenten eigentlich nicht mehr stellen, da es sich bei den erwähnten Eigenschaften ja nicht um erworbene, sondern um ererbte handelt. Konsequent heißt es dazu auch bei *Wulffen:* „*Lombrosos* Hypothese vom „delinquente nato", vom geborenen Verbrecher, besagt nach *Kurella,* daß alle echten Verbrecher eine bestimmte, in sich kausal zusammenhängende Reihe von körperlichen, anthropologisch nachweisbaren und seelischen, psychophysiologisch nachweisbaren Merkmalen besitzen, die sie alle als eine besondere Rarität, einen eigenen anthropologischen Typus des Menschengeschlechts charakterisieren, und deren Besitz ihren Träger ganz unabhängig von allen sozialen und individuellen Lebensbedingungen, mit unentrinnbarer Notwendigkeit zum Verbrecher, wenn auch vielleicht zum unentdeckten werden läßt" (231). Tatsächlich kennt aber etwa *Wulffen* ebenso wie *Lombroso* auch den „Irren Verbrecher", wenn auch nicht deutlich wird, ob er diesem gegenüber andere Sanktionen für angebracht hält als gegenüber dem normalen, i.e. geborenen. Schwer zu bestimmen sei die Grenze zwischen Irresein und Verbrechen, häufig fehle ein Tatmotiv bzw. das angegebene stehe in keiner erkennbaren Beziehung zu dem inkriminierten Handeln. Das schließe allerdings nicht aus, daß sich die Irren bei der Ausführung der Tat einer bemerkenswerten Umsicht und Zielstrebigkeit befleißigten. Hinsichtlich der körperlichen und seelischen Stigmata bestünden keine qualitativen Unterschiede, beim „Irren Verbrecher" seien sie lediglich stärker und aufdringlicher ausgeprägt. Im Blick auf das seinerzeit häufig diagnostizierte Krankheitsbild des moralischen Schwachsinns bzw. Irrsinns schreibt *Lombroso*: „Alle die von den Irrenärzten mit möglichster Sichtung aufgestellten Merkmale zur Unterscheidung des moralisch Irrsinnigen von dem Gewohnheitsverbrecher dienen nur dazu, die zwischen den beiden bestehenden Ähnlichkeiten zu bestätigen" (zitiert nach *Wulffen* 301).

Will man während der Epoche, in der die Degenerationslehre in der vor allem von *Lombroso* vertretenen Form das forensisch-psychiatrische Denken beherrschte, überhaupt von einer forensischen Psychiatrie in unserem Sinne sprechen, so stellen sich die Dinge für den Sachverständigen verhältnismäßig einfach dar. So könnte man folgern, daß die Annahme einer schicksalhaft-biologischen Vorbestimmtheit zum Verbrecher dem Individuum jede Entscheidungsfreiheit nähme, es also unter das Diktat eines Determinismus zwinge, der es grundsätzlich verbietet, ihm ein inkriminiertes Handeln oder Unterlassen als Schuld zuzurechnen. Offenbar jedoch sehen diese Autoren in der vorgegebenen verbrecherischen Neigung durchaus eine Schuld, daß heißt, vom Betroffenen wird verlangt, daß er trotz dieser angeborenene Neigung sein Leben so einrichtet, daß es zu keinem strafrechtlich relevanten Normenverstoß kommt — anders wäre die Rede von einem „Irren Verbrecher" offenbar sinnlos. Damit bleibt es die Aufgabe des Psychiaters, den durch sein Tun sowie seine somatopsychischen Merkmale als Verbrecher Ausgewiesenen allein darauf zu untersuchen, ob seine seelischen Abweichungen einen solchen Grad erreicht haben, daß er auf der gleitenden Skala zwischen Verbrecher und Irrem dem letztgenannten Pol nähersteht.

Die Schwierigkeiten, denen eine forensische Psychiatrie, die von diesen Grundannahmen ausgeht, notwendig begegnen muß, liegen auf der Hand und bedürfen lediglich der Andeutung.

Weder gibt es „den" Verbrecher, noch verfügen Psychologie, Psychopathologie oder Psychiatrie über ein Untersuchungsinstrument, dessen Einsatz es gestattet, die Deliquenten von den Nichtdelinquenten zu unterscheiden. Die gegenteilige Behauptung ist ein besonders krasses Beispiel psychiatrischer Anmaßung und Kompetenzüberschreitung. Im übrigen wissen wir, daß nicht einmal innerhalb eines soziokulturellen Kontextes die strafrechtliche Würdigung bestimmter Verhaltensweisen über die Zeit hinweg konstant ist, daß sich vielmehr in der Hierarchie der vom Strafgesetzbuch geschützten Werte der „Zeitgeist" als ein grundsätzlich wandelbarer gesellschaftlicher Konsens abbildet. Jeder einzelne kann jederzeit in jeder beliebigen Weise strafrechtlich in Erscheinung treten. Persönlichkeitsstruktur, Einstellungen und Handlungsbereitschaften stellen nur eine relative Garantie für normenkonformes Verhalten dar, ungewöhnliche situative Konstellationen vermögen unerwartete Verhaltensmuster zu aktualisieren.

Das bedeutet, daß die forensische Psychiatrie der Strafjustiz nicht dadurch zum nützlichen Gehilfen wird, daß sie die Tendenz zum Verbrecher zu einem medizinisch identifizierbaren bzw. nachweisbaren Symptom erklärt, um dann die Schuldfähigkeit allein im Hinblick auf die Intensität und den Ausprägungsgrad dieser vermeintlichen Symptomatik zu erörtern. Das Wissen, das ein solches Vorgehen zur notwendigen Voraussetzung hat, steht weder Psychologie noch Psychiatrie zur Verfügung.

Der forensische Psychiater, der in der Epoche einer positivistischen Kriminologie seine Möglichkeiten, seine Kompetenz und den Stand gesicherten Wissens in Psychiatrie und Psychopathologie überschätzte, wird sich deswegen bemühen müssen, seinen Anspruch, in bestimmten Fällen als Gehilfe des Strafrichters aufzutreten, anders und vor allem überzeugender zu begründen.

Mit der Entwicklung der im wesentlichen auf *Kraepelin* zurückgehenden und bis heute gültigen psychiatrischen Krankheitslehre schien sich eine vergleichsweise einfache Lösung anzubieten, eine Lösung, der man auch heute noch in manchen Gutachten begegnet. Indem man den schizophrenen „Geisteskrankheiten" die affektiven „Gemütskrankheiten" gegenüberstellte, suggerierte man dem Juristen, daß zumindest eine Geisteskrankheit generell unvereinbar sei mit der Annahme eines intakten oder lediglich erheblich beeinträchtigten Einsichts- und Steuerungsvermögens. Auf diese Auffassung trifft man auch heute noch zuweilen in Gerichtssälen wenn sich z.B. für den Strafrichter Erörterungen, die die psychologische Ebene betreffen, dann erübrigen, wenn der Gutachter bei dem Angeklagten eine schizophrene Psychose diagnostiziert hat. Für die Affektpsychosen, das heißt die sogenannten Gemütskrankheiten — Manie, Melancholie — gilt — bei dieser Sicht der Dinge — das gleiche, wenn der Sachverständige dem Gericht mitteilt, daß es sich bei diesen Erscheinungsformen seelischen Gestörtseins ebenso um eine endogene Psychose, das heißt um eine psychische Krankheit handele, wie bei den Schizophrenien. Der Grundgedanke bei dieser Argumentation ist also der, daß eine bestimmte psychiatrische Diagnose stets — und das heißt unabhängig von dem inkriminierten Tun bzw. Unterlassen — eine verbindliche Feststellung bezüglich der Einsichts- und Direktionsfähigkeit impliziere. Gegen dieses „Vorurteil" muß sich der forensische Psychiater mit aller Deutlichkeit wenden. Die psychopathologischen Konventionen Schizophrenie, Manie, Melancholie etc. umfassen ein so weit gespanntes Spektrum psychopathologischer Symptome, daß es gänzlich unmöglich ist, mit diesen Begriffen von vornherein, das heißt tatunabhängig, irgendeine Aussage bezüglich der Fähigkeit zur freien Willensbestimmung — und gar noch bezogen auf einen konkreten Schuldvorwurf — zu verbinden. Der forensische Psychiater, der meint, er sei mit der Zuordnung des psychopathologischen Bildes zu einer der geläufigen Krankheitsbezeichnungen seinem Auftrag bereits gerecht geworden, irrt und unterstellt hinsichtlich der durch diese Leiden bewirkten Persönlichkeitsstörung ein Wissen, über das er tatsächlich nicht verfügt.

Aufgabe des Sachverständigen — und in deren Erfüllung muß sich seine Kompetenz erweisen — ist es, dem Gericht aufzuzeigen, daß eine festgestellte Erscheinungsform psychischer Abnormität zumindest zum Teil tatkausal war für Konzeption und Ausführung eines bestimmten, vom Gericht festgestellten inkrimierten Handelns.

Eine psychopathologische Symptomatik ist auch dann, wenn sie eines der in den Strafvorschriften genannten Eingangsmerkmale erfüllt, für die forensisch-psychiatrische Beurteilung der Einsichts- und Direktionsfähigkeit nicht von vornherein von Bedeutung. Von ganz wenigen Ausnahmen abgesehen zwingt keine Erscheinungsform einer endogenen bzw. funktionellen Psychose notwendig zu einem Zweifel an der Schuldfähigkeit. Mit der Diagnose „Psychose" etwa — sei es eine funktionelle oder eine hirnorganisch bedingte —, ist noch keine Stellungnahme zu den Fragen des Tatrichters verbunden. Auch die Intensität der Störung — soweit es überhaupt angängig ist, seelische Abwegigkeiten gleich welcher Gestaltung zu quantifizieren — ist von untergeordneter Bedeutung.

Da das Problem der Tatkausalität einer psychischen Störung später noch mehrfach behandelt wird, möchte ich hier lediglich einige allgemeine Feststellungen zu diesem Thema treffen, welche die Tatkausalität einer vorliegenden psychischen Abnormität illustrieren können. Wenn sich dabei die folgenden Bemerkungen auf die sogenannten Geisteskrankheiten beschränken, so deswegen, weil diese Erscheinungsweisen psychischer Abnormität einige relativ gut umschriebene Typen seelischer Devianz umfassen.

Zunächst gilt es, jene Manifestationen der endogenen bzw. funktionellen Psychosen — vorläufig und im wesentlichen andeutungsweise — zusammenzustellen, die für den psychiatrischen Sachverständigen von Gewicht sind.

Bei einer Reihe von Straftaten, die in Zusammenhang mit einer schizophrenen oder affektiven Psychose zu sehen sind, handelt es sich um sogenannte „persönlichkeitsfremde" Taten. Damit sind Handlungen gemeint, die aus der Sicht des Beobachters, sowohl bezüglich der sie tragenden Intention als auch hinsichtlich ihres praktischen Vollzugs, in einem offenbaren Widerspruch stehen zu Werthaltungen und Handlungsbereitschaften, die gerade diesen Betroffenen charakterisieren. Sei es aufgrund der im langen Umgang mit dem Probanden erworbenen Kenntnis seiner Person, sei es aufgrund einer ausführlichen Exploration: Das Handeln erweist sich als nicht vereinbar mit dem Fremdbild, es widerspricht den vorgegebenen strukturell verankerten personalen Möglichkeiten und Verhaltenstendenzen. Persönlichkeitsfremd heißt demnach, daß das Tun bzw. Unterlassen des Probanden dem Anderen, dem Beobachter unverständlich, weil nicht erwartbar ist. Dieses Unverständnis wird aber rasch überwunden, wenn man sich auf die vom Probanden angebotene Interpretationsebene begibt und sich einläßt auf sein Interpretieren der Situation, in der er gemeinsam mit dem Anderen agiert. In dem Augenblick, in dem es gelingt, seine Wahrnehmungsperspektive zu übernehmen, indem man seine Sicht der Realität teilt, erscheint sein Handeln schlüssig und in sich stimmig. Für alle Geisteskrankheiten gilt — mit Ausnahme von uncharakteristischen Erscheinungsweisen, die aus forensischer Sicht den neurotischen Persönlichkeitsstörungen näher stehen —, daß sich in der, mit der Geisteskrankheit in Zusammenhang stehenden inkriminierten Tat ein global oder partiell abgewandeltes Verständnis der gemeinsamen Situation spiegelt, in der der Kranke mit den Anderen — und das sind auch die eventuell Geschädigten — handelt. Abwandlung des Situationsverständnisses bedeutet auch einen Wandel in der Beurteilung des eigenen, als situationsgemäß verstandenen Verhaltens und eine Veränderung der Verhaltenserwartungen bezüglich des anderen. Die „eigenmächtige", das heißt durch die Psychose nahegelegte Situationsdefinition führt den Kranken zu der Gewißheit, daß die Beziehung bzw. die äußere Konstellation eindeutig bestimmt sei, sodaß sich für ihn die Frage nach Alternativen zu seinem intendierten — als situations- und normengemäß gewähnten, tatsächlich aber delinquenten — Verhalten überhaupt nicht stellt. Aufgrund der Tatsachen, daß die psychotisch bedingte Situationsdefinition ungleich rigider ist als die „normale" bzw. konsensuelle, das heißt unter den Beteiligten einvernehmlich ausgehandelte, und daß sie einer Modifikation durch den Einfluß anderer in aller Regel nicht zugänglich ist, erkennt der Kranke also nicht verschiedene Handlungsmöglichkeiten, unter denen er zu wählen hat. Ihm erscheinen das Handlungsziel und die zu dessen Realisierung eingesetzten Mittel durch die gegebenen Umstände determiniert, ein Gleiches gilt für den praktischen Vollzug, den er durch Intention und Situation festgelegt wähnt.

Die klinisch am häufigsten beobachteten Formen der endogener Psychosen sind auch bei jenen deliktischen Verhaltensweisen als tatkausal bedeutsam, die im Zusammenhang mit Geisteskrankheiten vorkommen.

Da in der **schizophrenen Persönlichkeitsstörung** in der Regel zwischenmenschliche Beziehungen, deren Problematik und Verzerrungen, inhaltlich bestimmend sind, kommt es in ursächlichem Zusammenhang mit ihnen auch am häufigsten zu Straftaten, die eben dieses Thema zum Gegenstand haben. Konkret heißt das, daß es dem Kranken zum Beispiel um die Abwehr einer — vermeintlich — ihm oder auch einem anderen drohenden Gefahr geht. Dabei können sich Straftaten gegen das Leben und Körperverletzungen ereignen. Ist der Kranke von der wahnhaften Gewißheit durchdrungen, in seinen wohlbegründeten Rechten beeinträchtigt zu werden, in seinem Fortkommen oder am Erwerb ihm vermeintlich fraglos zustehender Gratifikationen gehindert zu sein, so können daraus z.B. Widerstand gegen die Staatsgewalt, Straftaten gegen die öffentliche Ordnung, falsche Verdächtigung und Beleidigung resultieren. Demgegenüber spielen Diebstahl und Unterschlagung, Raub und Erpressung, Betrug und Untreue als Folge einer schizophrenen Persönlichkeitsstörung praktisch keine Rolle. Das gleiche gilt für Straftaten gegen die sexuelle Selbstbestimmung, wofür vermutlich eine die meisten Schizophrenen auszeichnende Furcht vor allzu großer Nähe, vor Distanzverlust verantwortlich ist. Außerdem wird man Schizophrene unter jenen Delinquenten vermissen, die sich im Interesse der Ausführung einer Straftat mit anderen zusammentun oder deren Delikt das Ergebnis eines gemeinsamen Planes und aufeinander abgestimmten Vorgehens ist. Die mit jeder endogenen Psychose verbundene Tendenz zur Isolierung und zum Rückzug aus der konsentierten Realität in eine eigene, tatsächlich autonom definierte, behindert ein gemeinsames, durch das Handlungsziel erzwungenes solidarisches Agieren.

Der **Depressive**, das heißt derjenige, der an einer psychotischen Depression leidet, tritt strafrechtlich im Grunde nur durch das Unterlassen eines von ihm geforderten Tuns in Erscheinung sowie — selten — bei einem Tötungsdelikt in Gestalt des Mitnahmesuizids.

Da die Verfassung des **Manischen** vielfach durch eine Überschätzung des Selbstwertes, der Leistungsfähigkeit und durch einen überhöhten Anspruch auf Gratifikation auch ohne entsprechende Gegenleistungen gekennzeichnet ist und in Verbindung damit bisweilen auch durch die Tendenz, das Verpflichtende allgemeiner, sozial verbindlicher Normen hinsichtlich der eigenen Person zu relativieren oder gar zu suspendieren, gibt es kaum eine Straftat, die man beim Maniker nicht erwarten muß. In der Regel handelt es sich allerdings um solche, die entweder der Bestätigung des eigenen Wertes dienen oder die darauf abzielen, Zweifel anderer an der eigenen besonderen Befähigung und herausragenden Sonderstellung zu korrigieren oder gar zu bestrafen.

Diese Sätze mögen zunächst als Hinweis darauf genügen, was mit der Tatkausalität psychischer Abnormität gemeint ist. Es wird später, anhand einzelner, die Annahme eines der Eingangsmerkmale der §§ 20, 21 StGB begründender Gegebenheitsbeweisen psychischer Devianz sowie unter Bezug auf konkrete Fallbeispiele zu verdeutlichen sein, welche Überlegungen der psychiatrische Sachverständige in foro anzustellen hat, wenn es gilt, die Frage nach der Bedeutung einer seelischen Behinderung für die Einsichts- und Steuerungsfähigkeit zum Zeitpunkt der Tat zu beantworten.

2 Der Eintritt des Sachverständigen in das Verfahren

Unter bestimmten Bedingungen ist es dem Gericht ebenso wie zuvor der Staatsanwaltschaft im Ermittlungsverfahren zwingend vorgeschrieben, einen Sachverständigen hinzuzuziehen, unter anderen Voraussetzungen bleibt diese Maßnahme lediglich in deren Ermessen gestellt. Wenn die Tatumstände oder die besondere Persönlichkeit des Täters auch nur die Möglichkeit einer Verminderung oder gar eines Ausschlusses der Schuldfähigkeit nahelegen, ist das Gericht gehalten, diese Frage zu klären. Das ergibt sich aus § 155 Abs. 2 StPO, in dem der Ermittlungs- oder Untersuchungsgrundsatz verankert ist, sowie aus § 244, Abs. 2 StPO. Man spricht auch vom **Instruktions-** oder **Inquisitionsprinzip.** Bezüglich des staatsanwaltschaftlichen Ermittlungsverfahrens resultiert dieselbe Vorschrift aus dem § 160 StPO. Das heißt aber nicht, daß sich Kammer oder Staatsanwalt angesichts eines Zweifels an der Schuldfähigkeit unbedingt und in jedem Falle der Hilfe eines Sachverständigen bedienen. Es ist durchaus denkbar, daß eine oder beide Seiten zu der Auffassung gelangen, sie verfügten gerade in diesem Fall über eine ausreichende eigene Sachkenntnis, die es erlaubt, trotz eines bestehenden Zweifels von der Zuziehung eines Sachverständigen abzusehen.

In einigen Fällen allerdings darf sich das Gericht nicht auf seine Sachkunde verlassen. So kann sich die Pflicht, einen Gutachter hinzuzuziehen, z.B. aus den zu erwartenden Rechtsfolgen für den Angeklagten ergeben. Im § 246 a StPO heißt es dazu:

> Ist damit zu rechnen, daß die Unterbringung des Angeklagten in einem Psychiatrischen Krankenhaus, einer Entziehungsanstalt oder in der Sicherungsverwahrung angeordnet werden wird, so ist in der Hauptverhandlung ein Sachverständiger über den Zustand des Angeklagten und die Behandlungsaussichten zu vernehmen. Hat der Sachverständige den Angeklagten nicht schon früher untersucht, so soll ihm dazu vor der Hauptverhandlung Gelegenheit gegeben werden.

In der Theorie heißt das, daß vor oder nach Eröffnung der Hauptverhandlung das Gericht — gestützt auf die eigene Sachkenntnis — zu der Überzeugung gelangt, daß Ergebnis der Hauptverhandlung werde die Anordnung einer der erwähnten Maßregeln nahelegen. Tatsächlich aber wird dem Gericht in aller Regel bereits die erwähnte Eingangsvermutung Anlaß sein, vor Eröffnung der Hauptverhandlung einen Sachverständigen mit der Prüfung der Frage zu betrauen, ob aus seiner Perspektive die Voraussetzungen für die Anordnung einer Maßregel gegeben sind.

Den Sachverständigen muß es deshalb etwas eigentümlich berühren, daß er zwingend nur dann aufgerufen ist, das Gericht sachkundig zu machen, wenn die Verhängung einer Maßregel zur Debatte steht, daß seine Hinzuziehung dann aber lediglich in das Ermessen des Gerichtes gestellt ist, wenn dieses oder die Staatsanwaltschaft Zweifel daran haben, daß sie aufgrund eigener Erfahrungen im konkreten Fall die Frage nach der Schuldfähigkeit mit hinlänglicher Sicherheit beantworten können.

Ein Gebot zur Anhörung eines Sachverständigen ergibt sich auch aus dem Wortlaut des § 81 StPO. Hier heißt es:

Zur Vorbereitung eines Gutachtens über den psychischen Zustand des Beschuldigten kann das Gericht nach Anhörung eines Sachverständigen und des Verteidigers anordnen, daß der Beschuldigte in ein öffentliches Psychiatrisches Krankenhaus gebracht und dort beobachtet wird.

Hier ist der Sachverständige also in der Rolle desjenigen, der dem Gericht erläutern soll, daß zum einen Zweifel an der Schuldfähigkeit des Beschuldigten bestehen, und daß zum anderen diese Zweifel nur mit Hilfe einer längeren stationären Beobachtung in einem Psychiatrischen Krankenhaus ausgeräumt werden können.

Während also Gericht und Staatsanwaltschaft gemäß §§ 155, 160 und 244 StPO aus eigener Vollkommenheit jene Vorentscheidungen treffen, von denen es abhängt, ob überhaupt ein Sachverständiger mit der Erstellung eines Gutachtens beauftragt werden muß, ist das Gericht zwingend gehalten, sich dessen dann zu bedienen, wenn es nach seinem Ermessen darum geht, Maßnahmen zu treffen, die die Durchführung der als erforderlich erkannten Untersuchung ermöglichen sollen.

Auch wenn das Gericht von sich aus nicht die Notwendigkeit sieht, einen Sachverständigen hinzuzuziehen, kann dieser trotzdem in das Verfahren eingeführt werden — zwingend jedoch nur nach Eröffnung der Hauptverhandlung. Dabei können die Verfahrensbeteiligten einen entsprechenden Beweisantrag stellen, dem stattgegeben werden muß, wenn nicht die im Gesetz aufgeführten Ablehnungsgründe vorliegen. Die diesbezüglichen Vorschriften sind für den Gutachter nicht unerheblich, zumal sich aus ihnen auch ergibt, unter welchen Voraussetzungen er etwa abgelöst oder ein zweiter hinzugezogen werden kann. Dazu § 244 Abs. 2, 3, 4 StPO:

Abs. 2: Das Gericht hat zur Erforschung der Wahrheit die Beweisaufnahme von Amts wegen auf alle Tatsachen und Beweismittel zu erstrecken, die für die Entscheidung von Bedeutung sind.

Abs. 3: Ein Beweisantrag ist abzulehnen, wenn die Erhebung des Beweises unzulässig ist. Im übrigen darf ein Beweisantrag nur abgelehnt werden, wenn eine Beweiserhebung wegen Offenkundigkeit überflüssig ist, wenn die Tatsache, die bewiesen werden soll, für die Entscheidung ohne Bedeutung oder schon erwiesen ist, wenn das Beweismittel völlig ungeeignet oder wenn es unerreichbar ist, wenn der Antrag zum Zweck der Prozeßverschleppung gestellt ist oder wenn eine erhebliche Behauptung, die zur Entlastung des Angeklagten bewiesen werden soll, so behandelt werden kann, als wäre die behauptete Tatsache wahr.

Abs. 4: Ein Beweisantrag auf Vernehmung eines Sachverständigen kann, soweit nichts anderes bestimmt ist, auch abgelehnt werden, wenn das Gericht selbst die erforderliche Sachkunde besitzt. Die Anhörung eines weiteren Sachverständigen kann auch dann abgelehnt werden, wenn durch das frühere Gutachten das Gegenteil der behaupteten Tatsache bereits bewiesen ist; dies gilt nicht, wenn die Sachkunde des früheren Gutachters zweifelhaft ist, wenn sein Gutachten von unzutreffenden tatsächlichen Voraussetzungen ausgeht, wenn das Gutachen Widersprüche enthält oder wenn der neue Sachverständige über Forschungsmittel verfügt, die denen eines früheren Gutachters überlegen erscheinen.

Weiter § 245 Abs. 1, 2 StPO Abs. 1: Die Beweisaufnahme ist auf alle vom Gericht vorgeladenen und auch erschienenen Zeugen und Sachverständigen sowie auf die sonstigen nach § 214 Abs. 4 vom Gericht oder der Staatsanwaltschaft herbeigeschafften Beweismittel zu erstrecken, es sei denn, daß die Beweiserhebung unzulässig ist. Von der Erhebung einzelner Beweise kann abgesehen werden, wenn die Staatsanwaltschaft, der Verteidiger und der Angeklagte damit einverstanden sind. Abs. 2: Zu einer Erstreckung der Beweisaufnahme auf die vom Angeklagten oder der Staatsanwaltschaft vorgeladenen und auch erschienenen Zeugen und Sachverständigen sowie auf die sonstigen herbeigeschafften Beweismittel ist das Gericht nur verpflichtet, wenn ein Beweisantrag gestellt wird. Der Antrag ist abzulehnen, wenn die Beweiserhebung unzulässig ist. Im übrigen darf er nur abgelehnt werden, wenn die Tatsache, die bewiesen werden soll, schon erwiesen oder offenkundig ist, wenn zwischen ihr und dem Gegenstand der Urteilsfindung kein Zusammenhang besteht, wenn das Beweismittel völlig ungeeignet ist oder wenn der Antrag zum Zwecke der Prozeßverschleppung erfolgt ist.

Aus dem Wortlaut des § 245 StPO ergibt sich die Möglichkeit einer unmittelbaren Ladung des Sachverständigen durch die Verteidigung. Erfolgt diese ordnungsgemäß — so daß der Gutachter ihr Folge leisten muß — und ist der Sachverständige als präsentes Beweismittel am Gerichtsort anwesend, so muß er von dem Gericht vernommen werden unter der Voraussetzung, daß von der Verteidigung unter Nachweis der Ladung ein Beweisantrag gestellt und diesem stattgegeben wird.

Abgesehen von den wenigen Fällen, in denen das Gericht dazu gezwungen ist, einen Sachverständigen zu beauftragen, bleibt ihm in der Regel die Entscheidung überlassen, ob und wann es sich dieser spezifischen Hilfe bedienen will. Im übrigen ist es stets im Rahmen seiner Wahrheitsermittlungspflicht auch dann berechtigt, einen oder mehrere zusätzliche Gutachter zu beauftragen, wenn aus § 244 StPO die Ablehnung eines entsprechenden Beweisantrages zulässig wäre. Angesichts besonders komplexer Fragestellungen, die möglicherweise eine ungewöhnliche Sachkenntnis erfordern, wird sich das Gericht auch zu einem solchen Vorgehen entschließen.

Während die gesetzlichen Voraussetzungen einer Zuziehung des Sachverständigen im Strafprozeß so geregelt sind, daß sich zumindest für den Sachverständigen keine Probleme ergeben können, liegen die Dinge ungleich schwieriger, wenn es darum geht, seine Rolle im Verfahren und speziell sein Verhältnis zum erkennenden Gericht zu beschreiben.

3 Die Aufgabe des Sachverständigen im Strafprozeß

3.1 Vermittlung allgemeiner Erfahrungssätze

Die Aufgabe, vor die sich der Sachverständige im Strafprozeß gestellt sieht, scheint — wenigstens auf den ersten Blick — klar festgelegt zu sein. Geht man davon aus, daß der Sachverständige die Funktion eines Gehilfen hat, der gehalten ist, die Prozeßbeteiligten bezüglich einer Spezialfrage mit jener Sachkunde auszustatten, welche die notwendige Voraussetzung ist für eine kompetente und angemessene Würdigung der Persönlichkeit des Täters und der Beweggründe seiner Tat, so ist zunächst nicht zu erkennen, wo sich für den Sachverständigen in der Erfüllung dieser Aufgabe Schwierigkeiten ergeben können.

Betrachtet man jedoch die tägliche Praxis, so drängt sich die Feststellung auf, daß es nur deshalb selten zu Spannungen zwischen dem Sachverständigen und dem erkennenden Gericht, der Staatsanwaltschaft oder der Verteidigung kommt, weil der Gutachter häufig nicht in der ihm vom Gesetz vorgeschriebenen Rolle agiert. Hielte er sich streng an dessen Wortlaut, so stieße er rasch auf das Unverständnis oder gar die Mißbilligung aller Prozeßbeteiligten mit dem Ergebnis, daß man künftig auf sein Mitwirken verzichtete.

Woran liegt das?

Um das zu verstehen, wird man sich sehr genau anschauen müssen, wie der Gesetzgeber die Beziehung zwischen Gutachter und Tatrichter definiert hat und welche Kompetenzen dem Sachverständigen während der einzelnen Verfahrensabschnitte zukommen.

An oberster Stelle steht der Satz, daß der Gutachter lediglich der Gehilfe des Richters sei; und einem Gehilfen steht es nicht zu, Aufgaben zu übernehmen oder sich gar Rechte anzumaßen, deren Wahrnehmung ausschließlich Sache des Herren, hier des Herren des Verfahrens, ist. Wir bleiben zunächst im Allgemeinen. Bei der Erörterung der Eingangsvoraussetzung der §§ 20, 21 StGB werden spezielle Probleme, die sich aus der Gehilfenrolle ergeben, noch genauer zu besprechen sein.

Der Richter erwartet vom Sachverständigen in der Regel zweierlei. Zum einen soll er ihm die für die Beantwortung bestimmter Beweisfragen relevanten Erfahrungssätze vermitteln, das heißt also ihn mit einigen wesentlichen forensisch-psychiatrisch direkt oder indirekt bedeutsamen Forschungsergebnissen vertraut machen. Diese Forschungsergebnisse sollen entweder im Fach unbestritten oder aber doch von der Mehrzahl der Fachvertreter als verbindlich anerkannt sein. Natürlich stellt sich die Frage, ob der Sachverständige — unabhängig davon, ob es sich um einen Psychiater, Psychoanalytiker oder Psychologen handelt — tatsächlich über einen solchen Schatz an Erfahrungswissen verfügt, und ob dieses für den Richter von Interesse ist bzw. ob er überhaupt etwas damit anfangen kann.

Wie schwierig die Frage ist und wie unbefriedigend deren Beantwortung für den Richter nicht selten bleiben muß, sei zunächst anhand einiger Beispiele illustriert.

Beispiel: *Ein junger Mann wurde nach einer Wirtshausschlägerei wegen gefährlicher Körperverletzung festgenommen. Das Gutachten der Untersuchungsstelle für Blutalkohol nennt für den Zeitpunkt der Tat eine Blutalkoholkonzentration von 2,30 Promille.*

Gibt es einen Erfahrungssatz, der etwas darüber aussagt, in welcher Weise sich Befinden, Verhalten, Reaktionsvermögen, Situationsverständnis etc. eines Menschen unter dem Eindruck einer solchen alkoholischen Intoxikation ändern? Sicherlich nicht. Der Sachverständige muß sich auf die Feststellung beschränken, daß eine Alkoholisierung dieser Intensität in der Mehrzahl der Fälle charakteristische Verhaltensänderungen bewirkt, die sich auf einer breiten Skala zwischen zorniger Erregung und sanftem Einschlafen bewegen. Mehr kann er guten Gewissens nicht sagen, es sei denn, er generalisiere unerlaubt seine eigene Erfahrung im Umgang mit Alkohol. Über ein Wissen, das über diese allgemeine, für das Gericht zweifellos wenig belangvolle Feststellung hinausginge, verfügt er weder aus eigener Kenntnis noch aufgrund eines sorgfältigen Studiums der Literatur.

Beispiel: *Ein Mann, der vor Jahren ein schweres Schädelhirntrauma erlitt, gerät durch eine Programmänderung der Fernsehanstalt in heftige Erregung, in deren Verlauf er seine Frau erschlägt.*

Natürlich weiß der Gutachter von den psychopathologischen Merkmalen der posttraumatischen Hirnleistungsschwäche, weiß auch, daß es in vielen Fällen zu einer Senkung der Kritikschwelle, der Merkfähigkeit und zu einer Verminderung des affektiven Steuerungsvermögens kommen wird. Wird er aber aus diesem Wissen dem Gericht gegenüber einen Erfahrungssatz ableiten und ignorieren dürfen, daß nicht wenige Hirntraumatiker apathisch und initiativlos und auch durch massive Fremdanregung nur schwer aus ihrer Lethargie zu reißen sind? Er muß dem Richter beide Formen der Wesensänderung — und noch weitere - als mögliche Folgen einer schweren Hirnverletzung als gleich gut begründete Erfahrungssätze mitteilen, ungeachtet der Tatsache, daß dieser nun vielleicht so klug ist als zuvor.

Beispiel: *Eine als schizophren diagnostizierte Frau hat ihr Kleinkind erdrosselt.*

Der Sachverständige wird dem Richter mitteilen, daß es im Verlauf einer schizophrenen Psychose zu wahnhaft-halluzinatorischen Realitätsverkennungen kommen kann, auf deren Grundlage eine psychotisch motivierte Tötung denkbar ist. Nicht verschweigen aber darf er, daß zum einen gerade die Schizophrenen unter den Gewaltkriminellen eher unterrepräsentiert sind, und daß es zum anderen Krankheitsverläufe gibt, in denen nicht dissoziale, sondern vielmehr prosoziale Verhaltensweisen dominieren.

Welcher Erfahrungssatz läßt sich aus dem Vorliegen einer Psychose herleiten, dem nicht ein ganz anderer, gleicherweise durch die Erfahrung gestützter, entgegenstünde?

***Beispiel:** Ein wohlhabender Herr, der an seinem Wohnort eine angesehene Position bekleidet, wird bei einem Ladendiebstahl ertappt. Angesichts des geringen Wertes der entwendeten Gegenstände wünscht der Tatrichter die Hilfestellung des Sachverständigen. Dieser soll ihm die offensichtliche Diskrepanz zwischen dem hohen Gewicht der zu erwartenden, vor allem sozialen, Sanktionen auf der einen und dem durchaus unbedeutenden materiellen Gewinn, den die Tat unter „günstigen“ Umständen hätte erbringen können auf der anderen Seite interpretieren.*

Hier liegen die Dinge noch komplizierter als in den zuvor genannten Beispielen. Verweist der Gutachter beispielsweise auf jene besonders rigide Version der sogenannten Kleptomanie-Lehre, nach der stets ein enger Zusammenhang zwischen einem deliktischen Verhalten dieser Art sowie sexuellen Disharmonien und Frustrationen besteht, so befände er sich kaum in Übereinstimmung mit der Mehrzahl seiner Fachkollegen. Er hätte damit im übrigen eine Art des Denkens — einen strengen Determinismus — eingebracht, die mit den Grundannahmen unseres Strafrechts nur schwer vereinbar ist.

Bereits diese wenigen Beispiele machen eines deutlich. Der psychiatrische Sachverständige vermag dem Gericht niemals allgemeine Erfahrenssätze der gewünschten Art zu vermitteln, Erfahrungssätze, wie sie der Tatrichter benötigt, um sachkundig zu werden bezüglich der Behandlung eines bestimmten Problems. Der Grund hierfür liegt in der ebenso simplen wie vom Gutachter selten bereitwillig eingestandenen Tatsache, daß es nämlich in der Psychiatrie bzw. Psychopathologie solche Erfahrungssätze nicht gibt.

Wir wollen unserer eingangs erklärten Absicht treu bleiben und auf eine Diskussion psychiatrisch-psychopathologischer Spezialfragen verzichten. Derartige grundsätzliche Probleme verbergen sich fast hinter einem jeden Satz, ihre ausführliche Erörterung müßte Charakter und Intention eines auf die Praxis zielenden Buches verfälschen. Der interessierte Leser findet im Anhang eine umfangreiche Zusammenstellung des einschlägigen Schrifttums. Zum Thema „allgemeine Erfahrungssätze“ deswegen nur soviel:

Wenn der Tatrichter nach Erfahrungssätzen verlangt, so geht es ihm dabei um eine Aussage, die Persönlichkeit, inkriminiertes Handeln und situative Konstellation in einen evidenten Zusammenhang bringt, so daß Handlungsziel, die Motivation und der praktische Vollzug des Delikts stimmig und überzeugend erscheinen und sich die Straftat verständlich aus dem Zusammenspiel der genannten Momente herleiten läßt. Dabei mag zunächst offen bleiben, ob der Delinquent tatsächlich in der Lage war, alle Aspekte seines Tuns zu reflektieren und auch zu steuern. Selbst die sorgfältige Kenntnis eines Menschen einschließlich der ihn kennzeichnenden Einstellungen und Handlungsbereitschaften erlaubt es allenfalls mit einiger Wahrscheinlichkeit, Voraussagen darüber zu formulieren, wie er sich in einer konkreten Situation verhalten wird. Zu bedenken ist, daß niemand zu unterschiedlichen Zeitpunkten identisch derselbe ist, unabhängig davon, ob er zwischenzeitlich einer „wesensverändernden“ Traumatisierung gleich welcher Art ausgesetzt war oder nicht. Auf der anderen Seite ist die Situation niemals nur ein Außen, etwas von außen an einen Menschen Herangebrachtes. Zwischen Situation und Person bestehen mancherlei Wechselbeziehungen, so daß zwei Menschen die gleiche Situation unterschiedlich wahrnehmen und erleben können, mit dem Ergebnis, daß sie für die eigene Person auch unterschiedliche Handlungsanweisungen aus ihr ableiten werden. Der einzelne Mensch mit seinem komplexen Gefüge aus Bedürfnissen, Ängsten, Hemmungen, Antrieben etc. kann niemals als eine zeit- und entwicklungsunabhängige Konstante gesehen werden, daß heißt, daß er eine formal gleiche Situation an verschiedenen Tagen unterschiedlich erlebt.

Natürlich verfügt die Psychiatrie über Erfahrungssätze. Sie bedient sich ihrer auch, könnte sie doch anders insbesondere ihrer Aufgabe als einer therapeutischen Disziplin nicht gerecht werden. Aber sie weiß auch um die lediglich relative Gültigkeit dieser Sätze und wird sich deswegen niemals, vor allem dann nicht, wenn sie in der Rolle einer ärztlichen Heilkunde auftritt, bei der Beurteilung des konkreten Einzelfalles allein auf eben diese überindividuellen Erfahrungssätze berufen. Ihr Wissensbestand versetzt sie in die Lage, einige allgemeine Aussagen im Gebiete der Psychiatrie zu formulieren. Diese Aussagen sind aber zum einen viel zu umfassend, als daß sie in einem konkreten Fall dem um Sachkunde bemühten Richter eine Hilfe sein könnten, und zum anderen in der Regel von einem hohen Abstraktionsgrad. Schließlich werden sie wesentlich bestimmt durch jene wissenschaftlichen Prämissen, die von dem einen Fachvertreter akzeptiert, von dem anderen mit der gleichen Überzeugungskraft als unzulässig, töricht etc. verworfen werden.

Der Tatrichter, der nach Erfahrungssätzen fragt, wird entweder keine Antwort erhalten oder eine so vielfach relativierte und eingeschränkte, daß er keinen Gewinn davonträgt. Wird ihm aber ein Bestand an ausgefeilten Lehrsätzen und überindividuell gültigen Regelhaftigkeiten des Verhaltens unter bestimmten Bedingungen vorgetragen — also ein allgemeines Bild vom Menschen und dessen vermeintlichen seelischen Gesetzmäßigkeiten — so muß er sich darüber klar sein, daß er mit der Übernahme dieses Konstruktes eines streng determinierten Handelns, Erlebens und Verhaltens den „Gehilfen" aus seiner Rolle entlassen hat. Denn alles Argumentieren wird sich von nun an lediglich in jenen Bahnen bewegen können, die der Sachverständige vorgezeichnet hat. Für eine rechtliche Würdigung bleibt nur wenig Raum, weil Erfahrungssätze dieser Art mit der Annahme einer freien Willensbestimmung des Delinquenten nicht vereinbar sind.

3.2 Anknüpfungstatsachen, beschränkte Aufklärungspflicht, eigene Ermittlungshandlungen

In § 79, II StPO heißt es: Der Eid ist nach Erstattung des Gutachtens zu leisten; er geht dahin, daß der Sachverständige das Gutachten unparteiisch und nach bestem Wissen und Gewissen erstattet habe.

Zu fragen ist, auf welchen Wegen der Sachverständige zu dem Wissen gelangt, auf das er seine Ausführungen gründet, wie er die für ihn bedeutsamen Informationen gewinnt, deren Auswertung und Würdigung bei der abschließenden Beantwortung der Beweisfragen nach „bestem Gewissen" zu erfolgen haben.

Als **Anknüpfungstatsachen** werden jene Basistatsachen bezeichnet, deren Kenntnis für den Sachverständigen unerläßlich ist. Auf sie muß er sich in den vorbereitenden schriftlichen Darlegungen ebenso wie später in foro ausdrücklich beziehen. Nur so erhält der Tatrichter die Möglichkeit, zu beurteilen, ob und gegebenenfalls bezüglich welcher Aspekte der Sachverständige etwa eine ihm grundsätzlich nicht erlaubte Beweiswürdigung betrieben hat, beispielsweise indem er angesichts divergierender Zeugenaussagen seine Überlegungen ganz oder bevorzugt an einer bestimmten Version orientierte. In einer solchen Situation wird der Sachverständige entweder alternative Stellungnahmen formulieren — die Entscheidung für eine der vorgetragenen Alternativen bleibt dann Sache des Gerichts — oder aber er enthält sich einer definitiven Stellungnahme bis zur Hauptverhandlung und überläßt es dem Gericht, ihm mitzuteilen, von welchem Sachverhalt er schließlich auszugehen hat. Es ist in jedem Falle also wichtig, den Prozeßbeteiligten die faktischen Voraussetzungen darzulegen, an die der Gutachter seine Ausführungen bindet. Wie noch zu zeigen sein wird, bereitet es gelegentlich einige Schwierigkeiten, dieser Forderung gerecht zu werden.

Die Anknüpfungstatsachen werden dem Sachverständigen von seinem Auftraggeber mittelbar oder unmittelbar zur Verfügung gestellt. Es handelt sich vor allem um Beweisgegenstände und — für den forensischen Psychiater in aller Regel bedeutsam — um die Akten.

Das Aktenstudium ist durchaus keine Formsache, es verlangt Übung und nicht zuletzt Erfahrung — zum einen, um wesentliche Informationen nicht zu übersehen, zum anderen, um die dort niedergelegten Informationen im Blick auf die jeweilige Beweisfrage unter psychiatrisch-psychopathologischem Aspekt zu gewichten. Von besonderem Interesse sind für den forensischen Psychiater naturgemäß solche Unterlagen, denen er etwas über die persönlichen Verhältnisse des Probanden entnehmen kann. Hier sind beispielsweise die Aufzeichnungen des Jugendamtes, vor allem der Jugendgerichtshilfebericht zu nennen. Von hohem Wert können aber auch Mitteilungen sein, die von Heimaufenthalten in jungen Jahren berichten. Ein Gleiches gilt für Angaben eines etwaigen Bewährungshelfers. Schließlich liefern bisweilen Zivilprozeßakten (Entmündigungs-, Vormundschaftsverfahren und anderes) aufschlußreiche Informationen.

Beim Studium dieser Unterlagen muß der Sachverständige sorgfältig unterscheiden zwischen Angaben, die unmittelbare Wahrnehmungen der Berichtenden wiedergeben und solchen, die auf dritte zurückgehen. Letzteren wird er mit besonderer Vorsicht begegnen, da er hier gewöhnlich damit rechnen muß, weniger Fakten als vielmehr Werturteile zu erfahren. Im übrigen muß er sich auch beim vorbereitenden Studium der Akten stets darüber klar bleiben, daß eine abschließende Stellungnahme erst nach der Beweisaufnahme in der Hauptverhandlung von ihm verlangt wird. So stellt es sich in der Hauptverhandlung nicht selten heraus, daß der Gutachter bei der Abfassung seiner vorbereitenden schriftlichen Stellungnahme von unzutreffenden oder nicht beweisbaren Anknüpfungstatsachen ausgegangen ist, weil für ihn wichtige Daten erst zu diesem Zeitpunkt zur Sprache kamen. Es tut seiner Fachkompetenz durchaus keinen Abbruch — im Gegenteil — wenn er unter diesen Umständen seine früher geäußerte — vorläufige — Auffassung ausdrücklich revidiert.

Bisweilen erfährt der Sachverständige erst im Zuge der Untersuchung des Probanden von Krankenunterlagen, deren Kenntnis ihm für die Beantwortung der Beweisfrage unerläßlich erscheint. Während die Verfahrensakten dem Sachverständigen meist zusammen mit der Auftragserteilung übersandt werden, muß er sich wegen zusätzlicher Unterlagen an das Gericht wenden. Krankenblattunterlagen darf er jedoch direkt von den vorbehandelnden Ärzten erbitten, wobei er sich jedoch bei deren Verwertung peinlich an die Grenzen der durch den Probanden erfolgten Entbindung von der Schweigepflicht halten sollte.

Berücksichtigt man die Anknüpfungstatsachen, die dem Sachverständigen für die Erstattung seines vorläufigen Gutachtens, das heißt vor Abschluß der Beweisaufnahme in der Hauptverhandlung, zugänglich gemacht werden, so wird deutlich, daß ihm offenbar eine, wenn auch **beschränkte Aufklärungspflicht** zukommt. Er soll den Akteninhalt kritisch studieren. Das aber kann nur heißen, daß er unter der Vielzahl an Informationen eine Auswahl trifft, um diejenigen zu berücksichtigen, die sich ihm auf dem Hintergrund seines spezifischen Fachwissens als besonders aufschlußreich darstellen. Dadurch gewinnt er — zumindest theoretisch — gegenüber den übrigen Prozeßbeteiligten einen Wissensvorsprung, da er nun über Kenntnisse verfügt, die die anderen mangels Sachkunde nicht erwerben konnten. Diese Kenntnisse wird er bei seinen weiteren Überlegungen berücksichtigen, das heißt, diese Überlegungen stützen sich nun nicht mehr allein auf jene Anknüpfungstatsachen, die ihm der Auftraggeber durch Übersendung der Akten meint bekannt gemacht zu haben, sondern darüber hinaus auf Befundtatsachen, die sich nur ihm als Sachverständigem aus der Lektüre der Unterlagen ergeben konnten.

Diese von ihm selbst gewonnenen Befundtatsachen — Ergebnis seiner beschränkten Aufklärungspflicht — darf der Gutachter ebenso verwenden wie jene, die ihm im Verlauf der Untersuchung des Probanden und — gegebenenfalls — der Exploration dritter Personen bekannt wurden. Er wird aber bei der Erstattung seines Gutachtens deutlich machen, wie er zu diesen Befundtatsachen gelangte und welche Bedeutung er ihnen für die Beantwortung der Beweisfrage beimißt.

Der Sachverständige ist zu **eigenen Ermittlungshandlungen** nicht nur berechtigt, sie werden sogar von ihm verlangt, wenn deren Durchführung eine spezifische, nur ihm zu Gebote stehende Sachkenntnis erfordert. Hier ist natürlich vor allem die psychiatrische Exploration zu nennen, die gelegentlich durch psychologische und/oder somatologische Zusatzuntersuchungen zu ergänzen ist. Die auf diesem Wege erhobenen Befunde hat der Gutachter in die Hauptverhandlung einzuführen, um dem Gericht die Möglichkeit zu geben, seine Ausführungen auf deren Hintergrund auf ihre Stimmigkeit und Überzeugungskraft hin zu prüfen. Es empfiehlt sich demnach, nicht lediglich mitzuteilen, daß der Proband untersucht wurde, sondern darüber hinaus darzulegen, welche Untersuchungsverfahren eingesetzt wurden, auf welche Fragestellungen sie zielen und wie die mit ihrer Hilfe gewonnenen Erkenntnisse im Blick auf die Beweisfrage zu interpretieren waren. Dabei ist zu beachten, daß der Sachverständige in der Auswahl der Untersuchungstechniken nicht absolut frei ist. Manche wird er auch dann einsetzen, wenn er sie für die Erfüllung seiner Aufgabe für wenig belangvoll hält, etwa um zu vermeiden, daß einer der Prozeßbeteiligten in der Hauptverhandlung unter Hinweis auf eine höchstrichterliche Entscheidung sein Gutachten als mangelhaft rügt.

Bisweilen wird es dem Sachverständigen erforderlich erscheinen, Dritte zu hören, beispielsweise Familienangehörige oder Freunde. Obwohl das grundsätzlich zulässig ist, sollte der Sachverständige doch zwei wesentliche Gesichtspunkte dabei nicht außer acht lassen.

Da ist zum einen das **Recht zur Zeugnis- und Auskunftsverweigerung**. Die einschlägigen Vorschriften, die auch der psychiatrische Gutachter kennen muß, finden sich in den §§ 52 und 55 StPO.

§ 52 StPO: I. Zur Verweigerung des Zeugnisses sind berechtigt:
1. der Verlobte des Beschuldigten;
2. der Ehegatte des Beschuldigten, auch wenn die Ehe nicht mehr besteht;
3. wer mit dem Beschuldigten in gerader Linie verwandt oder verschwägert, in der Seitenlinie bis zum dritten Grad verwandt oder bis zum zweiten Grad verschwägert ist oder war.

II. Haben Minderjährige oder wegen Geisteskrankheit oder Geistesschwäche entmündigte Personen wegen mangelnder Verstandesreife oder wegen Verstandesschwäche von der Bedeutung des Zeugnisverweigerungsrechts keine genügende Vorstellung, so dürfen sie nur vernommen werden, wenn sie zur Aussage bereit sind und auch ihr gesetzlicher Vertreter der Vernehmung zustimmt. Ist der gesetzliche Vertreter selbst Beschuldigter, so kann er über die Ausübung des Zeugnisverweigerungsrechts nicht entscheiden; das gleiche gilt für den nicht beschuldigten Elternteil, wenn die gesetzliche Vertretung beiden Eltern zusteht.

§ 55 StPO I Jeder Zeuge kann die Auskunft auf solche Fragen verweigern, deren Beantwortung ihm selbst oder einem der in § 52 Abs. 1 bezeichneten Angehörigen die Gefahr zuziehen würde, wegen einer Straftat oder einer Ordnungswidrigkeit verfolgt zu werden.

II. Der Zeuge ist über sein Recht zur Verweigerung der Auskunft zu belehren.

Aus diesen Vorschriften ergibt sich, daß der Sachverständige den Zeugen gegebenenfalls entsprechend zu belehren hat. Erklärt sich dieser dann zur Aussage bereit, muß das durchaus nicht bedeuten, daß er sich auch in der Hauptverhandlung zur Sache einlassen wird. Lehnt ein Zeuge, dem das Recht zur Aussageverweigerung zusteht, und der dem Sachverständigen gegenüber Feststellungen getroffen hatte, in der späteren Hauptverhandlung jede Einlassung ab, so bedeutet das, daß der Sachverständige die zuvor erhaltenen Informationen in seiner definitiven mündlichen Stellungnahme nicht verwerten darf. Deswegen und auch weil die Entscheidung, ob gemäß § 55 StPO zu belehren ist, im Grunde bereits das Ergebnis einer Beweiswürdigung ist, zumindestens aber vor und im Verlauf der Hauptverhandlung ganz unterschiedlich ausfallen kann, empfiehlt es sich stets, vor der Exploration Dritter die Zustimmung des Auftraggebers einzuholen.

Weiter ist zu beachten, daß die von Dritten erhaltenen Informationen unter die **Schweigepflicht** fallen, und zwar unabhängig davon, ob sie sich auf den zu untersuchenden Probanden oder auf andere beziehen. Ihre Verwertung im Gutachten setzt also die ausdrückliche Entbindung von der Schweigepflicht voraus.

Noch an eine dritte Komplikation ist zu denken. Im Rahmen der Exploration von Bezugspersonen gelangen dem Sachverständigen gelegentlich Daten zur Kenntnis, die für die psychiatrische Beurteilung zwar irrelevant, für die rechtliche Würdigung des inkriminierten Delikts jedoch bedeutungsvoll sind. Nimmt er diese in seine vorbereitende schriftliche Stellungnahme auf, so kann er später zu diesen Punkten als Zeuge gehört werden. Dieser Rollenwechsel in foro ist immer eine mißliche Sache, weil sie den — wenn auch meist unbegründeten — Verdacht aufkommen läßt, der Gutachter habe im Interesse einer Seite zusätzlich und weitergehend ermittelt. Praktisch empfiehlt es sich für den Gutachter deswegen, seine Ermittlungen auf die Erhebung solcher Befunde zu beschränken, die durch die unmittelbare Untersuchung und Exploration des Probanden gewonnen werden können.

3.3 Pflicht zur Gutachtenerstellung

Der Approbierte und als Facharzt Anerkannte ist grundsätzlich verpflichtet, dem Auftrag zur Erstattung eines Gutachtens nachzukommen. Die einschlägige Vorschrift formuliert der § 75 StPO:

§ 75 StPO: I Der zum Sachverständigen Ernannte hat der Ernennung Folge zu leisten, wenn er zur Erstattung von Gutachten der erforderten Art öffentlich bestellt ist oder wenn er die Wissenschaft, die Kunst oder das Gewerbe, deren Kenntnis Voraussetzung der Begutachtung ist, öffentlich zum Erwerb ausübt oder wenn er zu ihrer Ausübung öffentlich bestellt oder ermächtigt ist.
II Zur Erstattung des Gutachtens ist auch der verpflichtet, welcher sich hierzu vor Gericht bereit erklärt hat.

Als Auftraggeber kann neben dem Gericht und — im Vorverfahren — der Staatsanwaltschaft auch der Angeklagte fungieren.

Unter bestimmten Umständen ist der Sachverständige berechtigt — in der Regel nicht verpflichtet — die Erstattung eines Gutachtens zu verweigern.

§ 76 StPO: I Dieselben Gründe, die einen Zeugen berechtigen, das Zeugnis zu verweigern, berechtigen einen Sachverständigen zur Verweigerung des Gutachtens. Auch aus anderen Gründen kann ein Sachverständiger von der Verpflichtung zur Erstattung des Gutachtens entbunden werden.

„Andere Gründe" im Sinne dieser Vorschrift sind etwa Krankheit oder Überlastung sowie die Tatsache, daß der Gutachter mit dem Probanden durch eine Arzt-Patienten-Beziehung verbunden ist. Ein Verweigerungsrecht steht ihm auch bezüglich jener Tatsachen zu, die ihm aufgrund seiner Eigenschaft als Arzt, das heißt also meist in der Vergangenheit, zur Kenntnis gelangten. Das ergibt sich aus dem § 53 StPO.

§ 53 StPO: I Zur Verweigerung des Zeugnisses sind ferner berechtigt
3. Rechtsanwälte, Patentanwälte, Notare, Wirtschaftsprüfer, vereidigte Buchprüfer, Steuerberater und Steuerbevollmächtigte, Ärzte, Zahnärzte, Apotheker und Hebammen über das, was ihnen in dieser Eigenart anvertraut worden oder bekannt geworden ist.

Weigert sich der Sachverständige, obwohl keine der genannten Voraussetzungen gegeben ist, so wird er zum Ersatz der Kosten und zu einer Ordnungsstrafe in Geld verurteilt.

§ 77 StPO: I Im Falle des Nichterscheinens oder der Weigerung eines zur Erstattung des Gutachtens verpflichteten Sachverständigen wird diesem auferlegt, die dadurch verursachten Kosten zu ersetzen. Zugleich wird gegen ihn ein Ordnungsgeld festgesetzt. Im Falle wiederholten Ungehorsams kann neben der Auferlegung der Kosten das Ordnungsgeld noch einmal festgesetzt werden.
II Weigert sich ein zur Erstattung des Gutachtens verpflichteter Sachverständiger, nach § 73 Abs.

1 Satz 2 eine angemessene Frist abzusprechen, oder versäumt er die abgesprochene Frist, so kann gegen ihn ein Ordnungsgeld festgesetzt werden. Der Festsetzung des Ordnungsgeldes muß eine Androhung unter Setzung einer Nachfrist vorausgehen. Im Falle wiederholter Fristversäumnisse kann das Ordnungsgeld noch einmal festgesetzt werden.

3.4 Schweigepflicht

Auf die Gutachtenerstattungspflicht, wie sie sich aus § 75 StPO ergibt, war hingewiesen worden. Diese Vorschrift entbindet jedoch den Sachverständigen durchaus nicht generell und hinsichtlich aller Informationen, die ihm in Erfüllung seines Auftrages zur Kenntnis gelangen, von seiner Schweigepflicht. Diese ist formuliert im § 203 StGB.

§ 203 StGB: (1) Wer unbefugt ein fremdes Geheimnis, namentlich ein zum persönlichen Lebensbereich gehörendes Geheimnis oder ein Betriebs- oder Geschäftsgeheimnis, offenbart, das ihm als

1. Arzt, Zahnarzt, Tierarzt, Apotheker oder Angehörigen eines anderen Heilberufs, der für die Berufsaufübung oder die Führung der Berufsbezeichnung eine staatlich geregelte Ausbildung erfordert,
2. Berufspsychologen mit staatlich anerkannter wissenschaftlicher Abschlußprüfung...

anvertraut worden oder sonst bekannt geworden ist, wird mit einer Freiheitsstrafe bis zu einem Jahr oder mit Geldstrafe bestraft.

Sowohl bei der vorbereitenden schriftlichen Stellungnahme als auch bei der mündlichen Gutachtenerstattung während der Hauptverhandlung muß der Sachverständige beide Vorschriften kennen und berücksichtigen.

Für den forensischen Psychiater ergeben sich hier naturgemäß in der Regel weit gewichtigere Probleme als etwa für den Obduzenten oder den Chirurgen. Das liegt zum einen an der besonderen Weise psychiatrisch-psychologischer Befunderhebung und zum anderen daran, daß Zweifel an der Fähigkeit eines psychisch kranken Probanden entstehen können, eine rechtsverbindliche Erklärung abzugeben, durch die er den Sachverständigen von seiner Schweigepflicht entbindet.

Als Sachverständiger tritt der Psychiater dem Probanden in erster Linie als Gutachter und nicht als Arzt gegenüber. Manche Gutachten sind eben deswegen unbrauchbar oder doch allenfalls nur bedingt zu verwerten, weil der Untersucher — der ja gewöhnlich auch praktisch tätiger Arzt ist — diese beiden Rollen nicht mit der notwendigen Deutlichkeit voneinander trennt. Vor allem dann, wenn ein Gutachten erst aufgrund einer mehrmonatigen stationären Untersuchung des Beschuldigten erstattet wird, kommt es nicht selten dazu, daß sich der Sachverständige gleichsam unbemerkt zunehmend mit der Rolle des Arztes und Therapeuten identifiziert, mit dem Ergebnis, daß die Erfüllung seines Auftrages mit einer als therapeutisch erlebten Verpflichtung dem Beschuldigten gegenüber kollidiert. Der Sachverständige tut deswegen gut daran, den Beschuldigten vor Beginn der Exploration ausdrücklich und in verständlichen Worten auf seine besondere Funktion, in der er diesem gegenübertritt, hinzuweisen. Die Mitteilung, daß er das Ergebnis seiner Untersuchung dem Auftraggeber berichten wird, muß keineswegs der Entwicklung eines Vertrauensverhältnisses zwischen Probanden und Gutachter hinderlich sein — sieht sich jener aber im Fortgang des Verfahrens in seiner ursprünglichen irrigen Erwartung getäuscht, wird bei einer eventuell erforderlichen Nachuntersuchung oder spätestens in der Hauptverhandlung jeder Zusammenarbeit der Boden entzogen sein.

Der Sachverständige, der den Beschuldigten im Interesse eines die Exploration erleichternden Vertrauensverhältnisses in der Rolle des Arztes gegenübertritt, das heißt primär als ein Helfenwollender, mißversteht nicht nur seinen Auftrag, sondern handelt darüber hinaus unehrlich.

Der Sachverständige, der vom Gericht oder von der Staatsanwaltschaft beauftragt wurde, ist verpflichtet und befugt, die von ihm erhobenen Befunde und ihm als bedeutsam erscheinenden Tatsachen zu offenbaren. Anders wäre es dem Gericht nicht möglich, sich ein Urteil über Stimmigkeit und Fundierung seiner Feststellungen und Schlußfolgerungen zu bilden. Trotzdem wird er überlegen müssen, welche der ihm bekannt gewordenen Tatsachen er mitteilt und welche nicht. Dabei hat er sich streng an der Beweisfrage zu orientieren.

So machen etwa manche Straftäter geltend, sie vermöchten sich des Tatgeschehens nicht zu entsinnen. Sie berufen sich also auf eine Amnesie, die für die Beantwortung der Frage nach der Schuldfähigkeit von erheblicher Bedeutung sein kann. Hier kommt der Sachverständige nicht umhin, sehr genau und detailliert nach Einzelheiten des vermutlichen Tatgeschehens zu fragen, das heißt, er muß in einer Richtung explorieren, in der psychiatrisch-psychopathologische Befunde im engeren Sinne nicht zu erwarten sind. Das so erhaltene Wissen ist allerdings für die Bewertung der Angabe des Beschuldigten, das ihm zur Last gelegte Delikt sei gänzlich der Amnesie verfallen, von großem Gewicht. Diesbezügliche Informationen wird er also in sein Gutachten aufnehmen müssen, wobei er sich darüber klar sein muß, daß er zu diesen Einlassungen gegebenenfalls in foro auch als Zeuge gehört werden kann.

Erfährt er jedoch im Rahmen der Exploration von zurückliegenden und bislang nicht entdeckten Straftaten, so wird er diese Kenntnisse dann nicht verwerten, wenn sie im Hinblick auf die Stimmigkeit des Gutachtens verzichtbar sind. Das gilt jedoch nicht generell. So können sich Zweifel an der Schuldfähigkeit aufgrund einer Suchtkrankheit ergeben, wenn ein tatkausalere Zusammenhang zwischen Delikt und suchttypischem Verlangen zu diskutieren ist. In diesem Fall muß der Sachverständige eine vorbestehende Drogenkarriere beispielsweise auch dann in seine Überlegungen ausdrücklich einbeziehen — und dem Gericht bekanntmachen —, wenn es in ihrem Verlauf zu Verstößen gegen das Betäubungsmittelgesetz gekommen ist.

Gelegentlich lehnt es der Beschuldigte ab, die Verwertung solcher Tatsachen zu gestatten, die dem Sachverständigen anläßlich der Untersuchung in einem anderen Verfahren bekannt wurden. Dieser Wunsch ist für den Gutachter verbindlich, es sei denn, der Auftraggeber mache ihm die Akten dieser Sache zugänglich.

Eindeutig der Schweigepflicht unterliegen alle Informationen, die im Verlaufe der Exploration mitgeteilt werden aber dritte Personen betreffen. Diese müssen den Sachverständigen ausdrücklich rechtswirksam von der Schweigepflicht entbinden — es sei denn, diese Informationen seien in den Unterlagen enthalten, die ihm vom Auftraggeber zur Verfügung gestellt wurden.

Analog verhält es sich mit den Angaben von Bezugspersonen, bei denen neben der

Schweigepflicht das Zeugnisverweigerungsrecht zu beachten ist.

In der Praxis liegen die Dinge allerdings häufig schwieriger. So ist es kaum möglich, die für die Beurteilung wesentlichen anamnestischen Daten zu gewinnen, ohne auch Beziehungen anzusprechen, die der Beschuldigte in der Vergangenheit zu anderen Menschen unterhielt. Art, Dauer und Intensität dieser Beziehungen, deren Beginn und die Umstände ihrer Beendigung können von Bedeutung sein, wenn dem Gericht ein Bild von der Persönlichkeit des Probanden vermittelt werden soll. Hier mag sich der Sachverständige damit helfen, daß er seinen diesbezüglichen Bericht so verschlüsselt, daß eine Identifizierung der betreffenden Dritten unmöglich wird.

Die Entbindung von der Schweigepflicht — sei es durch den Probanden, sei es durch dritte Personen — muß in rechtswirksamer Form geschehen. [Tatsachen, die dem Sachverständigen im Rahmen eines Gutachtenauftrages bekannt werden, darf dieser gemäß § 203 StGB auch ohne Zustimmung des Probanden weitergeben]. Das bedeutet, daß der Beschuldigte in der Lage sein muß, rechtwirksame Erklärungen abzugeben.

3.5 Vorbereitung und Erstattung des Gutachtens

3.5.1 Vorbereitung

Die Vorbereitung eines Gutachtens umfaßt im wesentlichen zwei Schritte, zum einen die Lektüre und Auswertung der Akten — gegebenenfalls ergänzt durch Krankenunterlagen — und zum anderen die Untersuchung des Probanden.

Über die Bedeutung eines sorgfältigen **Aktenstudiums** ist weiter oben das Nötige gesagt worden. Es empfiehlt sich, einen Aktenauszug anzufertigen. Dabei bewähren sich Erfahrung und Kompetenz des Sachverständigen in der Auswahl der für die Beantwortung der Beweisfrage wesentlichen Aktenteile. Allein solche Passagen sollten berücksichtigt werden, die tatsächlich unter forensisch-psychiatrischem Aspekt relevant sind. Das werden vor allem Mitteilungen sein, die die Persönlichkeit des Probanden und deren Entwicklung beleuchten und die etwas aussagen über sein Befinden und Verhalten während der in Rede stehenden Zeitspanne. Nicht selten enthalten die Akten Informationen, die den Einlassungen des Beschuldigten widersprechen. In diesem Fall wird sich der Sachverständige in der vorbereitenden schriftlichen Stellungnahme entweder — zunächst — allein auf die Angaben des Probanden stützen und ausdrücklich das Vorläufige seiner Feststellungen betonen. Oder aber er erörtert in seiner abschließenden Stellungnahme die Beweisfrage, mal die eine, mal die andere Sachverhaltsdarstellung als zutreffend unterstellend, und teilt dem Gericht mit, eine endgültige Äußerung in foro werde zu berücksichtigen haben, welchen Sachverhalt er letztlich aufgrund des Ergebnisses der Hauptverhandlung zur Grundlage seiner Überlegungen machen soll. Manchmal lautet im Vorverfahren der Auftrag der Staatsanwaltschaft, der Gutachter möge sich an jener Darstellung des Geschehens orientieren, die im Haftbefehl wiedergegeben ist. Auch in diesem Fall wird der Sachverständige auf das Vorläufige, noch nicht Verbindliche seiner Ausführungen hinweisen und so klarstellen, daß er damit sein definitives, in foro zu erstellendes Gutachten keineswegs vorwegnimmt.

Die **Untersuchung** besteht aus der psychiatrischen Exploration, der psychologischen Testuntersuchung und der Erhebung körperlicher Befunde. Sie sind von unterschiedlichem Gewicht. Dabei ist zu beachten, daß sich die Diskussion um das Vorliegen eines der Eingangsmerkmale der §§ 20, 21 StGB und um ihre Bedeutung für die Einsichts- und Steuerungsfähigkeit auf der psychischen Ebene abspielt. Der Tatrichter fragt nicht nach psychiatrischen „Diagnosen", er will vielmehr sachkundig gemacht werden zur Beurteilung der Schuldfähigkeit. Der Sachverständige, der nach ausführlichen und tiefgründigen differentialdiagnostischen Überlegungen dem Gericht schließlich eine nach allen Richtungen abgesicherte Krankheitsbezeichnung liefert, hat den entscheidenden Teil seines Auftrages noch nicht erfüllt.

Die psychiatrische Exploration des Beschuldigten unterscheidet sich in nichts von derjenigen eines Patienten, so daß sich allgemeine Ausführungen in diesem Zusammenhang erübrigen. Das Literaturverzeichnis im Anhang nennt einige Werke, die sich mit der psychiatrischen Gesprächsführung und Explorationstechnik befassen.

Für den forensischen Psychiater ergibt sich jedoch eine besondere Situation, da er gehalten ist — auch — etwas über den psychischen Befund zum Zeitpunkt der Tat auszusagen, das heißt während einer Zeitspanne, die möglicherweise einige Monate zurückliegt. Er darf sich also nicht auf eine Darstellung der aktuellen Persönlichkeit beschränken. Seine Aufgabe ist es vor allem, Daten und Einflüsse, die während des Tatgeschehens wirksam wurden, in ihrer Bedeutung gerade für diesen Menschen zu beurteilen. Der Erhebung der Vorgeschichte kommt deswegen eine besondere Bedeutung zu, und zwar zum einen im Blick auf eine mögliche forensisch-psychiatrisch relevante Vorerkrankung, die Befinden, Erleben und Verhalten während der inkriminierten Tat hätte tangieren können, und zum anderen, um über die Kenntnis der Anamnese generelle Hinweise auf Einstellungen, Reaktionsformen und Handlungsbereitschaften des Probanden zu erhalten. Von diesen wird er dem Gericht zu berichten haben.

Eine andere Besonderheit forensisch-psychiatrischer Exploration liegt darin, daß eine mögliche Diagnose, das heißt die Zusammenfassung etwaiger psychopathologischer Auffälligkeiten unter einer gängigen Krankheitsbezeichnung, von untergeordneter Bedeutung ist.

Krankheitsbezeichnungen bzw. Diagnosen in der Psychiatrie dienen der Verständigung innerhalb der Gruppe der Fachleute. Sie stellen außerordentlich grobe Raster dar, mit deren Hilfe Ordnung in die unendliche Vielfalt der Erscheinungsformen seelischer Abnormität gebracht wird. Über die Ursachen der jeweiligen Störung, die sie bezeichnen, sagen sie nur wenig aus, ein Gleiches gilt für den vermutlichen Verlauf. Die Symptomatik psychiatrischer Krankheiten ist außerordentlich vielgestaltig. So werden mit dem Begriff Schizophrenie ganz unterschiedliche Zustandsbilder bezeichnet, von denen einige dem gängigen Stereotyp des Irren entsprechen, während andere allenfalls in eng umschriebenen Bereichen und angesichts spezifischer Anforderungen zu Beeinträchtigungen führen, die auch dem Laien als eine Störung des Sozialverhaltens imponieren. Mit keiner psychiatrischen Diagnose ist bereits notwendig eine Aussage zu Einsichts- und Steuerungsfähigkeit verbunden, und auch zur Handlungsfähigkeit des Betroffenen sagen sie per se überhaupt nichts aus. Das bedeutet, daß die Feststellung einer bestimmten psychischen Behinderung, sei es eine Psychose, sei es eine neurotische Persönlichkeitsstörung, lediglich Anlaß sein kann, angesichts eines spezifischen Schuldvorwurfs die Frage nach der Schuldfähigkeit zu erörtern; mehr nicht. Der Sachverständige, der die Beweisfrage dadurch beantwortet meint, daß er dem Auftraggeber eine Diagnose zur Kennzeichnung der seelischen Beeinträchtigung des Probanden in der Sprache seiner Disziplin mitteilt, mißversteht das Wesen psychiatrischen Diagnostizierens und psychiatrischer Diagnostik. Er führt das Gericht irre, indem er sachlich Unzutreffendes behauptet wenn er unterstellt, irgendeine der geläufigen Krankheitsbezeichnungen impliziere notwendig und in jedem Fall eine Aussage über jene Fähigkeiten eines Menschen, auf die das Gericht mit seiner Beweisfrage zielt.

In aller Regel wird sich der forensische Psychiater in der vorbereitenden Untersuchung der Unterstützung durch einen erfahrenen klinischen Psychologen versichern. Dabei empfiehlt es sich, daß dieser ein eigenes Gutachten erstattet, in dem er dem Gericht gegenüber zum einen begründet, warum er sich welcher Untersuchungsverfahren bediente und zum anderen erläutert, was diese Verfahren leisten und an welchen Kriterien sich die Auswertung der Ergebnisse orientiert.

Die Kompetenz des forensischen Psychologen im Strafprozeß sollte heute nicht mehr streitig sein. Der Psychologe agiert auch durchaus nicht in der Rolle des untergeordneten „Zusatzgutachters", vergleichbar etwa dem Neurophysiologen, der die Hirnstromkurve des Beschuldigten auswertet. Psychiater und Psychologe verfügen über ihr eigenes, fachspezifisches Untersuchungsinstrumentarium, dessen kompetenter und kritischer Einsatz ein Konkurrenzverhältnis zwischen ihnen ausschließt. Im Hinblick auf die Eingangsmerkmale der §§ 20, 21 StGB wird man dem Psychologen vor allem bezüglich der „schweren anderen seelischen Abartigkeit" eine besonderen Sachverstand zubilligen, besonders wenn es um die nachprüfbare Objektivierung erhobener Befunde geht. Auf der anderen Seite verfügt der Psychiater bei der Feststellung und Bewertung etwa endogener und körperlich begründbarer Psychosen („krankhafte seelische Störung") in der Regel über die größere Erfahrung. Im Idealfall werden die Vertreter beider Disziplinen in der vorbereitenden Untersuchung insofern zusammenarbeiten, als jeweils der eine solche Probleme, die sich ihm in der Beschäftigung mit dem Probanden aufdrängen und zu deren Erörterung er sich nicht hinreichend sachkundig weiß, dem anderen vorträgt und ihm deren delikt-bezogene Diskussion überläßt. Auch der forensische Psychiater — und ebenso der forensische Psychologe — darf nicht übersehen, daß Psychologie und Psychopathologie nicht durch eine scharfe Zäsur voneinander getrennt sind, und daß es der Gutachter in foro nur selten mit schweren und offenkundig psychisch gestörten Menschen, weit häufiger jedoch mit sogenannten „Grenzfällen" zu tun hat.

Wenn auch der forensische Psychiater in aller Regel von sich aus die Mitarbeit eines Psychologen erbitten wird, so kann selbstverständlich ebenso das Gericht von sich aus ein psychologisches Gutachten anfordern. Es wird dann Aufgabe des Psychologen sein, Möglichkeiten und Grenzen seiner Wissenschaft im Blick auf die speziellen Aufgaben zu reflektieren und dem Tatrichter ausdrücklich offenzulegen. Über allgemeine und spezielle Probleme der forensischen Psychologie informiert das einschlägige Schrifttum, das im Anhang in Auswahl angegeben ist.

Von besonderer Problematik sind die **körperlichen Befunde,** vor allem angesichts der Tatsache, daß auch die Psychiatrie einen ausschließlich biologisch fundierten Krankheitsbegriff seit langem aufgegeben hat. Es läßt sich durchaus die Auffassung vertreten, somatopathologische Daten seien für forensisch-psychiatrische Begutachtung irrelevant, und zwar deswegen, weil der Auftraggeber vom Sachverständigen Feststellungen erwartet, die überwiegend psychologisch-psychopathologische Sachverhalte betreffen. Der Gutachter ist, wie ausgeführt, nicht als Diagnostiker gefordert. Auch eine massive Hirnsubstanzschädigung etwa ist für die Beantwortung der Frage nach der Schuldfähigkeit solange gänzlich irrelevant, wie sie sich nicht in psychopathologisch faßbaren Beeinträchtigungen manifestiert. Wenn trotzdem die körperliche Untersuchung gelegentlich als unerläßlicher Bestandteil auch eines psychiatrischen Gutachtens bezeichnet wird, so aus zwei Gründen. Zum einen kann ein pathologischer somatischer Befund, von dem zu erwarten ist, daß er direkt oder indirekt zu einer Hirnbeteiligung führt, Anlaß sein, besonders sorgfältig nach etwaigen psychopathologischen Auffälligkeiten zu fahnden. Zum anderen ist es denkbar, daß ein jetzt zu erhebender krankhafter Befund zwar gegenwärtig klinisch nicht in Erscheinung tritt, sich zur Tatzeit jedoch in einer für die Beweisfrage bedeutsamen Form auf die Einsichts- und Steuerungsfähigkeit des Probanden auswirkte. Diese Überlegungen rechtfertigen allerdings nicht die grundsätzliche Forderung nach einer medizinischen Untersuchung, gegebenenfalls sogar unter Einsatz technischer Verfahren. Die sorgfältige psychiatrisch-psychologische Exploration bedarf dieser Hinweise nicht, der Gutachter muß imstande sein, forensisch relevante Störungen zu erkennen, unabhängig davon, ob ihm somatische Zusatzuntersuchungen einen entsprechenden Verdacht nahelegen oder nicht.

Tatsächlich verbirgt sich hinter dem Verlangen nach einer klinisch-neurologischen, elektroencephalographischen, röntgenologischen usw. Exploration die unzutreffende Vorstellung, mit dem Nachweis einer hirnbeteiligenden körperlichen Erkrankung sei irgend etwas zu den vom Auftraggeber formulierten Beweisfragen ausgesagt. Im Prinzip handelt es sich dabei um denselben Irrtum, der in der Überzeugung zum Ausdruck kommt, die Diagnose einer endogenen Psychose (z.B. Schizophrenie) etwa impliziere per se eine Feststellung zur Handlungsfähigkeit.

Am Beispiel der Blutalkoholkonzentration läßt sich das verdeutlichen. Ein Wert von 2,5 Promille zum Zeitpunkt der Tat **kann** einen Zweifel an der Schuldfähigkeit begründen, für sich genommen sagt er jedoch nichts aus. Ob er tatsächlich von forensisch-psychiatrischer Relevanz war, kann die psychiatrische Exploration ergeben, gegebenenfalls unterstützt durch Aussagen von Zeugen, die im Verlauf der Hauptverhandlung ein Bild vom Verhalten des Angeklagten — dem verbalen ebenso wie dem nicht-verbalen — während der Tat liefern können.

Für die grundsätzliche Notwendigkeit einer körperlichen Untersuchung spricht auch nicht die Tatsache, daß etwa in den §§ 20, 21 StGB die auf der psychologischen Ebene angesiedelten Begriffe der Einsichts- und Steuerungsfähigkeit auf Voraussetzungen bezogen werden, die zumindest zum Teil vermutlich biologischer Natur sind. Weder der Schwachsinn oder die „schwere andere seelische Abartigkeit" noch die „tiefgreifende Bewußtseinsstörung" zählt dazu, sondern allein die „krankhafte seelische Störung". Unter diese Bezeichnung fallen die sogenannten endogenen

Psychosen ebenso wie die Folgezustände einer organischen Hirnaffektion. Die Verifizierung einer endogenen oder funktionellen Psychose gehört in den alleinigen Zuständigkeitsbereich des Psychiaters bzw. des Psychopathologen. Somatische Befunde sind beim gegenwärtigen Kenntnisstand für diese Diagnose ohne jede Bedeutung. Was die sogenannten organischen psychischen Störungen angeht, so ist zunächst festzustellen, daß das Gehirn nur über eine begrenzte Anzahl von Reaktionsmöglichkeiten auf eine Schädigung verfügt, woraus umgekehrt folgt, daß aus der Symptomatik nicht auf die ursächliche Noxe zurückgeschlossen werden kann. Wenn also nach einer Beeinträchtigung der Einsichts- und Steuerungsfähigkeit des Probanden aufgrund einer krankhaften seelischen Störung gefragt wird, so ist der Psychiater lediglich gehalten, auf das Vorliegen einer Hirnschädigung hinzuweisen, wenn diese sich erkennbar auf die genannten Leistungen ausgewirkt hat.

Die Psychiatrie kennt eine Reihe psychopathologischer Phänomene, die als Indiz für eine solche Hirnerkrankung gewertet werden dürfen. Erst bei ihrem Nachweis ist es zulässig, von einer organisch bedingten, das heißt krankhaften seelischen Störung zu sprechen. Das bedeutet, daß sich auch die Annahme einer forensisch-psychiatrisch relevanten „krankhaften seelischen Störung" auf Phänomene stützt, die auf der psychologisch-psychopathologischen Ebene angesiedelt sind, und die sich der psychiatrischen Exploration — gegebenenfalls unterstützt durch eine psychologische Testuntersuchung — erschließen.

Aus dem Gesagten folgt, daß es nicht Aufgabe des forensischen Psychiaters sein kann, seine diagnostischen und differentialdiagnostischen Überlegungen dem Gericht darzustellen. Er selber benötigt sie allerdings, um Hinweise auf einen Persönlichkeitsbereich und eine psychische Funktion zu erhalten, deren mögliche Störung für die Beantwortung der Beweisfrage von Bedeutung sein kann.

3.5.2 Erstattung des Gutachtens

Nach Abschluß der Untersuchung und nach Auswertung der Unterlagen, die dem Sachverständigen durch das Gericht zugänglich gemacht wurden, wird dieser die Beweisfrage zunächst im Rahmen eines schriftlichen Gutachtens beantworten. Dabei soll er auf allgemeine Feststellungen und die Wiedergabe eines wissenschaftlichen Meinungsstreits bezüglich bestimmter Teilfragen weitgehend verzichten. Es kann aber nicht seine Aufgabe sein, offene Probleme mit dem Anbieten vermeintlicher Lehrsätze, die lediglich seine Überzeugung, nicht aber einen unstreitigen Wissensstand wiedergeben, zu verdecken. Angesichts der Tatsache, daß gerade die Psychiatrie in weiten Bereichen mit einem ungesicherten Wissensbestand arbeitet, muß der Gutachter dem Gericht darlegen, in welchem Sinne er die von ihm benutzte Fachterminologie verstanden wissen will und muß er gegebenenfalls auch erwähnen, daß hinsichtlich eines bestimmten Problems in der Fachwelt auch andere, von der seinen abweichende Vorstellungen als wohl begründet gelten. Obwohl der Gutachter nach seiner Meinung gefragt ist, verbietet es ihm seine Verpflichtung, das Gericht sachkundig zu machen, diese Meinung als die allein vertretbare hinzustellen. Stets muß erkennbar bleiben, daß sich die gelegentlich unerläßlichen theoretischen

Erörterungen auf die konkrete Fragestellung beziehen. Große Zurückhaltung ist geboten bei der Diskussion von Rechtsbegriffen — und zu diesen zählen auch die Eingangsmerkmale der §§ 20, 21 StGB. Der Gutachter, der sich hier in gescheite Ausführungen versteigt, wird sehr rasch von den Prozeßbeteiligten wieder auf jenen Boden zurückgeholt werden, auf dem er sich in seinem Argumentieren zu bewegen hat. Er darf niemals vergessen, daß er in der Rolle des Gehilfen den Auftrag hat, zu einem ganz umschriebenen Problem Stellung zu nehmen. Es charakterisiert den erfahrenen Sachverständigen, daß er sich präzise an die Beweisfrage hält, in seinen Ausführungen alle wesentlichen Aspekte berücksichtigt, dabei aber keineswegs über sein Fachgebiet hinausgeht.

Das schriftliche Gutachten, das dem Gericht oder, im Ermittlungsverfahren der Staatsanwaltschaft vor der Hauptverhandlung übersandt wird, hat den Charakter einer vorläufigen Stellungnahme. Das ergibt sich aus dem Grundsatz der Unmittelbarkeit der Beweisaufnahme. So heißt es im § 250 StPO:

Beruht der Beweis einer Tatsache auf der Wahrnehmung einer Person, so ist diese in der Hauptverhandlung zu vernehmen. Die Vernehmung darf nicht durch Verlesung des über eine frühere Vernehmung aufgenommenen Protokolls oder einer schriftlichen Erklärung ersetzt werden.

Daraus folgt, daß lediglich im Zivilprozeß ein schriftliches Gutachten ausreichen kann, unter der Voraussetzung, daß sich die Parteien einvernehmlich damit begnügen. In Strafsachen wird der Sachverständige dagegen in aller Regel ein vorbereitendes schriftliches und ein abschließendes mündliches Gutachten zu erstatten haben [Ausnahme: Das vorbereitende schriftliche Gutachten führt zur Einstellung des Verfahrens]. Auf diese Weise soll dem Gericht die Möglichkeit gegeben werden, sich mit der gebotenen Sorgfalt in die spezielle Problematik einzuarbeiten, wobei davon ausgegangen wird, daß nur in solchen Fällen überhaupt ein forensischer Psychiater hinzugezogen wird, in denen es um Sachverhalte geht, zu deren Würdigung das Gericht eines Fachwissens bedarf, das es nicht allein aus dem mündlich vorgetragenen Gutachten erwerben kann. Im übrigen wird natürlich auch der Gutachter die aus seiner Sicht bedeutsamen Befunde selten vollständig während der Hauptverhandlung wiedergeben können. Ausdrücklich sollte der Sachverständige seine schriftliche Stellungnahme als eine vorläufige begreifen, und zwar nicht nur als solche deklarieren, sondern auch selber so verstehen. Das bedeutet, daß er jederzeit bereit sein muß, seine Auffassung unter dem Eindruck des Ergebnisses der Hauptverhandlung zu korrigieren oder gar vollständig zu revidieren. Nicht das unbedingte Festhalten an einer einmal geäußerten Auffassung weist den kompetenten Sachverständigen aus, sondern die Fähigkeit, neue Informationen, die sich etwa aus Zeugenaussagen ergeben, kritisch zu berücksichtigen und aus der Sicht seines Fachgebietes zu würdigen.

Nicht selten besteht eine Diskrepanz zwischen den Aussagen des Probanden in der Exploration und seinen Einlassungen bei früheren Vernehmungen. Häufig weicht auch die Darstellung des Probanden von derjenigen der Zeugen ab, die wiederum Unterschiedliches oder sogar einander Widersprechendes berichten können. In diesen Fällen ist es durchaus nicht Aufgabe des Gutachters, sich für eine Leseart zu entscheiden. Ließe er eine solche Tendenz auch nur durchblicken, so müßte er mit seiner Ablehnung rechnen. Gemäß § 79 StPO ist der Sachverständige ausdrücklich zur Unparteilichkeit verpflichtet.

4 Typische Fehler bei der Gutachtenerstellung

Es lassen sich, etwas vereinfachend, zwei typische Fehlerquellen nennen. Einige Fehler hat der Gutachter allein zu verantworten, zu anderen versuchen ihn die Prozeßbeteiligten bisweilen zu „verführen“.

Der häufigste Fehler ist zweifellos der, daß sich der Sachverständige in seinen Ausführungen nur ungenügend an der Beweisfrage orientiert. So mag er es versäumen, auf einzelne Aspekte einzugehen oder aber — umgekehrt — Probleme erörtern, nach denen er gar nicht gefragt war. In beiden Fällen, vor allem aber im letztgenannten, kann er in foro in höchst unbequeme Situationen geraten.

Hintergrund und Ursache dieser Fehler ist meist ein Mißverständnis der Sachverständigenrolle. Auf die Gefahr, unversehens in die Rolle des Therapeuten zu gleiten, war hingewiesen worden, ebenso auf die — manchmal nur unterschwellig wirksame — Neigung, Beweiswürdigung zu treiben. Hier wird vor allem der weniger Erfahrene seine Einstellung kontinuierlich kritisch zu reflektieren und seine Formulierungen sorgfältig zu wählen haben.

Wie im Verlaufe einer langen Untersuchung schließlich die Beweisfrage fast gänzlich aus dem Blick geraten kann, zeigt das folgende Beispiel. Es macht auch deutlich, daß der Sachverständige augenscheinlich seine Aufgabe verkannte, mit dem Ergebnis, daß seine mehr als 100 Seiten umfassenden schriftlichen Darlegungen für das Gericht fast ohne Belang blieben.

Beispiel: *Es handelt sich um ein Tötungsdelikt, bezüglich dessen das Gericht um eine Stellungnahme zur Frage der Einsichts- und Steuerungsfähigkeit des Beschuldigten gebeten hatte.*

Der 19jährige junge Mann wird beschuldigt, seinen etwa 40jährigen Freund aus Habgier getötet zu haben. In dem Gutachten wird u. a. folgendes ausgeführt: Der Täter hat bis dahin einen recht unsteten Lebenslauf hinter sich. Nach dem frühen Tod des Vaters lebte er in einer spannungsreichen Beziehung zum Stiefvater, den die Mutter gegen den erklärten Willen des Beschuldigten und dessen Schwester geheiratet hatte. Der Schulbesuch wird unregelmäßig, der Täter beginnt, vermehrt dem Alkohol zuzusprechen. Mit 14 Jahren wird er in ein Heim eingewiesen, das er nach mehrmaligen Fluchtversuchen mit 17 Jahren endgültig verläßt. Er lebt nun in der nahegelegenen Großstadt und bestreitet seinen Lebensunterhalt — bei eindeutig heterosexueller Triebrichtung — mit dem Gewinn aus homosexuellen Beziehungen. Auch der spätere Freund ist homosexuell und beschäftigt den Täter als Sekretär in seiner prachtvollen Villa. Die Beziehung wird bald asymmetrisch, da der ältere den jüngeren umwirbt und mit materiellen Zuwendungen an sich zu binden sucht, während dieser zwar die äußeren Annehmlichkeiten nicht missen will, gleichzeitig aber immer mehr die sexuellen Ansprüche als lästig und schließlich als demütigend empfindet.

Der Gutachter schließt seine Ausführungen mit den Sätzen:

„Für A. war es aber letztlich die lebensnotwendige Trennung in seinem 19jährigen Kampf um Anerkennung durch die Mutter. Die nämlich war B. (der Geschädigte) stellvertretend und unbewußt für beide (den Täter und dessen Freundin) gewesen, in seiner Person konnte und mußte A. diesen Konflikt fortsetzen. Hätte er sich davon nicht „frei“ gemacht, gewaltsam „gelöst“, hätte es tatsächlich ihn, sein kleines „Ich“ vernichtet. Jetzt wird auch verständlich, warum A. im Vernehmungsprotokoll gesagt hat, er habe B. geliebt, und daß er sich nicht erklären kann, warum er das gesagt hat. Liebe und der aus Nichterwiderung geborene Haß galten eigentlich nicht B. Daß für A. die Mutter nicht mehr existiert, ist eine logische Schlußfolgerung. Daher kam auch die „fremde Macht“, von der er sich gesteuert fühlte, und die zwei Personen, die er im letzten Augenblick in sich wahrnahm, der hassende und der liebende A. Das kann und darf ihm aber auch nicht bewußt werden, und da bietet sich die Person B. nur zu gut an, um dieser Tat auch einen positiven Aspekt zu geben. In der Abspaltung von der Mutter, die die Tat symbolisiert, besteht für A. auch tatsächlich eine Chance, ein Stück erwachsener geworden zu sein. Er fühlt sich auch zum ersten Mal nicht als Versager. Durch die Zuwendung der Krankenschwester (A. befand sich zur Begutachtung in einer Klinik) und der Arbeitskollegin Michaela erlebt er an dem Tiefpunkt seiner Lebensgeschichte, wo es eigentlich aller Welt offenbar war, wie schlecht er ist, zum ersten Mal, daß er trotzdem nicht fallengelassen wird. Daß er sich nicht mehr so ausnutzen lassen will, dürfte ebenfalls ein Hinweis auf hinzugewonnene Ichstärke sein. Die beschriebenen Symptome, die sich aus einer sehr frühen Störung der Mutter-Kind-Beziehung herleiten, lassen sich unter dem Begriff einer narzißtischen Neurose subsummieren“.

Man mag in diesen Sätzen die Begründung einer diagonistischen Entscheidung sehen, deren Evidenz hier ohne Bedeutung ist. Dem Gericht werden ein psychopathologischer Befund und eine Persönlichkeitsstruktur geschildert, die durchaus geeignet sein mögen, das Eingangsmerkmal der „schweren anderen seelischen Abartigkeit“ zu erfüllen. Der Sachverständige hat aber übersehen, daß allein diese Feststellung dem Gericht keineswegs die erforderliche Hilfestellung gibt, sondern allenfalls andeutet, in welche Richtung die weiteren Überlegungen zu gehen haben. Eben diese Überlegungen anzustellen und zu formulieren, wäre nun Sache des Gutachters gewesen. Er hätte prüfen müssen, ob die von ihm angenommene schwere seelische Abartigkeit Einsichts- und Steuerungsfähigkeit im Blick auf das A. zur Last gelegte Delikt tangierte. Der Gutachter begründet seine Überzeugung, Haß und Aversion des A. habe tatsächlich nicht primär dem B. gegolten, sondern der eigenen Mutter. So sei auch der Versuch, sich von B. zu trennen, stellvertretend für den Trennungsversuch von der Mutter zu sehen. Unabhängig von der Frage, ob diese Interpretation evident ist — und um mehr als Evidenz kann es bei derartigen Interpretationen nicht gehen — bedeutet sie durchaus keinen Beitrag zur Erörterung der Frage nach der Schulfähigkeit. Die an einen jeden Menschen zu richtende Forderung, seine Triebbedürfnisse im Rahmen des sozial Akzeptierten zu befriedigen, wird nicht dadurch aufgehoben, daß das Triebziel in den Augen des Interpretierenden ein anderes ist als im Selbstverständnis des Handelnden. Diese Forderung kann nur dann nicht mehr erhoben werden, wenn eine nachhaltige Erschütterung des Persönlichkeitsgefüges den Betreffenden außerstande setzt, die Realisierung seiner Triebbedürfnisse an allgemeinen sozialen Normen zu orientieren. Mit der Vermutung, A. habe mit seinem Handeln nicht B., sondern vielmehr die Mutter treffen wollen, ist über Einsichts- und Steuerungsfähigkeit nichts ausgesagt. Die forensisch-psychiatrisch relevante Frage zielt darauf, ob die beschriebene Persönlichkeitsstörung geeignet ist, in bezug auf die konkrete Tat Einsichts- und Steuerungsfähigkeit in Frage zu stellen bzw. auszuschließen. Der Gutachter hätte einen ursächlichen Zusammenhang zwischen dem A. zur Last gelegten deliktischen Verhalten und jener Persönlichkeitsstruktur aufweisen müssen, die neurosenpsychologisch als eine narzißtische bezeichnet werden kann.

Da der Sachverständige entsprechende Überlegungen nicht anstellte, sondern sich lediglich auf diagnostische Erwägungen und psychodynamische Reflektionen beschränkte, sah das Gericht den Auftrag nicht als erfüllt an. Dieser Mangel konnte natürlich auch dadurch nicht behoben werden, daß der Gutachter auf eine Anfrage dem Gericht in einem Satz mitteilte, der Delinquent sei zum Zeitpunkt der Tat nicht in der Lage gewesen, „einsichtsgemäß zu handeln". Eben diese Auffassung zu begründen und dem Gericht darzulegen, wäre die Aufgabe des Sachverständigen gewesen.

Hier hat der Gutachter also ganz offensichtlich die Fragestellung entweder nicht verstanden oder aber die ihm grundsätzlich gebotene Zurückhaltung zu weit getrieben. Zwar ist er gehalten, sich nicht zu Rechtsbegriffen zu äußern, etwa des Sinnes z.B. nach seiner Auffassung seien die Voraussetzungen des § 21 StGB gegeben bzw. nicht gegeben. Seine Befunde und Schlußfolgerungen muß er dem Gericht jedoch in einer solchen Form darbringen, daß es diesem und den anderen Prozeßbeteiligten möglich wird, die von ihm getroffenen Feststellungen auf die entsprechenden Gesetzesvorschriften zu übertragen. Mit einer diagnostischen Etikettierung kann er dieses Ziel nicht erreichen.

Damit kommen wir zu einem zweiten, häufig begangenen Fehler. Psychiatrie und Psychopathologie verfügen über eine Anzahl unterschiedlich scharf definierter Begriffe. Einige von ihnen darf der Sachverständige als geläufig voraussetzen, etwa Affekt, Motiv und Emotion. Die Mehrzahl der gängigen Termini aber — und das gilt insbesondere für diejenigen einer bestimmten Schule und erst recht für die selbst erfundenen — sind den Prozeßbeteiligten entweder unbekannt oder, was gefährlicher ist, nur vage geläufig. Gerade bei Verwendung der letztgenannten — z. B. Depression, Schizophrenie, Wahn, Halluzination — kann es zu ärgerlichen und nicht selten folgenreichen Mißverständnissen kommen. Der Sachverständige wird sich deswegen, soweit es irgendwie möglich ist, der **deutschen Sprache** bedienen, auch wenn das im Einzelfall bedeuten mag, daß er einen Fachterminus mit mehreren Sätzen umschreiben muß. Der erfahrene Richter wird angesichts eines allzu „wissenschaftlich" anmutenden Gutachtens nicht nur zur Skepsis bezüglich der Kompetenz seines Gehilfen neigen, sondern wird diesen durch gezieltes Fragen und Bitten um verständliche Erläuterung nicht selten in arge Bedrängnis bringen.

Ebenso wie der Sachverständige in der Beantwortung der an ihn gerichteten Fragen diese ganz oder teilweise verfehlen kann, geht er bisweilen auch über die — berechtigten — Erwartungen seines Gegenüber hinaus. Am häufigsten trifft er unaufgefordert Feststellungen bezüglich der Kriminalprognose oder Therapie. Diese Komplexe können durchaus einmal Gegenstand seines Auftrags sein, sind sie es aber nicht, muß sich der Gutachter auch dann zurückhalten, wenn sich ihm Schlußfolgerungen in dieser Richtung förmlich aufzudrängen scheinen. Gerade im Blick auf die Kriminalprognose ist Vorsicht anzuraten. Gutachten, die mit häufig lapidaren Feststellungen zu diesem Problem schließen, gefährden ihre Überzeugungskraft. Die Beurteilung etwa der Kriminalprognose erfordert eine Reihe spezifischer Überlegungen; eine gutachterliche Äußerung, die nicht erkennen läßt, daß der Sachverständige eben diese Überlegungen angestellt hat, begründet einen Zweifel an der Stringenz des gesamten Gutachtens.

Neben diesen vom Sachverständigen allein zu verantwortenden Fehlern resultieren andere aus bewußten oder unüberlegten Versuchen der Prozeßbeteiligten, ihn zur Überschreitung seiner Kompetenz zu veranlassen. So wird er beispielsweise manchmal mit der Frage konfrontiert, ob denn die Einlassung des Angeklagten stimmig, ja, ob sie überzeugend sei. Nicht selten wünscht einer der Prozeßbeteiligten von ihm zu hören, ob denn eine erhebliche Verminderung der Schuldfähigkeit anzunehmen sei oder nicht. Gefragt wird bisweilen auch, ob dem Angeklagten in der konkreten Tatsituation ein normgerechtes Verhalten möglich gewesen wäre, das heißt, ob er anders hätte handeln können, als er es tatsächlich tat. In all den genannten Fällen muß der Sachverständige eine Stellungnahme mit der Begründung ablehnen, daß die Beweiswürdigung nicht seine Aufgabe sei, bzw. daß es grundsätzlich nicht möglich ist zus agen, ob ein Mensch in einer gegebenenfalls lang zurückliegenden Situation hätte anders handeln können. Auch die gerne an ihn gerichtete Frage, ob er denn **ausschließen** kann, daß der Delinquent sich zum Zeitpunkt der Tat in einem die freie Willensbestimmung erheblich beeinträchtigenden Zustand befunden habe, muß er zurückweisen. Er kann statt dessen lediglich mitteilen, daß er keine Anhaltspunkte gefunden hat, aufgrund derer eine solche Annahme nahegelegt würde. Schließlich tut der Gutachter in foro gut daran, sich nicht von den Prozeßbeteiligten psychiatrisch-psychopathologische Fachtermini vorgeben zu lassen. Er sollte stets die Möglichkeit bedenken, daß vielleicht gerade der ihn Befragende die einzelnen Fachausdrücke in einem besonderen, vom psychiatrisch-psychopatologischen Sprachgebrauch abweichenden Sinne verwendet. Übersieht er das, so kann er zu seiner eigenen Überraschung zu Schlußfolgerungen genötigt sein, die durchaus nicht seiner wohlbegründeten Überzeugung entsprechen. Er darf sich deswegen nicht scheuen, zurückzufragen, um zu erfahren, welchen Sachverhalt die andere Seite intendiert, wenn sie von Wahn, Affektstau, Persönlichkeitsnivellierung etc. spricht.

Für jeden Sachverständigen ist es wichtig zu wissen, daß es seinem Ansehen keineswegs Abbruch tut, wenn er sich angesichts mancher Fragen — sie gelten meist der sogenannten inneren Tatseite — zu einem deutlichen non liquet bekennt. In den Rechtswissenschaften meint das „non liquet" die Feststellung, daß eine Behauptung oder ein Sachverhalt unklar ist und auch nicht durch Beweis oder Gegenbeweis erhellt werden kann.

5 Schuld und Schuldfähigkeit

Selbstverständlich kann die mit den Begriffen Schuld und Schuldfähigkeit verbundene Problematik an dieser Stelle nicht erschöpfend behandelt werden. Die folgenden Bemerkungen sollen lediglich auf einige, für den forensischen Psychiater bedeutsamen, Aspekte hinweisen.

Für die Strafrechtspflege grundlegend ist der sogenannte **Schuldgrundsatz,** „nulla poene sine culpa". Eine Strafe hat also den Nachweis einer Schuld zur unerläßlichen Voraussetzung. Schuld im strafrechtlichen Sinne ist aber nicht bereits dann gegeben, wenn gegen eine soziale Norm verstoßen wird. Im Gegenteil: Die Mehrzahl der Verstöße gegen Regeln, die das Zusammenleben der Menschen organisieren, ist strafrechtlich ohne Belang.

Drei Begriffe sind in diesem Zusammenhang von Bedeutung: die Handlung bzw. Unterlassung, das Unrecht und die Zurechenbarkeit.

Bezüglich einer **Handlung** bzw. eines Verhaltens ist zunächst zu prüfen, ob sie aus der Perspektive des Strafrechts überhaupt relevant sind. Eine wichtige Voraussetzung ist die Tatsache, daß sich die zu beurteilende Handlung als ein willkürlicher, das heißt von einem bewußten Willen gesteuerter Akt menschlicher Betätigung darstellt. Handlungen bzw. Unterlassungen, die beispielsweise im Zustand der Bewußtlosigkeit begangen werden, sind demnach strafrechtlich bedeutungslos. Diese Feststellung gilt unabhängig von deren Rechtswidrigkeit und auch unabhängig von dem durch sie verwirklichten Unrecht. Aber auch das willkürliche Verhalten, durch das soziale Normen verletzt werden, begründet nicht notwendigerweise einen Schuldvorwurf. Nur ein Bruchteil der Regeln und Normen, die in einer vorgegebenen Gesellschaft positiv gewertet werden, steht unter dem besonderen Schutz des Strafgesetzbuches. Die Mehrzahl der Situationen, in denen Menschen einander begegnen und miteinander umgehen, wird strukturiert durch konsentierte Konventionen oder ad hoc-Vereinbarungen. Um strafrechtlich relevant zu werden, muß ein Handeln rechtswidrig sein, das heißt zwischen dem tatsächlichen und dem gesellschaftlich geforderten Verhalten muß ein Widerspruch bestehen. Darüber hinaus muß das Handeln einen Straftatbestand erfüllen. Wenn diese Voraussetzungen gegeben sind, wird durch die Tat zwar ein Unrecht verwirklicht, nicht aber bereits ein kriminelles Unrecht. So stellt zwar die Verletzung der körperlichen Unversehrtheit ein Unrecht dar, ein Operateur z. B. begeht jedoch durchaus kein kriminelles Unrecht. Sein Tun ist gerechtfertigt. Kriminelles Unrecht liegt also erst dann vor, wenn eine Handlung bzw. Unterlassung straftatbestandsmäßig rechtswidrig ist und wenn keine Rechtfertigungsgründe vorliegen. Nicht jedes kriminelle Unrecht führt allerdings zum Strafausspruch, denn auch der Geisteskranke kann rechtswidrig handeln. Der Geisteskranke macht sich jedoch nicht schuldig, da ihm sein Tun nicht zurechenbar ist. Mit anderen Worten: Strafe ist an den Nachweis eines straftatbestandsmäßig rechtswidrigen Tuns ohne Rechtfertigungsgründe gebunden, das dem Handelnden zurechenbar bzw. vorwerfbar ist. Die Zurechenbarkeit bzw. Vorwerfbarkeit ist Voraussetzung der Schuld, ist sie nicht gegeben, kann sich die Frage nach einer etwaigen Strafbarkeit nicht stellen.

Der Schuldbegriff selber umfaßt eine Anzahl sogenannter Schuldelemente, von denen für den forensischen Psychiater allein die Schuldfähigkeit von Interesse ist. Schuld im strafrechtlich relevanten Sinne liegt nur dann vor, wenn auch Schuldfähigkeit gegeben ist. Gemeint ist damit die Fähigkeit, das Unrecht einer Tat einzusehen und nach dieser Einsicht zu handeln. Hinter dem Problem der Schuldfähigkeit steht dasjenige der menschlichen Willensfreiheit, das nicht zum Gegenstand theoretischer Erörterungen gemacht werden kann. Der Sachverständige, der nach der Schuldfähigkeit im konkreten Fall gefragt ist, muß sich darüber klar sein, daß er niemals eine verbindliche Feststellung darüber treffen kann, ob gerade dieser Mensch in dieser Tatsituation auch anders hätte handeln können. Er wird sich lediglich auf einen fiktiven Maßstab generellen Handelns und Handelnkönnens beziehen dürfen. Der Unmöglichkeit, etwas über die individuelle Freiheit zu normenkonformem Verhalten aussagen zu können, trägt das Gesetz dadurch Rechnung, daß es — in der Regel — nicht positiv nach der Schuldfähigkeit fragt, sondern negativ nach Anhaltspunkten, die einen Zweifel an der Schuldfähigkeit begründen bzw. diese ausschließen.

Im einzelnen sind für den forensischen Psychiater die folgenden Vorschriften von Bedeutung.

Generell schuldunfähig ist das Kind. Dazu heißt es im § 19 StGB:

Schuldunfähigkeit des Kindes. Schuldunfähig ist, wer bei Begehung der Tat noch nicht 14 Jahre alt ist.

Bei Jugendlichen im Alter zwischen 14 und 18 Jahren spricht man von einer **relativen Strafmündigkeit.** Es wird davon ausgegangen, daß auf den Jugendlichen die besonderen Sanktionen des Jugendstrafrechts nicht anzuwenden sind, es sei denn, der Betroffene erwiese sich als strafmündig. Für den Sachverständigen folgt daraus, daß er jeweils im konkreten Einzelfall die Schuldfähigkeit prüfen muß. Er muß also gegebenenfalls anhand seiner Untersuchungsbefunde erklären, warum er diesen Probanden für schuldfähig hält. Dazu § 3 JGG: Verantwortlichkeit.

Ein Jugendlicher ist strafrechtlich verantwortlich, wenn er zur Zeit der Tat nach seiner sittlichen und geistigen Entwicklung reif genug ist, das Unrecht der Tat einzusehen und nach dieser Einsicht zu handeln. Zur Erziehung eines Jugendlichen, der mangels Reife strafrechtlich nicht verantwortlich ist, kann der Richter dieselben Maßnahmen anordnen wie der Vormundschaftsrichter.

Heranwachsende zwischen 18 und 21 Jahren sind ebenso wie der Erwachsene generell schuldfähig. Nur wenn besondere Umstände vorliegen, die sich entweder aus der Analyse der Täterpersönlichkeit oder aufgrund der Art und Beweggründe der Tat ergeben, erfolgt die Anwendung des Jugendstrafrechts. Die Gleichstellung eines Heranwachsenden mit einem Jugendlichen impliziert jedoch keinen Zweifel an seiner Schuldfähigkeit. Durch sie wird lediglich festgestellt, daß die Sanktionen des Jugendstrafrechts dem konkreten Fall eher angemessen sind, als die des Erwachsenenstrafrechts. Der forensische Psychiater wird also bei einem Delinquenten im Alter von 18 bis 21 Jahren gesondert die Frage zu prüfen haben, ob er einem Jugendlichen näher steht als einem Erwachsenen, und — gegebenenfalls — ob er in bezug auf die Verwirklichung eines bestimmten kriminellen Unrechts als schuldfähig anzusehen ist.

Der Wortlaut des § 105 JGG lautet: Anwendung des Jugendstrafrechts auf Heranwachsende.
1. Begeht ein Heranwachsender eine Verfehlung, die nach den allgemeinen Vorschriften mit Strafe bedroht ist, so wendet der Richter die für einen Jugendlichen geltenden Vorschriften... an, wenn
1. die Gesamtwürdigung der Persönlichkeit des Täters bei Berücksichtigung auch der Umweltbedingungen ergibt, daß er zur Zeit der Tat nach seiner sittlichen und geistigen Entwicklung noch einem Jugendlichen gleichstand, oder
2. es sich nach der Art, den Umständen oder den Beweggründen der Tat um eine Jugendverfehlung handelt.

Bei einem Erwachsenen geht das Gesetz, wie erwähnt, davon aus, daß er fähig ist, das Unrecht einer Tat einzusehen und nach dieser Einsicht zu handeln. Die §§ 20, 21 StGB nennen die Bedingungen, die aufgewiesen werden müssen, wenn von diesem Normalfall abgegangen wird. Die Vorschriften haben den folgenden Wortlaut:

§ 20 StGB: Schuldunfähigkeit wegen seelischer Störungen. Ohne Schuld handelt, wer bei Begehung der Tat wegen einer krankhaften seelischen Störung, wegen einer tiefgreifenden Bewußtseinsstörung oder wegen Schwachsinns oder einer schweren anderen seelischen Abartigkeit unfähig ist, das Unrecht der Tat einzusehen oder nach dieser Einsicht zu handeln.
§ 21 StGB: Verminderte Schuldfähigkeit. Ist die Fähigkeit des Täters, das Unrecht der Tat einzusehen oder nach dieser Einsicht zu handeln, aus einem der in § 20 bezeichneten Gründe bei Begehung der Tat erheblich vermindert, so kann die Strafe... gemildert werden.

Der forensische Psychiater hat sich niemals expressis verbis zu der Frage zu äußern, ob ein Täter schuldfähig war. Seine Aufgabe ist es, dem Richter die erhobenen Befunde mitzuteilen und so zu interpretieren, daß dieser in die Lage versetzt wird, festzustellen, ob ein Zweifel an der Schuldfähigkeit oder gar die Annahme der Schuldunfähigkeit zu begründen ist. Um seinem Auftrag gerecht werden zu können, muß sich der Sachverständige jedoch über die Bedeutung der Rechtsvorschriften im klaren sein. Er muß verstanden haben, wonach gefragt ist und wonach nicht, wo in seiner Stellungnahme zum Problem der Schuldfähigkeit — seine Argumentation bewegt sich dabei stets in dessen Vorfeld — seine Kompetenz endet und die des Strafrichters beginnt.

Die Diskussion um den Begriff der Schuldfähigkeit und die Versuche, verbindliche Kriterien zu beschreiben, sind im Schrifttum eng mit der Erörterung des Determinismus-Indeterminismus-Problems verbunden. Es ist jedoch nicht die Aufgabe des Psychopathologen und damit auch nicht des forensischen Psychiaters, sich zu diesem Problem zu äußern. Auch hier gilt es zunächst, sich am Gesetzestext zu orientieren, der vom Sachverständigen keine Überlegungen zur menschlichen Willensfreiheit verlangt. Gefragt ist nach der Schuldfähigkeit „bei Begehung der Tat", das heißt retrospektiv nach der Entscheidungsfähigkeit zu einem bestimmten Zeitpunkt. Tatsächlich allerdings wird sich der Gutachter auf diesen retrospektiven Aspekt nur in bezug auf die Beantwortung der Beweisfrage beschränken. Die von ihm vorgenommene Befunderhebung muß bedeutsame anamnestische Daten naturgemäß mit einbeziehen und auch länger zurückliegende Elemente der Lebensgeschichte und relevante biographische Fakten unter dem Gesichtspunkt der Schuldfähigkeit gewichten.

Der Wortlaut des § 20 StGB spricht auf der einen Seite von der Einsichts- und auf der anderen von der Steuerungsfähigkeit. Schuldfähigkeit setzt voraus, daß hinsichtlich beider Vermögen, bezogen auf einen bestimmten Zeitpunkt und auf ein bestimmtes Tun bzw. Unterlassen, keine Anhaltspunkte für eine Beeinträchtigung erkennbar sind. Der Sachverständige ist nicht gefragt, ob der Täter anders hätte handeln können. Dazu etwas auszuführen ist, wie schon gesagt, niemand — also auch der Sachverständige nicht — in der Lage.

Einsicht im Sinne der Rechtsvorschrift ist nicht schon dann gegeben, wenn der Täter um die sozialen Normen weiß, gegen die er mit seinem Tun verstößt. Ein jedes Handeln verwirklicht sich in einem dichten Netz von Regeln und Vorschriften, die unterschiedliche Werte schützen und deren Beachtung mit Hilfe unterschiedlicher Sanktionsdrohungen garantiert werden soll. Diese Normen sind von ungleichem Gewicht und ungleich hoher Verbindlichkeit. Der einsichtig Handelnde erkennt die Hierarchie der durch eine konkrete Situation aktualisierten Normen und Verhaltensregeln, er erlebt die Erwartungen als verpflichtend, die mit seinem Tun und Unterlassen unter eben diesen Bedingungen und im Umgang mit eben diesem Partner verbunden sind.

Diese sehr allgemein gehaltenen Formulierungen werden später im Zusammenhang mit der Erörterung der Schuldminderungs- bzw. Ausschließungsgründe — und bezogen auf konkrete Fallbeispiele — zu präzisieren sein.

Von dem steuerungsfähig Handelnden ist zu fordern, daß er gemäß seiner Einsicht handelt — es sei denn, der Verwirklichung dieser Einsicht stehen Widerstände entgegen, die er unter Anspannung seiner Willenskraft nicht überwinden kann.

6 Schuldminderung und Schuldausschluß

Man spricht von einem „zweistöckigen“ Aufbau der §§ 20 und 21 StGB. Gemeint ist damit, daß die auf der psychologischen Ebene zu erörternden Fähigkeiten der Einsicht und Steuerung auf die, auf der „biologischen“ Ebene angesiedelten Eingangsmerkmale (krankhafte seelische Störung, tiefgreifende Bewußtseinsstörung, Schwachsinn, schwere andere seelische Abartigkeit) ursächlich bezogen sind. Diese Konstruktion der §§ 20 und 21 StGB wird vom ungeübten Sachverständigen nicht selten übersehen, wodurch es zu irritierenden Mißverständnissen zwischen Gutachter und Strafrichter kommen kann. Es genügt nicht, lediglich Feststellungen zur Einsichts- und Steuerungsfähigkeit zu treffen. Ebenso verfehlt ein forensisch-psychiatrisches Gutachten die Beweisfrage, wenn es sich auf das Konstatieren eines psychopathologischen Sachverhaltes oder auf psychiatrisches Diagnostizieren beschränkt.

Die Rede von den sogenannten **biologischen Eingangsmerkmalen** als Voraussetzung der verminderten Schuldfähigkeit bzw. Schuldunfähigkeit ist allerdings nicht nur mißverständlich, sondern auch sachlich falsch. Sie ist zum einen historisch begründet, indem sie an ältere Fassungen der Exkulpierungsvorschriften anknüpft, und reflektiert zum anderen psychiatrisch-psychopathologische Grundüberzeugungen, die inzwischen nicht mehr die herrschende Lehrmeinung wiedergeben. Statt von „biologischen Gründen der Zurechnungsfähigkeit“, spricht man deswegen — neutraler — besser von Eingangsmerkmalen der §§ 20, 21 StGB.

Der Eindruck, es handele sich dabei um Begriffe, die jeweils einen distinkten psychopathologischen Sachverhalt bezeichnen, ist trotz der Tatsache irreführend, daß einigen von ihnen im psychiatrischen Sprachgebrauch eine relativ fest umrissene Bedeutung zukommt. Dies darf jedoch nicht darüber hinwegtäuschen, daß es sich hier ausdrücklich um Rechtsbegriffe handelt, die der psychiatrischen Terminologie lediglich angenähert bzw. von ihr übernommen wurden. Eingedenk dieses Umstandes ist es dem Sachverständigen nicht nur gestattet, sondern wird sogar von ihm verlangt, daß er auf eine Erörterung jener Problematik verzichte, die gerade in der Psychiatrie etwa mit den Ausdrücken „krankhaft“ oder „Abartigkeit“ verbunden ist. Die Eingangsmerkmale stellen keine psychiatrischen Diagnosen dar, es handelt sich auch nicht um Syndrome, die etwa als Summe mehrerer sogenannter Symptome eine bestimmte psychiatrische Erkrankung repräsentieren. Sie sind vielmehr als Oberbegriffe zu verstehen, unter denen eine große Anzahl seelischer Störungen zusammengefaßt werden kann. Dieses Ordnungsprinzip unterscheidet sich aber auch hier von jenem, welches der Psychiater aus seinen Systematiken kennt. Der forensische Psychiater muß sich also in dieser Hinsicht von seinem Vorwissen frei machen, wenn er im konkreten Fall prüft, ob die von ihm erhobenen Befunde es erlauben, eines der Eingangsmerkmale als gegeben anzusehen.

Die Feststellung der Schuldminderung oder des Schuldausschlusses ist Aufgabe des Tatrichters. Als ein normativer Akt fällt sie nicht in den Zuständigkeitsbereich des Sachverständigen. Streng genommen gilt das auch für die sogenannten biologischen Eingangsmerkmale. Hier wird es aber nicht selten zu Kompetenzüberschreitungen kommen, und diese sind wohl auch vertretbar. Wollte sich der Gutachter strikt abstinent verhalten, so hätte er dem erkennenden Gericht lediglich eine detaillierte Beschreibung der Täterpersönlichkeit, ihrer Einstellungen und Handlungsbereitschaften sowie ihrer aktuellen seelischen Befindlichkeit zum Zeitpunkt der Tat zu liefern, um es dann dem Tatrichter zu überlassen, aus dieser Darstellung eines der Eingangsmerkmale herauszufiltern. Tatsächlich erwartet das Gericht jedoch vom Sachverständigen, daß er diese theoretisch vertretbare Zurückhaltung aufgibt, um ihm dabei behilflich zu sein, die psychiatrisch-psychologisch relevanten Daten und Befunde einem der — Rechtsbegriffe darstellenden — Eingangsmerkmale zu subsumieren. Es ist deswegen durchaus gerechtfertigt, nach Darlegung der Untersuchungsergebnisse zum Ausdruck zu bringen, ob diese die Annahme einer krankhaften seelischen Störung, einer tiefgreifenden Bewußtseinsstörung, eines Schwachsinns oder einer schweren anderen seelischen Abartigkeit rechtfertigen. Damit ist dann auch zugleich der erste Teil des Auftrages erfüllt, der eben darin besteht, dem Gericht mitzuteilen, ob überhaupt eine jener Voraussetzungen vorliegt, die dazu zwingen, die auf der psychologischen Ebene angesiedelten Merkmale der Einsichts- und Direktionsfähigkeit zu erörtern.

6.1 Die krankhafte seelische Störung

Bei diesem Eingangsmerkmal liegt das Gewicht eindeutig auf dem Wort „krankhaft". Um seelische Störungen handelt es sich auch bei den anderen Merkmalen.

Der Krankheitsbegriff ist in der Psychiatrie umstritten, der Gutachter ist jedoch ausdrücklich nicht gehalten, sich zu einem der vielen in der Diskussion befindlichen Denkmodelle zu äußern. Krankhaft bezieht sich im Gesetz eindeutig auf das medizinische Krankheitsmodell, wonach Krankheit dann vorliegt, wenn ein organpathologischer Befund als ursächlich für die Behinderung oder Funktionseinschränkung anzuschuldigen ist. Krankhafte seelische Störung heißt demnach, daß die vom Psychiater nachgewiesene psychische Abwegigkeit mit einem direkt oder indirekt das Gehirn betreffenden somatopatholigischen Befund in Verbindung zu bringen ist. Dabei weiß der Psychopathologe, daß sich psychopathologische und organpathologische Befunde einander lediglich zuordnen lassen, daß also niemals von einem Kausalzusammenhang zwischen Hirnaffektionen einerseits und psychischen Störungen andererseits gesprochen werden kann. Als forensischer Psychiater muß er all die abnormen Erlebens- und Verhaltensweisen den krankhaften seelischen Störungen zuschlagen, die mit einer organischen Hirnaffektion verbunden sind, und deren Intensität einen Zusammenhang zwischen den beiden Symptomreihen wahrscheinlich macht, auch wenn er über die Natur des Zusammenhangs im letzten nichts auszusagen weiß. So mag ein fieberhafter Infekt zwar zu einer zeitlich befristeten Reizbarkeit und eingeschränkten affektiven Steuerungsfähigkeit führen, gleichzeitig aber kann die Analyse der Vorgeschichte und der Persönlichkeit gerade dieses Probanden ergeben, daß er eben diese Wesenszüge ganz unabhängig von der aktuellen Erkrankung besitzt. In diesem Falle wären sie — ein entsprechendes Ausmaß und Gewicht unterstellt — im Blick auf das Eingangsmerkmal der schweren anderen seelischen Abartigkeit abzuhandeln.

Trotz der Schwierigkeit, die es im Einzelfall bereiten kann, einen konkreten Befund den „krankhaften seelischen Störungen" zuzurechnen, bleibt das jedoch in der überwiegenden Zahl der Fälle unproblematisch.

Die Einteilung der Gesamtheit der exogenen, krankhaften seelischen Störungen (körperlich begründbare Psychosen, exogene Psychosen in der Sprache der Psychiatrie) kann unter zweierlei Gesichtspunkten erfolgen: sie kann sich zum einen an der Grundkrankheit orientieren, zum anderen an der Prognose. Bezieht man sich auf die Grundkrankheit und deren Verlauf, so zerfallen die exogenen Psychosen in akute und chronische Formen. Zu den akuten zählt etwa die Kontusionspsychose nach einem schweren Schädelhirntrauma, während die delirante Episode im späteren Verlaufsabschnitt eines Morbus Alzheimer (zwischen dem 40. und 60. Lebensjahr einsetzende, fortschreitende, degenerative Erkrankung des Gehirns, die schließlich in eine Demenz mündet) zu den chronischen körperlich begründbaren Psychosen zu rechnen wäre. Orientiert man sich jedoch nicht an der Grundkrankheit, sondern an der Prognose, so gliedern sich die exogenen Psychosen in reversible und irreversible Formen. Man muß sich darüber im klaren sein, daß beide Begriffspaare — akut/chronisch und reversibel/irreversibel — keine Aussage über die Symptomatologie einschließen. Weder ist jede akute körperlich begründbare Psychose reversibel noch jede chronische, körperlich begründbare Psychose irreversibel. Die Feststellung, daß mit diesen Gliederungen keine Aussagen über die Symptomatologie verbunden ist, ist besonders wichtig. Die beiden Achsensymptome körperlich begründbarer Psychosen — die Bewußtseinstrübung einerseits sowie der Persönlichkeitsabbau und die Demenz andererseits — können keiner der beschriebenen Untergruppen allein zugeordnet werden. So trifft es zwar zu, daß man eine Bewußtseinstrübung bevorzugt bei akuten körperlich begründbaren Psychosen findet, gesehen wird sie aber auch im Verlauf chronischer, körperlich begründbarer Psychosen. Auf der anderen Seite gibt es auch akute reversible körperlich begründbare Psychosen ohne Bewußtseinstrübung, die sogenannten Durchgangssyndrome. Man darf Achsensymptome nicht mit spezifischen Symptomen verwechseln. Die Entscheidung, ob es sich bei einer körperlich begründbaren Psychose um eine akute oder chronische bzw. eine irreversible oder reversible handelt, kann also in aller Regel erst in einem relativ späten Verlaufsabschnitt mit Sicherheit getroffen werden, wenn auch der Erfahrene aufgrund mancher Indizien bisweilen recht frühzeitig zumindest einen entsprechenden Verdacht äußern kann.

Hinsichtlich der Symtomatik körperlich begründbarer Psychosen gilt die vor 70 Jahren von *Bonhoeffer* formulierte Regel von der Noxenunspezifität auch heute noch. Diese Regel besagt, daß es unmöglich ist, aus dem vorliegenden psychopathologischen Bild auf die Natur der zugrunde liegenden Schädlichkeit zurückzuschließen. Es gibt keine Erscheingungsweise körperlich begründbarer Psychosen, die für eine bestimmte körperliche Erkrankung spezifisch wäre. Die Unterschiedlichkeit der psychopathologischen Syndrome im Zusammenhang mit einer Schädigung des Zentralnervensystems, deren Zahl insgesamt auf einige klinische Prädelektionstypen begrenzt ist, ergibt sich statt dessen aus der Schwere der Erkrankung, ihrer Lokalisation, ihrem Entwicklungstempo, der individuellen Konstitution und dem Lebensalter des Probanden.

Bis zu einem gewissen Grade kann man also sagen, der psychopathologischen Differenzierung komme bei den körperlich begründeten Psychosen nur eine untergeordnete Bedeutung zu. Auf der anderen Seite ist jedoch zu beachten, daß manche hirnbeteiligenden Körperkrankheiten, vor allem in Abhängigkeit vom jeweiligen Verlaufsstadium, bevorzugt zu bestimmten psychopathologischen Symptomen führen. Darüber hinaus erlaubt es eine saubere psychopathologische Deskription nicht selten auch ohne den Nachweis eines krankhaften Organbefundes, exogene Psychosen, die in ihrer Symptomatik endogene Geisteskrankheiten imitieren, als körperlich begründbar zu identifizieren. Ein Beispiel dafür bietet die Verbalhalluzinose bei langdauerndem Alkoholmißbrauch.

Die Tatsache, daß bei den körperlich begründbaren Psychosen zwischen psychopathologischer Symptomatik und Natur der Schädigung keine erkennbare Beziehung besteht, bedingt ihre Gliederung allein unter symptomatologischem Aspekt. Eine erste Gruppe umfaßt diejenigen Symptome, bei denen eine Beeinträchtigung des Bewußtseins im Sinne der Bewußtseinsstörung bestimmend ist. Hierher gehören z. B. körperlich begründbare Psychosen nach Intoxikationen oder schweren Schädelhirntraumen, wobei die Bewußtseinstrübung von einer leichten Benommenheit bis zum Koma reichen kann. Zu der zweiten Gruppe zählen Zustände einer Bewußtseinsänderung, bei denen statt einer Minderung der Wachheit eine Unordnung bzw. Desintegration der psychischen Abläufe vorherrscht. Wahrnehmung, Denken und Emotionalität sind beeinträchtigt. Es resultieren als typische Syndrome der einfache Verwirrtheitszustand, der Dämmerzustand, das Delir und die isolierte Halluzinose. Die dritte Gruppe umschließt die Bilder einer organischen Persönlichkeitsveränderung und einer Demenz, wie sie etwa als Folgezustand nach schweren traumatischen Hirnsubstanzschäden, cerebraler Mangeldurchblutung oder infektiösen Hirnprozessen gesehen werden.

Endoforme Syndrome, das heißt Zustandsbilder körperlich begründbarer Psychosen, die den endogenen Geisteskrankheiten ähneln, bilden eine vierte Gruppe. Man spricht auch von symptomatischen Zyklothymien und symptomatischen Schizophrenien. Letztere werden in jüngerer Zeit beispielsweise im Zusammenhang mit einem Drogenmißbrauch gesehen, speziell bei einem Mißbrauch halluzinogener Substanzen. Endoforme Syndrome im Verlauf körperlich begründbarer Psychosen können bisweilen schwerwiegende diagnostische Probleme aufwerfen, wenn es um die Abgrenzung von endogenen Geisteskrankheiten geht. Die fünfte Gruppe schließlich umfaßt jene exogenen Psychosen, die psychopathische Verfassungen oder neurotische Symptombildungen imitieren. Sie werden ebenfalls nach traumatischen Hirnsubstanzschäden gesehen, aber auch als blande Persönlichkeitsveränderung nach entzündlichen Hirnerkrankungen oder akuten toxischen Schädigungen.

Ungeachtet der Tatsache, daß in der Psychiatrie die Auffassungen bezüglich der Ursachen der sogenannten endogenen Psychosen (Zyklothymie-Gruppe, Schizophrenie-Gruppe) weit differieren und daß nur einige Schulen der Überzeugung sind, es handele sich um primär somatisch bedingte Störungen, fallen diese Erkrankungen unter das Eingangsmerkmal der krankhaften seelischen Störung. Auf die klinischen und diagnostischen Besonderheiten dieser beiden Gruppen endogener bzw. funktioneller Psychosen soll an dieser Stelle nicht eingegangen werden. In den späteren Kapiteln werden jene Aspekte der Schizophrenien und Depressionen behandelt, die unter forensisch-psychiatrischen Gesichtspunkten von Bedeutung sind.

6.2 Die tiefgreifende Bewußtseinsstörung

Das Eingangsmerkmal der tiefgreifenden Bewußtseinsstörung stellt den Psychiater in foro vor Probleme, die sich nicht allein aus dem konkreten Einzelfall ergeben, sondern darüber hinaus allgemeine und keineswegs befriedigend beantwortete Fragen der Psychologie und der Psychopathologie berühren. Der Tatrichter aber, der naturgemäß an den wissenschaftlichen Auseinandersetzungen innerhalb der von ihm herangezogenen Hilfsdisziplinen nicht interessiert ist, erwartet von dem psychiatrisch-psychopathologischen Sachverständigen überzeugende Feststellungen, an denen er seine Überlegungen bezüglich der Anwendbarkeit dieser Vorschrift orientieren kann. Gerade in dieser Situation darf der Gutachter jedoch aufgrund seines Auftrages, dem Gericht beim Erwerb der erforderlichen Sachkenntnis behilflich zu sein, keinen Zweifel daran lassen, wo die Grenzen seiner eigenen Kompetenz liegen. Er muß zu erkennen geben, wo er den Boden wissenschaftlich begründeter Überlegungen verläßt, um sich lediglich in der Rolle des Anwalts eines — tatsächlichen oder angenommenen — vorwissenschaftlichen Konsenses zu äußern.

Es ist immerhin auffällig, daß in der forensisch-psychiatrischen Fachliteratur die Problematik der tiefgreifenden Bewußtseinsstörung durchweg unter dem Stichwort und am Beispiel des Affektdelikts erörtert wird. Tatsächlich jedoch spricht der § 20 StGB nicht von Erregung etc., sondern von einer Bewußtseinsstörung. Die Neigung, die Aufmerksamkeit von vornherein dem sogenannten Affektdelikt zuzuwenden, ist allerdings verständlich, wenn man die Schwierigkeiten bedenkt, die einer eindeutigen Bestimmung des Begriffes Bewußtsein entgegenstehen. Die Gleichsetzung der (nicht organisch bedingten) Bewußtseinsstörung mit dem Zustand der heftigen affektiven Erregung bedingt aber eine unzulässige Einengung der Diskussion dieser Vorschrift und veranlaßt Sachverständige und Strafrichter gleichermaßen dazu, die Frage nach dem Vorliegen einer gegebenenfalls schuldmindernden oder schuldausschließenden Bewußtseinsstörung a priori zu verneinen, wenn ein außergewöhnlicher Affekt zum Zeitpunkt der Tat weder geltend gemacht noch durch Zeugen und/oder Untersuchungsergebnis nahegelegt wird.

Natürlich reflektiert diese Tendenz die Geschichte der Auseinandersetzung um die forensisch-psychiatrische Relevanz der „normalpsychologischen“ Bewußtseinsstörung. Es sollte aber nicht übersehen werden, daß der Sonderausschuß für die Strafrechtsreform seinerzeit ganz allgemein von einer Erschütterung bzw. Zerstörung des seelischen Gefüges gesprochen hat (BT-Sonderausschuß für die Strafrechtsreform, 2. schriftlicher Bericht. BT-Dr. V/4095, S. 11). Aus der Entstehungsgeschichte der Vorschrift über die „tiefgreifende Bewußtseinsstörung“ in den §§ 20,

21 StGB ergibt sich eindeutig, daß damit allein die nicht hirnorganisch bedingten, eben „normalpsychologischen" Bewußtseinsstörungen gemeint sind (z. B. *Lencker* in: Handbuch der forensischen Psychiatrie I, 1972, S. 116). Da der forensische Psychiater jedoch der Wortverbindung „normalpsychologische Bewußtseinsstörung" recht hilflos gegenübersteht, das Gericht jedoch in diesem Punkt eine kompetente Hilfestellung von ihm erwartet, kann er seinem Auftrag nur dann gerecht werden, wenn er klarstellt, an welchem Verständnis von „Bewußtsein" sich seine Überlegungen und Ausführungen orientieren.

Weder Psychologie noch Psychopathologie verfügen über einen verbindlichen Bewußtseinsbegriff. Während etwa *Wernicke* die „Bewußtseinsfunktion" unmittelbar in der Großhirnrinde lokalisierte, verstand *Wundt* Bewußtsein als eine eigene, nicht näher zu bestimmende Wesenheit. Insbesondere die herkömmliche Psychiatrie neigte stets dazu, Bewußtsein im Sinne des geläufigen Sprachgebrauchs als eine Qualität psychischer Vorgänge zu behandeln. Trotzdem wurden bis in die Gegenwart hinein, in wechselnden Formulierungen, immer wieder auch lokalisatorische Theorien vertreten. Bewußtsein hat zwei Aspekte. Zum einen umfaßt es die eigene Existenz, als eine zwar geschichtliche, aber über die Zeit hinweg identisch bleibende Größe als Voraussetzung für jede teilnehmend-wertende mitmenschliche Kommunikation. Zum anderen ist damit aber auch die aktuelle Einstellung gemeint. Eine Vertiefung und Erweiterung hat die Diskussion um den Bewußtseinsbegriff durch Arbeiten des französischen Psychopathologen H. EY erfahren, der mit der Konzeption des Bewußtseinsfeldes phänomenologische und neurophysiologische Betrachtungsweisen verband. Jener Teil des Bewußtseinsfeldes, in dem die unterschiedlichen Stufen der Wachheit (Vigilanz) zusammengefaßt sind, zählt zu den am besten untersuchten Bewußtseinsfunktionen. Stufen der Vigilanz sind etwa der Wachzustand und der Schlaf. Die Besonnenheit gilt als die höchste Stufe der Reflexion, die dem Ich ein wertendes Wahrnehmen erlaubt, und die Voraussetzung für ein normenorientiertes Stellungnehmen in freier, selbstverantwortlicher Entscheidung ist.

Die Einengung der Diskussion um die tiefgreifenden Bewußtseinsstörungen auf eine Beurteilung der sogenannten Affektdelikte unter forensisch-psychiatrischem Aspekt läuft zwangsläufig auf eine Verkürzung des Inhalts der Vorschrift hinaus, indem lediglich ein möglicher Faktor einer Bewußtseinsalteration herausgegriffen wird. Psychiatern und Psychopathologen allerdings schien diese Reduktion auf die Affekthandlung ihre Aufgabe als Gutachter durchaus zu erleichtern. In ihrem Verständnis ist die Bewußtseinsstörung stets mit der Annahme einer organischen Hirnaffektion verbunden, welche jedoch nach dem Willen des Gesetzgebers ausdrücklich ausgeklammert und unter die „krankhaften seelischen Störungen" subsumiert sind. Nun ist es unbestritten, daß auch die Auseinandersetzung um die sogenannten Affektdelikte bislang zu keinem allgemeinen Konsens geführt hat. Mit dem Unbehagen des in foro argumentierenden psychiatrischen Sachverständigen korrespondiert die Ratlosigkeit des Tatrichters, wenn er sich bemüht, dessen Ausführungen bei seiner Meinungsbildung angemessen zu berücksichtigen. Einige der offenen Probleme möchte ich kurz ansprechen.

In Fortsetzung einer Entscheidung des Obersten Gerichtshofes der Britischen

Zone vom 25.04.1950 (OHSt 3, 19) hat der Bundesgerichtshof daran festgehalten, daß hochgradige Affekte einen Exkulpierungsgrad abgeben können (BHSt 3, 194; BGHSt 23, 133). Damit sollte gewährleistet sein, daß alle Fälle eines verlorengegangenen Steuerungsvermögens erfaßt werden. In diesem Sinne wird gegenwärtig die entsprechende Vorschrift der §§ 20, 21 StGB auch überwiegend ausgelegt (vgl. *Lencker* 1972, 112f). Diese Rechtssprechung zwingt den Gutachter dazu, retrospektiv auf einen hochgradigen Affektsturm zu schließen und dem Gericht dies überzeugend darzutun. Das impliziert aber die im Grunde unlösbare Aufgabe, eine abnorme, das Steuerungsvermögen nicht in einem forensisch relevanten Ausmaß beeinträchtigende affektive Erregung von einer „normalen", forensisch-psychiatrisch irrelevanten abzugrenzen. Die lediglich als Orientierungshilfen gedachten, in vielen Gutachten aber unbefragt als verbindlich unterstellten Kriterien (Persönlichkeitsfremdheit, Amnesie, Zerbrechen der Sinnkontinuität des Handelns), können einer psychiatrisch-psychopathologischen Analyse nicht standhalten.

Angesichts der Fragwürdigkeit des Begriffs der „Persönlichkeitsfremdheit" der aktuellen Tat, deren „Sinnlosigkeit" etc. und angesichts der Unmöglichkeit, eine affektive Erregung als forensisch-psychiatrisch bedeutsam oder bedeutungslos zu bewerten, neigt der Sachverständige zunehmend und mit gutem Grund dazu, seiner Beurteilung eine Analyse jenes biogaphischen Vorfeldes zugrunde zu legen, aus dem die sogenannte Affekttat in psychodynamischer Konsequenz herauswächst. In dieser Fokussierung der Aufmerksamkeit zeigt sich eine richtige Tendenz, sie ist aber auch nicht unproblematisch. Zweifellos gelingt die Würdigung eines aufbrechenden Affekts im Hinblick auf Stabilität und Integration des Persönlichkeitsgefüges und damit auf Einsichts- und Direktionsfähigkeit nur auf dem Hintergrund der Lebensgeschichte des Täters — und zwar nicht nur deren scheinbar tatrelevanter Abschnitte. Es gibt kein Erlebnis als aktuelles Geschehen, das in einer vom jeweils betroffenen Individuum unabhängigen, interindividuellen Weise eine nachhaltige affektive Erschütterung bewirken kann. In diesem Sinne hat *Janzarik* neben dem Situationsbegriff denjenigen der personalen Struktur als unentbehrliches Komplement bezeichnet, und hat *Pauleikhoff* der Situation nur vor dem Hintergrund einer besonderen Erlebnisdisposition einen pathogenen Wert zuerkannt. Der Sachverständige, der seine Feststellungen bezüglich der Schuldfähigkeit allein auf die Selbst- und Fremdschilderungen der seelischen, speziell affektiven Verfassung des Täters zur Zeit der inkriminierten Handlung stützt, greift zwangsläufig zu kurz. Man wird aber auf der anderen Seite zu bedenken haben, daß eine solche Betrachtungsweise die Persönlichkeitsstruktur des Täters in den Mittelpunkt des Interesses rückt. Der Rückgriff auf lebensgeschichtliche Zusammenhänge und latente Konfliktspannungen, die in der Tatsituation aktualisiert werden, und deren Analyse münden zwangsläufig in eine Erörterung des personalen Gefüges, der Einstellungen und Handlungsbereitschaften, das heißt, sie führen in eine psychiatrisch-psychopathologische Problematik, die das Gesetz mit dem unglücklichen Begriff der „schweren anderen seelischen Abartigkeit" anspricht. Das wird besonders deutlich in dem Versuch von *Grosbüsch,* die „tiefgreifende Bewußtseinsstörung" als Verlust der Identität zu interpretieren. Auf der anderen Seite wird der Sachverständige durch eine solche Tendenz rasch vor die Frage gestellt, ob der Täter bei Kenntnis seiner pathologischen Reaktionsbereitschaft, das heißt im Wissen um die spezifischen Gefährdungen seiner affektiv-emotionalen Stabilität, nicht eben jene Situation hätte vermeiden können und müssen, die schließlich in die inkriminierte Affekttat mündete. In der dogmatischen Behandlung der Affekttat in der Strafrechtswissenschaft wurde gerade dieses Problem ausführlich erörtert.

Der Sachverständige sollte sich — schon um der Gefahr zu entgehen, sich in foro zu dieser Problematik äußern zu müssen — in seinen Ausführungen streng an der Vorschrift des § 20 StGB orientieren, in der nach einer „tiefgreifenden Bewußtseinsstörung" und nicht nach einem schuldausschließenden oder schuldmindernden Affekt gefragt ist. Er muß sich von dem in der Psychiatrie (und der Psychologie) geläufigen Begriff des Bewußtseins lösen, auf dessen Störungen das Gesetz mit der Rede von einer „tiefgreifenden Bewußtseinsstörung" gerade nicht abzielt, und in seinen Überlegungen von jenem Aspekt des Bewußtseins auszugehen, der weiter oben als Besonnenheit beschrieben wurde.

Auch die Prüfung der Besonnenheit ist ohne eine genaue Kenntnis der Persönlichkeit des Probanden naturgemäß nicht möglich. Dabei ist aber nicht nach etwaigen Hinweisen auf eine schwere seelische „Abartigkeit" gefragt — Indizien für eine solche werden, falls tatrelevant, dem Gericht unter Bezug auf das entsprechende Eingangsmerkmal dazustellen sein —, sondern nach einem möglichst umfassenden Bild des Betreffenden, nach seinen Erlebens- und Verhaltensmöglichkeiten und seiner Reflexionsfähigkeit. Die Besonnenheit ist die unerläßliche Voraussetzung der Fähigkeit zu normen- und situationsgemäßem Verhalten. Damit sind nicht allein strafrechtlich sanktionierte Normen gemeint. Ein jedes Verhalten ist gerichtet und damit bezogen auf einen anderen, es ist aber auch antizipierend, indem in den Handlungsentwurf die Erwartung des Zukünftigen eingeht. Die im Handlungsentwurf antizipierende Vorwegnahme des Kommenden bedarf aber als Bezugspunkt nicht nur der gegebenen Situation, sondern ebenso der Vergegenwärtigung des in der Vergangenheit angeeigneten Wissens und der erworbenen Erfahrung. So gelingt es, die situationsbezogenen Erwartungen des bzw. der anderen zu verstehen, sie in Beziehung zu den eigenen Erwartungen zu setzen, um so im Entwurf des geplanten Handelns die für die konkrete Interaktion bestimmenden Normen und Regeln sowie den für den sozialen Kontext insgesamt verbindlichen Normenkodex angemessen berücksichtigen zu können.

Mannigfache Störungen der Besonnenheit sind denkbar, manche können forensisch-psychiatrisch relevant werden. Ich möchte hier einige Beispiele nennen: **Das situationale Mißverständnis.** Für diesen Störungstyp ist kennzeichnend, daß die Regeln, die die aktuelle Beziehung strukturieren, von den Beteiligten nicht gleichsinnig ausgelegt werden. Für den Sachverständigen bedeutsam sind vor allem Konstellationen, in denen der eine — das heißt der Täter — verbale oder nichtverbale Äußerungen bzw. Signale in der Weise mißversteht, als seien einzelne sonst verbindliche Normen in der konkreten Situation vorübergehend außer Kraft gesetzt worden. Derartiges kommt zweifellos am häufigsten im Rahmen heterosexueller Kontakte vor. Ein Blick, eine Bewegung oder sogar eine explizite Ablehnung und Zurückweisung werden als Aufforderung verstanden und legitimieren in den Augen des späteren Täters ein Verhalten, das objektiv einen Straftatbestand erfüllt. Hier kann nur eine sorgfältige Befragung unter Berücksichtigung der äußeren Konstellationen ergeben, daß der Täter sich aufgrund des situationalen Mißverständnisses zu dem inkriminierten Verhalten aufgefordert glaubte.

Einen anderen Typus repräsentiert die **Orientierungsstörung:** Hier resultiert das Verhalten aus einem Handlungsentwurf, der die zur Erreichung eines angestrebten Zieles einzusetzenden Mittel nicht am erworbenen Wissen um sozial sanktionierte Normen orientiert. Die gegenwärtige Situation gewinnt einen derart zwingenden Aufforderungscharakter, daß allein die aktuell situationsimmanenten Normen zu Handlungsdeterminanten werden und die diesem Verhalten entgegenstehenden situationsübergreifenden normativen Verpflichtungen vorübergehend suspendiert werden. Das muß durchaus nicht heißen, daß sie vergessen wären. Der Täter kann um sie wissen, obwohl sie als Handlungsorientierung in den Hintergrund treten und vorübergehend desaktualisiert werden. Viele sogenannte Affektdelikte sind derart strukturiert, auch wenn es zur Orientierungslosigkeit zweifellos ohne eine erkennbare affektive Erregung kommen kann. Wesentlich ist das vorübergehende Herausfallen aus der normengebundenen Determination des Handelns, wodurch das Verhalten seinen motivationalen Grund allein in der aktuellen Situation findet und die kritische Reflexion situationsübergreifender, der eigenen Erfahrung und den gesellschaftlichen Erwartungen verpflichteter Handlungsbestimmungen unterbleibt.

Schließlich sei als dritter Störungstyp die **rigide Normenfixierung** genannt: Auch das Leben in einem vergleichsweise stabilen, geordneten und überschaubaren Gemeinwesen verlangt eine sichere Kenntnis seiner Normen und Regeln sowie ihre situationsspezifische und -adäquate Befolgung. Es verlangt darüber hinaus die Fähigkeit zu einer flexiblen Anpassung an ungewohnte oder gar überraschende Konstellationen. In jeder Gesellschaft gibt es Lebensbereiche, die entweder nur sehr global oder überhaupt nicht hinsichtlich der Verhaltenserwartungen der in ihr Agierenden definiert sind. Hier wird von dem einzelnen erwartet, daß er ad hoc Handlungsentscheidungen fällt, welche die Interessenlage der anderen berücksichtigen und nicht verletzen. In der forensischen Psychiatrie sind vor allem Situationen von Bedeutung, in denen sich ein Mensch unvorhersehbaren, seine Interessen tangierenden Normenverletzungen durch einen anderen gegenüber sieht. Besonnenes Reagieren verlangt hier, daß die Antwort, daß Abwehr bzw. Wiedergutmachung in einer sozial gebilligten Relation zu Art und Grad der erlittenen Beeinträchtigung stehen. Der Betroffene muß also über jene Fähigkeit zur kritischen Reflexion und Überschau verfügen, die es ihm gestattet, sein Verhalten nicht primär am individuellen Betroffensein zu orientieren, sondern an dem Wert und der Bedeutung, die dem tangierten Interessenbereich nach allgemeinem gesellschaftlichen Konsens zukommen. Eine rigide Normenfixierung kann den Betreffenden außerstande setzen, den Rekurs auf den konsentierten Normenkodex zu vollziehen, so daß er seinen Reaktionen seine eigne spezifische Werthierarchie zugrunde legt, indem er beispielsweise auf das Zertreten des von ihm gezüchteten Rosenbeetes wie auf einen Angriff auf ein Familienmitglied reagiert.

Forensisch-psychiatrisch relevante Störungen der Besonnenheit haben ihren Grund in aller Regel in individualspezifischen biographischen und damit persönlichkeitseigenen Determinanten. (Jene Beeinträchtigungen der Besonnenheit, die durch eine Intoxikation, eine Hirnverletzung u. ä. verursacht sind — „Bewußtseinsstörungen“ im Sinne der psychiatrisch-psychopathologischen Terminologie — fallen unter die „krankhaften seelischen Störungen“). Mit aller Deutlichkeit muß aber betont werden, daß diesen, eine Störung der Besonnenheit begünstigenden persönlichkeitseigenen Determinanten weder ein Krankheitscharakter noch ein Krankheitswert zukommt. Sie bedeuten keine Persönlichkeitsaberration, die die Frage nach dem Vorliegen einer „schweren anderen seelischen Abartigkeit“ aufwerfen würde. Sie sind vielmehr als charakterogene Handlungsdispositionen zu verstehen, als Ausdruck des individuellen Wertgefüges. Sie bestimmen die Fähigkeit, einen notwendigen situationsgebundenen Rollenwechsel zu vollziehen, das heißt, die in der aktuellen Situation gegebenen Verhaltenserwartungen zu erfassen und in bezug auf den konsentierten Normenkodex angemessen zu beantworten. „Unbesonnenes“ Handeln ist also durchaus nicht an einen abnormen, speziell neurotischen Charakter gebunden. Es begegnet uns täglich und bei jedem Menschen, wenn spezifische Themenkomplexe in einer spezifischen Weise angesprochen werden.

Eine Störung der Besonnenheit stellt sich dem anderen keineswegs immer als eine affektive Erschütterung dar; bewirkt sie aber eine solche, so sind qualitative Änderungen der Affektlage mindestens ebenso häufig wie intensitative. So mag ein situationales Mißverständnis durch eine momentane oder lang bestehende Fixierung auf ein Thema, einen Gegenstand oder einen Partner begünstigt werden. Diese charakteristische Art der Bindung läßt den Betroffenen dann bevorzugt jene Aspekte der Situation bzw. der Beziehung wahrnehmen, die seine Vorerwartungen bestätigen. Demgemäß orientiert er sein Verhalten an Vorerwartungen, die aus seiner spezifischen Auffassungsperspektive resultieren. Das situationale Mißverständnis, die Orientierungsstörung ebenso wie die rigide Normenfixierung als eine besondere Form des diskonformen perspektivischen Wahrnehmens und Erlebens, können naturgemäß dem Haß, dem Abscheu, der Verachtung ebenso erwachsen wie der Liebe und der Trauer, dem Besessensein von einer Idee und dem resignativen Rückzug auf einen beschränkten Kreis unmittelbar berührender Themenbereiche.

Für den Tatrichter bedeutsam sind Störungen der Besonnenheit, angesichts derer sich die Frage nach einer Minderung der Schuldfähigkeit oder deren Ausschluß stellt. Sie sind aus der Perspektive des Sachverständigen dann zu diskutieren, wenn die Exploration eine deutliche Diskrepanz zwischen dem erklärten oder aus den Tatumständen zu erschließenden Handlungsziel und den zu seinem Erreichen eingesetzten inkriminierten Mitteln, das heißt Verhaltensweisen, aufdeckt. Unabhängig von der Frage, ob der Täter unter einer erkennbaren und heftigen Affektwirkung stand oder ob die Tat scheinbar persönlichkeitsfremd war (tatsächlich ist der Begriff persönlichkeitsfremde Tat widersinnig), unabhängig davon, ob die Tat sinnlos erscheint (das zu beurteilen, vermögen Psychiater und Psychologen ebensowenig wie der Richter) und unabhängig von einer etwaigen Amnesie (sie ist niemals zu verifizieren und kennzeichnet im übrigen auch viele nicht inkriminierte alltägliche Handlungsvollzüge): Unabhängig von all diesen im letzten unbrauchbaren Kriterien hat die Diskussion der Frage nach einer forensisch relevanten Störung der Besonnenheit von den folgenden Überlegungen auszugehen: Am Beginn steht eine Analyse des Handlungszieles und damit des Beweggrundes der Tat. Eine jede Straftat dient, unabhängig davon, ob sie einen Schuldvorwurf begründet oder nicht, der Befriedigung eines Bedürfnisses, das heißt, ihre Ausführung löst eine Bedürfnisspannung. Das gilt auch für eine solche, die aus der Perspektive des Täters — und gegebenenfalls auch aus derjenigen des Betrachters — den Charakter des Altruistischen trägt. Die Aufmerksamkeit des Sachverständigen gilt der Bedürfnisspannung im Vorfeld des Tatgeschehens, wobei er davon ausgeht, daß jenes Handlungssystem, das in seiner Gesamtheit die Persönlichkeit ausmacht, seine Einheitlichkeit und Geschlossenheit durch die miteinander vereinbarten Bedürfnissysteme gewinnt. Das Auftreten einer Bedürfnisspannung bedingt eine Labilisierung des personalen Gefüges, die auf Restabilisierung drängt. Die Beschreibung des Bedürfnisziels stellt sicherlich eine der schwierigsten Aufgaben des Gutachters dar, zumal sie ohne subtile Kenntnis der Persönlichkeit des Täters nicht gelingen kann. Es bedarf zunächst einer bis ins einzelne gehenden Darstellung der Tatsituation, wobei es von entscheidender Bedeutung ist, daß diese aus der Perspektive des Täters erfolgt.

Ich möchte diesen Punkt am Beispiel eines sogenannten Affektdelikts erläutern:

Beispiel: Der erregte junge Mann sticht mit einem Messer auf das Mädchen ein, das ihm zuvor erklärt hat, sich von ihm trennen zu wollen. Hier ist es zunächst Aufgabe der explorativen Analyse, den Stellenwert zu bestimmen, der dieser Beziehung im gegenwärtigen Erleben des Probanden zukommt. Die allein durch das Tatgeschehen ausgewiesene starke Bindung muß in einem nächsten Schritt auf ihre besondere Qualität hin untersucht werden. In vielen Fällen wird sie sich als eine erotisch-sexuelle erweisen, so daß ihre erzwungene Lösung Enttäuschung, Eifersucht und vielleicht auch Haß auf einen Dritten bewirkt. Die Bewältigung derartiger emotionaler Belastungen oder gar krisenhafter Erschütterungen ist von einer primär ungestörten Persönlichkeit zu fordern und zu erwarten, das heißt, es muß davon ausgegangen werden, daß diese in ihrem Verhaltensrepertoire über angemessene, das heißt sozial gebilligte, Bewältigungsstrategien verfügt und sie zu realisieren imstande ist. Von dem Probanden muß gefordert werden, daß er auch unter dem Eindruck einer schweren Enttäuschung und Kränkung seines Selbstwertgefühls die Fähigkeit zu normengemäßem Verhalten verwirklicht. Schwieriger schon wird es, wenn die Exploration ergibt, daß die Bindung, die vielleicht sogar nur eine vergleichsweise oberflächliche war, dem Täter jenseits ihrer erotisch-sexuellen Valenz eine wichtige Stütze seiner Ichidentität bedeutete. Sei es etwa, daß er von anderen homophiler Neigungen verdächtigt wird oder derartige Tendenzen mit dem Gefühl der Scham bei sich selber zu registrieren meint, sei es, daß diese Bindung ihm nach langen Jahren der relativen sozialen Vereinsamung die dringend ersehnte Bestätigung der eigenen Kommunikationsfähigkeit bietet: In beiden Fällen steht die Beziehung aus der Perspektive des Täters vor allem für die Selbstachtung und die soziale Anerkennung. Liegt aber gerade in diesem Bereich die „Schwachstelle" seines personalen Gefüges, so muß den angesprochenen Werten im Blick auf eben diesen Menschen eine besondere Bedeutung zukommen. Es bedarf dann keines plötzlich aufbrausenden Affekts (dieser Affekt resultiert eher aus der einsetzenden Störung der Besonnenheit, als daß er diese verursacht), um den Betroffenen angesichts des Scheiterns einer Beziehung, die ihm eben diese Werte subjektiv realisierte, in eine Verfassung zu versetzen, in der Normen vorübergehend suspendiert werden.

Im Zustand der Besonnenheitsstörung blendet er diese in besonnenem Zustand als verhaltensdeterminierend erlebten Normen aus dem Handlungsentwurf aus. Sie werden vorübergehend und situationsabhängig weniger gewichtig und treten hinter dem Anspruch zurück, in der konkreten Situation die Verletzung einer für ihn zentralen Norm zu ahnden. Mit anderen Worten: Die Beziehung wurde von Anfang an von ihm und der Partnerin nicht gleichsinnig definiert. Für den Täter repräsentierte sie einen individualspezifisch besonders hohen Wert, indem sie ihm und den signifikanten anderen eine in Zweifel gezogene Normenkonformität seines Verhaltens bewies, bezogen auf einen ihm ungewöhnlich bedeutsam und gleichzeitig gefährdet erscheinenden sozialen Bereich. Das Zerbrechen dieser Beziehung erschütterte die ihm geläufige, konsentierte Normenhierarchie und führte in jenen Zustand vorübergehender Störung der Besonnenheit, die ihm die Orientierung an der gesellschaftlich vermittelten Realität erheblich erschwerte, eben weil ihm diese Beziehung nicht nur von erotisch-sexueller Bedeutung war, sondern ein Stück eigener Identität garantierte. Die Trennung nahm ihm damit nicht nur die Partnerin, sondern beschädigte seine soziale Identität, und zwar eben jenen Aspekt der sozialen Identität, den er stets als latent gefährdet erlebte und den er in dieser Beziehung hatte stabilisieren und als intakt ausweisen können.

Unabhängig von der Frage, ob er um das Gewicht und die spezifische Bedeutung dieser Beziehung wußte oder nicht, ist die Tathandlung nicht primär in einem plötzlich aufwallenden Affekt — Stichworte: Liebeskummer, Eifersucht — begründet, in ihr manifestiert sich vielmehr eine Störung der Besonnenheit, die mit der Eröffnung der Beziehung, ihrer besonderen — von derjenigen der Partnerin abweichenden — Definition durch den Täter und der damit verbundenen Umordnung seiner Werte- und Normenhierarchie ihren Anfang nimmt.

Das folgende Fallbeispiel illustriert die Problematik der tiefgreifenden Bewußtseinsstörung.

***Beispiel:** Der kaufmännische Angestellte E. hat nach fast 20jähriger Ehe seine Frau durch mehrere Messerstiche getötet.*

Bemüht man sich, aus den Angaben des E., den testpsychologischen Befunden und den fremdanamnestischen Schilderungen um eine Darstellung seiner Persönlichkeitsstruktur, so darf man die folgenden Merkmale als bestimmend hervorheben:

Im Vordergrund stehen vielfältige, alle Lebensbereiche betreffende Insuffizienzgefühle in Verbindung mit der Überzeugung, in den eigenen Augen ebenso wie in den Augen der anderen zu versagen. Die durchgehende Selbstunsicherheit bedingt nicht nur eine nachhaltige Beeinträchtigung der Kontaktfähigkeit, sondern läßt ihn auch in jeder Situation die drohende Niederlage fürchten und begründet die Gewißheit der Unterlegenheit und der Unfähigkeit, den eigenen Anspruch gegenüber demjenigen eines anderen erfolgreich durchzusetzen. Hinter der Fassade des scheinbar Erfolgreichen, gut Angepaßten und Souveränen verbirgt E. nur ungenügend eine Schwäche, die ihn dazu tendieren läßt, das eigene Verhalten an demjenigen bestimmender Leitfiguren zu orientieren. Er tendiert zu einem passiven Sichunterordnen und dazu, die Führung eines Stärkeren ungefragt zu akzeptieren. Das wird etwa deutlich, wenn er die Beziehung zum Vater beschreibt, auch hier gerne seinen energischen Widerstand betonend, tatsächlich aber erkennt man, daß er sich den Wünschen des Vaters unterwarf. Unterlegen erlebt er sich auch in der Beziehung zu dem Freund B. Unschlüssig, zaghaft und ängstlich wagt er die Konfrontation mit diesem nur in alkoholisiertem Zustand.

Eng mit dem Wesenszug der Selbstunsicherheit ist bei E. eine depressive Struktur verbunden, die allgemein durch symbiotische Bezüge gekennzeichnet ist. Gemeint ist damit das überstarke Streben nach Anerkennung, Nähe und Wärme in der Gemeinschaft mit stärkeren Menschen. In dem Verhältnis des E. zu wesentlichen Bezugspersonen wird eine starke Tendenz zur Abhängigkeit und zur Anklammerung erkennbar auch dort, wo er gleichzeitig um Verselbständigung und Lösung bemüht ist. Alle äußeren Situationen und alle inneren Regungen, die die Wünsche nach Wärme, Verwöhnung und Geborgenheit gefährden, werden ängstlich vermieden. Er scheut die offene Auseinandersetzung und erlebt sich auf der anderen Seite immer wieder gekränkt durch die zunehmend randständige Position in der Partnerschaft. Nicht einmal in der Exploration ist er fähig, die Agressionen gegen B. oder auch die Ehefrau anzuerkennen, auch hier bleibt er durch gefügiges Verhalten um Anerkennung bemüht, auch hier vermeidet er alles, was zu Vorwürfen oder Aggressionen von seiten anderer Menschen führen könnte. Furcht vor Vereinsamung und Isolierung machen ihn auch dort zu Trennung und Distanzierung unfähig, wo er sie rational für erforderlich hält. Er ist nicht in der Lage, eigene Wünsche nachdrücklich zu artikulieren. Er vermag nicht, Forderungen an andere zu stellen aus Angst, vermeintliche Sympathien zu verlieren. In dem Wunsch, es den anderen recht zu machen, bleibt er unfähig, wachsende Aggressionen auszuleben. Zunehmende innerpsychische Spannungen und Leiden an der eigenen erlebten Insuffizienz begründen nicht nur Schuldgefühle, sondern auch ein Unvermögen, tragfähige und überdauernde zwischenmenschliche Beziehungen einzugehen.

Die depressive Struktur des E. führt unmittelbar in jenen Alkoholmißbrauch, der zumindest über weite Strecken den Charakter einer süchtigen Fehlhaltung trug. E. zählt zu jenen selbstunsicheren Alkoholgefährdeten, die sich nicht durchzusetzen vermögen, die ohne Widerstandskraft sind, unfähig, Spannungen, Angst und Enttäuschungen zu ertragen. Der Alkoholmißbrauch reflektiert bei ihm auch eine Regression auf eine frühkindliche Abhängigkeitsstufe, auf der jene Verwöhnung und emotionale Wärme gesucht wird, die er in der Beziehung zu Mitmenschen weder wecken noch verwirklichen kann.

Insofern wird man bei E. eine neurotische Persönlichkeitsstruktur, das heißt auch eine „schwere andere seelische Abartigkeit" konstatieren dürfen. Dieser Terminus meint keine medizinische Krankheit, sondern eine Behinderung, die allein die psychosoziale Selbstverfügbarkeit betrifft. Die depressive Persönlichkeitsstruktur des E. muß sich vor allem in Erleben und Ausgestaltung zwischenmenschlicher Beziehungen manifestieren. Wir gehen davon aus, daß eine jede Beziehung wechselseitig ist, das heißt, daß im eigenen Verhalten die Erwartungen bezüglich des Verhaltens der anderen antizipierend vorweggenommen werden und daß das Verhalten der anderen dem eigenen Handeln als Orientierung dient. Verhalten ist demnach immer bezogen auf ein Gegenüber, und in dieser Bezogenheit entwickelt sich das, was wir gemeinhin das Fremdbild nennen. Die Erwartungen, mit denen dem anderen begegnet wird, hängen entscheidend von der Entwicklung der eigenen Persönlichkeit ab. Defizitäre, das heißt gestörte Persönlichkeitsentwicklungen müssen deswegen zwangsläufig auch zu einer Deformierung und Verformung der Erwartungen führen, mit denen dem anderen begegnet wird. In der depressiven Persönlichkeitsstruktur finden wir, wie ausgeführt, vor allem Selbstunsicherheit, Unselbständigkeit und die Neigung zum passiven Sichanklammern, was eine geringe Stärke des eigenen Ich signalisiert. Der depressive Neurotiker bedarf der wiederholten und fortwährenden Bestätigung durch den anderen, sein mangelndes Selbstwertgefühl benötigt eine Stützung durch kontinuierliche Anerkennung. Die Psychiatrie spricht von einer geringen Frustationstoleranz und meint damit die Unfähigkeit, erlittene Enttäuschungen elastisch mit einem stabilen Selbstwertgefühl abzufangen. Der depressive Neurotiker steht in solchen Situationen immer in der Gefahr, in selbstdestruktive Tendenzen in Gestalt suizidaler Impulse abzugleiten. Damit hängt die allgemeine klinische Erfahrung zusammen, daß vor allem der depressive Neurotiker zur süchtigen Fehlhaltung neigt, daß er dem Medikamenten- oder Alkoholmißbrauch als Formen chronischer Selbstdestruktion verfällt. Kennzeichnend ist deswegen eine Verkürzung und Einengung der zwischenmenschlichen Beziehungen auf das Ziel einer Abwehr latenter selbstdestruktiver, das heißt suizidaler Tendenzen.

Vor dem Hintergrund dieser Persönlichkeitssstruktrur ist ein monate- und jahrelanges Vorbereitungsfeld zu sehen und zu analysieren, wie sich E. das in dieser Zeit Erlebte darstellte und wie es dessen Einstellungen, Verhaltensmuster und Verhaltensentwürfe prägte.

Wenn auch das Hauptaugenmerk sicherlich der Entwicklung der Beziehung zwischen beiden Eheleuten zu gelten hat, so ist doch zunächst auf zwei Begegebenheiten in der Biographie des E. hinzuweisen, in denen sich Wesenszüge andeuten, die auch sein späteres Verhalten charakterisieren.

Mit 21 Jahren habe er zum ersten Mal eine wirkliche Freundschaft zu einem Mädchen gehabt. Sie sei ihm intellektuell überlegen gewesen, dabei attraktiv, unternehmend und lebensfroh. „Es war die Wunschvorstellung einer Ehefrau“, so formuliert er es. Er plante für die Zukunft, ging davon aus, daß man auf unbegrenzte Dauer zusammenbleiben werde. Gänzlich überraschend, und, wie er meint, aus heiterem Himmel, sei es dann zur Trennung gekommen. Das Mädchen habe eines Tages geäußert, sie wolle eine Tätigkeit in Portugal als Sekretärin eines Franzosen annehmen. „Für mich war die Beziehung intakt.“ Er habe es nicht fassen können, daß er nun allein sei. Er sei dem Mädchen nach Portugal gefolgt, um dort festzuhalten, daß sie mit eben diesem Franzosen ein Verhältnis unterhalte.

Noch heute ist er in der Exploration unfähig, auch nur die Frage zu erörtern, ob etwa sein eigenes Verhalten an der Trennung mitschuldig gewesen sei. Auch der Gedanke, daß er ihr etwa nicht genügt habe, will ihm nicht kommen und nicht einleuchten. Sie sei eben von dem Franzosen verführt worden, habe im übrigen einem schwärmerischen Wunsch nachgegeben, die große weite Welt zu erfahren. Auf Befragen ist von ihm zu erfahren, daß er mit der damaligen Freundin deren Beweggründe nicht erörterte. Schon damals scheute er die Konfrontation, ging er dieser dadurch aus dem Wege, daß er dem Mädchen eine Motivation unterstellte, von der er nicht wissen konnte, ob sie zutraf oder nicht. Er klammert sich zunächst an eine Frau, fährt ihr nach, verfolgt und beobachtet sie. Er selber vollzieht auch später die Trennung innerlich nicht und wartet lange darauf, daß sie zurückkommt. Er bleibt emotional gebunden, gleichsam an der kränkenden Realität vorbei, diese im Interesse seines Selbstwerts ignorierend. Konfliktscheu und die Unfähigkeit, eine notwendige Lösung auch innerlich nachzuvollziehen, zeigen sich hier ebenso wie die Unfähigkeit, eine kränkende Realität zu akzeptieren und die Scheu, sich einer möglichen eigenen Insuffizienz zu stellen.

Eine andere Begebenheit: Den Vater schildert er als gemütlos, tyrannisch und autoritär. Er berichtet, durch die Schuld des Vaters das begonnene Studium nicht beendet zu haben. Es sei schließlich dem Verhalten des Vaters zuzuschreiben, daß er nicht Ingenieur wurde, sondern sich mit einer Lehre als Industriekaufmann bescheiden mußte. Auch der Konfrontation mit dem Vater ging er aus dem Wege, konfliktscheu und ängstlich fügte er sich. Unfähig, die eigene Position nachdrücklich zu artikulieren, kehrt er vorübergehend in das Elternhaus zurück. Das Bedürfnis auch nach einer Scheinharmonie steht ihm höher als die streitige Verwirklichung eigener Ansprüche.

In der Schilderung seiner Ehe erscheint er anfangs als der Dominierende, Erfahrene und Überlegene. Die um einige Jahre jüngere Frau sei verklemmt und unfrei gewesen. Sexuell habe sie über keine Erfahrungen verfügt, deswegen anfangs den Geschlechtsverkehr abgelehnt. „Ich hatte andere Erfahrungen mit Frauen."

Seine Beschreibung der Entwicklung dieser Ehe ist durchgehend durch eine eigentümliche Diskrepanz gekennzeichnet. Die vom ihm vorgenommene Wertung steht in einem eklatanten Widerspruch zu den Fakten, die er berichtet. Dabei ist es auffällig und nur auf dem Hintergrund der zu Anfang skizzierten depressiven Persönlichkeitsstruktur verständlich, daß dem Bild, das er von sich während dieser Zeit entwirft, mit jedem Satz widersprochen wird, mit dem er Fakten berichtet.

Anhand einiger durchgehender Themen läßt sich das illustrieren:

Die sexuelle Beziehung in der Selbsteinschätzung: Er ist ursprünglich der erfahrene, gewandte und routinierte Liebhaber, der die junge und prüde Frau nur mühsam dazu bewegt, ihre Scheu und Angst der Sexualität gegenüber abzulegen. Er ist gleichsam Lehrmeister auf diesem Gebiet. Sie findet auch später keinen Spaß am Geschlechtsverkehr, bleibt unzärtlich und muß von ihm immer wieder dazu überredet werden. Ihre späteren außerehelichen Beziehungen reflektieren durchaus nicht sein Unvermögen, bedeuten nicht Herabsetzung und Distanzierung. Was tatsächlich als schwindende Zuneigung und Ablehnung erscheinen kann, deutet er im Interesse seines Selbstwertes als Ausdruck einer abartigen Neigung der Ehefrau. Er spricht von Nymphomanie, ihr damit die Rolle einer Kranken zuschreibend. Er nennt sie frigide und triebhaft, um damit für sich die Rolle des Überlegenen, Gesunden, in seiner Selbstachtung nicht Berührten zu erhalten.

Die Fakten: Bereits Mitte der 70er Jahre meint er, sie bei ehelicher Untreue ertappt zu haben. Er erzählt von einer langen Reihe von Liebhabern. Die Frau wendet sich ab, anderen zu, im Streit versichert sie ihm mehrfach, daß er impotent sei, daß andere Liebhaber ihm deutlich überlegen seien. Von einer langen Reise zurückkeh-

rend, lehnt sie es ab, den Abend mit ihm zu verbringen und widmet sich statt dessen einem neuen Freund.

Der berufliche Erfolg in der Selbsteinschätzung: Trotz der nicht erreichten Qualifikation als Ingenieur gelingt es ihm, hochdotierte Positionen zu erringen. Er führt ein großes Haus, finanziert der Familie aufwendige Urlaubsreisen und eine noble Wohnung. Den Wiedereinstieg der Ehefrau in das Berufsleben finanziert er großzügig, beteiligt sich am Aufbau eines Geschäftes. Sie ist auf ihn angewiesen in ihrer neuen Tätigkeit, die allenfalls als belangsloses Hobby zu werten ist.

Die Fakten: Kurzzeitig wird ihr Antiquitätengeschäft im eigenen Haus betrieben. Dann dehnt sie es aus, richtet einen eigenen Laden ein. Trotz seiner Bitten, von dem Plan einer Verselbständigung Abstand zu nehmen, verwirklicht sie ihr Vorhaben. In der Zeit, in der er den bald scheiternden Versuch macht, ebenfalls selbständig zu werden, geht sie erfolgreich ihrem Beruf nach. Das gilt auch für die erste Zeit seiner Arbeitslosigkeit. Sie gibt das Geschäft erst dann auf, als sie als Sekretärin bei B. eintritt.

Die soziale Position in der Selbsteinschätzung: Er hat viel Erfolg, verdient wesentlich mehr als seiner Qualifikation entspräche. Er ist gesellig, findet leicht Kontakt, hat einen großen Freundeskreis. Durch ihn wird die Frau „in die Gesellschaft" eingeführt, er schafft ihr die Basis, auf der sie dann agiert.

Die Fakten: Spätestens mit der Eröffnung des Antiquitätengeschäftes beginnt die Ehefrau, sich auch sozial zu emanzipieren. Sie wird Mitglied eines Reitclubs, dem er nur anfangs und nur kurzzeitig angehört. Sie geht mit Geschäftsfreunden aus, hat Erfolge, wird anerkannt. Er verbringt viele Abende allein zu Haus, überwirft sich mit manchen Freunden. Tatsächlich läuft seine beginnende soziale Isolierung ihrer rasch fortschreitenden sozialen Integration, ihrem sozialen Aufstieg parallel.

Sein Verhalten als Partner: Er ist höflich, liebevoll und aufmerksam. Sein ganzes Interesse gilt dem Wohlergehen der Kinder und der Frau. Er sorgt sich um sie, will sie vor Überlastung schützen. Er ist häuslich, verzeiht ihr Fehltritte und ihn kränkende und ihm unverständliche Verhaltensweisen.

Die Fakten: Es kommt ab Mitte der 70er Jahre zu heftigen, nicht nur verbalen Auseinandersetzungern. Er schlägt sie gelegentlich, verletzt sie auch. Sie beklagt sich bei Bekannten über seine Brutalität, in der Erregung zerschlägt er Geschirr und Einrichtungsgegenstände.

Es gelingt E. anfangs, sich über die Realität, was die Beziehung der Eheleute zueinander, seine soziale Position, die Bindung von Mutter und Kinder an ihn betrifft, hinwegzutäuschen. Er verdrängt die gelegentlich aufbrechende Einsicht in das Konflikthafte der Beziehung, der Konflikt verfestigt sich, gefriert gleichsam. Gelegentlich taucht flüchtig der Gedanke auf, sich von der Frau zu trennen. „Ich hab' manchmal davon geträumt, mich zu trennen." Der Versuch 1980, sich selbständig zu machen, wird von ihm als ein solcher Neuanfang gesehen, als das Bemühen, die Ablösung zu vollziehen. Das aber wäre nur möglich gewesen, so meint er, wenn er beruflichen Erfolg gehabt hätte. Erst der Erfolg hätte einen solchen Schritt gerechtfertigt.

In den sich häufenden Auseinandersetzungen, die auch in nichtverbaler Form ausgetragen werden, deutet sich eine beginnende Destruktion des Verhaltensstils an. Die sich immer wiederholenden Konfliktsituationen, in denen stets und gleichmäßig seine Insuffizienz, sein beruflicher Mißerfolg, seine globale Impotenz thematisiert werden, summieren sich gerade in ihrer Wiederholung zu einem Affektstau, den er anfangs in vergleichsweise harmlosen Ausbrüchen entlädt.

Zu einem realistischen Lösungsversuch kommt es 1978, als sich beide Eheleute vorübergehend trennen. Nach sechs Monaten kehrt er jedoch zurück, unfähig, sich zu lösen, offensichtlich auch zur Rückkehr durch das Verhalten der Ehefrau bestärkt. Bereits in dieser Zeit aber beginnt er einen Alkoholmißbrauch, der in der Folgezeit kurzzeitig unterbrochen wird. In den sich anschließenden Jahren zieht der Konflikt immer mehr seine Energie von der realen Umwelt ab, wird zum alles beherrschenden Thema und Erleben für ihn. Die aufkommende Aggression richtet sich anfangs gegen die eigene Person. Selbstdestruktives Verhalten in Gestalt exzessiven Alkoholmißbrauchs mündet schließlich in einen schweren Suizidversuch, der eine stationäre Behandlung erforderlich macht. Die Selbstmordphantasien bleiben auch später immer gegenwärtig.

Gänzlich unfähig, den Konflikt zu bewältigen, die erforderliche Lösung zu vollziehen, wird er schließlich in der Phase der Arbeitslosigkeit.

Im April 81 trennt sich die Frau von ihm, sie bezieht mit den Kindern eine eigene Wohnung. In dieser Zeit ist er arbeistlos. Verzweifelt versucht er, sich wenigstens sozial erneut zu etablieren, ohne Erfolg. Die Trennung wird nich konsequent vollzogen, weder von ihm noch von seiner Frau. Auch die Einstellung der Ehefrau ihm gegenüber ist in dieser Zeit offenbar ambivalent. Man feiert Weihnachten zusammen.

Gerade in dieser Zeit der Trennung, die allenfalls eine räumliche, keineswegs jedoch eine emotionale ist, erlebt er die Bindung an die Frau als subjektiv unauflösbar. Sie aufzugeben, hieße Einsicht nicht nur in die eigene Insuffizienz, das eigene Versagen, es müßte auch bedeuten, daß er zur Ehrlichkeit sich selber gegenüber gezwungen wäre. Er müßte die Diskrepanz zwischen Selbstbild und realen Fakten wahrnehmen, sich dieser Diskrepanz stellen. Er müßte das Bild, das er von seinem bisherigen Leben, von sich selber zeichnet, als unwahr, als verlogen akzeptieren. Dazu ist er unfähig, ebenso aber auch dazu, der Begegnung mit jenem Menschen aus dem Wege zu gehen, der ihm schonungslos den Spiegel vorhält, in dem er sich als Versager erkennt und als jemand, der der erforderlichen Konfrontation mit der Realität dadurch entgeht, daß er sich in Alkohol und Selbsttötung flüchtet.

Nun erlischt jede Distanz zum Geschehen, E. trifft nicht mehr aktive Entscheidungen, er läßt sich vielmehr treiben. Vorgestalten der späteren Tat deuten sich an in Affektausbrüchen, die deutlich machen, daß sein Beherrschungsvermögen und seine Widerstandskraft erlahmen und schließlich verbraucht sind. E. ist jetzt tatsächlich zu jener „Durchgangsstation für einen Wirkungszusammenhang“ geworden, wie es Buerger-Prinz einmal formulierte. Er vermag sich einer Situation nicht mehr zu entziehen, die ein Beherrschungsvermögen und die Verwirklichung von Konfliktlösungsstrategien verlangt, über die er nicht mehr verfügt. Er hat jeden sozialen Rückhalt verloren, ist bei den Kindern und den Bekannten ausgewiesen als ein Unbeherrschter, der die Frau tyrannisiert, ihr nachstellt und sie daran hindern will, die notwendige Ablösung von einem Menschen zu vollziehen, der zunehmend in die Rolle des sozialen Outcast gerät. Die Entwicklung gewinnt eine Eigengesetzlichkeit, der er sich nicht entziehen kann. Sich ihr zu entziehen, hieße Verhaltensweisen zu realisieren, über die er aufgrund der skizzierten Persönlichkeitsstruktur nicht verfügt. Insofern kann dieses auf das eigentliche Tatgeschehen zulaufende affektive Vorbereitungsfeld nur verständlich werden, wenn man die als schwere andere seelische Abartigkeit zu beschreibende defizitäre Persönlichkeitsstruktur des E. mitberücksichtigt.

Wir wissen nicht, was in dem letzten Gespräch zwischen den Eheleuten zur Sprache kam. Wohl aber kann davon ausgegangen werden, daß aus der Sicht des E. all jene Punkte noch einmal berührt wurden, die für die skizzierte Entwicklung stehen. Wir wissen aus ähnlichen Fällen, daß das auslösende Ereignis, das der Tat dann unmittelbar vorangeht, nicht einmal besonders erheblich sein muß. Es genügt, daß jene Elemente gleichsam als Stichwort anklingen, die für ihn die über Jahre fortbestehende Konfliktspannung repräsentieren, eine konflikthafte Konstellation, die zu überwinden oder in sozial gebilligter Form zu bewältigen ihm die besondere Persönlichkeitsstruktur und die eben durch diese Zeit erfolgte Verformung dieser Struktur unmöglich machen.

Es ist, das sei noch einmal betont, bei diesem Versuch einer Nachzeichnung der inneren Tatseite belanglos, wie sich etwa die Beziehung zwischen beiden Eheleuten aus der Sicht Dritter oder aber aus aus derjenigen der Ehefrau darstellte. Für die Analyse psychodynamischer Zusammenhänge und intrapsychischer Abläufe ist nicht die sogenannte objektive Richtigkeit wesentlich, sondern allein, wie sich eine Konstellation aus der Perspektive des Betroffenen darstellt. Wirklich ist insofern das, was wirkt, Wirklichkeit für den Betroffenen ist dasjenige, was sich aus seiner Wahrnehmungsperspektive als Realität darbietet.

Aus diesen Gründen kann zusammenfassend gesagt werden, daß im Falle des Herrn E. geradezu beispielhaft jene Merkmale erkennbar sind, die das sogenannte Affektdelikt, das heißt, das Handeln unter dem Eindruck eines höchstgradigen Affektes, kennzeichnen. Wir finden die neurotische Persönlichkeitsstruktur als eine Voraussetzung sowie die sich verfestigende, schließlich einfrierende und vom Probanden nicht zu bewältigende Konfliktspannung, die sich über Jahre hinzieht. Wir finden die imaginären und vergeblichen, meist im Ansatz steckenbleibenden Lösungsversuche, entdecken Vorgestalten des späteren Tatgeschehens als selbstdestruktive Handlungen in Form des Alkoholmißbrauchs und des Suizids. Und wir finden schließlich jene, einen großen Teil der Biographie kennzeichnende Realitätsflucht und Realitätsverfälschung, die allein es E. ermöglichten, die offensichtliche Diskrepanz zwischen Selbstbild und tatsächlicher, das heißt gemeinsamer, Realität zu ertragen. Man wird deswegen davon ausgehen dürfen, daß E. zum Zeitpunkt der Tat aufgrund einer tiefgreifenden Bewußtseinsstörung in seiner Einsichts- und Steuerungsfähigkeit erheblich beeinträchtigt war.

Das zitierte, für einen häufigen Typus der sogenannten Affektdelikte außerordentlich charakteristische Beispiel, enthält jene wesentlichen Elemente, die dann gegeben sein müssen, wenn eine forensisch relevante tiefgreifende Bewußtseinsstörung zumindest ernsthaft zu diskutieren ist. Der berichtete Fall legt deren Annahme zwingend nahe und erlaubt es darüber hinaus, die bedeutsamen Gesichtspunkte noch einmal zusammenfassen.

Die Täterpersönlichkeit: Es handelt sich gewöhnlich um ängstlich-selbstunsichere Menschen mit einem hohen, meist überhöhten Anspruch an das eigene Leisten in Verbindung mit einem in der Regel als nicht befriedigt erlebten Streben nach sozialer Anerkennung. Sie neigen zu depressiven Verstimmungen, stehen stets unter dem Eindruck der Furcht zu versagen, den eigenen ebenso wie den Erwartungen der anderen nicht zugenügen. Sie sind im Verhalten geprägt durch Gehemmtheit und Nachgiebigkeit, durch Irritierbarkeit und emotionale Labilität. Wenig durchsetzungsfähig erscheinen sie weich und gekennzeichnet durch Eigenschaften, die die Gesellschaft gemeinhin der weiblichen Rolle zuschreibt. Dem Psychologen imponieren sie als Menschen mit einer neurotischen Persönlichkeitsstruktur, ohne daß diese für sich genommen den Begriff einer forensisch bedeutsamen schweren anderen seelischen Abartigkeit erfüllte.

Die Beziehung zum späteren Opfer: Die Beziehung zwischen Täter und Opfer besteht vor der Tat meist schon mehrere Jahre. Sie ist von Anfang an asymmetrisch, das heißt, das Opfer ist der Dominierende, hinsichtlich Ich-Stärke und sozialer Kompetenz eindeutig Überlegene. Anfangs nehmen beide Seiten diese Aysmmetrie allenfalls undeutlich wahr, nicht selten ist gerade diese Asymmetrie in den ersten Jahren der Beziehung sogar deren von beiden Seiten akzeptierte und bisweilen auch gewünschte Basis. Später driften die Ansprüche an Partner und Umwelt auseinander, und in dem Maße, in dem das Opfer Tendenzen der emotionalen Ablösung und sozialen Verselbständigung erkennen läßt, klammert sich der Täter bei wachsender Einsicht in die eigene Unterlegenheit und Hilflosigkeit immer unbedingter an den Partner. Er sucht vergeblich nach Bestätigung und Halt außerhalb der Bindung. Erst spät werden die Spannungen verbalisiert — wenn überhaupt. Charakteristisch ist die beide Seiten kennzeichnende ambivalente Haltung der Beziehung gegenüber. Beide spielen mit dem Gedanken an Trennung, Ansätze zu deren Vollzug werden unternommen, um immer wieder abgebrochen zu werden und einzumünden in zeitlich befristete Versicherungen der Zuneigung und vergebliche „Neuanfänge". Meist erkennt zunächst der Täter die Aussichtslosigkeit dieser Bemühungen. Es kommt zu heftigen Auftritten, in denen der Täter auch Drohungen ausstößt, deren Realisierung zu verhindern ihn große Beherrschung kostet. Nicht selten richten sich die aufbrechenden aggressiven Impulse in diesem Stadium gegen die eigene Person: Exzessiver Alkoholkonsum, Suizidversuche. Der Täter vernachlässigt noch bestehende soziale Kontakte. grenzt sich aus, zieht sich zurück, die Beziehung zum späteren Opfer absorbiert sein Denken und seine Aktivitäten. Die thematische Einengung des Erlebens ähnelt derjenigen des Sucht- oder Wahnkranken. In der Phantasie tauchen Vorgestalten der späteren Tat in Umrissen und fragmentiert auf, die selten verwirklicht, meist erschrocken abgewehrt werden.

Die Tat: Der Anlaß ist meist vergleichsweise geringfügig. Es handelt sich um eine Situation, die beide ähnlich schon häufig erlebten. Wenige Sätze, bestimmte Gesten, eine äußere Konstellation reaktualisieren abrupt die über Jahre bestehende Spannung, verdichten wie in einem Brennglas den lange erlittenen Ambivalenzkonflikt, machen schlaglichtartig jene emotionale Verstrickung bewußt, aus der sich der Täter inzwischen nicht mehr befreien kann. Die eingetretene Verformung der Persönlichkeitsstruktur, die rigide Fixierung, die durch den eingefrorenen Konflikt eingeengte Intentionalität erlauben nun keinen Rückzug und kein Aus-dem-Felde-Gehen mehr. Die Fähigkeit zu normenkonformem besonnenem Handeln ist zum Zeitpunkt der Tat erheblich beeinträchtigt oder gar aufgehoben.

Gelegentlich begegnet der Sachverständige in foro gravierenden und bezüglich der Schuldhaftigkeit relevanten seelischen Störungen, die zwar durchaus nicht in einem „höchstgradigen Affekt" kulminieren, trotzdem jedoch mit gutem Grund dem Eingangsmerkmal der tiefgreifenden Bewußtseinsstörung zuzuordnen sind. Wir wollen sie als einen zweiten Typ der Fälle einer tiefgreifenden Bewußtseinsstörung bezeichnen.

Der psychiatrische Sachverständige wird vom Tatrichter in aller Regel nur dann zum Problem der tiefgreifenden Bewußtseinsstörung gehört werden, wenn sich Zweifel an der Einsichts- und Steuerungsfähigkeit des Beschuldigten aufgrund der Tatsache ergeben, daß er — sei es nach eigenem Bekunden, sei es nach der Aussage von Zeugen — zum Zeitpunkt der inkriminierten Handlung unter dem Eindruck eines „höchstgradigen Affektes" stand. Die Schwierigkeiten einer Stellungnahme liegen in dem Begriff sowie in der Forderung, die affektive Gestimmtheit eines Menschen während einer nur in Umrissen bekannten und meist weit zurückliegenden Situation zu beurteilen, nachdem es sich allgemein eingebürgert hat, die Erörterung dieses Eingangsmerkmales allein im Blick auf die sogenannte Affekttat vorzunehmen. Dabei wird allerdings übersehen, daß es eine keinesfalls gerechtfertigte Einengung und inhaltliche Verkürzung des Begriffs der tiefgreifenden Bewußtseinsstörung bedeutet, wenn man deren fraglich tatrelevantes Gewicht nur in jenen Fällen zur Diskussion stellt, in denen es gilt, eine heftige Erregung als möglicherweise wesentliche Handlungsdeterminante zu prüfen. Das Gesetz spricht ausdrücklich von der „Bewußtseinsstörung" und nicht etwa von einer Alteration der Affektlage. Die gängig gewordene Beschränkung auf die affektiv bedingte Bewußtseinsstörung, die das erkennende Gericht ebenso wie der Sachverständige vorzunehmen pflegen, führt dazu, daß bisweilen eine für die Beurteilung der Tat erhebliche Beeinträchtigung des Befindes und Erlebens unter forensisch-psychiatrischem Aspekt unzutreffend eingeschätzt wird, daß also etwa von der Kammer Schuldfähigkeit angenommen wird, obwohl zumindest schwerwiegende Bedenken hinsichtlich der Einsichts- und Direktionsfähigkeit vorzutragen wären.

Beispiel: *Die 48jährige, des Mordes beschuldigte Frau ist seit 20 Jahren verheiratet. Der Mann, von Beruf Bauschlosser, machte sich bald nach der Eheschließung als Omnibusunternehmer selbständig. Die Beschuldigte war von Anfang an im Betrieb tätig, sie fuhr regelmäßig eines der Fahrzeuge und stand darüber hinaus abends hinter der Theke einer kleinen Wirtschaft, die die Eheleute zusätzlich gepachtet hatten. Je deutlicher sie die Führungsrolle im Geschäft übernahm, von Kindern und Geschäftsfreunden gleichermaßen als die eigentlich Bestimmende anerkannt, desto spannungsreicher wurde die Beziehung zu ihrem Mann. Anfangs beschränkte er sich auf kleinliche Vorhaltungen, warf ihr geschäftliches Ungeschick und Schlamperei bei der Führung des Haushaltes vor. Dann zog er sich schrittweise aus allen*

Verpflichtungen zurück, verfügte aber wie selbstverständlich über die Einnahmen, um mit dem Geld im wesentlichen Reisen mit seiner Freundin zu finanzieren. Er ließ das gemeinsame Konto sperren und schilderte seine Frau in der Gemeinde als eine raffgierige Geschäftsfrau, die sich nicht scheue, intime Beziehungen zu ihren Angestellten zu unterhalten. Später begann er, sie in Anwesenheit Fremder zu demütigen mit beleidigenden und unzutreffenden Unterstellungen. In den letzten Jahren schlug er sie mehrfach mit Fäusten und Stiefeln so heftig, daß sie gelegentlich eine nahegelegene Ambulanz aufsuchen mußte. Diese, wie die Beschuldigte im Rückblick meinte, unerträgliche Situation dauerte etwa 6 Jahre, während derer sie mehrfach im Hause der Eltern Schutz suchte. Eines Tages erwarb sie von einem Gast eine Faustfeuerwaffe. Diese Anschaffung tätigte sie in der Absicht, die Pistole bei einer sich bietenden Gelegenheit auf ihren Mann zu richten. Ein halbes Jahr verwahrte sie die Waffe in ihrem Kleiderschrank. Ohne daß dem Ereignis ein Streit vorausgegangen wäre, griff sie eines Morgens nach der Pistole. Sie legte sie unter das Kopfkissen, wartete bis es hell geworden war und erschoß dann aus kürzester Entfernung den neben ihr schlafenden Mann. Daraufhin kleidete sie sich an, frühstückte und ging ihrem Tagewerk nach. Am Abend informierte sie mit wenigen Worten den Vater und bat ihn, der Polizei von dem Vorgefallenen zu berichten.

Eine offensichtlich über längere Zeit geplante Tat, ausgeführt unter Ausnützung der Hilf- und Wehrlosigkeit des schlafenden Opfers. Weder vor noch während oder unmittelbar nach dem tödlichen Schuß war die Beschuldigte nach eigenen Angaben erregt. Sie schilderte sich als gefaßt und entschlossen, empfand Erleichterung nach dem Geschehenen und versicherte sowohl dem vernehmenden Beamten als auch später dem Gutachter, sie habe zunächst die Wirkung des Schusses geprüft. Wäre nicht bereits der erste tödlich gewesen, sie hätte mit Sicherheit die Waffe ein zweites Mal abgefeuert.

Damit ergeben sich aus den Angaben der Beschuldigten keine Hinweise darauf, daß die Tat in einem Zustand höchstgradiger affektiver Erregung begangen wurde, auch eine der anderen Voraussetzungen, an die die Vermutung einer tiefgreifenden Bewußtseinsstörung gemeinhin gebunden wird — Schlaftrunkenheit, Übermüdung etc. — lag zum Zeitpunkt des Delikts fraglos nicht vor.

Trotzdem meine ich, der Sachverständige müsse gerade in diesem Fall die Frage nach einer tatrelevanten tiefgreifenden Bewußtseinsstörung diskutieren und auch bejahen.

Im Blick auf die forensisch-psychiatrische Beurteilung sind einige Aspekte des geschilderten Falles von Bedeutung.

***Der Lebensentwurf der Beschuldigten und die Determinationsstruktur ihres Handelns:** Sie entstammt einfachen Verhältnissen, die sie lehrten, daß die soziale Position eines Menschen allein durch seine Leistungsbereitschaft und den daraus resultierenden wirtschaftlichen Erfolg bestimmt sei. Die eheliche Gemeinschaft bedeutete für sie eine arbeitsteilige Verbindung mit dem Ziel, die Anerkennung der Mitwelt dadurch zu gewinnen, daß jeder an seinem Platz und nach seinem Vermögen zur Wohlfahrt beider beiträgt und die getragen wird von dem vorbehaltlosen Eintreten für die gemeinsamen Interessen, die darauf gerichtet sind, sich innerhalb* *des umgebenden sozialen Kontext um die Bildung einer stabilen, durch gleichartige Intentionen zusammengehaltenen Kleingruppe zu bemühen. Die Entscheidung für den Partner bedeutet ein An- und Abgleichen der Lebensentwürfe und die Konzeption übereinstimmender Zukunftsprojektionen, die allenfalls während der ersten Ehejahre bei gegenseitiger Kompromißbereitschaft zu hinterfragen sind. Handlungsentwürfe und Handlungsvollzüge erfahren ihre Determination vor dem Hintergrund dieser als definitiv und stabil eingeschätzten biographischen Konstellation. Zukünftiges wird antizipierend vorweggenommen, die Antizipation geschieht unter stetem Bezug auf die als gemeinsam gewußten Interessen, die die internalisierten Grundlagen der Partnerschaft abbilden. Diese Partnerschaft kann nicht in Frage gestellt werden, weder die erlittenen Demütigungen noch die dringenden Ratschläge der Eltern vermögen sie zu bewegen, den Gedanken an eine Scheidung auch nur zu erwägen. Starre, Rigidität und zähes Festhalten an einer irreversibel profilierten Daseinsstruktur prägen den Lebensentwurf ebenso wie das aus ihm abgeleitete Determinationsgefüge.*

Einengung der Handlungsalternativen: *Alternative Handlungsmöglichkeiten angesichts einer konkreten konflikthaften Konstellation ergeben sich generell als Resultante aus Persönlichkeitsstruktur und aktueller Situation. Beide Komponenten sind nicht isoliert voneinander zu sehen, das heißt, eine gegebene Situation wird spezifische persönlichkeitsgebundene Potenzen aktualisieren und die Profilierung einer Situation ist wesentlich bestimmt durch die individuelle Wahrnehmungsperspektive des in ihr Agierenden. Bedingt durch eine rigide, auf die unbefragte Internalisierung überkommener Normen ausgerichtete Erziehung und die Einübung starrer Verhaltensmuster während einer langjährigen spannungsreich-disharmonischen Beziehung verfügt die Beschuldigte nur über ein begrenztes Arsenal von Strategien zur Konfliktbewältigung auf dem Hintergrund einer starren Definition ehelicher Partnerschaft. Über viele Jahre hinweg waren es diese Handlungsstrategien, die sie instand setzten, eine als leidvoll erlebte Gemeinschaft leidlich zu stabilisieren und aufrechtzuerhalten, die es ihr aber gleichzeitig unmöglich machten, die offensichtlich erforderliche Trennung zu vollziehen. Ein solcher Schritt war mit ihrer gesellschaftlich vermittelten und von den Bezugspersonen bestätigten Ichidentität nicht vereinbar.*

Analysiert man die Geschichte dieser Beziehung, so war sie von Anbeginn darauf angelegt, die Beschuldigte schrittweise und zum Schluß ausweglos in die Rolle der lediglich Fremdbestimmten zu drängen. Anfangs wußte sie zumindest einen Rest an kommunikativer Mitgestaltung zu behaupten: Vor allem die Kinderaufzucht und das gemeinsame Interesse am Aufbau des Betriebes ließen den Ehemann eine thematisch begrenzte Eigeninitiative der Frau in Abhängigkeit von seinen aktuellen Bedürfnissen tolerieren. Mit dem Heranwachsen der Kinder und dem parallel damit verlaufenden schrittweisen Rückzug des Mannes aus dem Geschäft ging dieser Freiraum verloren, in dem ihr Tun von diesem nun nicht mehr als die Verwirklichung eigener Intentionen verstanden werden konnte, Intentionen, mit denen sich zu identifizieren er fähig und bereit gewesen wäre. In dieser Situation wäre es für die Beschuldigte von existentieller Notwendigkeit gewesen, neue Verhaltensmuster und Handlungsentwürfe zu erlernen, neue Daseinstechniken einzuüben, die es ihr mög-

lich gemacht hätten, jene demütigende Objektivierung entweder nicht wahrzunehmen oder ihr sogar gegenzusteuern, die sie aufgrund der bisherigen Konstellation innerhalb jener Grenzen hatte halten können, jenseits derer die Beziehung in einer Weise deformiert wurde, die sie nicht tolerieren oder modifizieren konnte.

Zerbrechen der internalisierten Ordnungsstruktur: *Die Einsicht in die Tatsache (besser: deren bewußtes Erleben), daß die nun konstituierte Situation mit den erlernten und insofern persönlichkeitseigenen Strategien nicht mehr zu bewältigen ist, entwickelte sich über einen längeren Zeitraum. Es ist ein schrittweises Erfassen der eigenen Hilflosigkeit, deren in der Regel der Außenstehende kaum gewahr wird und die auch bei dem Betroffenen häufig eher zu lähmender Passivität als zu heftiger affektiver Erregung führt. Lebensentwicklung und früh erfolgte Fixierung der Determinationsstruktur des Handelns erlaubten es der Beschuldigten nicht, neue, zugleich situationsangemessene und sozial konforme Verhaltensstile zu entwickeln. Unter diesen Bedingungen blieb nur die Möglichkeit des Aus-dem-Felde-Gehens (LEWIN). Unter "Feld" sei dabei die Gesamtheit der Tatschen verstanden, die das Verhalten eines Individuums in einem gegebenen Augenblick bestimmen. Aus-dem-Felde-Gehen bedeutet, daß sich der Betroffene bezüglich der eigenen Person nicht mehr an den situationsentsprechenden Erwartungen zu orientieren vermag und gleichzeitig auch den signifikanten anderen nicht mehr mit konkreten Verhaltenserwartungen begegnet. Er ist insofern aus dem Netz normengeleiteter Verhaltenserwartungen herausgefallen. Der durch eine unlösbar erscheinende Konfliktspannung unerträglich gewordenen Realität wird ausgewichen, das heißt, das ursprünglich unbefragt akzeptierte, streng reglementierte Interaktionsbündnis wird unter dem — nicht notwendig "bewußten" — Leidensdruck suspendiert. Praktisch kommen zwei Formen der Realisierung des Aus-dem-Felde-Gehens in Frage. Die eine ist der Suizid. Die Beschuldigte erwog mehrfach diese Lösung, entschied sich dann aber — durchaus in Kenntnis der nachfolgenden Sanktionen — zur Tötung des Ehemannes. In dieser Tat spiegelt sich eine anomische Verfassung, das heißt eine Verfassung, die nach dem Zerbrechen des als verbindlich internalisierten Normenkodex durch Orientierungslosigkeit und den Verlust einer den Lebensraum stabilisierenden Struktur gekennzeichnet ist. Der anomische Suizid (DURKHEIM) als autoaggressives Verhalten in Zeiten gesellschaftlichen Umbruchs, in dem überkommene und nie hinterfragte Strukturen ihre Verbindlichkeit verlieren, ist gleichsam die Kehrseite der anomischen Heteroaggression. Auch diese hat den möglicherweise sich über Jahre hinweg anbahnenden Zerfall eines haltgebenden und als alternativlos erlebten Ordnungsgefüges zur Voraussetzung. Der Zerfall der das Handeln determinierenden Ordnungsstruktur widerfährt einem Menschen, der sich auf dem Hintergrund seiner spezifischen Entwicklung mit einer Konstellation konfrontiert sieht, deren besondere Konflikte er mit den erlernten und damit einzig ihm verfügbaren Handlungsmustern nicht zu bewältigen vermag. Das nun verwirklichte Verhalten weist in den Augen des Beobachters, der weder die individuelle Vorgeschichte noch die Geschichte der Beziehung zwischen den Eheleuten kennt, durchaus Züge des Konsequent-Folgerichtigen auf, es läßt Planung erkennen und Umsicht bei der Ausführung der Tat. Die Beurteilung der Täterpersönlichkeit unter ausdrücklicher Berücksichtigung nicht nur der aktuellen biographischen Situation, sondern auch* *des spezifischen Sozialisationsprozesses in seiner Gesamtheit führt jedoch zu der Einsicht, daß eben die Verfassung der Anomie — resultierend aus einem durch die besondere situative Konstellation erzwungenen Aus-dem-Felde-Gehen — eine der wesentlichen Voraussetzungen für das inkriminierte Tun war.*

Man wird in einem solchen Fall keine Bedenken haben, dieses Zerbrechen der internalisierten Ordnungsstruktur mit dem Einmünden in einen Zustand der Anomie subjektiv als eine Bewußtseinsstörung zu werten, gegebenenfalls auch als eine tiefgreifende. Der eingangs skizzierte Fall, der durchaus nicht einmalig ist, macht deutlich, daß es eine unzulässige inhaltliche Einengung und Verkürzung des Eingangsmerkmals der tiefgreifenden Bewußtseinsstörung bedeutet, wenn man dabei allein auf den höchstgradigen Affekt abhebt. Dieser kann fehlen, obwohl eine tiefgreifende Bewußtseinsstörung anzunehmen ist, wenn der Beschuldigte in eine konflikthafte Situation gezwungen wird — die sich langsam anbahnen und länger fortbestehen kann —, zu deren Bewältigung er, aufgrund seiner Persönlichketisstruktur und Entwicklung, nicht über die erforderlichen, das heißt sozial konformen und situationsgemäßen Strategien bzw. Handlungsentwürfe verfügt. Das von LEWIN als ein Ausweichen in Kenntnis der eigenen Hilflosigkeit definierte Aus-dem-Felde-Gehen vermag dann in jene Verfassung der Anomie zu führen, die bei bestimmten Menschen das scheinbar folgerichtige Handeln irrtümlich als ein hinlänglich besonnenes erscheinen läßt, und zwar deswegen, weil das Zerbrechen der vorgegebenen Ordnungsstruktur Besinnung als Rückbezug eines antizipierten Handelns auf einen als verbindlich internalisierten Kodex von Normen und Regeln nicht mehr zuläßt.

6.3 Der Schwachsinn

Im Unterschied zur psychiatrischen Systematik trennt das Gesetz nicht zwischen angeborenen und erworbenen Formen der Intelligenzschwäche. Deswegen ist der genetisch determinierte Schwachsinn ebenso gemeint wie solche Schwachsinnformen, deren Ursache in Schädigungen liegt, die vor, unter und nach der Geburt wirksam werden. Nicht erfaßt werden von diesem Eingangsmerkmal jedoch die dementielle Verfassung aufgrund vaskulärer Prozesse, die posttraumatische Hirnleistungsschwäche und die Folgezustände primär degenerativer Prozesse. Diese sind, wie auch die Spätfolgen des Alkoholismus, den krankhaften seelischen Störungen zuzurechnen. Das Gesetz übernimmt den psychologischen Intelligenzbegriff. Es sagt aber nicht, welcher Grad der Minderung gegeben sein muß, damit sich die Frage nach der Schuldfähigkeit überhaupt stellt. Messungen des Intelligenzquotienten sind danach für den forensischen Psychiater zwar hilfreich, der ermittelte Wert entbindet ihn jedoch nur in Extremfällen von der Verpflichtung, den zweiten Schritt zu tun, nämlich Überlegungen hinsichtlich der Einsichts- und Steuerungsfähigkeit des Delinquenten bezogen auf die inkriminierte Tat anzustellen. Der Grund dafür liegt einmal in der hohen Komplexität dessen, was wir Intelligenz nennen. Intelligenz umfaßt eine Anzahl ganz unterschiedlicher Leistungen und Vermögen, deren jeweilige Beeinträchtigungen von unterschiedlicher Relevanz für das zur Diskussion stehende Handeln bzw. Unterlassen sind. Zum anderen sind immer auch die denkbaren Fehlerquellen und Irrtumsmöglichkeiten der Intelligenzmessung zu beachten. Ungenügende Mitarbeit bei der Untersuchung kann das Ergebnis verfälschen, grobe schulische Defizite und Ausbildungsmängel schließen auch bei sehr niedrigen Intelligenzquotienten eine ausreichende soziale Intelligenz nicht aus. Die sogenannten IQ-Werte sind daher mit einiger Vorsicht zu behandeln; ähnlich wie bei der Blutalkoholkonzentration können sie lediglich Anlaß sein, die Auswirkung der intellektuellen Minderbegabung des Beschuldigten auf die Schuldfähigkeit bezogen auf ein konkretes Delikt zu prüfen. Immer aber muß die Beantwortung dieser Frage auf dem Hintergrund einer Analyse der Täterpersönlichkeit erfolgen, unter ausdrücklicher Berücksichtigung ihrer ursprünglichen Sozialisationsbedingungen und ihres aktuellen Umfeldes.

Nur die besonders schweren Schwachsinnszustände bedingen eine generelle Schuldunfähigkeit aufgrund eines deliktunabhängigen Unvermögens zu einsichtsgemäßem Handeln. In der Regel ist im Einzelfall zu untersuchen, wie die individuelle intellektuelle Minderbegabung die Einsichts- und Steuerungsfähigkeit im Hinblick auf ein besonderes inkriminiertes Handeln bzw. Unterlassen beeinträchtigte.

6.4 Die schwere andere seelische Abartigkeit

Die forensisch-psychiatrische Bewertung der schweren anderen seelischen Abartigkeit gehört zu den besonders schwierigen und umstrittenen Aufgaben des Sachverständigen. Die etwas umständliche und unschöne Formulierung, die der Gesetzgeber gewählt hat, erklärt sich aus der Geschichte der Rechtsvorschrift. In ihr spiegeln sich die langwierigen und kontroversen Diskussionen, aus denen schließlich die jetzt gültige Form hervorging.

Aus psychiatrischer Sicht sind es vor allem drei diagnostische Kategorien, die von diesem Eingangsmerkmal abgedeckt werden: **Die Neurosen, die abnormen Persönlichkeiten und die sexuellen Deviationen.** Von "andere" wird gesprochen, weil die Varianten des intellektuellen Vermögens im Gesetz gesondert aufgeführt werden. Das Wort "schwere" wurde eingefügt, um anzudeuten, daß nur ein ungewöhnlicher Ausprägungsgrand der "seelischen Abartigkeit" als schuldmindernd oder gar schuldausschließend in Betracht zu ziehen ist. Vielfach wird gesagt, die seelische Fehlhaltung müsse in ihrem Gewicht bzw. in ihrer Intensität einer krankhaften seelischen Störung vergleichbar, das heißt krankheitswertig sein. Dies ist jedoch nicht nur mißverständlich, sondern sachlich unrichtig. Abgesehen davon, daß ein solches Vergleichen seelischer Behinderungen hinsichtlich ihres Gewichts bzw. ihrer Intensität das Wesen psychischer Leidenszustände verkennt und insofern generell unmöglich ist, gilt es auch zu bedenken, daß durchaus nicht jede krankhafte seelische Störung forensisch-psychiatrisch relevant wird, und daß im übrigen unter den Psychiatern kein Konsens über den Begriff Krankheit besteht. Sowohl eine blande, symptomarme schizophrene Psychose als auch eine leichte hirntraumatisch bedingte Wesensänderung ("krankhafte" seelische Störung im Sinne des Gesetzes) werden in aller Regel keine forensich bedeutsamen Auswirkungen auf Einsichts-

und Direktionsfähigkeit haben. Die allgemeine Psychiatrie und Psychopathologie wissen deswegen mit dem abstrakten Kriterium der "Schwere" einer Befindlichkeitsstörung nichts anzufangen. Zu beurteilen ist allein im konkreten Einzelfall die besondere Qualität der Persönlichkeitsstörung und deren Bedeutung für das inkriminierte Verhalten.

Anders als bei jenen seelischen Behinderungen, die unter das Eingangsmerkmal der krankhaften seelischen Störungen subsumiert werden (z. B. Hirnverletzungen, endogene Psychosen), und hinsichtlich deren phänomenaler Charakterisitik unter den Psychiatern weitgehend Einigkeit besteht, sind die Begriffe Neurose, Psychopathie und Triebstörungen auch in der Psychopathologie strittig. Der Grund dafür liegt in der Tatsache, daß diese Diagnosen primär eine Aussage über die sie bewirkenden Bedingungskonstellationen implizieren. Vertreter ganz unterschiedlicher psychiatrischer Schulen werden sich durchaus einigen können — zumindest in einem großen Teil der Fälle —, ob bei einem Probanden eine schizophrene oder eine depressive Psychose vorliegt. Sie stützen sich dabei auf Besonderheiten des Erscheinungsbildes, das heißt auf bestimmte — als Symptom im Sinne von Merkmal verstandene — abnorme Erlebensweisen und Verhaltensstile. So wird ein diagnostischer Konsens trotz divergierender Auffassungen hinsichtlich der Verursachung möglich. Man kann also im Bereich der sogenannten endogenen oder funktionellen Psychosen Diagnostik treiben und sich gleichzeitig bezüglich der Ursachenfrage gänzlich neutral verhalten. Selbst dann, wenn man auch in den Schizophrenien — wie manche tiefenpsychologischen Schulen — spezifische Neuroseformen erkennt, wird man sich im Blick auf das charakteristische Erscheinungsbild des "Schizophrenen" mit einem streng biologischen, ganz am naturwissenschaftlichen Paradigma orientierten Psychiater durchaus einigen können.

Bei den Psychopathien, Neurosen und Triebvarianten, die das Gesetz den schweren anderen seelischen Abartigkeiten zurechnet, liegen die Dinge anders.

An dieser Stelle sind einige theoretische Bemerkungen unerläßlich. Ohne sie wird der später darzulegende Umgang mit diesem Eingangsmerkmal in foro nicht verständlich. Da auch die Psychopathien und Triebvarianten als neurotische Persönlichkeitsstörungen verstanden werden können — im einen Fall wird deutlicher auf vorgegebene Einstellungen und Handlungsbereitschaften abgehoben, im anderen jener hypothetische Sektor der Persönlichkeit betont, in dem sich die Störung bevorzugt manifestiert — beschränken sich die folgenden notwendigen Vorüberlegungen allgemein auf den Neurosenbegriff.

Das 1797 von *Cullen* eingeführte Wort "Neurose" stand ursprünglich für alle krankhaften "nervösen" und psychischen Abweichungen. Doch schon bald wurde der Begriff Neurose reserviert für jene psychischen Veränderungen, bei denen ein krankhafter Organbefund nicht nachweisbar ist.

Unabhängig von der Frage, ob spätere Autoren eine ausschließlich seelische Verursachung der Neurose annahmen — im Unterschied zu den hirnorganisch determinierten und den endogenen bzw. funktionellen Geistesstörungen — oder, ob neben dem psychischen Faktor auch ein toxisches Moment oder eine vorgegebene Disposition vermutet wurden: Entscheidend blieb der Primat des Psychischen bzw. des Psychosozialen in der Pathogenese der Neurose. *Freud,* der seine Auffassungen im

Laufe seines Forschens mehrfach abwandelte, sah die Neurose aus traumtischen Erlebnissen hervorgehen. Er unterschied je nach der Wirkungsweise des Traumas zwei Neuroseformen, die Aktualneurose und die Abwehr- bzw. Psychoneurose. Bei der Abwehrneurose (z.B. Angstneurose, Neurasthenie und Hypochondrie) wirke sich die ätiologisch zugrunde liegende Schädlichkeit unmittelbar symptombildend aus, während bei der Abwehrneurose die früh erlittene Traumatisierung erst in der Wiedererinnerung ihre schädigende Wirkung entfalte. Dieses Zwischenglied zwischen ursprünglichem Trauma und späterer Symptombildung könne sich, so meinte *Freud,* auch in einzelne Schritte aufsplittern, wie etwa bei der Zwangsneurose.

Für *Adler* sind die Neurosen Folge mißglückter Kompensationsversuche bzw. Ausdruck einer Überkompensation bestehender Minderwertigkeiten. Im Unterschied zu *Freud* und *Adler* hat *Jung* keine spezielle Neurosenlehre entwickelt, sondern lediglich — auf dem Hintergrund seines von *Freud* abweichenden desexualisierten Libidobegriffs — allgemeine Feststellungen zu den Bedingungen und Manifestationen einer neurotischen Symptomatik getroffen. Die Einmaligkeit eines jeden Individuums betonend, sprach er von der Neurose als einer "Privatsache". *Schultz-Hencke* schließlich, der im Antriebserleben das zentrale seelische Geschehen erblickte, sah die neurotischen Symptome sich entwickeln aus einer übermäßigen Hemmung dieses Antriebgeschehens und unterschied je nach Art dieser Hemmung verschiedene Neuroseformen.

Diesen relativ frühen Entwürfen einer Neurosenlehre, die deutlich von der psychiatrisches Denken lange Zeit beherrschenden, somatopsychischen Dichotomie — hier Somatogenese, dort Psychogenese — geprägt sind, ist gemeinsam, daß der Neurosebegriff primär eine ätiopathogenetische und durchaus keine phänomenale Kategorie meint. Insofern kann es für diese Autoren auch keine Phänomenologie des Neurotischen geben, schließlich beschreiben die Neuroselehren vor allem einen Entstehungsmechanismus der seelischen Behinderung, zum Teil auch solcher Behinderungen, die die Psychiatrie dieser Zeit den endogenen bzw. funktionellen Psychosen subsumierte.

Binder handelt die Neurosen unter den funktionellen Abnormitäten ab, bei denen — im Unterschied zu den Geisteskrankheiten im engeren Sinne — lediglich quantitative funktionelle Abweichungen auftreten. Gemeinsamer Grundcharakter der Abnormitäten sei die Desintegration der Lebensganzheit. Die ungenügende Abstimmung der einzelnen Glieder des Ganzen aufeinander bedinge entweder ein Prävalieren oder aber eine mangelhafte Ausbildung einzelner Elemente dieses Ganzen mit einer daraus resultierenden quantitativen Störung der Abläufe. Je nach dem Gebiet, in dem sich die Desintegration am deutlichsten ausprägt, unterscheidet *Binder* somatische von psychischen Abnormitäten. Die neurotische Entwicklung zählt er zu den affektiven Abnormitäten, bei denen es zu keiner Komplexverselbständigung gekommen sei. Der verselbständigte Komplex könne immer nur partiell isoliert werden und seine Abkapselung gelinge niemals vollständig. Er könne deshalb eine gewisse Eigengesetzlichkeit entwickeln und dadurch, gleich einem fremden Dämon, die Persönlichkeit indirekt beunruhigen.

Trotz unterschiedlicher Bemühungen um eine deskriptiv-phänomenologische Darstellung des Neurotischseins hat der Begriff der Neurose bis in die Gegenwart hinein seinen ätiopathogenetischen Charakter behalten, das heißt, seine terminologische Festlegung erfolgt auf einer anderen Ebene als diejenige anderer psychopathologischer Tatbestände wie Wahn, Melancholie, Zwang usw.. Diese stellen nur beschreibende psychopathologische Konventionen dar, die nicht zwangsläufig eine Aussage zu ihrer Verursachung implizieren, sondern in der Regel auf eine solche Festlegung sogar ausdrücklich verzichten. Ein Pendant zum traditionellen Neurosekonzept findet man am ehesten noch in der Psychiatrie der organischen Seelenstörungen. Hier versteht man unter einem organischen Psychosyndrom eine psychopathologisch definierte Befindlichkeit, die zwar keinen Rückschluß auf eine spezielle kausale Noxe zuläßt, die jedoch immerhin die Feststellung erlaubt, daß das Zustandsbild durch eine organische bzw.. somatische Affektion des Gehirns bzw. einzelner Hirnstrukturen bedingt ist.

Einen Versuch, auf lerntheoretischer Basis eine Alternative zu den tiefenpsychologischen ätiopathogenetischen Vorstellungen zu entwickeln, hat z.B. *Eysenck* unternommen. Er geht von einer grundsätzlich scharfen Trennung zwischen Neurose und Psychose aus, das heißt, er postuliert ebenso wie die herkömmliche Psychiatrie zwei unterschiedliche Qualitäten psychischer Abnormalität. Auch der Annahme einer Grenze des psychologischen Verstehens, dem sogenannten Unverständlichkeitstheorem, an dem sich die Systematik einer klassischen Psychopathologie orientiert, begegnet man bei *Eysenck*. Neurotisches Verhalten, meint er, sei in erster Linie ein unvernünftiges Verhalten, ungeachtet der Tatsache, daß sich der Neurotiker selbst bewußt sei, daß sein Verhalten tatsächlich unvernünftig ist. Fehlt diese Einsicht in das Unsinnige der eigenen Einstellung und des eigenen Verhaltens, so müsse die Diagnose auf Psychose lauten. In seinen Überlegungen zur Frage der Bedingungskonstellationen neurotisch abnormen Erlebens und Verhaltens vertritt *Eysenck* einen Standpunkt, der dem einer Psychiatrie, die an der sogenannten klassischen Psychopathologie geschult ist, weitgehend entspricht. Seine Kritik richtet sich insbesondere gegen die tiefenpsychologischen Schulen und jene Psychologen, die die Bedeutung sozialer Faktoren beim Zustandekommen psychischer Abnormität vom Typ des Neurotischen seiner Meinung nach überschätzen.

Neurotisches Verhalten ist für *Eysenck* erlerntes fehlangepaßtes Verhalten. Er nennt zwei Typen einer Verhaltensstörung. Die Störungen erster Art folgen in ihrer Entwicklung einer Sequenz von drei Phasen. Im ersten Stadium wird das Individuum von einem traumatisierenden Ereignis getroffen, im zweiten Stadium baut sich ein bedingter Reflex auf, indem ein bislang neutraler Reiz mit dem die traumatische Reaktion auslösenden Reiz assoziativ verbunden wird. Normalerweise werde es nun beim Ausbleiben weiterer Verstärkung des bedingten Reflexes zu dessen allmählicher Löschung kommen, das heißt zur Spontanremission. Daß das in vielen Fällen nicht geschieht, ist Voraussetzung der dritten Phase, die dadurch gekennzeichnet ist, daß der Betreffende durch ein Vermeiden des ursprünglich traumatisierenden Reizes die allmähliche Löschung des bedingten Reflexes unmöglich macht. Diese Dreiphasentheorie sieht *Eysenck* vor allem bei den dysthymen Störungen verwirklicht, also bei Phobien, Angstzuständen und Zwängen.

Den Störungen erster Art stehen diejenigen zweiter Art gegenüber. Die Störungen zweiter Art ergeben sich aus dem Fehlen bestimmter bedingender Prozesse als Voraussetzung für die Ausbildung sozial erwünschter Gewohnheiten. Zu diesen Störungen zählen nach *Eysenck* die sozio- oder psychopathischen Verhaltensweisen.

Eine gewisse Sonderstellung nehmen diejenigen Störungen ein, denen kein Mangel an erwünschten bedingten Reaktionen zugrunde liegt, sondern bei denen ein positives Bedingen stattgefunden hat, das im Widerspruch zu gültigen Regeln und Normen steht. *Eysenck* erwähnt hier deviante sexuelle Verhaltensweisen. Die so zustande gekommenen Störungen fallen unter den von ihm benutzten Begriff der Neurose, das heißt, sie repräsentieren — abweichend von der tiefenpsychologischen Sicht der Dinge — keine komplexere Beeinträchtigung. Die Lerntheorie unterstellt keine unbewußten Ursachen, sondern betrachtet neurotische Symptome einfach als erlernte Gewohnheiten. In diesem Verständnis gibt es keine Neurose, die den Symptomen zugrunde liegt, sondern nur das Symptom selbst. Beseitige man das Symptom, so habe man die Neurose zum Verschwinden gebracht.

Diese allgemeinen Ausführungen waren erforderlich, weil — deutlicher als bei den anderen Eingangsmerkmalen — der Sachverständige angesichts einer schweren anderen seelischen Abartigkeit dem Gericht mitteilen muß, in welchem Sinne er diesen Begriff verwendet. Nicht allein die auch die Fachliteratur bestimmenden terminologischen Differenzen nötigen ihn dazu, sondern auch die Tatsache, daß der gebildete Laie gerade bezüglich der Neurosenpsychologie meist über ein eigenes Fachwissen verfügt bzw. zu verfügen meint, das einer der gängigen Konventionen verpflichtet ist.

7 Zum Problem der Tatkausalität

Der Forensische Psychiater soll sich streng genommen zu den Eingangsmerkmalen nicht explizit äußern, indem er z.B. deren Vorliegen bejaht oder verneint. Ebenso wie bei der Schuldfähigkeit handelt es sich auch hierbei um Rechtsbegriffe, vor denen seine fachlich begründete Kompetenz endet. Seine Aufgabe besteht theoretisch darin, dem Gericht jene Informationen zu liefern, die es in die Lage setzen, eine tiefgreifende Bewußtseinsstörung, eine krankhafte seelische Störung, einen Schwachsinn oder eine schwere andere seelische Abartigkeit zu konstatieren oder zu verwerfen. Tatsächlich allerdings wird er sich nicht auf diese Aufgabe beschränken und würde, wenn er es täte, in der Regel einem erstaunten Nachfragen begegnen, das eben auf die sogenannten biologischen Voraussetzungen zielt. Angesichts der Tatsache, daß unter die vier Eingangsmerkmale eine Vielzahl seelischer Behinderungen und Devianzen subsumiert wird, spricht für diese Praxis einer behutsamen Kompetenzüberschreitung deren Wirklichkeitsnähe, da der Tatrichter eine solche Zuordnung aus eigener Sachkenntnis nur selten treffen kann. An dieser Stelle zeigt sich erneut die grundsätzliche Problematik, die in der Zweistöckigkeit der Vorschrift liegt. Das Argument, sie stehe im Dienste einer Disziplinierung des Sachverständigen, dessen Ausführungen zur Handlungs- bzw. Unterlassungsfähigkeit durch diese Konstruktion ein — vermeintlich — objektiver und dem Laien nachvollziehbarer Hintergrund gegeben werden solle, ist zumindest fragwürdig. Die Ausführungen zu den Eingangsmerkmalen machten bereits deutlich, daß sie weder als objektive Kriterien zu werten sind noch von einem durchgehenden Konsens unter den Psychiatern und Psychopathologen getragen werden.

De facto also wird der Sachverständige sich explizit oder umschreibend zu den sogenannten biologischen Voraussetzungen, den Eingangsmerkmalen, äußern.

Daran schließt sich der zweite Teil seines Auftrages an. Er besteht darin, zu prüfen, ob etwa die krankhafte seelische Störung, die tiefgreifende Bewußtseinsstörung usw. angesichts des konkreten inkriminierten Handelns oder Unterlassens im Hinblick auf die Persönlichkeit des Beschuldigten von Bedeutung waren, indem sie z.B. dessen Einsichts- und Steuerungsfähigkeit tangierten. Bejaht der Sachverständige eine solche Beziehung zwischen den beiden Stockwerken, so wird von ihm erwartet, daß er diese Beziehung präzisiert und dem Gericht erklärt, warum und in welcher Weise zwischen dem Eingangsmerkmal und dem Vermögen der Einsicht und Steuerung eine tatkausale Relation besteht. Dabei genügt es keineswegs, daß der Sachverständige lediglich einen tatkausalen Zusammenhang konstatiert. Die einzelnen Denkschritte, die ihn zu dieser Überzeugung führen, müssem dem Laien nachvollziehbar sein. Sich hier auf „Erfahrung" und „Kennerschaft" zu berufen, heißt meist, auf Seiten des Gerichts einen begründeten Zweifel an der einen ebenso wie der anderen zu wecken.

„Tatkausal" bedeutet zunächst einmal, daß ein Zusammenhang zwischen dem Handeln und dem ermittelten Eingangsmerkmal besteht, daß sich also Elemente des letzteren nicht nur in ersterem abbilden, sondern darüber hinaus als dessen notwendige — wenn auch nicht hinreichende — Voraussetzungen aufzuweisen sind. Die beide Stockwerke miteinander verbindenden, sie aufeinander beziehenden Elemente des in Frage kommenden Eingangsmerkmals müssen also herausgearbeitet werden. Wie dies im einzelnen geschieht, wird in den folgenden Kapiteln darzustellen sein. Tatkausalitäten in diesem Sinne bleiben aber aus forensisch-psychiatrischer Perspektive zunächst irrelevant. Schließlich wäre es ein Gemeinplatz zu behaupten, die psychische Verfassung gehe mitursächlich in einen Handlungsentwurf und Handlungsvollzug ein. Das gilt für ein jedes Tun, jenseits aller rechtlichen Wertung. Tatkausal kann also keineswegs nur den Nachweis dieser Beziehung meinen.

Die Aufmerksamkeit gilt jenem Aspekt des Tuns bzw. Unterlassens, aufgrund dessen dieses eine Normenverletzung darstellt. Wesentlich ist das zu beurteilende Verhalten also nur insoweit, als es einen Straftatbestand verwirklicht. War, so stellt sich nun die Frage, das ermittelte Eingangsmerkmal tatkausal, indem es im konkreten Fall und bezogen auf einen konkreten Menschen dessen strafrechtlich relevanten Normenverstoß begünstigte bzw.. die Möglichkeiten des Täters zur Realisierung einer normenkonformen Handlungsalternative erheblich einengte oder gar ausschloß? Hinter dieser Fragestellung verbirgt sich offenbar das Problem der Motivation eines Handelns und der allgemeinen Chance, Einblick in die Motivationslage eines Menschen zu gewinnen.

Die forensische Psychiatrie der Vergangenheit hat das durchaus nicht so gesehen. Für sie stellte sich nicht die Frage nach der Struktur der durch das Eingangsmerkmal geprägten Motivationslage zur Zeit der Tat. Sie meinte vor allem prüfen zu müssen, ob überhaupt eine Motivation erkennbar sei, die in überzeugender, das heißt für den Untersucher einfühlbarer Beziehung zu jener seelischen Verfassung steht, die mit dem Konstatieren des Eingangsmerkmals angesprochen und beschrieben wurde. Fehlt eine solche Evidenz der Relation zwischen Handlungsziel und motivationaler Struktur, so wurde eben daraus auf einen Ausschluß oder eine erhebliche Minderung der Schuldfähigkeit geschlossen. ("Wo ich verstehe, kann ich nicht exkulpieren", meinte der Psychiater *Gruhle* einmal).

Diese, da und dort noch anzutreffende, im Grunde aber als obsolet geltende Auffassung, ist nicht zu halten. Sie belastet die forensische Psychiatrie unnötigerweise mit einem zentralen und bis in die Gegenwart nicht befriedigend gelösten Problem einer allgemeinen Psychopathologie, demjenigen des Verstehens fremdseelischen Erlebens. Sie zwingt den Tatrichter, das "Einfühlungsvermögen" des Sachverständigen als etwas Letztes hinzunehmen und seiner Entscheidung darüber zugrunde zu legen, ob im konkreten Fall ein rechtswidriges Verhalten einem Menschen als schuldhaft zuzurechnen sei oder nicht, ohne selber über Möglichkeiten zu einer eigenverantwortlichen Prüfung zu verfügen. Wie unbefriedigend eine solche Situation sein muß, liegt auf der Hand. Sie macht im übrigen das Schicksal des Beschuldigten in einem unerträglichen Ausmaß abhängig von der Persönlichkeit des Gutachters und der von ihm bevorzugten Lehrmeinung.

Der Sachverständige darf weder mit einer ominösen Kennerschaft noch mit einer eigenen, absolut gesetzten Verstehensgrenze argumentieren. Er ist vielmehr gehalten, in sorgfältiger Exploration die Antriebe und Beweggründe aufzudecken und darzustellen, die schließlich in jenen Handlungsentwurf mündeten, durch den der konkrete Normenverstoß realisiert wurde. Sowohl die Beweggründe als auch deren Relevanz für die inkriminierte Tat müssen in einer solchen Ausführlichkeit — nicht Weitschweifigkeit — und Stringens dargetan werden, daß sie dem erkennenden Gericht, das heißt dem psychiatrisch nicht gebildeten Laien, evident werden. Das aber gelingt nur, wenn zunächst die aktuelle ebenso wie die historische Persönlichkeit des Beschuldigten nachgezeichnet wird. Dieser Teil der Aufgabe fällt noch in eine Erörterung des ersten Stockwerks, ohne daß dabei allerdings das zweite Stockwerk aus dem Auge verloren werden darf.

Mit der Feststellung eines der Eingangsmerkmale ist die Notwenigkeit gegeben — und genau darin unterscheidet sich der diagnostizierende psychiatrische Arzt vom forensischen Psychiater — zu prüfen, ob mit diesem psychologisch-psychopathologische Daten verbunden sind, die die Motivation zu einem bestimmten Tun — eben dem inkriminierten — richtunggebend beeinflussen. Die Beschreibung der psychischen Verfassung muß sich schließlich auf den Punkt konzentrieren, ob die festgestellte, sogenannte biologische Voraussetzung geeignet ist, die den Normenverstoß tragenden Beweggründe zu modifizieren oder so zu verformen, daß sie dem handelnden Individuum relativ zu anderen Beweggründen nicht mehr zugänglich sind und/oder, daß die tatrelevanten Beweggründe der willentlichen Steuerung ganz oder zum Teil entzogen waren. Die Schwierigkeit liegt natürlich in der einschränkenden Bemerkung "relativ zu anderen". Es wird damit von der Überzeugung ausgegangen, daß der Mensch bei der Realisierung seiner Handlungsziele die möglichen Konsequenzen seines Verhaltens bedenkt, und zwar nicht nur bezüglich der eigenen Interessenslage, sondern auch hinsichtlich der sittlichen und rechtlichen Normen, innerhalb deren Gültigkeitsbereich er sich mit seinem Tun bewegt.

Wie also gestaltet sich das praktische Vorgehen bei der Beantwortung der Frage nach einem eventuellen tatkausalen und zugleich forensisch-psychiatrisch relevanten Zusammenhang zwischen dem Eingangsmerkmal und den psychologischen Kriterien des zweiten Stockwerks?

In einem ersten Schritt zielt die Untersuchung des Täters allein auf Befunde, die in das psychologisch-psychopathologische Fachgebiet fallen. Dabei bleibt gänzlich unberücksichtigt, welcher Art der gegen den Probanden erhobene Schuldvorwurf ist. In einem zweiten selbständigen Schritt werden jene Beweggründe, Überlegungen, Zielvorstellungen etc. analysiert, die den Probanden zu eben diesem Handeln veranlaßten, mit dem er gegen die Rechtsnorm verstieß. Die Informationen, die in dieser Phase der Untersuchung zu erhalten sind, werden zu den eingangs erhobenen Befunden in Beziehung gesetzt. Geprüft wird, ob diese Befunde geeignet waren, die erwähnten Beweggründe zu tangieren oder allein bzw. überwiegend zu bestimmen, so daß die bei einem jeden Menschen als gegeben vorausgesetzte gewollte Fähigkeit zu normengemäßem Verhalten dadurch vermindert oder aufgehoben war. In nicht wenigen Fällen wird allerdings ein solches stufen- oder schrittweises Vorgehen nicht zum Erfolg führen, wobei als Maßstab des Erfolges das Aufzeigen eines stimmigen, das heißt evidenten Kausalzusammenhangs gilt zwischen der aktuellen motivationalen Struktur und dem das schuldhafte Unrechttun verwirklichenden Handeln.

Deswegen ist das Vorgehen des forensischen Psychiaters eher hermeneutisch. Das bedeutet, daß er die Erkenntnisse, die ihm die Betrachtung des einen Stockwerks liefert, in Beziehung zu den Erkenntnissen setzt, die ihm die Analyse des anderen liefert — und umgekehrt. Ausgehend von der Überzeugung, daß ein jedes Tun in der aktuellen seelischen Verfassung begründet ist, darf der Sachverständige dann, wenn er einen solchen Bedingungszusammenhang nicht nachzuzeichnen vermag, nicht zu dem Fehlschluß gelangen, ein solcher sei in diesem Falle nicht gegeben. Er muß vielmehr mit der Möglichkeit rechnen, daß seine Interpretation der forensisch relevanten Aspekte des ermittelten Eingangsmerkmals unvollständig oder falsch war und/oder, daß seine Analyse der die Tat ermöglichenden bzw. veranlassenden Motivationsstruktur unzutreffend war. In einem hermeneutischen Zirkel wird er deswegen zum einen bestrebt sein, tiefere und genauere — das heißt für die Tat eher relevante — Beweggründe zu entdecken, indem er seine Annahmen bezüglich der durch das Eingangsmerkmal nahegelegten Bedürfnisstruktur präzisiert. Zum anderen wird er, ausgehend von der aktuellen Persönlichkeit, auch die historische Persönlichkeit in die Beurteilung einbeziehen. So kann er möglicherweise entdecken, daß einzelne, durch das gegebene Eingangsmerkmal akzentuierte Einstellungs- und Handlungsbereitschaften durch Vorerfahrungen und wichtige Daten der Biographie inhaltlich um- oder überformt wurden mit dem Ergebnis, daß Handlungsentwürfe und Verhaltensweisen zum Zeitpunkt der Tat nahegelegt wurden, die sich in der konkreten Tatausführung zunächst nicht erkennbar abbildeten. Werden diese nun berücksichtigt und setzt die psychologische Analyse der die Tat begünstigenden Beweggründe auf dem Hintergrund dieses Wissens erneut an, so können Motive deutlich werden, die bislang entweder übersehen oder als scheinbar bedeutungslos abgetan wurden.

Grundsätzlich gilt demnach, daß der Nachweis von Befunden, die die Annahme eines der Eingangsmerkmale rechtfertigen, niemals eine direkte Aussage über die Auswirkungen der sogenannten biologischen Voraussetzungen auf die psychologische Ebene erlaubt. Eine solche Feststellung verlangt, wenn sie forensisch-psychiatrisch relevant sein soll, eine tatkausale Verknüpfung beider Ebenen. Voraussetzung dafür ist aber zum einen eine Analyse der motivationalen Strukturen der inkriminierten Tat und zum anderen eine die aktuelle und die historische Persönlichkeit gleichermaßen berücksichtigende Ermittlung solcher Einstellungen und Handlungsbereitschaften, die durch das festgestellte Eingangsmerkmal nahegelegt werden. Diese Verknüpfung unter tatkausalem Aspekt gelingt häufig nur mittels des hermeneutischen Verfahrens. Gelangt der Sachverständige trotzdem zu keinem Ergebnis, so wird er nicht sagen dürfen, es handele sich um ein „offensichtlich unmotiviertes“ Delikt. Er kann dem Gericht lediglich mitteilen, daß ihm der Nachweis einer tatkausalen Beziehung nicht gelang, sei es, daß er nicht über die erforderliche Erfahrung und Sachkunde verfügt, sei es, daß die ihm zu Gebote stehende Zeit zu knapp bemessen war, oder daß die Informationen, die er vom Täter erhielt, zur Erfüllung seines Auftrages nicht ausreichten.

Daß allerdings auch dann, wenn das Aufzeigen eines tatkausalen Zusammenhanges gelingt, im Einzelfall noch erhebliche Probleme eine endgültige Stellungnahme erschweren können, wird weiter unten zu erörtern sein.

Spezieller Teil

An eine Darstellung der forensischen Psychiatrie, sind andere Ansprüche zu stellen als an ein psychiatrisches Lehrbuch, das sich an Medizinstudenten und angehende Fachärzte wendet. Da durchaus nicht alle denkbaren Erscheinungsweisen psychischer Abnormität unter forensisch-psychiatrischem Aspekt relevant sind, wäre es unsinnig, die Gesamtheit aller seelischen Erkrankungen und Normabweichungen zu berücksichtigen. Neben der gebotenen thematischen Eingrenzung sind bei der Schilderung einzelner Störungen aber auch die Gewichte anders zu verteilen als in einem klinisch-psychiatrischen Lehrtext. Nur diejenigen Abwandlungen des Erlebens und Verhaltens müssen hervorgehoben werden, die geeignet sein können, Einsichts- und Steuerungsfähigkeit zu tangieren. Eine vollständige, klinischen und praktischen Ansprüchen gerecht werdende Darstellung und Beschreibung des Gegenstandes psychiatrisch-psychopathologischer Wissenschaften müßte dagegen den Blick auf die hier allein interessierenden Merkmale verstellen.

1 Die Geisteskrankheiten (die sogenannten endogenen oder funktionellen Psychosen)

Es mag unüblich sein, den Begriff Geisteskrankheit zu verwenden, um unter ihn die Psychosen der Schizophreniegruppe ebenso wie diejenigen der Zyklothymiegruppe (Affektpsychosen) zu subsumieren. Zu betonen ist deswegen ausdrücklich, daß diese Bezeichnung nur eine Metapher meint, denn die Annahme einer Erkrankung des Geistes ist natürlich abwegig. Das Wort Geisteskrankheit wird hier lediglich gewählt, um die von ihm erfaßten seelischen Leiden von denjenigen abzugrenzen, die in engem zeitlichem und vermutlich auch ursächlichem Zusammenhang mit einer nachweisbaren organischen Gehirnkrankheit auftreten. Im übrigen ist der sich allenfalls anbietende Ausdruck Psychose, der sich im Sprachgebrauch der Psychiatrie auf die organischen ebenso wie auf die funktionellen seelischen Erkrankungen bezieht, ebenso nichtssagend.

1.1 Schizophrene Psychosen

1.1.1 Erscheinungsbild

Schizophrenie ist eine Sammelbezeichnung für eine Anzahl unterschiedlicher Zustandsbilder, bezüglich deren Ursache allenfalls im Einzelfall begründete Vermutungen möglich sind und die auch über den Zeitverlauf hinweg kein einheitliches Erscheinungsbild bieten. Zusammengehalten werden die Erkrankungen der Schizophreniegruppe durch bestimmte Formen der Erlebens- und Verhaltensstörung. Dabei darf von einer Kernsymptomatik gesprochen werden, da bei der überwiegenden Zahl der Fälle irgendwann einmal — übersieht man eine hinlängliche Krankheitsdauer von mehreren Jahrzehnten — akustische Sinnestäuschungen und wahnhafte Eigenbeziehungen auftreten. Schizophrenie ist demnach keine Krankheit im Sinne der medizinischen Disziplinen, sie wird nicht durch den Nachweis einer ihr zuzuordnenden Ätiologie und Pathogenese verifiziert. Der Begriff Schizophrenie bezieht sich ausschließlich auf die Ebene der Deskription und reflektiert lediglich eine allgemeine Konvention, nachdem man sich darauf geeinigt hat, beim Vorliegen einer Reihe relativ gut darstellbarer psychopathologischer Tatbestände bzw. Merkmale von Schizophrenie zu sprechen.

Für die forensische Psychiatrie sind vor allem die folgenden Aspekte einer schizophrenen Persönlichkeitsveränderung von Bedeutung: die Beziehung des Kranken zur Realität, die Störungen seiner Ichidentität und die Beeinträchtigung seiner Handlungsfähigkeit.

Die **Beziehung** des schizophren Kranken **zur Realität** kann in mancherlei Weise verändert sein. Am häufigsten ist eine verkürzte und einseitig akzentuierte Wahrnehmung der realen Umweltgegebenheiten. Seltener begegnet man dem Dominieren einer eigenen privaten Realität gegenüber der gemeinsamen, das heißt konsentierten Wirklichkeit.

Die verkürzte oder verzerrte Realitätswahrnehmung ist unter zwei Aspekten zu sehen. Zum einen wird die Situation, in der der Betroffene handelt und handelnd mit den anderen zusammentrifft, von ihm selbst in einer ungewöhnlichen, überraschenden und vielfach befremdlichen Weise profiliert: Das Gewicht derjenigen Momente, die in ihrer besonderen Wertung und Beziehung zueinander die Bedeutung einer Situation bestimmen, erscheint aus der Perspektive des Betroffenen verschoben. Marginale Elemente, die dem Partner für das Verständnis der Situation von allenfalls untergeordneter Bedeutung sind, drängen sich in den Vordergrund und lassen andere, nach Einschätzung der Mitagierenden durchaus wesentliche, zurücktreten. Dadurch wandelt sich das Profil der Situation, die damit eine spezifische, nur diesem Schizophrenen evidente Bedeutung gewinnt. Da der jeweilige Handlungsentwurf aber stets in Bezug auf die Situationsbedeutung bzw. Situationsdefinition konzipiert wird, und da sich der konkrete Handlungsvollzug an den Verhaltenserwartungen orientiert, die für den Agierenden mit der Situationsdefinition vorgegeben sind, realisiert der Schizophrene — bedingt durch die Verzerrung seiner Realitätswahrnehmung — Verhaltensweisen, die aus der Sicht seiner Partner der aktuellen Situation nicht angemessen sind. Die auf diese Weise zustande gekommenen Fehlhandlungen sind stets erwartungsdiskonform, häufig verstoßen sie gegen konventionelle, seltener gegen Rechtsnormen.

Beispiel: *Ein Student der Humanmedizin nimmt an einem klinischen Praktikum der Frauenheilkunde teil. Angesichts der Patientin, die der Studentengruppe vorgestellt wird, um an ihr ein bestimmtes Leiden und die damit verbundenen diagnostischen Maßnahmen zu demonstrieren, äußert er sich gegenüber seinen Kollegen bewundernd über die Schönheit des vor ihm liegenden Frauenkörpers. Dieses offensichtli-*

che Fehlverhalten, mit dem der durch andere Störungen als schizophren ausgewiesene junge Mann gegen grundlegende Regeln einer Arzt-Patientenbeziehung verstößt, resultiert aus der erwähnten Verzerrung der Realitätswahrnehmung. Die scheinbar eindeutig definierte Situation — Hörsaal, Kliniksbett, Berufskleidung, Anwesenheit von Krankenschwestern etc. machen unzweideutig klar, daß es sich um eine Arzt-Patientenbeziehung handelt — gewinnt aus der Perspektive des schizophrenen Kursteilnehmers ein anderes Profil. Die erwähnten Situationselemente werden von ihm zwar durchaus wahrgenommen, sie bleiben aber für ihn bezüglich der Situationsdefinition randständig, das heißt, sie werden nicht als charakteristisch erlebt. Der Student sieht sich einem unbekleideten attraktiven Frauenkörper gegenüber und verkennt, daß er diesen Anblick allein der Tatsache verdankt, daß er ihm in der Rolle des Arztes begegnet. So äußert er sich in einer Weise, die unter anderen Umständen durchaus erlaubt und angemessen wäre, im konkreten Fall aber einen gravierenden Verstoß gegen situationsimplizite Normen darstellt. Selbstverständlich muß in einem solchen Fall gesichert werden, daß das erwartungsdiskonforme Verhalten tatsächlich aus der erwähnten verzerrten Realitätswahrnehmung resultiert, daß sich in ihm eine durch das krankhafte Erleben aufgezwungene Situationsdefinition manifestiert, und daß es sich nicht etwa um einen willkürlichen, drohende Sanktionen in Kauf nehmenden Normenverstoß — etwa einen geschmacklosen Scherz — handelt.

Eng zusammen mit dieser Abwandlung der Realitätswahrnehmung hängt eine andere Verzerrung der Perspektive, für die die Psychopathologie den Begriff „paranoid“ bereithält. Auch sie ist gekennzeichnet durch eine vom Konsens der Partner abweichende Profilierung der Situation. In der Verfassung des Paranoiden werden ebenfalls die Elemente der Situation anders geordnet und gewichtet, nun aber gemäß einer durchgehenden Leitidee. Nur jene Aspekte des Wahrgenommenen werden als bedeutsam erlebt, die vermeintlich unmittelbar auf den Betroffenen verweisen. Elemente der Situation, die im Verständnis der Partner den vom Kranken „gewähnten“ Bezug auf ihn, den Eigenbezug, ausschließen, werden ignoriert, ausgeblendet oder umgedeutet. Die Situationsbedeutung, die sich dem solcherart in seiner Realitätswahrnehmung beeinträchtigten Schizophrenen erschließt, trägt häufig Züge des Bedrohlichen und Unheimlichen, seltener entnimmt er ihr eine Überhöhung des Selbstwertgefühls, z.B. indem er sich der Liebe eines bestimmten Menschen oder der Anerkennung und Hochschätzung vieler sicher weiß.

Zu den forensisch-psychiatrisch bedeutsamen Abwandlungen der Realitätswahrnehmung, die häufig — aber durchaus nicht ausschließlich — bei Schizophrenen angetroffen werden, zählen zwei andere krankhafte Modifikationen des Erlebens: die Trugwahrnehmungen als akustische, optische, olfaktorische, gustatorische oder haptische Wahrnehmungen unabhängig von einem Wahrnehmungsobjekt der Außenwelt, auf der einen, sowie der Wahn auf der anderen Seite.

In Psychiatrie und Psychopathologie ist man geneigt, dann von **halluzinatorischer Sinnestäuschung** zu sprechen, wenn der Proband angibt, Dinge zu hören, zu riechen, zu schmecken etc., deren Wahrnehmung unter den Bedingungen der aktuellen Situation dem anderen offenbar nicht nachvollziehbar ist. Auf Halluzinationen wird aber auch dann geschlossen, wenn der Proband Sinnesempfindungen ursächlich auf einen Prozeß chemischer oder physikalischer Beeinflussung zurückführt, den zu vermuten mit unserem gesicherten Alltagswissen unvereinbar ist. Diese beiden denkbaren Konzeptionen müssen auseinandergehalten werden. Im ersten Fall erkennen wir die Sinneswahrnehmung als Täuschung, gestützt auf unsere eigenen Wahrnehmungen in derselben Situation, im zweiten Fall gründet unser Urteil in der besonderen Weise, in der dem Probanden nach eigenem Bekunden die Sinneseindrücke übermittelt werden bzw. wurden.

Tatsächlich aber genügen diese Feststellungen keineswegs, um jenen Prozeß der Urteilsbildung zu beschreiben, der uns dazu führt zu sagen, der Proband halluziniere. Zunächst einmal geht unser Urteil von einer Reihe unausgesprochener Prämissen aus, die erwähnt werden müssen. Wir unterstellen etwa, daß wir beide, der Proband und der Gutachter, über das nämliche Wahrnehmungsvermögen verfügen, daß also beispielsweise weder er ein besonders scharfes Ohr hat noch wir unter einer Sehbehinderung leiden. Wir unterstellen — beispielsweise dann, wenn der Proband über taktile Halluzinationen klagt — außerdem, daß unser Kenntnisstand hinsichtlich der tatsächlichen Möglichkeiten einer leiblichen Beeinflussung über größere Distanzen hinweg nicht hinter dem seinen zurücksteht. In der Behauptung, das Brennen auf der Haut sei auf eine elektromagnetische Strahlung mittels eines im Nachbarhaus installierten Apparates zurückzuführen, sehen wir nicht den Ausdruck überlegenen technischen Wissens, sondern die sekundäre Rationalisierung eines primär abnormen Erlebens.

Nun sind wir nicht selten auf Angaben des Probanden angewiesen, die sich auf zurückliegende Begebenheiten beziehen, bei denen wir also nicht unmittelbar Zeuge waren. Hier können wir unsere eigenen Sinneswahrnehmungen nicht als Beweis für den halluzinatorischen Charakter des Berichtes heranziehen. Trotzdem wird uns in der Regel auch jetzt ohne Schwierigkeiten eine zutreffende Beurteilung möglich sein, so wie wir uns auch gewöhnlich nicht durch einen Blick ins Nachbarzimmer davon überzeugen müssen, daß die Angabe des Alkoholhalluzinanten, man führe dort unanständige Gespräche über ihn, unzutreffend ist.

Und schließlich wissen wir sehr wohl zu unterscheiden, ob die Angaben des Probanden, er nehme diverse Sinnesreize wahr, als Irrtum im landläufigen Sinne zu verstehen oder ob sie tatsächlich Ausdruck halluzinatorischen Erlebens sind. Das kann aber nur bedeuten, daß es nicht allein der Bericht über eine Sinneswahrnehmung ist, die offensichtlich nicht an das Vorhandensein eines realen Wahrnehmungsobjektes gebunden ist, und daß es auch nicht die vielleicht skuril erscheinende Vermutung hinsichtlich ihrer Übermittlung ist, was uns veranlaßt, den anderen für einen psychisch Abnormen zu halten, der unter Halluzinationen leidet. Es ist die besondere Gewißheit in der Mitteilung der scheinbaren Wahrnehmung, die einen solchen Verdacht aufkommen läßt.

Was das **wahnhafte Erleben** angeht, genügt es im vorliegenden Zusammenhang, sich unsystematisch einige Merkmale zu vergegenwärtigen, die immer wieder angetroffen werden und die zumindest an der Überzeugung des Untersuchers, es mit einem Wahn zu tun zu haben, entscheidenden Anteil haben. Es geht um Merkmale, nicht um Charakteristika.

Zu nennen wäre beispielsweise die Tatsache, daß im Wahn ein Wissen oder Sachverhalt behauptet werden, die vom Partner als unzutreffend erkannt werden oder an deren „Wahrheit" er einen begründeten Zweifel hegt, auch wenn er diesen nicht stets sofort belegen kann. Dieses Merkmal hat Beziehung zu dem Kriterium der objektiven Unrichtigkeit in der Psychopathologie, ohne allerdings mit diesem identisch zu sein. Offenbar ist die objektive Unrichtigkeit nicht das Entscheidende. Zum einen bildet sich beim Partner auch dann die Gewißheit, der andere leide an einem Wahn, wenn er die Unrichtigkeit des Gewähnten im Augenblick gar nicht beweisen kann, zum anderen erleidet die Gewißheit des Probanden vielfach auch dann keine Einbuße, wenn sich das im Wahn Behauptete als unzutreffend herausstellt. Der wahnhaft Eifersüchtige bleibt in aller Regel in den Augen des Beobachters auch dann ein Wahnkranker, wenn diesem der Beweis der Untreue seiner Frau gelingt. Die Überzeugung, einem Wahnkranken gegenüber zu stehen, bildet sich offenbar gleichsam vor der Prüfung des sachlichen Gehaltes seiner Aussage. Der Zweifel an der Richtigkeit des Geäußerten hat wenigstens eine seiner Wurzeln nicht in dem Inhalt dessen, was der Kranke behauptet, sondern in einem Etwas, das in der wahnhaften Feststellung bereits mitgegeben ist, sich ihrer quasi lediglich bedient.

Ein anderes geläufiges Merkmal ist die **Isolierung,** die Vereinsamung des Wahnkranken. Er steht mit seiner Behauptung allein, auch dann, wenn er meint, sie auf verschiedene Indizien stützen zu können. Es entspricht alltäglicher psychiatrischer Beobachtung, daß sich Wahnkranke auch dann niemals zu einer Wahngemeinschaft zusammenschließen, wenn eine gemeinsame Thematik eine solche Paar- oder Gruppenbildung nahelegen würde. Isolierung und Vereinsamung des Wähnenden gründen nur scheinbar in Wahnthema oder ausformulierter Wahnfabel. Die Einsamkeit des fanatischen Erfinders etwa, der sein Leben der Konstruktion des Perpetuum mobile gewidmet hat, bleibt trotzdem qualitativ etwas gänzlich anderes als die des Wahnkranken. Der Wahnkranke offenbart seine Isolierung auch dann, wenn er über belanglose, vom allgemeinen Konsens durchaus gedeckte Themen spricht. Nicht nur der Erfahrene spürt die Kälte, das heißt die soziale Isolierung, auch im scheinbar harmlosen, gemeinsame Überzeugungen nicht verletztenden Gespräch.

Zu nennen ist weiter als Merkmal die **eigentümliche Gewißheit,** die hohe subjektive Evidenz, die die Aussagen des Wahnkranken kennzeichnet. Es ist eine Gewißheit jenseits der Kriterien des Zweifels und des Beweises, die hinsichtlch ihrer Allgemeingültigkeit auch nicht dadurch in Frage gestellt wird, daß des Kranken Realitätsurteil in manchen Verlaufsabschnitten schwankend sein kann. Es ist ausdrücklich darauf hinzuweisen, daß Realitätsurteil und Gewißheit nicht als identische Phänomene behandelt werden dürfen. Die Wahngewißheit ist in ihrer Absolutheit zweifellos ungewöhnlich, es ist aber doch nicht zulässig, sie als etwas Pathologisches, dem gesunden Seelenleben durchaus Fremdartiges zu werten. Es scheint, als sei nicht die Gewißheit an sich — in ihrer besonderen Unerschütterlichkeit — etwas Befremdliches. Das Befremden entspringt dem thematischen Gehalt der Überzeugung. Im Umgang mit dem Wahnkranken fällt auf, daß der Wähnende seine Überzeugung mit einer ungewöhnlichen, unbedingten Sicherheit vertritt. Er bedaf keiner Bestätigung des Kerns seiner Überzeugung und weist die Möglichkeit des Irrtums entweder verärgert oder mit der überlegenen Miene des unbeirrbar Wissenden zurück. Auch die Tatsachen, die behauptet werden, sind von besonderer Art. Es handelt sich in aller Regel um vergleichsweise einfache, vor allem um einfach nachzuprüfende Sachverhalte, deren Unrichtigkeit dem anderen unmittelbar evident ist und zu deren Falsifikation es keiner besonderen logischen Operationen bedarf. Das Unsinnige und Unzutreffende der Behauptung ist gleichsam auf den ersten Blick zu erkennen.

Im Gespräch bemerkt man eine eigentümliche Einbahnigkeit der Kommunikation. Es gelingt zwar nicht selten, zu dem Wahnkranken eine Beziehung aufzubauen, Rede und Gegenrede sind möglich, Vereinbarungen können getroffen werden, und auch eine streitige Auseinandersetzung mag bis zum Erreichen eines Konsens geführt werden. Voraussetzung einer solchen Interaktion ist aber stets, daß der Partner auf den Wähnenden zugeht. Der Partner muß es dem Wähnenden überlassen, den Gegenstand des Gespräches oder doch zumindest die Art seiner Behandlung zu bestimmen. Er muß es auch in dessen Belieben stellen, Beginn und Ende der Beziehung festzulegen und muß dem Wähnenden ohne Einschränkung die Macht lassen, die Situation, deren Thema und deren Relevanzbereich zu definieren. Es ist offenkundig so, daß der Wähnende dem Partner die Rolle, die er zu übernehmen hat, zuweist, ohne Rücksicht auf die spezifischen Erwartungen, Wünsche und Bestrebungen, mit denen der Partner in die Beziehung eingetreten ist. Mit der erwähnten Einbahnigkeit der Beziehung hängt es auch zusammen, daß der Partner niemals Gewißheit gewinnt bezüglich des Bildes, das sich der Wähnende von ihm macht. Zwar erhält er die zu übernehmende Rolle zugewiesen, das Fehlen einer Reziprozität der Beziehung erlaubt es ihm jedoch nicht, dem Verhalten des Wähnenden eine Beurteilung der Rollengerechtigkeit des eigenen Verhaltens zu entnehmen. Der Wähnende unterstellt eine Übereinstimmung hinsichtlich der Situationsdefinition als selbstverständlich, die ihn scheinbar von der Verpflichtung, den Partner von seiner Sicht der Dinge zu überzeugen, entbindet. Seine Erklärungen werden zu Scheinerklärungen, weil sie sich auf einen tatsächlich nicht vorhandenen Grundkonsens beziehen. So muß beim Partner jener Eindruck der Pseudointimität entstehen, die vom Wahnkranken nicht hinterfragt werden und vom Partner nicht nachvollzogen werden kann.

Ein weiteres forensisch bedeutsames Merkmal schizophrener Persönlichkeitsstörung ist die Abwandlung der Ichidentität: Insbesondere die Kranken, die nach gängigem psychiatrischem Verständnis der Schizophrenie-Gruppe zugerechnet werden, berichten bisweilen von eigentümlichen Erlebnissen, z.B. "es" werde an ihnen manipuliert, „irgendetwas" veranlasse sie dazu, mehrmals hintereinander die gleiche Handlung auszuführen, den gleichen Gedanken zu denken etc. Gemeinsam ist diesen Erlebnissen, daß Vollzüge, die gewöhnlich der willkürlichen Steuerung unterworfen sind, von außen initiiert und gehemmt werden können, offenbar dem eigenen Willen entzogen sind.

Die Psychiatrie pflegt Erlebnisse dieses Typs, das heißt also etwa das Erlebnis des „Gemachten", in der Regel den sogenannten Ichstörungen zuzurechnen. Die entsprechenden Klagen der Betroffenen sind als Beeinflussungserlebnisse allerdings nur sehr ungenau bezeichnet, da dadurch das Wesentliche dieser Mitteilungen gerade nicht angesprochen wird. Ein jeder ist tagtäglich einer Vielzahl von Beeinflussungen ausgesetzt, denen er sich nur zum Teil zu entziehen vermag und deren Urheberschaft seiner kritischen Aufmerksamkeit nicht selten entgeht. Auch die Wahrnehmung eines Menschen, es werde etwas mit ihm oder an ihm „gemacht", ist zunächst einmal nicht ungewöhnlich. Der Begriff der Entmächtigung ist deswegen ungleich treffender — nicht zuletzt deswegen, weil er eine deutliche Trennung dieser Erscheinungsweise seelischer Abnormität von allen Zwangsphänomenen erlaubt. So begegnet man etwa der Angabe, der Kranke empfinde sich nicht mehr als Herr seines Willens, er vermöge auch nicht über sein Denken zu bestimmen, sondern sei vielmehr genötigt, das zu denken, was andere ihm eingeben bzw. aufzwingen. Man hört die Klage, die eigenen Gedanken blieben den anderen nicht verborgen, sie teilten sich diesen auf eine unerklärliche Weise mit. Die Kranken erleben sich so bisweilen als Marionetten, ganz der Steuerung durch eine nicht identifizierte und identifizierbare Macht ausgeliefert, gedrängt und gegen ihren Willen zu einem Verhalten veranlaßt, das sie entweder ausdrücklich mißbilligen oder doch zumindest als mit dem Selbstbild unvereinbar ablehnen.

Beeinträchtigungen der Handlungsfähigkeit, die weder aus einer Verzerrung der Realitätswahrnehmung noch aus einer Neudefinition der Ichidentität resultieren, sind, wenn sie im Rahmen einer schizophrenen Psychose auftreten, nicht anders zu bewerten als dann, wenn sie etwa Ausdruck bzw. Folge einer organischen Hirnerkrankung sind — ungeachtet der Tatsache, daß die verursachenden Bedingungskonstellationen in beiden Fällen vermutlich ganz unterschiedlicher Natur sind. Es ist deswegen gerechtfertigt, auf deren Darstellung in einem späteren Kapitel zu verweisen.

1.1.2 Der forensisch-psychiatrische Aspekt

Die Ausführungen zur Symptomatik sollen nicht das Krankheitsbild der Schizophrenie in all seinen klinisch relevanten Facettierungen und Ausgestaltungen illustrieren. Eine derartige Schilderung hat ihren Platz in einem psychiatrischen Lehrbuch. Es gilt lediglich, jene Aspekte der schizophrenen Veränderung des Erlebens hervorzuheben, die aus der Perspektive des forensischen Psychiaters bedeutsam sind.

Die gestörte Realitätswahrnehmung führt beispielsweise dazu, daß der Betroffene sein Handeln an Regeln und Normen orientiert, die für die aktuelle Situation ganz belanglos sind, oder daß er Verhaltensvorschriften für verbindlich und Verhaltensweisen für erlaubt hält, die unter den gegebenen Umständen ausdrücklich negativ sanktioniert sind. So legt etwa der in dem oben skizzierten Beispiel erwähnte Medizinstudent ein Verhalten an den Tag, das unter anderen Umständen vielleicht mit einem anerkennenden, zumindest aber verständnisvollen Lächeln seiner Kommilitonen und Lehrer beantwortet worden wäre. Unter den gegebenen Umständen aber muß es auf Befremden und energische Kritik stoßen und mit dem Ausschluß des Studenten von den weiteren Lehrveranstaltungen geahndet werden.

Gravierender, weil strafrechtlich bedeutsamer, ist das Fehlverhalten, das einem niedergelassenen Nervenarzt eine Anklage wegen sexuellen Mißbrauchs Widerstandsunfähiger eintrug.

Beispiel: *Der 35jährige Arzt betrieb seine Praxis bereits seit mehreren Jahren. Er galt als erfolgreich, man schätzte vor allem seine Gründlichkeit der Untersuchung und die Tatsache, daß er jeden seiner Patienten ohne Hast und mit viel Gelassenheit anzuhören pflegte. Eines Tages erstattete eine junge Frau Anzeige gegen ihn und erklärte, er habe ihre Widerstandsunfähigkeit während einer psychotherapeutischen Sitzung mißbraucht, indem er mit ihr den Beischlaf vollzog. Die Ermittlungen bestätigten den Vorwurf, der auch von dem Beschuldigten nicht bestritten wurde. In der Exploration war zu erfahren, daß der Arzt vor mehreren Jahren einmal wegen einer schizophrenen Psychose in stationärer Behandlung gestanden hatte, seitdem allerdings nicht mehr auffällig geworden war. Seine Schilderung des Vorfalles deckte sich hinsichtlich des äußeren Geschehensablaufes mit den Angaben der Geschädigten. Die Analyse der inneren Tatseite führte jedoch zu einem überraschenden Ergebnis: Die Patientin war in den späten Nachmittagsstunden in die Praxis des Arztes gekommen. Für diesen hatte der Tag bereits eigentümlich begonnen. So war ihm an seiner Praxishelferin aufgefallen, daß sie ihm durch unmißverständliche Gesten und Blicke zu verstehen gab, daß sie durchaus nicht der Meinung war, es sei ihre Aufgabe, ihm als Assistentin behilflich zu sein. Es war ihm schlagartig deutlich geworden, daß man in ihm gar nicht den Arzt sah und daß die äußeren Umstände, die Einrichtung der Räume, die Berufskleidung etc. allein dem Ziel dienten, ihn zu täuschen, ihm vorzumachen, er sei Nervenarzt in der Kleinstadt K. Plötzlich hatte er dieses Spiel durchschaut, eine Vielzahl von Wahrnehmungen, die er seit langem und jeden Tag gemacht hatte, erschienen ihm nun in einem anderen — wie er meinte zutreffenden — Licht. Anfangs beteiligte er sich an dem nun durchschauten Spiel und hielt die Rolle des Arztes durch. Als dann am Nachmittag die junge Frau erschien, entnahm er deren Miene und Gebahren, daß auch sie ihn nur daraufhin prüfen wolle, ob er den jahrelangen Schwindel durchschaut habe oder ob er weiter in der bisherigen Weise zu täuschen sei. Ihre Bereitschaft, seiner Aufforderung zu folgen und auf dem Sessel — nicht dem üblichen Untersuchungsstuhl — Platz zu nehmen, gab ihm die endgültige Gewißheit, daß man ihn auf die Probe stelle. Er erkannte, daß es an der Zeit sei, deutlich zu machen, daß er die Machenschaften durchschaut habe. Indem er nun mit der sich Wehrenden den Beischlaf vollzog, verhielt er sich so, wie man es nach seinem Dafürhalten von ihm erwartete. Er handelte gemäß einem Situationsverständnis, das nach seiner Einschätzung in den Augen der anderen seit langem das angemessene war und gegen das er mit seinem bisherigen Agieren, das heißt im Festhalten an der Rolle des Arztes, verstoßen hatte.*

Jene Veränderung des Erlebens, die mit dem Begriff „paranoid" bezeichnet wird, veranlaßt den Kranken dazu, Wahrnehmungen in seiner Umgebung oder Äußerungen anderer auch dann auf sich zu beziehen, wenn diesen — für jedermann erkennbar — eine in Bezug auf seine Person gänzlich neutrale Bedeutung zukommt. Gelangt der Betroffene beispielsweise aufgrund seiner Fehlinterpretation zu der Gewißheit, er werde bedroht, verfolgt oder in seinen Ansprüchen verkürzt, so wird er sich zu wehren suchen oder bestrebt sein, seine vermeintlich berechtigten und wohl begründeten Bedürfnisse auch gegen den gewähnten Widerstand einer feindseligen und verständnislosen Umwelt zu befriedigen.

Beispiel: *Ein 40jähriger Bankangestellter war lange Zeit zur Zufriedenheit seiner Vorgesetzten tätig. Eines Tages verlangte er den Leiter der Filiale zu sprechen, um erregt darüber Klage zu führen, daß man ihn seit Wochen vor wichtigen Entscheidungen nicht mehr konsultiere, daß Kollegen mit Aufgaben betraut würden, deren Erledigung zweifelsfrei zu seinen Obliegenheiten gehörten. Um eine Konkretisierung seiner Beschwerden gebeten, erklärte er, eben dazu keine genauen Angaben machen zu können, da all diese Dinge hinter seinem Rücken geregelt würden. Man wies ihn ab. In der Folgezeit häuften sich seine Klagen, die er in mündlicher und vor allem auch bald in schriftlicher Form vortrug. Schließlich beschuldigte er seinen Vorgesetzten, die Dienstvorschriften zu mißachten. Er ließ durchblicken, man habe ihn deswegen von allen Informationen abgeschnitten, weil man sich in unerlaubte und kriminelle Geschäfte eingelassen habe, die man im Wissen um seine Unbestechlichkeit vor ihm geheimhalte. Als seine betriebsinternen Interventionen nichts fruchteten, erstattete er Strafanzeige wegen Betruges, Untreue und anderer Delikte. Es kam schließlich zu einem Verfahren gegen ihn wegen falscher Anschuldigung.*

Zu einer gelegentlich dramatischen Realitätsverkennung kann es im Rahmen einer schizophrenen Persönlichkeitsstörung kommen, wenn der Kranke unter dem Eindruck halluzinatorischer Sinnestäuschungen steht. Als Halluzination wird eine — vermeintliche — Sinneswahrnehmung bezeichnet, der kein reales Wahrnehmungsobjekt in der Außenwelt entspricht. Halluzinatorische Trugwahrnehmungen sind auf allen Sinnesgebieten möglich, bei Schizophrenen sieht man am häufigsten — aber keineswegs ausschließlich — solche des Gehörsinns. Die sogenannten „Stimmen" werden in unterschiedlicher Weise erlebt. Mal begleiten sie das Tun des Betroffenen in Form eines Kommentars, mal meint der Kranke, Gespräche zu vernehmen, die sich mit ihm und seinem Schicksal befassen, mal sind es die eigenen Gedanken, die, kaum daß sie sich bildeten, wie ein Echo nachgesprochen werden.

Forensisch-psychiatrisch bedeutsam sind akustische Halluzinationen dann, wenn sich in ihnen paranoide Befürchtungen konkretisieren, z.B. indem die gewähnte Bedrohung oder Verfolgung im halluzinierten Gespräch bekannter oder unbekannter Gegner artikuliert wird. Seltener hört man von einem Straftäter, der unter dem Eindruck „imperativer Stimmen" handelte. Damit sind akustische Trugwahrnehmungen gemeint, die der Kranke als dezidierte Befehle erlebt, die ungewöhnlich drängend sind, so daß er ihnen trotz der bisweilen erhaltenen Einsicht in das Unsinnige, Gefährliche oder Unerlaubte des von ihm Geforderten, zu folgen gezwungen ist.

Beispiel: *Ein 51jähriger Mann, der seit Jahren ohne festen Wohnsitz durchs Land zieht, findet Unterkunft in einem Obdachlosenasyl. Als er beim gemeinsamen Abendessen vermißt wird, sucht ihn der Heimleiter in seinem Zimmer auf. Er trifft ihn auf seinem Bett sitzend an. Auf Ansprache antwortet er zunächst nicht, erhebt sich dann aber, um schweigend in den Speisesaal zu folgen. Kaum hat er sich am Tisch niedergelassen, springt er überraschend auf, ergreift eine schwere Schöpfkelle und schlägt sie seinem Nachbarn heftig über den Kopf. Die schweren Verletzungen des Mannes verlangen eine sofortige ärztliche Intervention, der Täter wird wegen* *des Verdachts eines versuchten Totschlages in Untersuchungshaft genommen.*

Bei der Untersuchung ergibt sich, daß der Täter seit langem an einer schizophrenen Geisteskrankheit leidet, deretwegen er bereits mehrfach in stationärer Behandlung war. Zu dem Geschehen ist von ihm zu erfahren, daß er am fraglichen Abend von akustischen Sinnestäuschungen in Gestalt sogenannter „Stimmen" gequält wurde, die ihm schließlich befahlen „schlag zu, schlag zu". Obwohl er einen Grund für seine Attacke weder im Augenblick ihrer Ausführung wußte noch in der späteren Exploration angeben konnte, war es ihm unmöglich gewesen, sich gegen diesen Befehl zu sträuben. Er führte ihn aus, „weil ich es tun mußte".

Neben den bislang erwähnten eindrucksvollen und nur selten zu übersehenen Veränderungen des Erlebens und Handelns aufgrund einer schizophrenen Persönlichkeitsstörung, die unter forensisch-psychiatrischem Aspekt bedeutsam werden können, sind Erscheinungsformen schizophrener Geisteskrankheit zu nennen, die weniger auffällig sind, aber nicht minder gewichtig. Einige von ihnen imponieren als Verformung der personalen Struktur, als Verschiebung des intentionalen Gefüges und als Einengung bzw. Verzerrung des Spektrums an Einstellungen und Handlungsbereitschaften. Diese Beeinträchtigungen werden im Zusammenhang mit den psychogenen und soziogenen Behinderungen abgehandelt werden. Damit ist selbstverständlich nichts über ihre Verursachung ausgesagt, es soll damit lediglich der erscheinungsbildlichen Verwandschaft dieser Syndrome mit den neurotischen Persönlichkeitsstörungen Rechnung getragen werden.

An dieser Stelle aber ist noch auf einen Typ schizophrener Geisteskrankheit hinzuweisen, der sich auch dem Geschulten erst nach einer längeren Beobachtung und intensiven Exploration erschließt, und an den nach allgemeiner Erfahrung in foro zu selten gedacht wird.

Betroffen sind in aller Regel junge Leute zwischen 16 und 25 Jahren. Veränderungen ihres Verhaltens vollziehen sich fast unmerklich über eine längere Zeitstrecke, sie werden von den Familienangehörigen und Arbeitskollegen, die im ständigen Umgang mit dem Kranken sind, häufig übersehen, während sie anderen, die den Betroffenen lange nicht gesehen haben, als unverkennbar in die Augen springen. Man bemerkt einen langsamen, fast unmerklich fortschreitenden Verlust an Spannkraft und Vitalität. Lang gepflegte Gewohnheiten werden grundlos aufgegeben zugunsten eines inaktiven Desinteresses, einer Gleichgültigkeit der aktuellen Situation gegenüber ebenso wie gegenüber den eigenen Zukunftserwartungen. Bindungen werden nicht mehr gepflegt, es erfolgt ein schrittweiser Rückzug aus dem sozialen Kreislauf bis hin zu einer selbstgenügsamen inhaltslosen Isolierung. Bemerkenswert ist die emotionale Entdifferenzierung, der Verlust an Taktgefühl mit einer resonanzlosen Unansprechbarkeit durch sittliche Forderungen, die bislang unbefragt als handlungsdeterminierend und verpflichtend erlebt wurden. Die Kranken erscheinen affektlahm und depressiv, moros und mit einer Neigung zu hypochondrischer Selbstbeobachtung. Seltener ist eine flach euphorische Grundstimmung, eine unkritisch wirkende blande Heiterkeit, die aus der Sicht des Außenstehenden in einem offenkundigen Mißverhältnis steht zur tatsächlichen desolaten und perspektivlosen Lebenssituation.

Es sei noch einmal betont, daß die Diagnose dieser Erscheinungsform einer schiziphrenen Psychose (Dementia simplex) außerordentliche Sorgfalt und Zurückhaltung verlangt. Zum einen ähnelt diese Symptomatik in vielen Zügen einer zeitgemäßen und durchaus unpsychotischen Attitüde mancher Jugendlichen, zum anderen begegnet man ähnlichen Erscheinungsbildern nach langjährigen Drogenkarrieren (drogeninduziertes Amotivationssyndrom).

Recht eindrucksvoll ist auch heute noch die Schilderung der Dementia simplex aus der Feder ihres Erstbeschreibers DIEM (1908). Einige Sätze dieser Arbeit seien zitiert: „Es ist eine gar nicht so seltene Erfahrungstatsache, daß bisher ganz gesunde junge Leute, die eine gute Zukunft versprachen, um die Zeit der Entwicklungsjahre bald früher, bald etwas später, in ihren Leistungen ermatten, unproduktiv und gleichgültig werden, nur mit Mühe und mitunter mit Unlust den Bildungsgang ihrer gleichaltrigen Kameraden verfolgen, um schließlich, da sie offenbar nicht mehr nachkommen können, auf die anfänglich eingeschlagene Laufbahn zu verzichten." „Die Leute schicken sich sehr bald in ihre veränderte Stellung und halten sich dort oft ganz gut auf die Länge, aber man hat selten gehört, daß sie aus eigenem oder fremdem Antrieb jemals wieder einen Anlauf genommen hätten, die ehemaligen jugendlichen Pläne aufzunehmen und die ursprünglich erstrebte Lebensstellung dennoch zu erringen." „Die Verblödung verläuft meistens recht friedlich, und wenn keine aktiven und verbrecherischen Neigungen und Perversitäten sich dazugesellen, so fristen diese Leute ungestört draußen ihr Leben und kommen nur selten in Irrenanstalten und damit in fachmännische Behandlung..." „... oder auch schon in den Wanderjahren fällt auf, daß sie ganz allmählich anders werden, teils unstet, willenlos, ohne Selbstbeherrschung, daß sie draußen planlos sich herumtreiben, um nach manchen Irrfahrten ohne rechtes Ziel in ihrer Heimatgemeinde zu landen, wo sie sich ebenfalls als zu geordneter und anhaltender Arbeit unfähig erweisen. Bei manchen ist eine direkte Verminderung der Leistungsfähigkeit, ein Zurückgehen des geistigen Horizonts, eine Einseitigkeit des Denkens unverkennbar ..." „... bei anderen wiederum setzt, ebenfalls ohne besondere akute Aufregung eine Charakterveränderung ein, deren oft hervorstechendster Zug eine erhöhte Reizbarkeit und Unverträglichkeit ist, die sich oft mit einer gewissen unverständlichen Begehrlichkeit paaren." „Daß diese Leute jemals sich selbst ihre Schuld eingestehen könnten, fällt ihnen nicht ein, sie weisen eine solche Zumutung mit Bestimmtheit, ja entrüstet zurück."

Auch der erfahrene forensische Psychiater wird die Diagnose einer schizophrenen Psychose vom Typ der Dementia simplex niemals aufgrund einer einmaligen Untersuchung stellen dürfen, selbst eine mehrwöchige Beobachtung des Kranken kann in der Regel die erforderliche Gewißheit nicht bringen. Praktisch wird es deswegen — insbesondere in foro — dabei bleiben müssen, daß der Sachverständige einen entsprechenden Verdacht äußert, der jedoch im Hinblick auf die Frage nach der Einsichts- und Steuerungsfähigkeit durchaus bedeutungsvoll sein kann.

Beispiel: *Ein 24jähriger Mann entstammt einer begüterten Familie. Der Vater, von Beruf Nervenarzt, übt seine Tätigkeit sowohl in der eigenen Praxis als auch in einem nahegelegenen Kreiskrankenhaus aus. Der einzige Sohn, an dessen Mitarbeit in der väterlichen Praxis schon bald gedacht wird, durchläuft die Schule bis zur Unterse-*

kunda ohne Probleme, der Lebensweg scheint klar vorgezeichnet. In der Obersekunda fallen die Leistungen rasch und entscheidend ab, der Schulbesuch wird unregelmäßig, von den Freunden zieht er sich zurück. Ohne Begründung gibt er den Klavierunterricht auf, den Eltern gegenüber äußert er schließlich, das Spiel langweile ihn. Das folgende Jahr sieht ihn in einer Lehre als Hotelkaufmann, die ihm der Vater vermittelt hat. Nach vier Wochen bricht er sie ab, um über einige Monate gänzlich untätig zu Hause zu sitzen. Der Verdacht des Vaters, der Sohne habe sich dem Genuß von Rauschgiften hingegeben, erweist sich als offenbar unbegründet. Die ursprünglich vertrauensvolle Beziehung zu den Eltern erkaltet rasch, er wird mürrisch, gereizt und unzugänglich. An den gemeinsamen Mahlzeiten beteiligt er sich nur noch unregelmäßig, jedes Gespräch über berufliche Möglichkeiten scheitert an seiner verärgerten, bisweilen auch gänzlich reaktionslosen Indolenz. Einmal betritt er nachts überraschend das elterliche Schlafzimmer, steht vor dem Ehebett und meint auf die erstaunte Frage des Vaters, er habe einmal zusehen wollen, wie die Eltern miteinander geschlechtlich verkehrten. Er ist tagelang unterwegs, ohne über seine Unternehmungen Rechenschaft abzulegen. Als er schließlich, für den Vater gänzlich überraschend, festgenommen wird, ist zu erfahren, daß er nach drei vergeblichen Banküberfällen vor dem vierten Geldinstitut den wartenden Beamten in die Arme lief. Bemerkenswert war die Ausführung der Straftaten: Den eigenen Kleinwagen hatte er unmittelbar vor den Banken geparkt. Zehn bis fünfzehn minuten wanderte er dann vor dem Eingang auf und nieder, immer wieder durch die Scheibe aufmerksam ins Innere blickend. Schließlich zog er eine Mütze aus der Tasche, bedeckte damit Augen und Nase und entnahm seiner Aktentasche eine Wasserpistole. So ausgerüstet betrat er den Schalterraum, drang bis zur Kasse vor und verlangte das vorhandene Bargeld, nachdem er den Angestellten zuvor zugerufen hatte, hier handele es sich um einen Überfall. Als ihm die Herausgabe des Geldes verweigert wurde, verließ er die Bank, nicht ohne im Hinausgehen einem erschreckten Kunden einen Fausthieb in den Magen zu versetzen. Nach diesem Mißerfolg suchte er sofort ein anderes Geldinstitut in der unmittelbaren Nähe auf, ohne die auffällige Kopfbedeckung wieder in die Tasche gesteckt zu haben. In dieser Weise ging er innerhalb einer halben Stunde viermal vor, bis eine herbeigerufene Streife ihn festnahm. Sowohl bei der ersten Vernehmung als auch später in der Hauptverhandlung bestritt er die Taten, behauptete, er sei zum fraglichen Zeitpunkt überhaupt nicht in der Stadt gewesen. Obwohl weder gegenwärtig noch in zurückliegenden Jahren verbindliche Hinweise auf eine schizophrene Geisteskrankheit gegeben waren, äußerte der Gutachter den Verdacht auf das Vorliegen einer Schizophrenia simplex, die sich vermutlich um das 16. Lebensjahr erstmals manifestiert hatte und dann progredient geblieben war.

Abschließend ist noch auf eine Erscheinungsform schizophrener Persönlichkeitsstörung einzugehen, der man allerdings in foro ebenfalls vergleichsweise selten begegnet. Es handelt sich um die Katatonie. Bei den Katatonien stehen sehr akut einsetzende, sich oft ebenso rasch wieder lösende Zustände von gespanntem oder schlaffem, willenlosem oder negativistischem, meist mit Mutismus gepaartem Stupor oder tobsüchtiger Erregung im Vordergrund. Beides kann rasch miteinander wechseln.

Forensisch-psychiatrisch relevant werden kann die erregte Katatonie: Die Kranken entsprechen in mancherlei Hinsicht dem geläufigen Stereotyp des „Tobsüchtigen". Eine verbale Beziehung kann in aller Regel nicht hergestellt werden, das Verhalten erscheint gerade in seiner heftigen Aggression ohne jeden Situationsbezug und dem Außenstehenden gänzlich uneinfühlbar. Wenn das Bild der katatonen Schizophrenie gelegentlich auch einmal mit einer erregten Manie (s.u.) verwechselt werden kann, wird doch auch der Laie zumindest nicht die Notwendigkeit verkennen, sich des sachkundigen Rates eines forensisch-psychiatrischen Gutachters zu versichern. Kann die Diagnose verifiziert werden, muß die Frage nach der Schuldfähigkeit verneint werden. Abrupt und ohne erkennbaren Situationsbezug einsetzende Erregungszustände werden außerhalb der katatonen Schizophrenie gelegentlich auf der Grundlage einer Intoxikation, einer Epilepsie oder einer neurotischen Pesönlichkeitsstörung (hysterischer Dämmerzustand) gesehen.

Entgegen einem landläufigen Vorurteil sind Tötungsdelikte Schizophrener außerordentlich selten. Schizophren Kranke sind unter den Gewalttätern eher unterrepräsentiert, d.h. man begegnet ihnen seltener, als es nach der Häufigkeit schizophrener Psychosen in der Bevölkerung zu erwarten wäre.

Im folgenden Beispiel läßt sich zeigen, daß die Tat ihren Ursprung in dem wahnhaften Erleben des Täters hatte und durch die verzerrte Realitätswahrnehmung motiviert war.

Beispiel: *Der 32jährige Gerhard A. erwürgte seinen behinderten Vater, mit dem er nach dem Tod der Mutter mehr als ein Jahrzehnt zusammengelebt hatte. In der Nervenklinik, in der die Untersuchungen durchgeführt wurden, war das Folgende von ihm zu erfahren:*

Es gehe ihm gut hier, er fühle sich sicher, tausend Neider seien ihm lieber als ein Mitleider. Er wünsche nicht, wegen seiner Unterbringung bedauert zu werden. Auf die Frage, was es mit den Neidern auf sich habe, meinte er, er sei zu schlau, zu intelligent. Er sei römisch-katholisch und wisse, daß der liebe Gott ihn behüte. Er schwöre auf den Papst. „Presse und Rundfunk haben alles zugeschmiert". Niemandem habe er etwas zuleide getan. „Wir sind doch alle Gottes Gefangene". Man werfe ihm zu Unrecht vor, den Vater umgebracht zu haben. Der Vater sei vielmehr erlöst, befreit worden, nun in Gottes Hand. Er selber habe das Gotteshaus geschmückt, habe Tag und Nacht gebetet, daß das Unheil abgewendet werde. Er besitze einen Missions-Rosenkranz, der wichtiger und vor allem wertvoller sei als alles Gold der Erde zusammen. Jede Kugel des Rosenkranzes stehe für die Menschen einer Hautfarbe, auch für diejenigen der Südsee — „schöne Frauen, nicht?". Der Rosenkranz sei nämlich ein Heiligtum. Befragt, welches Verderben, welche Gefahr er im Gebet abzuwenden bemüht sei, meinte er, es drohe der Atomkrieg. Die Muttergottes habe gesagt, wenn sich die Menschheit nicht bessere, könne sie den drohenden Arm ihres Sohnes nicht mehr zuürckhalten. Dann werde das Verderben, das Unglück, der Tod über die Welt kommen. Immer habe ihn dieses Verhängnis beschäftigt, deswegen sei er Tag und Nacht in die Kirche gegangen, um zu beten. „So lautet das 4. Gebot, du sollst Vater und Mutter ehren". Im Verlauf der weiteren Explorationen erzählt A. dann, es sei sein dringender Wunsch, daß Gott ihm die Gebote überantworte.

Befragt, was er mit dieser Formulierung meine, äußerte A., es handele sich um die Gesetzestafeln, die seinerzeit auf dem Berge Sinai Moses von Gott erhalten habe. Jetzt werde Gott sie ihm zum Aufbewahren geben, er wolle die Kirche reinigen, um sie dort würdig zu lagern. In seinem Wohnort werde Gott das Jüngste Gericht durchführen. Er werde die Sünder von den Gerechten scheiden, alles bei ihm zu Hause. „Das wird bald sein". Dringend empfahl er dem Gesprächspartner, sich geweihte Kerzen zu kaufen, zu beten, wie er es gelernt habe. Er fühle es, es sei ein Zeichen am Himmel, Sonne, Mond und Sterne wiesen auf das drohende Unheil hin, das abzuwenden allein er in der Lage sei. Im weiteren Gespräch über dieses Thema erhob er sich plötzlich, ging mit ausgebreiteten Armen auf den Untersucher zu, um ihn zu küssen. Erstmals sei er verstanden worden, habe einen Menschen getroffen, der wisse, worum es gehe, der seine Bedeutung erkenne und mit dem er all das erörtern dürfe. Er verstehe alle Sprachen, der heilige Geist habe ihm die Kunst verliehen, alle Zungen zu verstehen. „Ich soll die Welt zum Vater heimholen durchs Gebet". Bei Tag und Nacht arbeite sein Geist. Ein Leben ohne Gott sei ein Leben ohne Sinn. „Ich erfülle meine Mission bis zum Märtyrertod im Jahre 2001 am Kreuz". In diesem Jahr werde dann mit seinem Tod die Welt erlöst sein. „In mir kehrt Christus wieder, die Menschheit zu erlösen. Ich bin glücklich, innerlich zufrieden". Strahlend, wieder mit ausgebreiteten Armen erzählte er weiter von seiner Mission, immer wieder bestrebt, im engen körperlichen Kontakt mit dem Untersuchber diesen teilhaben zu lassen an seinem Glück, an der überwältigenden Gotteserfahrung.

Er habe den Vater im Keller gefunden, ging er dann auf Befragen auf das ihm zur Last gelegte Delikt ein. Immer wieder habe der Vater gesagt, er wolle sich das Leben nehmen. Der Vater sei ein böser Mensch gewesen, er habe ihm viel angetan. 12 Jahre habe er den alten Mann gepflegt, ihn von 702 Mark ernährt, für ihn gekocht, der Vater habe alles unter sich gelassen. Er habe die Wäsche gerichtet, gebügelt, die Wohnung gereinigt. Der Vater habe es ihm nicht gedankt, in seiner Abwesenheit hohe Telefonrechnungen auflaufen lassen. Er habe das Telefon einschließen müssen. Der Vater habe ihn beschimpft, er sei ein Faulenzer etc. Der Vater habe nicht in die Kirche gewollt, obwohl er ihn bereitwillig dorthin getragen hätte. Nun sei der Vater erlöst, alles sei gut, Frieden breite sich aus.

Aus der Beurteilung: A. leidet zweifelsfrei an einer Psychose des schizophrenen Formenkreises. Seine Erkrankung manifestierte sich offenbar bereits im jugendlichen Alter, sie hat in der Folgezeit zu häufigen stationären Behandlungen geführt. Es ist nicht zu erkennen, wann sich der gegenwärtige Schub manifestierte. Heute bestimmt ein ausformuliertes, expansives Wahnsystem das Erleben des A. Er ist von seiner Gottessohnschaft durchdrungen und davon, daß große und bedeutende Aufgaben seiner harren. Er wird die Welt erlösen, ohne seinen Einsatz und ständiges Gebet wird es nicht möglich sein, das drohende Unheil abzuwenden, wird die Jungfrau Maria den rächenden Arm ihres Sohnes nicht länger zurückhalten können. In der Sprache der Psychiatrie finden sich außerdem akustische Sinnestäuschungen in Gestalt halluzinatorischer Erlebnisse. A. ist von einer ekstatischen Glückseligkeit getragen, überschwänglich ist er bestrebt, alle Menschen in sein Wissen einzubeziehen, sie teilhaben zu lassen an seiner ihn überwältigenden Gotteserfahrung. Als bildbestimmend, d.h. die Symptomatik dominierend, erkennt man bei A. jetzt ei-

nen Wahn, der — wohl aufgrund der jahrzehntelangen Dauer des Leidens — ungewöhnlich präzise ausformuliert ist.

Mit der Diagnose Schizophrenie ist durchaus nicht von vornherein und zwangsläufig eine Feststellung zur Frage der Schuldfähigkeit verbunden. Es gibt durchaus Formen schizophrener Psychosen, die forensich-psychiatrisch irrelevant sind. Das heißt, auch im Falle einer solchen „krankhaften seelischen Störung“ ist zu prüfen, ob eben diese von tatkausaler Bedeutung war. Allgemein gilt, daß schwerwiegende faktische Konsequenzen des Wahns in Relation zu wahnhaft motivierten Verhaltensweisen relativ selten sind und in erster Linie suizidale Handlungen betreffen. Gewalttaten gegen andere sind sehr selten. In einem großen Untersuchungsgut konnte gezeigt werden, daß massive Drohungen und tätliche Angriffe, die in keinem Fall schwere Körperverletzungen oder den Tod zur Folge hatten, lediglich in 4,9% der Fälle registriert wurden.

Im Falle des A. wissen wir nur wenig von der tatsächlichen Motivation seines Tuns. Er spricht davon, den Vater befreit und erlöst zu haben. Bekannt ist, daß A. über zwölf Jahre lang den kranken und offenbar schwerbehinderten Vater pflegte. Er opferte Zeit und Energie, um dem Vater behilflich zu sein, der wegen eines schweren Diabetes der Pflege bedurfte. Man greift zweifellos zu kurz, wenn man annimmt, in A. habe sich durch die langjährige Sorge um den Vater ein Zorn aufgestaut, der in der Psychose seine Entladung fand. Solches Denken mag dem psychisch Gesunden angemessen sein, überträgt man es auf den psychisch Kranken, so unterstellt man eine Motivation, die zwar nacherlebbar bzw. einfühlbar sein mag, dem abgewandelten und psychotisch verzerrten Erleben des Betroffenen aber sicherlich nicht gerecht wird. Das Bestimmende im Erleben des A. ist jener Gotteswahn, der ihn dazu bringt, sich in der Rolle des wiedergeborenen Christus zu sehen, der in ihm die Überzeugung begründet hat, eine große Aufgabe vor sich zu haben, mit einer Mission betraut zu sein, die zu erfüllen allein er imstande und von Gott ausersehen ist. Es ist also ein durchaus altruistisches Handeln, zu dem ihn sein Wahn bestimmt, ein Altruismus, der ihn zu einem von Gott legitimierten Tun zwingt, das nach seinem eigenen Erleben den Charakter des Altruistischen auch dann behält, wenn er mit seinem Tun gegen strafrechtliche Normen verstößt. Wenn er von der Erlösung des Vaters spricht, so darf man unterstellen, daß er den Begriff Erlösung in durchaus theologischem Sinne meint. Als Sohn Gottes steht es allein ihm zu, über das Leben eines Menschen zu befinden, es zu beenden, wenn er die Zeit für gekommen hält. Es steht allein ihm zu, das Leiden eines Menschen abzuwägen, auch gegen den vorübergehenden Schreckens des Sterbens. Es ist nur eine scheinbare Anmaßung, die in dem Handeln des A. ihren Ausdruck findet. Tatsächlich handelt er Kraft seines Amtes und Kraft seiner göttlichen Bestimmung und Verpflichtung.

Die A. zur Last gelegte Tötung des Vaters ergibt sich also mit innerer Notwendigkeit aus dem schizophrenen Wahn, an dem A. leidet. Die schizophrene Psychose ist somit als tatkausal für das ihm zur Last gelegte Delikt anzusehen. Sie erfüllt den Begriff der „krankhaften seelischen “, aufgrund derer Einsichts- und Steuerfähigkeit zum Zeitpunkt der Tat aufgehoben waren.

1.2 Affektpsychosen

Unter dem Begriff Affektpsychosen werden im folgenden die Depression und die Manie zusammengefaßt. Synonym verwandt — und beide mögliche Erscheinungsformen einer Affektpsychose umfassend — werden die Termini manisch-depressives Kranksein und Zyklothymie. Die psychotische Depression läuft im psychiatrischen Schrifttum auch unter der Bezeichnung Melancholie.

1.2.1 Erscheinungsbild

Wie bei der Darstellung der schizophrenen Psychosen kann es auch bei derjenigen der Affektpsychosen nicht darum gehen, das ganze Spektrum der klinischen Symptomatik aufzufächern. Es sollen lediglich die Aspekte des Krankheitbildes hervorgehoben werden, die forensisch-psychiatrisch bedeutsam werden können. Im übrigen ist auf die einschlägigen Lehrbücher zu verweisen.

1.2.1.1 Die psychotische Depression (Melancholie, zyklothyme Depression)

In der überwiegenden Zahl der Fälle ist die psychotische Depression durch ein trauriges Herabgestimmtsein gekennzeichnet, dessen besondere, von der geläufigen Traurigkeit abweichende Färbung bisweilen durch die Verwendung des Begriffs Melancholie hervorgehoben wird. Selten tritt die Verstimmung zugunsten diffuser körperlicher Beschwerden in den Hintergrund (larvierte Depression). Die larvierte Depression kann aus den gleichen Gründen forensisches Gewicht erlangen wie die Melancholie.

Folgende Aspekte der psychotischen Depression können in foro relevant werden, da sie potentiell geeignet sind, Einsichts- und Direktionsfähigkeit zu tangieren: Die Hemmung, die gelegentlich wahnhaft ausgestalteten Schuldgefühle und die sogenannten Tagesschwankungen, das heißt das regelhafte Schwanken des Befindes im Verlauf eines Tages mit einer Verdichtung der Symptomatik in den Morgenstunden.

Die Hemmung des Depressiven ist vielfältig determiniert, die syndromtragenden Bedingungen müssen hier jedoch nicht dargelegt werden. Bereits einfache, alltägliche Verrichtungen gehen nicht mehr von der Hand, sie in Angriff zu nehmen, erfordert eine Willensanspannung, zu der sich der Depressive bisweilen außerstande sieht. Besonders quälend werden Hemmung und Entschlußlosigkeit bzw. die Ambivalenz des Sich-nicht-entscheiden-Könnens, wenn es um die Bewältigung ungewöhnlicher oder gar überraschender Situationen geht. Von der prämorbiden Persönlichkeitsstruktur zu Akuratesse und peinlich genauer Pflichterfüllung disponiert, stehen die Betroffenen ratlos vor banalen Aufgaben, wissen nicht, wie anfangen, fürchten, es könnten ihnen schwerwiegende Fehler unterlaufen, da sie Umfang und Implikationen eines anstehenden Problems nicht mehr zu übersehen vermögen. Schließlich wird nichts mehr erledigt, weder die täglichen Geschäfte noch solche, denen sich die Betroffenen aufgrund der maßlosen Unterschätzung ihres verbliebenen Leistungsvermögens nicht gewachsen fühlen. Resultierende Untätigkeit, Passivität und Unentschlossenheit erwecken bei den anderen nicht selten den Eindruck von Faulheit und Unzuverlässigkeit.

Die Schuldgefühle thematisieren beim psychotisch Depressiven durchgehend das eigene Leisten, im Beruf oder im partnerschaftlichen Bereich. Die Kranken genügen den gängigen Erwartungen nicht mehr und fürchten daraus resultierende Sanktionen wie etwa Entlassung und finanziellen Ruin. Ihrem Versagen schreiben sie es zu, daß die Familie bald in Not geraten wird und die soziale Reputation verlorengeht. Sie beurteilen sich jedoch nicht nur vor der Instanz der Vorgesetzten und Kollegen als minderwertig, unnütz und verabscheuungswert. Ein Gleiches gilt auch für die Beziehung zu den Angehörigen, die sie in diesen unaufhaltsamen Abwärtssog hineinzuziehen fürchten. Und auch vor Gott vermögen sie nicht mehr zu bestehen, etwa deswegen, weil der melancholische Katholik am Sonntagmorgen nicht die Kraft aufbringt, die Messe zu besuchen, die er sonst niemals versäumte. Damit glaubt er sich vor Gott zu versündigen, und die berechtigte Strafe, die ihn treffen wird, kann auch an den Kindern nicht vorübergehen. Der Patient ist in seiner Selbsteinschätzung zu einer Schande vor den Menschen geworden, und bringt Übles über sich und die ihm besonders Nahestehenden.

Die sogenannten Tagesschwankungen im Verlauf psychotischer Depressionen sind charakterisiert durch das eigentümliche Phänomen, daß die Mehrzahl der Kranken das Leiden vor allem in den frühen Morgenstunden als besonders quälend erlebt. Gegen Mittag und in den Nachmittagsstunden hellt sich dann die Stimmung auf, die Hemmung löst sich und die Schuldgefühle treten zurück. Vieles von dem, was den Kranken morgens wie ein Berg nicht zu bewältigender Pflichten lähmte, kann er nun aufgreifen und zu einem erfolgreichen Abschluß bringen. Selten einmal bemerkt man am Abend kaum noch Spuren der Verfassung, die den psychotisch Depressiven zu Beginn des Tages in Verzweiflung, Ratlosigkeit und Todesgedanken stürzte.

Auch im Verlauf einer psychotischen Depression kann es einmal zu uncharakteristischen Persönlichkeitsveränderungen kommen, die denen ähneln, von denen wir im Zusammenhang mit schizophrenen Psychosen sprachen. Ihre Erörterung soll ebenfalls später erfolgen, wenn von den soziogenen und psychogenen Behinderungen die Rede ist.

1.2.1.2 Die Manie

Die voll ausgebildete Manie ist gekennzeichnet durch eine grundlose Gehobenheit der Stimmung, durch einen Überschwang der Gefühle, eine gewaltige Steigerung des Selbstwertgefühls und, in den nicht allzu ausgeprägten Stadien, durch ein Übermaß an Initiative, Wagemut, Einfallsreichtum und bedenkenlose Draufgängerei. Gesteigert ist zumeist auch die sexuelle Aktivität. Leichtsinnige Abenteuer mit einem oft völlig wahllosen und niveaulosen Partnerwechsel sind an der Tagesordnung, Geschlechtskrankheiten oder Schwangerschaften die häufige Folge. Der psychomotorischen Hemmung des Depressiven entspricht auf dem manischen Pol die

Enthemmung. Die Bewegungen sind rasch, Mimik und Gestik lebhaft, es wird viel und laut geredet und gelacht. Von Menschen mit einer leichten Manie geht häufig etwas Mitreißendes aus. In ausgeprägten Stadien erfolgt dann sehr rasch eine Vergröberung, der Charme wird von einem oft rüden Aufgedrehtsein abgelöst. Die heitere Erregung nimmt mehr und mehr einen gereizten Charakter an. Statt zu lachen wird geschimpft und gekeift oder endlos queruliert, wobei sehr vieles, aber nicht alles, als reaktiv und auf die unumgänglich beschränkenden Maßnahmen eines unfreiwilligen Krankenhausaufenthaltes zurückzuführen ist. Verschiedene Stufen durchlaufen auch die Denkstörungen in der Manie. An Stelle der Hemmung finden wir hier Ideenflucht. Sie drückt sich in Sprache und Schrift der Patienten aus. Charakterisiert ist sie durch einen oft sehr amüsanten Zickzackkurs, der allen sich anbietenden Assoziationen und zufälligen sensorischen Eindrücken folgt. Mitunter kommen die witzigsten Pointen dabei heraus, ähnlich wie bei manchen Conferenciers, die ohne einen Gedankengang jemals ganz abzuschließen, vom Hundertsten ins Tausendste kommen.

1.2.2 Der forensisch-psychiatrische Aspekt

Die depressive Hemmung disponiert den psychotisch Depressiven zu Straftaten, die häufig nicht in einem deliktischen Tun bestehen, sondern daraus resultieren, daß offenkundigen Pflichten nicht nachgekommen wird und so z.B. die schutzwürdigen Interessen eines anderen beschädigt werden. Es liegt in der Konsequenz des depressiven Nicht-Könnens, daß dem Täter aus seinem inkriminierten Verhalten kein Vorteil zuwächst, daß er im Gegenteil darunter leidet, zum einen an seinem Versagen und zum anderen an dem Schaden, den er dem anderen zufügt, ohne die zu dessen Abwendung unerläßlichen Gegenvorstellungen realisieren zu können.

Beispiel: *Der Leiter einer großen Justizvollzugsanstalt genießt bei Kollegen und Vorgesetzten ein hohes Ansehen als zuverlässiger, korrekter und außerordentlich gerechter Mitarbeiter. Er führt sein Haus vorbildlich und auch die Gefangenen begegnen ihm mit einem verhaltenen Respekt. Als die ersten Klagen kommen, weil Akten und Erlasse, Gesuche und Ähnliches ungebührlich lange auf seinem Schreibtisch lagern, und er sie nicht mehr mit der üblichen Sorgfalt und nicht in angemessener Zeit auf den Dienstweg bringe, damit sie schließlich ihr vorbestimmtes Ziel erreichen und wirksam werden können, vermutet man Überarbeitung und ist zunächst geneigt, die offenbare Verzögerung seiner bekannten Gründlichkeit und Exaktheit zugute zu halten. Schließlich kommt es zu Beschwerden von seiten der Gefangenen, die seit Wochen und Monaten darauf warten, daß z.B. ihr Urlaubsgesuch beschieden werden möge. Die vorgesetzte Behörde wird aufmerksam und kann sich schließlich dem allgemeinen Verlangen nach einer sorgfältigen Prüfung der Tätigkeit des Anstaltsleiters nicht mehr verschließen. In seinem Dienstzimmer, das ganz gegen seine sonstige Gepflogenheit eine bemerkenswerte Unordnung aufweist, entdeckt man Stapel unerledigter Akten, nicht bearbeitete Eingaben usw.. Es zeigt sich, daß der allseits geschätzte und hochgeachtete Leiter des Institutes seit Monaten nichts* *mehr vor sich gebracht hat. Zwar saß er jeden Morgen pünktlich an seinem Schreibtisch, zu irgendeiner Tätigkeit aber, geschweige denn zur sachgerechten Bearbeitung einer der vielen Vorgänge, die ihm täglich vorgelegt wurden, hat er sich nicht aufraffen können.*

Die forensisch-psychiatrische Begutachtung, die erst im Verlaufe des Disziplinarverfahrens angeordnet wurde, ergab bei dem inzwischen genesenen Mann im Rückblick eine schwere gehemmte psychotische Depression während der Wochen und Monate seines dienstlichen Versagens.

Sowohl die „grundlose", das heißt aus Biographie und aktueller Lebenssituation nicht zwingend ableitbare melancholische Verstimmung als auch das Leiden an dem, durch die Erkrankung bedingten, Unvermögen manifestiert sich bei dem Betroffenen häufig in einer Suizidtendenz, die alle Hemmungen, die der Realisierung des Todeswunsches sonst entgegenstehen, unterspülen kann. Bisweilen ufern Verzweiflung und ein quälendes „Taedium vitae" so aus, daß die Kranken zu der Gewißheit gelangen, auch die nächsten Angehörigen könnten allein dadurch vor einem schrecklichen Schicksal bewahrt werden, daß sie gemeinsam mit dem Patienten aus dem Leben scheiden. Diese Fälle eines sogenannnten erweiterten oder Mitnahme-Suizid können unter forensischem Aspekt bedeutsam werden.

Beispiel: *Eine 32jährige Frau hat nach einer abgebrochenen Schwesternausbildung vorübergehend eine Anstellung als Kindermädchen bei einer wohlhabenden Familie gefunden. Sie lebt zusammen mit ihrem fünfjährigen Sohn, dessen Vater für einige Jahre als amerikanischer Soldat in ihrem Heimatort stationiert war, im Haus ihres Arbeitgebers. Nachdem sie in den Wochen zuvor auffällig still und ängstlich unsicher geworden war, nahm sie Urlaub. Sie wolle die Ferien mit ihrem Kind bei der Mutter in einer nahegelegenen Stadt verbringen. Tatsächlich bezog sie ein Hotelzimmer. Sie zahlte im voraus. Eines Morgens fand man die Tür verschlossen. Bis in die frühen Nachmittagsstunden warteten die Wirtsleute des kleinen Gasthauses vergeblich auf Mutter und Sohn. Schließlich öffnete man gewaltsam die Tür und fand die junge Frau schlafend im Bett. Das Kind war, wie die spätere Obduktion ergab, an den Folgen einer Schlafmittelintoxikation gestorben.*

Die psychiatrische Untersuchung ließ keinen Zweifel daram, daß die junge Frau seit Wochen an einer schweren psychotischen Depression litt. Sie glaubte sich unfähig, jemals wieder einer Erwerbstätigkeit nachgehen zu können, äußerste die Gewißheit, in Zukunft weder für sich noch für das Kind sorgen zu können. Sie plante deswegen den gemeinsamen Tod. Nachdem sie dem Kind eine tödliche Dosis Giftes gegeben hatte, nahm sie selber eine größere Menge Schlaftabletten. Sie konnte gerettet werden und stand, wenige Wochen später, nach Abklingen der Phase, ihrem Tun ebenso fassungslos wie ohne jedes Verständnis gegenüber.

Auf jene psychopathologischen Merkmale, die im Verlauf einer Manie für den psychiatrischen Sachverständigen bedeutsam werden können, war hingewiesen worden. Der folgende Fall vermag eine Vorstellung davon zu geben, wie sich diese Erkrankung in Einstellung und Verhalten des Patienten manifestiert.

Beispiel: *Die 29jährige Medizinstudentin hat nach einer schweren, vor allem durch wirtschaftliche Not gekennzeichneten Jugend auf dem zweiten Bildungsweg die Hochschulreife erworben. Sie lebt mit einem fast gleichaltrigen Kommilitonen zusammen in einer als offen und harmonisch bezeichneten Beziehung. Eines Tages bemerkt der Freund, daß die junge Frau sich ungewöhnlich teurer Kosmetika bedient. Auch in ihrer Kleidung übrzieht sie, was deren Preis angeht, weit ihre finanziellen Möglichkeiten. Darauf angesprochen, winkt sie etwas gereizt ab und betont, sie werde bald neben dem Studium eine Halbtagsstellung annehmen, um die aufgelaufenen Schulden zu bezahlen. Als der Freund in den folgenden Wochen Ringe und Ketten an ihr wahrnimmt, als Elektro- und Musikgeräte geliefert werden, die beide weder benötigen noch zahlen könne, drängt er sie, einen Arzt aufzusuchen. Sie lehnt diesen Rat als eine unverschämte Zumutung ab. Schließlich bleibt sie nächtelang von zu Hause fort, spricht in ungewohntem Umfang dem Alkohol zu und läßt im Gespräch keinen Zweifel daran, daß sie während der Lokalbesuche rasch wechselnde Beziehungen zu Männern eingegangen ist. Als dann die Festnahme unter Diebstahlverdacht erfolgt, ist die junge Frau empört und außerordentlich erregt. Sie beschimpft die Beamten, versucht tätlich gegen diese vorzugehen, um sich gegen die „rechtwidrige Freiheitsberaubung" unter Aufbietung all ihrer körperlichen Kräfte zu wehren.*

Das Ergebnis der psychiatrischen Begutachtung führte zur Exkulpierung aufgrund des Vorliegens einer „krankhaften seelischen Störung" in Gestalt einer affektiven Psychose vom Typ der Manie.

2 Akute Gehirnerkrankungen (z.B. Vergiftungen, Verletzungen)

2.1 Qualitative Bewußtseinsstörungen

2.1.1. Erscheinungsbild

Unter der Bezeichnung akute Gehirnerkrankungen sollen im folgenden solche Leiden zusammenfassend abgehandelt werden, die durch eine abrupt eintretende Schädigung bedingt sind, unabhängig davon, ob die resultierenden Symptome reversibel oder irreversibel sind.

Die klinischen Erscheinungen der akuten Gehirnerkrankungen sind weitgehend unabhängig von der einwirkenden Schädlichkeit. Sie entsprechen, betrachtet man sie allein unter forensich-psychiatrischem Aspekt, zum Teil den von den Geisteskrankheiten her bekannten Syndromen, zum Teil weisen sie sich durch qualitativ andersartige Beeinträchtigungen aus. Wir beschränken uns wiederum auf die für den psychiatrischen Sachverständigen bedeutsamen Zustandsbilder und verweisen im übrigen auf die Lehr- und Handbücher der Psychiatrie.

Für den forensischen Psychiater sind hier vor allem zwei typische Erscheinungsformen einer qualitativen Bewußtseinsstörung von Belang. Die Tatsache, daß die psychiatrische Klinik eine sehr viel weitergehende Differenzierung kennt, braucht ihn nicht zu beschäftigen. Er muß sie allerdings kennen, um die vielen möglichen Ausgestaltungen psychischer Abnormität auf hirnorganischer Grundlage einem der forensisch relevanten Erscheinungsbilder zuordnen zu können.

An erster Stelle stehen die Zustände einer veränderten Bewußtseinslage, also die Verwirrtheitszustände und Bewußtseinsstörungen. An zweiter Stelle sind jene Störungen zu nennen, die zumindest phänomenal eine der endogenen bzw. funktionellen Psychosen imitieren können, die in dem vorangehenden Kapitel unter dem Stichwort „Geisteskrankheiten“ abgehandelt wurden.

Zunächst ist eine Verständigung darüber erforderlich, welche psychiatrisch-psychopathologischen Erscheinungsbilder gemeinhin von dem Begriff Verwirrtheitszustand abgedeckt werden.

2.1.1.1 Verwirrtheitszustände

Unter die Verwirrtheitszustände fallen alle Formen einer Bewußtseinsminderung und Bewußtseinsverarmung, wie sie auch unter der Bezeichnung Wachheitstrübung zusammengefaßt werden. Es handelt sich also um die Bewußtseinsstörungen im engeren Sinne, wenn man Bewußtseinsklarheit im umgangssprachlichen Gebrauch mit Wachheit übersetzt. Diese sogenannten skalaren Bewußtseinsstörungen reichen von der leichten Benommenheit bis hin zum Koma. In der Regel begegnen uns als

„Verwirrtheitszustand" nur die milden Formen einer Bewußtseinstrübung, in denen der Kranke noch auf Ansprechen reagiert und auch zu sinnvollen, das heißt schlüssig aufeinander abgestimmten Handlungsvollzügen in der Lage ist.

Der Bewußtseinsgetrübte weist eine allgemeine Verarmung an psychischen Produktionen bzw. an seelischer Aktivität auf. Alle Vollzüge erscheinen erschwert und verlangsamt, das gilt für motorische Abläufe gleichermaßen wie für die Reproduktion von Erfahrungsbeständen. Auffassungsvermögen und Aufmerksamkeit sind herabgesetzt, die Kranken sind unkonzentriert und leicht ablenkbar. Sie wirken gleichgültig und wenig affizierbar, vielfach auch kritiklos, sowohl bezüglich des eigenen als auch bezüglich des Handelns anderer. Die Orientierung in Raum und Zeit sowie die chronologische Darstellung vergangener Ereignisse ist ungenau, die entsprechenden Angaben sind unzuverlässig. Im Gespräch bedarf der Kranke der ständigen Anregung und Führung durch den Partner, ohne deutliche Fremdanregung versiegt der Gedanken- und Redefluß oder er entgleitet und irrt — von flachen Assoziationen gesteuert — von einen Thema zum anderen. Dadurch entsteht der Eindruck des Fahrigen und Ablenkbaren.

Eine Bewußtseinstrübung wird — zumindest in ihren schweren Ausprägungsformen — in aller Regel kaum zu übersehen sein. Die Feststellung einer solchen Bewußtseinstrübung ist von außerordentlicher praktischer Bedeutung, und insofern ist auch die in der Psychiatrie vielfach übliche, recht mechanistische Fassung des Bewußtseinsbegriffes — Bewußtsein als Leistung oder Funktion verstanden — gerechtfertigt. Man muß sich allerdings der vorgenommenen Vereinfachung bewußt bleiben. Sie wird besonders deutlich angesichts des Versuchs einer gestaltpsychologischen Deutung des Phänomens Bewußtsein und seiner Störungen. Will man z.B. in der Aufmerksamkeitsspannung oder in der Konzentrationsfähigkeit nicht einfach eine Funktion oder ein Vermögen der Psyche erblicken, so bietet sich die folgende ganzheitliche Interpretation der Bewußtseinsstötungen an: das Sichkonzentrieren kann als ein Vorgang beschrieben werden, bei dem eine thematische Gegebenheit aus dem umgebenden Hintergrund so herausgehoben wird, daß sie sich diesem gegenüber profiliert. Konzentrations- bzw. Aufmerksamkeitsstörung meint dann eine Abnahme der Profilierung des Figur-Grund-Verhältnisses, mit dem Ergebnis, daß Bestände des umgebenden Feldes störend und unkontrolliert in das thematische Feld hineinwirken. In der fortschreitenden Bewußtseinstrübung kommt es zu einem gänzlichen Verlust der aktiven Gestaltungsmöglichkeit, die weitere Abnahme der Profilierung des Figur-Grund-Verhältnisses mündet in eine rein pathische, das heißt passiv hinnehmende Daseinsweise. Diese läßt jede Reflexion über sich selbst, jedes Zu-sich-selbst-Kommen unmöglich werden und bedingt eben dadurch auch einen Verlust der raumzeitlichen und persönlichen Orientierung.

2.1.1.2 Der geordnete Dämmerzustand

Die Klinik der Zustände einer Bewußtseinsveränderung entspricht unterschiedlichen psychopathologischen Prägnanztypen. Die reinen, geordneten Formen sind zwar selten, erfreuen sich aber wegen der oft ungewöhnlichen Begleitumstände, die mit ihnen gelegentlich verbunden sind, einer ungewöhnlichen Popularität. Die Kranken machen auf den ersten Blick einen unauffälligen Eindruck. Sie verhalten sich offenbar situationsangemessen, kommen einfachen Aufforderungen nach und können ganze Handlungsabläufe unter zweckmäßiger Berücksichtigung situationaler Gegebenheiten scheinar umsichtig vollziehen. Bisweilen unternehmen sie sogar ohne erkennbare Schwierigkeiten größere Reisen und erreichen wohlbehalten das angestrebte Ziel. Zum Psychiater werden sie entweder von den Angehörigen mit der Angabe gebracht, der Kranke begehe bisweilen Handlungen, die zwar in sich konsequent bleiben, jedoch keine Beziehung zur persönlichen Situation und den aktuellen Erfordernissen des Alltags erkennen lassen. Das Tun wird von der Umwelt als im eigentlichen Sinne persönlichkeitsfremd gewertet. Als Verwirrtheitszustand werden diese psychischen Verfassungen vor allem deswegen beurteilt, weil sich der Patient seiner Unternehmungen während dieser Zeiträume nicht entsinnen kann. Bisweilen suchen die Kranken auch spontan den Psychiater auf, um ihm von eigentümlichen „Gedächtnislücken" zu berichten und davon, daß sie gelegentlich Dinge tun, von denen sie lediglich durch Freunde oder Familienangehörige wissen. Die genaue Schilderung dieser Episoden ergibt in aller Regel neben vordergründig sinnvollen und angepaßten Verhaltensweisen auch deutliche Hinweise auf einzelne sinnlose Handlungen, die allerdings aufgrund ihrer sozialen Belanglosigkeit nahezu unauffällig bleiben können. Man spricht von „besonnenen" Dämmerzuständen, wobei das Beiwort besonnen allerdings unzutreffend ist, da gerade die Besinnungsfähigkeit als das Vermögen zur kritischen, objektivierenden und distanzierenden Reflexion ausgeschaltet ist. Dämmerzustände in diesem Sinne als gleichsam reine Formen einer Bewußtseinsveränderung sind, wie gesagt, selten: am ehesten zutreffend ist wohl die Bezeichnung orientierter oder relativ geordneter Dämmerzustand.

2.1.1.3 Umdämmerte Verwirrtheit

Häufiger als der sogenannte orientierte Dämmerzustand ist jene Form der Bewußtseinsveränderung, die mit einer mehr oder minder ausgeprägten Bewußtseinsminderung, das heißt einer Wachheitstrübung, einhergeht. Die Konsultation des Psychiaters erfolgt nicht selten erst, nachdem der Hausarzt oder der Vertreter einer anderen medizinischen Disziplin wegen zusätzlicher Auffälligkeiten befragt wurden, die dann in den beobachteten Störungen den Ausdruck oder die Folge eines Verwirrtheitszustandes sahen. Die Kranken wirken entweder ratlos und versonnen oder aber gespannt, aggressiv und gereizt. Sie sind in Auffassung, Gedankengang und allen motorischen Abläufen entweder stark verlangsamt — bisweilen bekommt ihr Gehabe etwas Automatenhaftes und Ungelenkes — oder sie neigen zu plötzlichen und ungebremsten motorischen Entladungen, die von scheinbar sinnloser Wut oder Angst getragen sind und für die Umwelt außerordentlich bedrohlich werden können. Vielfach ist bereits dem Verhalten, bisweilen auch schon den spontanen Äußerungen der Kranken zu entnehmen, daß sie unter dem Eindruck verschiedenartiger Sinnestäuschungen, meist optischer oder akustischer Natur, stehen. Diese bestimmen dann nicht selten das Verhalten des Patienten.

Während in den bislang erwähnten Formen des Dämmerzustandes Wachheitstrübung und Sinnestäuschungen bei fehlender oder allenfalls kurzfristiger Ansprechbarkeit das Bild bestimmen, begegnet man auch Verwirrtheitszuständen, die man als einfache oder reine Verwirrtheitszustände bezeichnen kann, in denen zwar eine Bewußtseinsminderung besteht, Sinnestäuschungen jedoch fehlen und während derer der Kranke durchaus kooperationsbereit erscheinen kann, zumindest aber stets kommunikationsfähig ist. Hier stehen die Störungen der Orientierung über Raum und Zeit sowie bezüglich der eigenen Person im Vordergrund. Meist werden einige zentrale persönliche Daten angegeben, so etwa der Geburtstag oder der Hochzeitstag, in schweren Fällen sind allerdings auch diese Angaben vom Patienten nicht mehr zu erhalten. Das gleiche gilt für bedeutsame Ereignisse einer zurückliegenden Zeit, die ebenfalls in aller Regel länger präsent bleiben als rezente Geschehnisse. Die Kranken wissen den Aufenthaltsort nicht zutreffend zu nennen, Jahreszeit und Jahreszahl werden verfehlt. Fragen nach den Familienverhältnissen, nach Familienstand, Zahl, Alter und Geschlecht der Kinder werden unrichtig beantwortet. Nachdem die Kranken vielfach noch lange in der Lage waren, sich in der häuslich vertrauten Umgebung halbwegs sicher zu bewegen, wird der Psychiater schließlich konsultiert, wenn es auch in diesem Bereich zu gravierenden und nicht selten selbst- und fremdgefährdenden Fehlhandlungen kommt. Die technischen Haushaltsgeräte können nicht mehr sinnvoll bedient werden, das Kochen oder eine jahrelang ausgeübte berufliche Tätigkeit mißlingen. Schließlich werden auch die vertrauten Personen der unmittelbaren Umgebung verkannt. Bereits eine flüchtige Unterhaltung zeigt die Verwirrung, erweist die Unfähigkeit, ein Gespräch zu führen, das eine auch nur einfache und unkomplizierte Berücksichtigung der aktuellen situativen Gegebenheiten verlangt oder den Rückbezug auf vergangene, die vorliegende Situation mitbestimmende Ereignisse.

2.1.1.4 Das Delir

Im Unterschied zu diesen gleichsam reinen Verwirrtheitszuständen, treten beim Delir zu der Desorientierung mannigfaltige und bildbestimmende Sinnestäuschungen hinzu in Verbindung mit charakteristischen körperlichen Störungen. Die Orientierungsstörungen beim Delir lassen sich von denen des einfachen Verwirrtheitszustandes, bei dem sich die Desorientierung vor allem aus der stark beeinträchtigten Merkfähigkeit ergibt, in der Regel unterscheiden. Der Delir-Kranke erlebt sich nicht hilflos einer ihm unbekannten Situation ausgeliefert, deren Einzelaspekte er nicht zu einem sinnvollen Ganzen zusammenfassen kann, und er wirkt deswegen auch auf den Untersucher nicht eigentlich ratlos und unsicher. Er verkennt die Situation vielmehr im ganzen, um sich dann in der vermeintlichen Umgebung vergleichsweise umsichtig und angemessen zu verhalten. Die Situationsverkennung des Deliranten kann vom Untersucher dadurch verdeutlicht und auch ausgestaltet werden, daß er den Kranken durch Fragen stimuliert und die Rolle etwa des Untergebenen, des saufenden Kumpans oder der Wirtshausgastes übernimmt. Die Suggestibilität des Deliranten geht vielfach so weit, daß er durch eine entsprechende verbale Anregung in eine ganz bestimmte, ihm vertraute Umgebung versetzt und zu Handlungen, Verhaltensweisen veranlaßt werden kann, deren Besonderheiten der neuen Situation angemessen sind. Manche Patienten lesen auch auf Aufforderung von einem leeren Blatt Papier, das ihnen als die ihnen geläufige Tageszeitung angeboten wird, ganze Artikel vor oder nehmen dem Untersucher auf dessen Bitte aus den Händen einen Faden, um ihn vorsichtig auf den Tisch zu legen.

Die Sinnestäuschungen sind beim Deliranten meist optischer Natur, vielfach szenenhaft. Dabei wechseln die Trugwahrnehmungen rasch, in der Regel werden bewegliche Objekte halluziniert. Hier kann es sich ebenso um kleine Tiere handeln wie um unbelebte Objekte oder Menschen. Die Sinnestäuschungen haben meist einen bedrohlichen oder beängstigenden Charakter. Der Kranke folgt ihren Bewegungen mit angespannter Aufmerksamkeit und ist von dem Wahrgenommenen fasziniert. Auch auf akustischem Gebiet wird halluziniert, wobei Gesichts- und Gehörtäuschungen in der Regel sinnvoll miteinander verbunden und aufeinander abgestimmt sind. In den akustischen Halluzinationen werden beispielsweise Musikstücke, Volksfeste oder andere Massenszenen erlebt. Von den anderen Sinnesgebieten sind am häufigsten Geruchs- und Geschmacksinn beteiligt. Besonders zu erwähnen sind noch die sogenannten kinästhetischen Sinnestäuschungen: der liegende Patient erlebt sich sitzend oder gehend, die Wände stürzen auf ihn ein, der Boden schwankt unter seinen Füßen.

2.1.1.5 Dominierende Merkschwäche

Zu den Verwirrtheitszuständen zählen schließlich auch jene Krankheitsbilder, bei denen eine Merkschwäche ganz im Vordergrund steht. Ob es sich dabei tatsächlich um eine Merkschwäche handelt oder vielmehr um eine Reproduktionsschwäche, ist eine offene Frage. Wesentlich ist die Tatsache, daß die Kranken nicht in der Lage sind, rezente Ereignisse auch nach einer kurzen Zeitspanne zu reproduzieren. Sie erscheinen als im höchsten Maße vergeßlich. Vermutlich handelt es sich hier weder um eine Störung der „Merkfähigkeit" noch der „Reproduktionsfähigkeit", sondern vielmehr um die Beeinträchtigung einer — integrale und differentiale Leistungen gleichermaßen umfassenden — Gesamtfunktion. Die Literatur kennt für die postulierte Gesamtfunktion verschiedene Begriffe. Man erleichtert sich das Verständnis jener oft grotesken Merk- und Reproduktionsschwäche durch die Vorstellung, das aktuelle Erleben gehe mit dem vorgegebenen Erlebnishintergrund keinen integrativen Gestaltungszusammenhang mehr ein. So stehen die Eindrücke unverbunden nebeneinander, auch dann, wenn sie zeitlich nur wenige Minuten auseinanderliegen. Sie fügen sich nicht zu einer thematischen Ganzheit zusammen und bleiben so durchaus sinnlos. Aus diesem Zerfall des Erlebnisganzen in einzelne, beziehungslose nebeneinanderstehende Stücke, die der Untersucher als eine ungewöhnlich ausgeprägte Vergeßlichkeit wahrnimmt, resultiert vermutlich auch jene allgemeine Desorientierheit, die vor allem primär eine biographische Falschorientiertheit ist.

2.1.1.6 Imitierte Geisteskrankheiten

Der zweite, unter syndromalem Aspekt hervorzuhebende Typus seelischer Abnormität aufgrund einer akuten organischen Hirnschädigung entspricht aus der Perspektive einer forensischen Psychiatrie Erscheinungsbildern, die im vorangegehenden Kapitel bei den Geisteskrankheiten besprochen wurden. So begegnet man Halluzinationen auf verschiedenen Sinnesgebieten — insbesondere im optischen, akustischen und taktilen Bereich — wahnhaftem Erleben, paranoider Gestimmtheit und affektiven Entgleisungen in Richtung des Depressiven oder Manischen, ohne daß gleichzeitig eine Trübung des Bewußtseins bestünde. Für den Psychiater bzw. den Psychopathologen sind die paranoiden, halluzinatorischen, depressiv-melancholischen und manischen Syndrome im Rahmen einer endogenen bzw. funktionellen Psychose von den Krankheitsbildern, die sich auf der Basis einer toxischen, traumatischen oder entzündlichen Hirnaffektion entwickeln, in der Regel gut zu unterscheiden. Auch der Sachverständige wird in seinem Gutachten diese Differenzierung vornehmen, gestützt auf das in den gängigen Lehrtexten verfügbare Wissen. Bei der Beantwortung der Beweisfrage ist die Erörterung der Ursache einer seelischen Erkrankung jedoch nur dann notwendig und Bestandteil des an den Gutachter ergangenen Auftrages, wenn auch zur Prognose etwas ausgesagt werden soll. Zu diesem Problem wird eine Stellungnahme vor allem bei zivilrechtlichen und bei das Maßregelrecht betreffenden Fragen verlangt.

2.1.2 Der forensisch bedeutsame Aspekt

Die Frage nach der Schuldfähigkeit stellt sich besonders häufig angesichts tatsächlicher oder vorgegebener akuter Gehirnerkrankungen. Angesichts des Umstandes, daß sich der Sachverständige gerade hinsichtlich dieser Beeinträchtigungen nicht selten mit unzutreffenden oder doch fraglichen anamnestischen Angaben — das heißt Angaben bezüglich der Befindlichkeit zum Zeitpunkt der Straftat — auseinandersetzen muß, ist die sorgfältig erhobene Vorgeschichte besonders hilfreich. Sie ist aufschlußreicher als der aktuelle somatische — auch der hirnelektrische — Befund, da dieser gerade bei den akuten Gehirnerkrankungen zum Zeitpunkt der Untersuchung (wieder) unauffällig sein kann.

Die Frage, die also zunächst zu beantworten ist, zielt auf eine vorausgehende Traumatisiserung, Intoxikation oder — seltener — Infektion, die während einer definierten Zeitspanne Einsichts- und Handlungsfähigkeit hätte beeinträchtigen können. Auch internistische Erkrankungen, z.B. ein Diabetes mellitus oder eine Störung der Schilddrüsenfunktion können von Belang sein, da sie quantitative und qualitative Bewußtseinsstörungen bewirken können.

Konkret heißt das, daß der forensische Psychiater nach hirnbeteiligenden Vorerkrankungen bzw. Vorschädigungen zu fragen hat bzw. nach Leiden, die gegebenenfalls sekundär zu einer zerebralen Funktionsstörung führen.

Natürlich sagt der Nachweis einer anamnestisch belegten Hirnschädigung a priori noch nichts über die Schuldfähigkeit zum Zeitpunkt der inkriminierten Handlung aus. Wie stets ist auch bei der Begutachtung derartiger Fälle sorgfältig die tatkausale Relevanz der hirnbeteiligenden Erkrankungen zu prüfen. Auf der anderen Seite schließt jedoch auch eine „stumme Anamnese“ eine forensisch relevante Behinderung nicht aus, gelangen doch beispielsweise nicht alle Probanden nach einem Schädelunfall oder einer Vergiftung in suizidaler Absicht in ärztliche Behandlung.

Weiter ist zu beachten, daß nicht selten Angaben über eine Hirnsubstanzschädigung in der Vorgeschichte des realen Hintergrundes entbehren. Das heißt, daß der forensische Psychiater gerade angesichts derartiger Angaben, deren Zuverlässigkeit naturgemäß nicht stets überprüft werden kann, immer wieder auch als forensischer Psychopathologe gefragt ist. Er muß sich mit Hilfe der Exploration des Probanden — gegebenenfalls unter Berücksichtigung von Zeugenaussagen — ein Bild über das Befinden, Verhalten und die Handlungsfähigkeit des Probanden am Tage X und zur Stunde Y machen, da nur die aktuelle Verfassung, das heißt diejenige zum Zeitpunkt der Tat, Grundlage seiner gutachterlichen Stellungnahme zu den Fragen des Beweisbeschlusses sein kann.

Mit den Möglichkeiten einer Dissimulierung zurückliegender Leiden muß er ebenso rechnen wie mit einer absichtlichen Täuschung oder einer, die reale Beeinträchtigung überbetonenden Akzentuierung einer forensisch belanglosen Schädigung.

Wie schon bei den Geisteskrankehiten gezeigt, ist es unzulässig und zugleich der Ausdruck ungenügender Fachkompetenz, allein aus der psychiatrischen Diagnose einer, wie auch immer gearteten, akuten Gehirnerkrankung auf Schuldfähigkeit bzw. Schuldunfähigkeit schließen zu wollen. Unerläßlich ist die Diskussion der psychologischen Ebene unter ausdrücklicher Berücksichtigung der Tatmerkmale und des konkreten Tatzeitpunktes.

Hirntraumata und metabolisch bedingte, das heißt stoffwechselabhängige (z.B. Diabetes mellitus, Schilddrüse etc.) sowie infektiöse akute Gehirnerkrankungen können gemeinsam abgehandelt werden.

Neben den paranoiden und halluzinatorischen Syndromen sowie den melancholischen bzw. manischen Affektstörungen, die hinsichtlich ihrer forensischen Konsequenzen nicht anders zu werten sind als die erscheinungsbildlich ähnlichen Zustandsbilder im Verlauf der Geisteskrankheiten, sind die Veränderungen der Bewußtseinslage hervorzuheben, und zwar sowohl die quantitativen (Herabminderung oder Steigerung der Wachheit) als auch die qualitativen (z.B. geordneter Dämmerzustand).

Zunächst ein Beispiel für ein halluzinatorisches Bild auf der Grundlage einer akuten Gehirnerkrankung, in Verbindung mit einer Wachheitstrübung.

Beispiel: *Ein 45jähriger Mann wird der gefährlichen Brandstiftung beschuldigt. Nach einer Auseinandersetzung mit seiner Ehefrau hat er den ganzen Sonntag kontinuierlich Alkohol zu sich genommen. Dank der Tatsache, daß er aufgrund einer lange bestehenden Alkoholkrankheit ungewöhnlich große Mengen an Bier und Whisky vertrug, erkannte die Ehefrau das Ausmaß des gegen Abend erreichten Trunkenheitsgrades nicht. Der Mann verbrachte die Nachtstunden auf einem Sofa im Wohnzimmer, die Whiskyflasche neben sich. In den frühen Morgenstunden er-*

hob er sich — Frau und Kinder schliefen inzwischen in ihren ein Stockwerk tiefer liegenden Räumen — und entzündete mit seinem Feuerzeug zunächst die Gardinen, dann die Kissen des Sofas und schließlich herumliegendes altes Zeitungspapier. Nachbarn, die auf den rasch um sich greifenden Brand aufmerksam wurden, benachrichtigten die Feuerwehr, die den Täter und seine Familie aus der Wohnung retten konnte.

Die Explortion ergab zunächst eine ausgedehnte Erinnerungslücke (Amnesie), die in den späten Nachmittagsstunden begann und die Zeit bis zur Aufnahme des Täters in einem Krankenhaus umfaßte. Diese amnestische Phase betraf jedoch nur den realen Geschehensablauf, der Mann konnte von einer Fülle dramatischer Erlebnisse berichten, die ihn während dieser Stunden gequält hatten. Allein auf seinem Sofa liegend, hatte er zunächst Stimmen vor dem Haus vernommen, die ihm sein liederliches Leben vorgehalten und ihm grausame Strafen wegen des Alkoholismus und wegen der Not angedroht hatten, die er über seine Familie gebracht hatte (Alkoholhalluzinose). Schließlich waren die Fremden in sein Zimmer eingedrungen und schickten sich an, ihn fortzuschaffen. Zusammen mit ihnen waren eklige Tiere in Gestalt von Schlangen und Kröten durch Türen und Fenster gekrochen. Anfangs erwehrte er sich seiner vermeintlichen Feinde mit einem Küchenmesser, dann glaubte er sich gegen das Viehzeug nur noch dadurch schützen zu können, daß er alle verfügbaren und geeignet erscheinenden Gegenstände in Brand setzte.

Wegen eines alkoholischen Delirs waren Einsichts- und Steuerungsfähigkeiten aufgehoben.

Geordnete Dämmerzustände gehören in der klinischen Psychiatrie und damit auch in der forensischen Psychiatrie zu den außerordentlich seltenen Krankheitsbildern. Ihre tatsächliche Seltenheit steht in einem krassen Mißverhältnis zu der Häufigkeit, mit der dem Sachverständigen Angaben begegnen, mit denen ein Delinquent auf einen solchen Dämmerzustand abheben will. Die entsprechenden Schilderungen eines „Dämmerzustandes" gleichen einander gelegentlich bis in die wörtlich Formulierung. So berichtet der Täter einen Geschehensablauf geordnet und chronologisch stimmig bis zum einem Zeitpunkt X — der meist mit dem Beginn der inkriminierten Handlung zusammenfällt —, um im weiteren zu erklären, für das nun folgende setze seine Erinnerung aus. Erst später habe er wieder zu sich zurückgefunden, sei es im Krankenhaus oder auf einer Polizeistation. Wird gleichzeitig eine Intoxikation geltend gemacht — Alkohol, Drogen etc. — sind jene Überlegungen anzustellen, von denen weiter unten im Zusammenhang mit den Rauschzuständen bzw. Intoxikationen die Rede sein wird. In den anderen Fällen müssen Untersuchung und Exploration sowohl nach somatopathologischen als auch nach psychopathologischen Befunden fahnden.

Gerade angesichts dieser Feststellung fällt die Tatsache besonders ins Gewicht, daß der Gutachter stets nach einer psychischen Verfassung gefragt wird, die während einer Wochen oder gar Monate zurückliegenden Tat bestand und damals möglicherweise handlungsbestimmend war. Bedeutsam ist dieser Umstand gerade deswegen, weil die behaupteten amnestischen Phasen meist als einmalige Vorkommnisse berichtet werden, die nach Ausage des Probanden ebenso überraschend aufgetreten wie folgenlos abgeklungen sind. Das bedeutet, daß die Befragung weit ausholen und auch denkbare Erkrankungen berücksichtigen muß, die auf den ersten Blick keine Beziehung zu der behaupteten Erinnerungslosigkeit erkennen lassen.

Am ehesten berichten die Täter von einem „psychischen Ausnahmezustand" oder von einem „Schock", in den sie etwa nach einem schuldhaft verursachten Verkehrsunfall gerieten, und der die Ursache dafür war, daß sie sich unerlaubt vom Unfallort entfernten.

Es ist sicher sachlich begründet, dem „psychischen Ausnahmezustand", besser: „psychogenen Dämmerzustand" mit großer Zurückhaltung zu begegnen. Trotzdem geht es nicht an, ihn etwa der Pseudodemenz an die Seite zu stellen, das heißt, ihn den Zweckreaktionen mit einer finalen Tendenz zuzuordnen. Wie die psychogenen Körperstörungen (Zittern, Tics, Sprachverlust etc.) schließen sie sich meist plötzlichen und unerwarteten Schreckerlebnissen angesichts einer als bedrohlich empfundenen Wahrnehmung an. Beziehungen bestehen zu der sogenannten „Emotionslähmung" als einem Zustand apathischen Unbeteiligtseins.

Der psychogene Dämmerzustand ist — entgegen der Meinung des Laien, und bei den meisten Straftätern handelt es sich in diesem Sinne um Laien — weder durch eine Erlebnisleere während seines Bestehens noch durch eine sich anschließende Amnesie ausgezeichnet. Im Gegenteil: die Betroffenen berichten später von erregenden und bisweilen außerordentlich faszinierenden Begebenheiten, deren Zeuge sie während der Umdämmerung zu sein glaubten. Sie waren von Räubern bedroht, durchstreiften die Wüste, waren Opfer oder Akteure erfreulicher und quälender sexueller Szenen usw.. Die gemeinsame Realität bleibt während dieser Verfassung gänzlich ausgeblendet, so daß der Zustand demjenigen des Traumes verwandt ist.

Die Behauptung einer ausgestanzten Erinnerungslücke widerspricht der Annahme eines psychogenen Dämmerzustandes, sie paßt allenfalls zu einem hirnorganischen Dämmerzustand, wie er im vorangehenden Kapitel beschrieben wurde.

Ebenfalls von dem forensisch-psychiatrisch relevanten psychogenen Dämmerzustand abzugrenzen ist das sogenannte GANSER-Syndrom. Die Betreffenden erwecken — gezielt und bewußtseinsnah — den Eindruck gänzlicher Verworrenheit. Nicht nur persönliche Daten können nicht angegeben werden, es wird auch eine Reihe offensichtlich unsinniger Handlungen begangen. Ähnlich wie bei der Pseudodemenz erkennt jedoch auch der Ungeübte in den Handlungsvollzügen ein systematisches Daneben-Handeln oder Daneben-Reden: der Schlüssel wird immer wieder in die falsche Richtung gedreht, und der Betroffene betrachtet ratlos die unverändert verschlossene Tür; das Streichholz wird konstant an der Oberfläche und nicht an der angerauhten Seitenfläche angerieben; in vielen Anläufen bemüht sich der scheinbar Verwirrte, den linken Fuß in den rechten Schuh zu zwängen usw.. Hier handelt es sich um reine Simulation, die scharf von den Dämmerzuständen jedweder Genese abzugrenzen ist.

Allein der psychogene Dämmerzustand ist forensisch-psychiatrisch bedeutsam. Er vermag sowohl Einsichts- als auch Steuerungsfähigkeit aufzuheben. Man wird jedoch neben der beschriebenen Symptomatik zum einen die Seltenheit seines Auftretens bedenken müssen, zum anderen die Tatsache, daß er sich nur bei Menschen manifestiert, die im übrigen zu Konversionssymptomen neigen, das heißt bei Menschen, die in der Sprache der Tiefenpsychologie zu hysterischen Mechanismen tendieren. Für den Sachverständigen heißt das, daß er einen schuldmindernden oder gar — ausschließenden psychogenen Dämmerzustand nur dann annehmen darf, wenn die Untersuchung des Täters deutlich macht, daß er unter charakterologischem Aspekt — in der Vergangenheit ausgewiesen in Einstellungen und Handlungsbereitschaften — durch ein hysterisches Element in der Persönlichkeitsstruktur gekennzeichnet ist.

Wie eingangs erwähnt, spielt der psychogene Dämmerzustand in foro am ehesten bei Verkehrsdelikten einmal eine Rolle, etwa beim unerlaubten Entfernen vom Unfallort.

Vom psychogenen Dämmerzustand, der als neurotisch unterlegte abnorme Schreckreaktion den „schweren anderen seelischen Abartigkeiten" zuzurechnen ist, muß der geordnete Dämmerzustand deutlich unterschieden werden. Er entwickelt sich auf der Grundlage einer vorbestehenden organischen Hirnschädigung und zählt damit zu den „krankhaften seelischen Störungen". Seine Symptomatik ist weiter oben berichtet worden. Ein geordneter Dämmerzustand, der in aller Regel zu einem völligen Ausschluß von Einsichts- und Steuerungsfähigkeit führt, darf nur dann angenommen werden, wenn neben den erwähnten erscheinungsbildlichen Charakteristika verbindliche Hinweise auf eine Hirnschädigung gegeben sind. Am häufigsten ist die Epilepsie, wobei der Dämmerzustand einem Krampfanfall unmittelbar folgen kann, so daß es zwischenzeitlich nicht zur Rückkehr in den Zustand unbeeinträchtigter Bewußtseinsklarheit kommt. Seltener tritt der Dämmerzustand stellvertretend für einen Krampfanfall auf. Als mögliche Ursache kommen auch entzündliche Veränderungen im Sinne einer Meningoenzephalitis in Frage. Umstritten ist, ob der pathologische Rausch ebenfalls zu den Dämmerzuständen gehört. Angesichts der Tatsache, daß im pathologischen Rausch die quantitative gegenüber der qualitativen Bewußtseinsstörung dominiert, ist er in diesem Buch bei den Bewußtseinstrübungen abgehandelt.

Unter den Delikten, zu denen es im Verlaufe eines geordneten Dämmerzustandes kommen kann, prävalieren Gewalt- und Sexualverbrechen. Eigentumsdelikte fallen dagegen kaum ins Gewicht.

Gelingt es, aufgrund der Vorgeschichte und des durch Exploration und Zeugenaussagen gewonnenen psychopathologischen Befundes zum Zeitpunkt der Tat, das Vorliegen eines Dämmerzustandes wahrscheinlich zu machen oder gar zu sichern, so ist die Frage nach der Schuldfähigkeit zu verneinen.

2.2 Quantitative Bewußtseinsstörungen

2.2.1 Trübung und Überwachsein. Erscheinungsbild

Die Prüfung der Frage, ob zum Zeitpunkt der Tat eine Trübung des Bewußtseins vorlag, gehört zu den Aufgaben des diagnostizierenden Psychiaters. Man unterscheidet drei Schweregrade der Bewußtseinstrübung: die Somnolenz, den Sopor und das Koma. Der Begriff Somnolenz wird gleichbedeutend mit Benommenheit gebraucht. Die Kranken wirken bereits in ihrem Verhalten auffällig. Sie bewegen sich langsam und schwerfällig, zu einzelnen Handgriffen — etwa dem Entkleiden oder Anziehen bei der Untersuchung — benötigen sie unverhältnismäßig viel Zeit. Immer wieder halten sie inne und müssen durch ständiges Ermahnen dazu veranlaßt werden, die einmal begonnene Handlung zu Ende zu führen. Die Sprache ist schleppend und monoton, die Patienten brechen plötzlich im Satz ab und schauen ratlos oder versonnen vor sich hin. Einfache Anordnungen werden nur zögernd oder fragmentarisch befolgt. Die Kranken scheinen unaufmerksam und abwesend. Manchmal wirken sie wie im Halbschlaf, in ihren motorischen Vollzügen wie Schlafwandler. Ohne ständiges ermunterndes Nachfragen ist eine lückenlose Darstellung der Krankheitsgeschichte nicht zu erhalten, und auch dann muß der Arzt in seinen Schlußfolgerungen außerordentlich zurückhaltend sein und mit der Möglichkeit rechnen, wesentliche Daten nicht in Erfahrung gebracht zu haben. Das gilt auch für die Schilderung des aktuellen Leidenszustandes, wenn etwa tatsächlich vorhandene oder/und diagnostisch wegleitende Beschwerden entweder gar nicht geklagt oder in einer Form vorgebracht werden, die den Arzt dazu verleitet, sie zu unterschätzen oder gar zu ignorieren. Auch in ihrer Orientierung bezüglich Raum und Zeit sind diese Patienten vielfach unsicher. Bei der Prüfung des situativen Orientierungsvermögens ist allerdings zu beachten, daß die Beurteilung durch die mangelhafte Mitarbeit des Kranken und seine geringe Bereitschaft auf Fremdanregungen einzugehen, außerordentlich erschwert sein kann.

Im Sopor ist der Kranke zu keiner geordneten oder gar sinnvollen Tätigkeit mehr in der Lage. Das Koma bezeichnet den Zustand tiefer Bewußtlosigkeit. Der Kranke reagiert nicht auf energischen Zuspruch, weder verbal noch noverbal. Selten einmal wird es der Psychiater bei einem vermeintlichen Zustand der Bewußtseinstrübung mit einem willentlich gesteuerten Zweckverhalten zu tun haben, das heißt mit der mehr oder minder bewußten Vortäuschung einer Bewußtseinsminderung mit einer erkennbaren finalen Tendenz. In diesen Fällen sträubt sich der Kranke gegen jede diagnostische Maßnahme. Dem Versuch, ihn zu bewegen, begegnet er mit Widerstand, das Bemühen, ihm die Augen zu öffnen, beantwortete er mit einem Zukneifen der Lider usw.. Es ist jedoch besser, mehrere sogenannte „psychogenen Zustände" irrtümlich zu diagnostizieren als eine tatsächliche Bewußtseinsminderung übersehen zu haben. Vor allem lasse man sich nicht von den geöffneten Augen in Sopor oder Koma täuschen. Auch im appallischen Syndrom kann der Kranke mit geöffneten Augen aspontan im Bett liegen, ohne irgendwelche Reize wahrzunehmen. Der Patient mit einer simulierten Bewußtseinsminderung hält dagegen die Augen fest geschlossen und sträubt sich auch gegen ein Hochziehen der Lider.

Die quantitativen Bewußtseinsstörungen spielen in der forensischen Psychiatrie eine ungleich größere Rolle als die bislang erwähnten qualitativen.

Man unterscheidet Minderungen der Wachheit, Wachheitstrübungen, von deren Steigerung im Sinne der Überwachheit. Letztere ist zwar selten, an ihre Möglichkeit ist allerdings unter bestimmten Voraussetzungen zu denken.

2.2.2 Überwachheit. Forensisch bedeutsame Aspekte

Forensisch-psychiatrisch bedeutsamen Verfassungen der Überwachheit begegnet man praktisch ausschließlich auf dem Boden einer Intoxikation. Die Substanzen, die in diesem Zusammenhang eine Rolle spielen, werden entweder ausdrücklich wegen ihrer stimulierenden, die Müdigkeit überspielenden Wirkung eingenommen oder sie sind Bestandteil von Medikamenten, die eine andere spezifisch therapeutische Indikation haben.

Ohne den Anspruch auf Vollständigkeit möchte ich die häufigsten Substanzen nennen. Sie lassen sich — im Hinblick auf die angestrebte Wirkung — in zwei Gruppen zusammenfassen: Die eine umfaßt die Analeptika und Stimulantien, die andere die Appetitzügler. Im Grunde müßten hier auch das Kokain und einige Halluzinogene aufgeführt werden. Wir besprechen diese Stoffklassen jedoch in anderem Zusammenhang, da sie aus forensisch-psychiatrischer Perspektive nicht in erster Linie wegen ihrer quantitativen Änderung der Bewußtseinslage von Bedeutung sind.

Analeptika und Stimulantien haben aus therapeutischer Sicht unterschiedliche Indikationen, die hier allerdings nicht interessieren. Gemeinsam ist ihnen eine gleichsinnige psychotrope Wirkung, das heißt eine gleichartige Wirkung auf das seelische Befinden. Sie wirken zentral erregend, verscheuchen die Müdigkeit und hemmen den Schlaf. Trotz objektiv nachlassender Leistungsfähigkeit bewirken sie ein Gefühl gesteigerten Antriebsvermögens, ein anfangs angenehmes Gefühl besonderer Klarheit und Helligkeit des Bewußtseins. Vor allem bei längerem Gebrauch mischt sich in diese Aktivitätssteigerung und Stimulierung des Antriebs ein Zug des Dysphorisch-Gereizten. Die Betroffenen werden unausgeglichen, emotional labil und vermehrt störbar, so daß sie auf belanglose Bemerkungen oder auf unbedeutende Veränderungen in ihrer Umgebung außerordentlich heftig und unangemessen reagieren. In hohen Dosen, bei zeitlich ausgedehntem, süchtigem Mißbrauch, treten schwere psychotische Zustandsbilder auf, die in dem Kapitel über Suchtleiden besprochen werden.

Die Kenntnis der körperlichen Intoxikationserscheinungen ist — neben den psychotropen Effekten — für den forensischen Psychiater deswegen wichtig, weil es gelegentlich darum geht, die Angabe eines Delinquenten, er habe zum Zeitpunkt der Tat unter der Einwirkung einer derartigen Substanz gestanden, zwar nicht auf ihren Wahrheitsgehalt, wohl aber auf ihre medizinische Stimmigkeit zu prüfen. In diesen Fällen empfiehlt es sich, nach akuten körperlichen Begleiterscheinungen zu fragen, die insbesondere bei längerem Mißbrauch selten ausbleiben.

Adrenalin, dessen blutdrucksteigernde und die Herzaktion beschleunigende Wirkung von der Medizin genutzt wird, ist dem Ephedrin — ihm entspricht pharmakodynamisch das Ephetonin — nahe verwandt. Ephedrin ist ein Antiasthmatikum, im übrigen gilt es wegen seiner gefäßverengenden Wirkung und der dadurch bedingten Abschwellung der Nasenschleimhaut als Schnupfenmittel. Die körperlichen Veränderungen bestehen in Herzangst, Hautblässe, Blutdrucksteigerung, Steigerung der Pulsfrequenz, Schweißausbrüchen und Blaufärbung der Lippen. Deutlich stärker als Adrenalin und Ephedrin wirkt das Benzedrin, ein reines Amphetamin. Amphetamine vom Typ des Benzedrin und Pervitin sind in der Bundesrepublik der

Betäubungsmittel-Verschreibungsordnung unterstellt. Sie spielen vor allem als Suchtmittel (s. unten) eine besondere Rolle. Das therapeutische Indikationsspektrum ist außerordentlich schmal. Amphetaminderivate und ähnlich wirkende Stoffe haben allenfalls in der Behandlung eines tatsächlich pathologischen Schlafbedürfnisses (Narkolepsie) eine gewisse Bedeutung. Den Amphetaminderivaten an die Seite zu stellen sind das Captagon, Ritalin, Katovit und Tradon.

Die Zahl der Appetitzügler ist kaum noch zu übersehen. Ich möchte diejenigen nennen, die wegen ihrer Verbreitung und zentral anregenden Effekte forensisch-psychiatrisch von Belang sind. Die Mehrzahl ist ephedrinhaltig, das heißt, es sind die körperlichen Nebenwirkungen zu erwarten, die bei Ephedrin und Adrenalin geläufig sind. Zu ihnen zählen z.B. Adisposetten, Amorphan, Cathin, Eventin, Mirapront, Ponderax, Recatol, Reginon, Schlank Schlank und Tenuate. Das ebenfalls den Appetitzüglern zuzurechnende Preludin nimmt eine Sonderstellung ein. Die häufig mißbräuchliche Verwendung und das sehr hohe Suchtpotential des Preludin gründen zweifellos in der Verwandtschaft mit der Pervitinwirkung (s. unten). Wie Pervitin leitet sich auch das Preludin vom Ephedrin ab, das heißt, die körperlichen Erscheinungen ähneln den durch Ephedrin bedingten, wenngleich sie auch deutlich heftiger sein können. Auch der psychotrope Effekt — und damit seine Eignung als Suchtmittel — ist wesentlich ausgeprägter.

Beispiel: *Der 27jährige Hans P. hat nach einem mangelhaften Schulbesuch, der ohne Abschlußzeugnis beendet wurde, mehrere, meist nur einige Wochen dauernde Ansätze unternommen, einen Lehrberuf zu erlernen. Meist wurde das Arbeitsverhältnis wegen geringfügiger Eigentumsdelikte vorzeitig abgebrochen. Während des für den Schuldvorwurf relevanten Zeitraums war der Beschuldigte als Pächter mehrerer Nachtlokale sowie als Zuhälter tätig. In dieser Funktion hatte er einer Prostituierten, die in einem von ihm beanspruchten Revier tätig war, „Stadtverbot" erteilt. Als er die Betreffende eines Tages trotz seiner Warnung in der Stadt antraf und der Prostitution nachgehen sah, stellte er sie zur Rede. Er forderte sie auf, ihm in seine Wohnung zu folgen. Dort kam es zunächst zu einer heftigen verbalen Auseinandersetzung, in deren Verlauf die Frau ängstlich und vorsichtig Widerspruch gegen die Anordnung des Beschuldigten wagte. Der Beschuldigte geriet in wachsende Erregung, er zitterte am ganzen Körper, wie das Opfer später berichtete. Als sie ihm schließlich vorwarf, er nütze sie und die anderen Mädchen schamlos aus, schlug er für längere Zeit so heftig auf sie ein, daß anschließend im Krankenhaus eine Reihe klaffender Platzwunden genäht werden mußte.*

Die Untersuchung, einige Wochen nach dem Vorfall, ergab, daß Hans P. seit Jahren Captagon regelmäßig und in ungewöhnlich hohen Dosen zu sich nahm (bis zu 8 Tabletten innerhalb 24 Stunden). Bei unbeabsichtigten Überdosierungen, zu denen es gelegentlich gekommen war, wenn sich Hans P. durch seinen Beruf genötigt sah, mehrere Nächte mit nur wenigen Stunden Schlaf auszukommen, waren die bekannten körperlichen Nebenwirkungen aufgetreten. Am fraglichen Abend schien er schon vor dem in Rede stehenden Ereignis einigen Zeugen als ungewöhnlich aufgedreht, überaktiv, fahrig und besonders reizbar. Im Gespräch mit der Frau sah er seine Funktion als „King" des Nachtlebens der Stadt in Frage gestellt. Die vorbeste-

hende Labilität, dysphorische Gereiztheit, Unausgeglichenheit und Störbarkeit eskalierten in der erwähnten Auseinandersetzung und begünstigten jenes Verhalten, das — neben anderen Verhaltensweisen — schließlich Gegenstand des Schuldvorwurfs wurde. Aus forensisch-psychiatrischer Sicht konnte für die Körperverletzung — nicht aber für die ebenfalls angeklagte Förderung der Prostitution — eine erhebliche Verminderung von Einsichts- und Steuerungsfähigkeit nicht ausgeschlossen werden, aufgrund der eben skizzierten Wirkungen des Captagon. Angesichts der Tatsache, daß die Verminderung insbesondere des affektiven Steuerungsvermögens ursächlich auf die Intoxikation zu beziehen war, mußte der Zweifel an der Schuldfähigkeit auf das Eingangsmerkmal der „krankhaften seelischen Störung" gegründet werden. Die hirnorganische Komponente der Beeinträchtigung von Befinden und Verhalten verbot die Annahme einer „tiefgreifenden Bewußtseinsstörung".

Unter die quantitativen Bewußtseinsstörungen im Sinne einer Trübung der Wachheit fallen vor allem akute Intoxikationen sowie akute Hirntraumatisierungen. Seltener sind Infektionen des Gehirns und Stoffwechselstörungen.

2.2.3 Rauschzustände

2.2.3.1 Der Alkoholrausch

An erster Stelle ist naturgemäß die akute Alkoholintoxikation bzw. der Alkoholrausch zu nennen.

Das typische Bild des Alkoholrausches kann als bekannt vorausgesetzt werden. Deswegen nur einige Bemerkungen: Die Erscheinungsformen der akuten Alkoholintoxikation sind stark persönlichkeitsabhängig. In niederen Dosen kommt es in der Regel zu einer Akzentuierung persönlichkeitstypischer Wesenszüge. Steigt der Alkoholspiegel, so werden manche Menschen — in Abhängigkeit von der Persönlichkeitsstruktur — milde, heiter oder auch weinerlich sentimental, während andere sich überraschend reizbar oder auch gewalttätig geben. Der eigentliche Rausch beginnt mit einer leichten Erregung, die mit fortschreitender Intoxikation in eine Parese aller Funktionen des Organismus mündet und schließlich ins Koma führt. Die leichte und mittelschwere Bewußtseinstrübung kann sich, muß aber nicht, in Ausfallerscheinungen zeigen, wie Gangunsicherheit, lallende Sprache und unzusammenhängende Rede. Der schwere Rauschzustand schließlich ist gekennzeichnet durch eine auffallende Dissoziation aller gedanklichen und motorischen Vollzüge, auf eine gegebene Situation kann nicht mehr adäquat reagiert werden. Das Handeln orientiert sich nicht mehr — oder allenfalls noch vage — an Wahrnehmungsgegebenheiten und geläufigen Konventionen, es ist Ausdruck autonomer, umweltunabhängiger Dispositionen und momentan aufschießender Intentionen — wenn die Betroffenen nicht in einen tiefen Schlaf versinken.

Es ist außerordentlich schwer, die forensisch-psychiatrisch bedeutsamen, durch Alkohol bedingten Beeinträchtigungen in Beziehung zu der gemessenen Blutalkoholkonzentration zu setzen. Der in vielen Lehrtexten mitgeteilten Einteilung in Rauschzustände unterschiedlicher Intensität — orientiert an der Blutalkoholkonzentration — ist in foro mit großer Zurückhaltung zu begegnen. So wird von einem leichten Rausch bei Werten zwischen 0,5 ‰ und 1,5 ‰ (1—2 ‰) gesprochen, von einem mittelgradigen bei Werten zwischen 1,5 ‰ und 2,5 ‰ (2—3 ‰) und von einem schweren Rausch, wenn die Blutalkoholkonzentration 2,5 bzw. 3 ‰ überschreitet. Abgesehen davon, daß für das Ausmaß der Beeinträchtigung der Bewußtseinsklarheit die Dauer der Anflutungsphase von Bedeutung ist, kann man sich dieser Skalierung zwar bedienen, wird dabei aber stets im Auge behalten müssen, daß diese Zahlen für die Erörterung der Frage nach Einsichts- und Handlungsfähigkeit nur eine außerordentlich fragwürdige Hilfe sind. So kann ein Mensch mit 1,5 ‰ Alkohol im Blut erheblich beeinträchtigt sein, während ein anderer mit 3 ‰ durchaus umsichtig und situationsadäquat zu handeln imstande ist. Vorsicht ist auch bei der Auswertung der ärztlichen Untersuchungsprotokolle geboten, die während der Blutentnahme angefertigt werden. Sie sind nicht selten in sich widersprüchlich und verlangen von dem untersuchenden Arzt eine Stellungnahme zu einzelnen Aspekten des psychischen Befindens, zu denen er — auch wegen der Kürze der zur Verfügung stehenden Zeit — in der Regel kaum eine Äußerung machen kann, auf die sich später der forenisch-psychiatrische Gutachter stützen könnte. Im übrigen ist stets mit der Möglichkeit zu rechnen, daß die Wirkung des genossenen Alkohols durch eine vorbestehende und/oder gleichzeitig auftretende Hirnschädigung z.B. durch die Einnahme von Medikamenten, abgeschwächt oder qualitativ modifiziert werden kann.

Die leichten Rauschzustände sind im einzelnen durch die folgenden psychopathologischen Merkmale gekennzeichnet: Die Selbstkritik ist herabgesetzt, der Betreffende mischt sich beispielsweise ungefragt in Gespräche ein, deren Thema er nicht gewachsen ist. Er neigt zu Mutproben, von denen ihn nüchterne Besonnenheit abhielte. Wünsche werden rascher und bedenkenloser, das heißt ohne das sonst übliche Abwägen des Für und Wider eines Handlungsvollzuges, realisiert. Kraftfahrer überschätzen ihre Fahreignung, fahren rücksichtsloser und gewagter. Trotz Enthemmung und verminderter Selbstkritik bleiben jedoch die deliktischen Verhaltensweisen in sich stimmig und reflektieren persönlichkeitstypische Bedürfnisse. Die Tatausführung läßt ein umsichtiges Berücksichtigen der situativen Gegebenheiten erkennen, unerwartete Änderungen der situativen Konstellation werden erfaßt und adäquat beantwortet. Die Einsicht in das Unerlaubte des Tuns ist niemals aufgehoben, das gleiche gilt für die Steuerungsfähigkeit. Auch deren erhebliche Beeinträchtigung ist in aller Regel auszuschließen. Demgegenüber geht bei den mittelgradigen Rauschzuständen die Fähigkeit, sich von der Situation und deren Aufforderungscharakter zu distanzieren, vielfach zumindest streckenweise verloren. Die Täter handeln unbedacht aus dem Augenblick, befriedigen triebhaft und unreflektiert Bedürfnisse, die sonst abgedeckten Persönlichkeitsbereichen entspringen. Die bestimmenden Intentionen wechseln rasch, ebenso die affektive Gestimmtheit. Es kann zum plötzlichen Durchbruch explosiver Reaktionen kommen, deren Intensität dem Außenstehenden kaum nachvollziebar ist. Die eine Straftat flankierenden, gegebenenfalls dem Ziel ihrer Kaschierung dienenden Maßnahmen verraten wenig Umsicht, sie erscheinen plump, einfallslos und wenig sachdienlich. Trotzdem bleibt eine Situationsabhängigkeit des Verhaltens erkennbar, die Möglichkeit zu sozial angepaßtem, normengemäßem Handeln im mittelgradigen Rausch erhalten. Einsichts- und Steuerungsfähigkeit sind vielfach — allerdings nicht stets — erheblich eingeschränkt, praktisch jedoch niemals aufgehoben. Das Geschehen kann nach dem Abklingen des Rausches zumindest in seinen wesentlichen Teilen rekapituliert werden.

Beim schweren Rausch schließlich geht der Situationsbezug gänzlich verloren. Die Betroffenen sind bezüglich Raum und Zeit desorientiert — bisweilen auch bezüglich der eigenen Person. Es hat sich eingebürgert, eine Rauschtat an drei Kriterien zu orientieren: Sinnlosigkeit des Handelns, Persönlichkeitsfremdheit des Handelns und nachfolgende Erinnerungslosigkeit. So handlich diese Kriterien auch sein mögen, im Grunde sind sie wenig brauchbar. So ist es außerordentlich schwer, die Sinnhaftigkeit des Handelns eines Menschen zu beurteilen. Eine Aussage dazu setzt eine intime Kenntnis der aktuellen motivationalen Gestimmtheit voraus, ein Wissen darum, wie der Betreffende die gegenwärtige Situation versteht und welche die bestimmenden Intentionen zum fraglichen Zeitpunkt sind bzw. waren. Ähnlich problematisch ist der Begriff der Persönlichkeitsfremdheit. Das Handeln eines Menschen ist niemals persönlichkeitsfremd — sonst wäre es nicht realisiert worden. Man kann allenfalls sagen, daß Persönlichkeitsbereiche handlungsdeterminierend werden, die im nicht intoxikierten Zustand abgedeckt sind oder deren Verwirklichung in einer Aktion im gesunden Zustand wirksame Gegenvorstellungen entgegenstehen. Eine Erinnerungslosigkeit — d.h. eine Amnesie — schließlich ist vom anderen, z.B. vom Gutachter, niemals zu verifizieren. Insofern bleibt der Sachverständige auf die Einlassungen des Beschuldigten verwiesen.

Der nachgewiesene schwere Rausch schließt Einsichts- und Steuerungsfähigkeit aus.

Wie bei allen — tatsächlichen oder vorgeschützten — Rauschzuständen ist es für den forensischen Psychiater von besonderer Bedeutung, in seiner Beurteilung die Angaben jener Zeugen zu berücksichtigen, die gegebenenfalls imstande sind, aufgrund eigener Wahrnehmungen Feststellungen zu Art und Ausmaß der Befindlichkeitsstörungen des Delinquenten zum Zeitpunkt der Tat zu treffen. Die forensische Beurteilung einer im Alkoholrausch begangenen Straftat stützt sich demnach auf drei Überlegungen: Zum einen geht es um den psychopathologischen Befund des Täters, auf den mit Hilfe der nachträglichen Exploration zu schließen ist. Zum anderen ist nach zusätzlichen Komplikationen (Medikamente, Hirntrauma etc.) zu fahnden, die geeignet sind, die Alkoholwirkung zu modifizieren, und schließlich kommt fremdanamnestischen Angaben (Zeugen) eine besondere Bedeutung zu. Gerade wegen deren Aussagen, die dem Sachverständigen in aller Regel erst im Verlauf der Hauptverhandlung bekannt werden, sollte der Gutachter in Verfahren dieser Art mit besonderem Nachdruck darauf hinweisen, daß seiner vorbereitenden schriftlichen Stellungnahme ein lediglich vorläufiger Charakter zukommt, daß er sich also definitiv erst auf Grund der Ergebnisse der Hauptverhandlung wird äußern können.

Bisweilen kann bei nachgewiesener Schuldunfähigkeit wegen eines Vollrausches eine Verurteilung nach § 323a StGB in Frage kommen (Vollrausch). Hier heißt es:

1. Wer sich vorsätzlich oder fahrlässig durch alkoholische Getränke oder andere berauschende Mittel in einen Rausch versetzt, wird mit Freiheitsstrafe bis zu 5 Jahren oder mit Geldstrafe bestraft, wenn er in diesem Zustand eine rechtswidrige Tat begeht oder ihretwegen nicht bestraft werden kann, weil er infolge des Rausches schuldunfähig war oder weil dieses nicht auszuschließen ist.
2. Die Strafe darf nicht schwerer sein als die Strafe, die für die im Rausch begangene Tat angedroht ist.
3. Die Tat wird nur auf Antrag, mit Ermächtigung oder auf Strafverlangen verfolgt, wenn die Rauschtat nur auf Antrag, mit Ermächtigung oder auf Strafverlangen verfolgt werden könnte.

Da der Richter hier über Vorsatz und Fahrlässigkeit des Täters zu befinden hat, sowohl im Hinblick auf den Rauschzustand als auch im Hinblick auf den verwirklichten Tatbestand, handelt es sich primär um ein juristisches Problem. Allerdings kann der forensische Psychiater aufgefordert werden, sich zur allgemeinen und speziellen Motivlage des Täters zu äußern.

Eine Sonderstellung nimmt der **pathologische Rausch** ein. Ursache des pathologischen Rausches ist nicht allein und nicht in erster Linie die getrunkene Alkoholmenge. Der pathologische oder komplizierte Rausch kann sich sowohl in quantitativer als auch in qualitativer Hinsicht von einem normalen unkomplizierten Rausch unterscheiden. Trotz relativ geringer Alkoholdosen kommt es in quantitativer Hinsicht zu ungewöhnlichen Erregungs- und Enthemmungsphänomenen, etwa zu tobsüchtigen Entladungen, Affekt- und Triebhandlungen. Unter qualitativem Aspekt ist es auffällig, daß bisweilen das der eigentlichen Intoxikation üblicherweise vorangehende Exzitationsstadium übersprungen wird und der Betroffene statt dessen abrupt in ein Stadium der Lähmung und in einen anschließenden Tiefschlaf verfällt („Bierleiche"). Auch die Änderung der Bewußtseinslage verschiebt sich bisweilen in Richtung auf eine qualitative Störung mit Dämmerzuständen und delirösen Bildern. Für das Erleben im pathologischen Rausch besteht nach dessen Abklingen meist eine komplette Amnesie.

Einsichts- und Steuerungsfähigkeit sind im pathologischen Rausch häufig aufgehoben. Allerdings gilt das nicht in jedem Fall, stets jedoch dann, wenn eine den fraglichen Zeitraum umfassende totale Amnesie nachweisbar ist. Bisweilen halten sich die psychopathologischen Ausfälle in Grenzen, die eine partielle Einsichts- und Handlungsfähigkeit bestehen lassen. Auch der Nachweis eines pathologischen Rausches enthebt den Sachverständigen nicht der Pflicht, sich durch genaue Befragung des Täters ebenso wie eventueller Zeugen ein Bild vom Ausmaß einer gegebenenfalls tatrelevanten Befindlichkeitsstörung zu machen. Es ist auch in diesem Zusammenhang ausdrücklich darauf hinzuweisen, daß es in keinem Fall zulässig ist, aus der psychiatrischen Diagnose unmittelbar auf die Schuldfähigkeit zu schließen.

An einen pathologischen Rausch muß also gedacht werden, wenn die Angaben, die die Bewußtseinsklarheit betreffen, in erkennbarem Widerspruch zu der tatsächlich genossenen Alkoholmenge und der gemessenen Blutalkoholkonzentration zum Zeitpunkt der Tat stehen.

Da die Blutentnahme meist einige Stunden nach dem Delikt erfolgt, gilt es, auf die Blutalkoholkonzentration zum Tatzeitpunkt rückzurechnen. Die rechtsmedizinische Literatur kennt verschiedene „Rückrechnungsformeln". Wenn auch sicherlich ein jeder Schematismus in dieser Frage abzulehnen ist, so bedarf der Gutachter doch einer handlichen Formel, deren er sich in foro — wenn auch mit allem Vorbehalt — bedienen kann. Nach einer „allgemeinen Formel" kann entsprechend einem stündlichen Abbau von 0,1 ‰ rückgerechnet werden, wozu noch 0,2 ‰ zu zählen sind, die sich etwa aus kurzfristigen Schwankungen der Blutalkoholkonzentration ergeben. In Praxi geht man daher davon aus, daß dem bei der Blutentnahme gemessenen Wert maximal zwischen 0,27 ‰ und 0,29 ‰ pro Stunde hinzuzurechnen sind — im Mittel 0,2 ‰ —, um zu der zur Tatzeit gegebenen Blutalkoholkonzentration zu gelangen. Im übrigen muß an dieser Stelle auf die rechtsmedizinische Fachliteratur verwiesen werden.

Als Komplikationen, das heißt körperliche oder nicht körperliche Schädigungen, die im Zusammenwirken auch mit relativ niedrigen Alkoholdosen das Bild eines pathologischen Rausches bewirken können, seien genannt: Zu den psychischen, gegebenenfalls relevanten Vorerkrankungen zählen: Schizophrene Psychosen und — selten — Überanstregung, Übermüdung, affektive Spannung, sexuelle Erregung. Von größerem Gewicht sind die körperlichen Vorschäden wie: Epilepsie, Hirntrauma, schwere und den Allgemeinzustand nachhaltig alterierende chronische Leiden, z.B. konsumierende maligne Tumoren.

2.2.3.2 Nicht alkoholbedingte Rauschzustände

Neben dem Alkoholrausch sind akute Intoxikationen durch Medikamente von nahezu gleicher forensich-psychiatrischer Bedeutung. Im Unterschied zum Alkohol fehlt hier allerdings die orientierende Hilfe der Blutkonzentration. Dem Sachverständigen stehen deswegen bei seiner Beurteilung nur die folgenden Informationen zur Verfügung: Qualität der Substanz, das heißt ihre chemische Charakteristik, Zahl der eingenommenen Tabletten, Zeitspanne zwischen Einnahme der Tabletten und Straftat, Wirkungsprofil der Substanzen, Angaben des Täters sowie etwaiger Tatzeugen und schließlich gegebenenfalls zusätzliche Schädigungen, die Einfluß auf Art und Ausmaß der Giftwirkung haben.

Eine Reihe der an dieser Stelle zu erwähnenden Medikamente gilt auch als suchterzeugende Substanzen. Da von den Suchtleiden und deren forensisch-psychiatrischer Bedeutung erst in einem späteren Kapitel die Rede sein soll, werden hier allein die Wirkungen auf die Bewußtseinslage, speziell auf die Wachheit, erörtert.

Die Ausführungen über die alkoholbedingten Rauschzustände können naturgemäß auch auf die durch Medikamente bedingten Störungen übertragen werden — allerdings mit der erwähnten Einschränkung, daß hier auf die Orientierungshilfe in Gestalt der ermittelten Konzentration des Giftes im Blut verzichtet werden muß. Zwar sind Bestimmungen dieser Art für die Mehrzahl der in Frage kommenden Substanzen technisch möglich, unter forensich-psychiatrischem Aspekt allerdings uninteressant, da verläßliche somatopsychische Korrelationsstudien bislang nicht vorliegen.

Schmerzmittel spielen in diesem Zusammenhang praktisch keine Rolle. Sie sind für den forensischen Psychiater nur dann interessant, wenn sie zusammen mit Alkohol als Suchtmittel eingenommen werden.

Zwei anderen Stoffgruppen kommt demgegenüber ein großes und ständig wachsendes Gewicht zu, den Psychopharmaka und den Schlafmitteln (Sedativa, Hypnotika).

Die **Psychopharmaka** haben ihre eng begrenzte medizinische Indikation, trotzdem werden sie nicht selten mißbräuchlich verwandt. Die häufigsten seien genannt.

Die Psychopharmaka lassen sich in drei Gruppen gliedern: Antidepressiva, Neuroleptika und Tranquilizer. Die Antidepressiva zeigen, bei den einzelnen Vertretern unterschiedlich ausgeprägt, eine depressionslösende und eine dämpfende bzw. antriebssteigernde Wirkung. Für den psychiatrischen Sachverständigen wichtig sind die vorwiegend dämpfenden, sedierenden Präparate, weil sie zu einer Herabminderung des Wachheitsgrades führen können. Ihnen zuzurechnen sind Laroxyl (Saroten, Tryptizol), Limbatril (ein Laroxyl enthaltendes Kombinationspräparat), Trausabun, Stangyl, Ludiomil, Tolvin. Wird die Einnahme dieser Substanzen geltend gemacht, so ist stets nach einer bezüglich Einsichts- und Steuerungsfähigkeit relevanten Beeinträchtigung der Wachheit zu fahnden. Gleiches gilt, sogar noch ausgeprägter, für die folgenden Neuroleptika: Megaphen, Neurocil, Protaktyl, Atosil, Psyquil, Pakatal, Aolept, Inofal, Melleril, Taraktan (Truxal), Dominal, Dipiperon.

Naturgemäß wird man mit der Einnahme der genannten Psychopharmaka vor allem bei Menschen rechnen müssen, die auf Grund einer entsprechenden Vorerkrankung nachweislich in nervenärztlicher Behandlung stehen.

Bei den Tranquilizern liegen die Dinge anders. Zum einen werden diese Medikamente von Ärzten aller Fachrichtungen in großen Mengen verschrieben. Zum anderen wissen sich viele Menschen diese Präparate auch ohne Rezept bei vermeintlich „großzügigen" Apotheken zu beschaffen. Sie wirken, soweit hier von Belang, vor allem dämpfend und angstlösend. Aus der Fülle der auf dem Markt befindlichen Handelspräparate seien die folgenden genannt: Aneural (Zyrpon), (Miltaun); Atarax (Masmoran); Librium, Valium, Tranxilium, Tavor, Nobrium, Adumbran, Praxiten, Demetrin, Tacitin, Insidon. Alle hier aufgeführten Psychopharmaka können in einer entsprechenden, von der individuellen Toleranz und dem Allgemeinbefinden abhängigen Dosis zu einer forensisch-psychiatrisch erheblichen Beeinträchtigung der Bewußtseinsklarheit führen, die einem Alkoholrausch durchaus gleichwertig ist.

Die **Schlafmittel** sind ebenfalls außerordentlich weit verbreitet. Häufiger noch als die Psychopharmaka werden sie ohne zwingende medizinische Indikationen, das heißt also mißbräuchlich, eingenommen. Sie lassen sich in drei Gruppen gliedern, deren wesentliche Vertreter hier erwähnt seien. Die Wirkung besteht insbesondere in einer unterschiedlich starken Dämpfung, das heißt Wachheitstrübung. Erst bei längerem und süchtigem Gebrauch tritt diese Dämpfung zurück, um nicht selten schließlich völlig auszubleiben.

Zu den Abkömmlingen der Barbitursäure zählen etwa: Zyklobarbital, Zyklopal, Evipan, Luminal, Medomin, Nymbutal, Neodorm, Noctal, Phanodorm, Phenemal, Repokal, Speda; Staurodorm. Unter den Bromverbindungen sind bedeutsam: Calcibromat, Psicosoma, Psychoverlan, Vernelan. Typische Harnstoffabkömmlinge sind: Abasin, Adalin, Bromuran. Außerdem gibt es eine große Anzahl von

Schlafmitteln auf anderer chemischer Grundlage oder als Kombination aus verschiedenen Stoffen. Beispiele sind: Revonal, Dalmidorm, Distraneurin, Dolestal, Doriden, Halbmond, Noludar, Persedon, Rohypnol, Sekundal, Teralen, Medinox, Residorm, Somnifen, Trisomnin, Dormopan, Hovaletten, Nervisal, Norkotral, Proponal, Tempidorm, Vesperax, Alional, Brom-Nervazid, Eusedon, Nervoopt, Quadronox, Sediomed, Vitanerton, Melidorm, Residorm, Sedovegan, Vagomed, Diodorm, Eatan, Somnibel, Staurodorm, Betadorm, Sekundal, Clinidorm, Novodolestan.

Natürlich sind damit nicht alle im Handel befindlichen Schlafmittel bzw. Schlaf/Schmerzmittel aufgeführt, wohl aber diejenigen, denen der forensische Psychiater am häufigsten begegnet. Ihre unterschiedlich stark ausgeprägte sedativdämpfende Wirkung ist im übrigen Ursache dafür, daß sie bei Selbsttötungen bzw. Selbsttötungsversuchen eine bedeutsame Rolle spielen.

Vielfach hat es der forensische Psychiater nicht allein mit einer möglichen Alkohol- oder Tablettenwirkung zu tun, sondern mit dem Zusammenwirken beider Substanzen. Er muß deswegen einiges über mögliche Interferenzphänomene wissen.

Werden Alkohol und Medikamente gleichzeitig eingenommen, so kann es allgemein entweder zu einer Verstärkung der Alkoholwirkung kommen oder zu einer Abschwächung, zu deren qualitativer Veränderung oder auch zu Alkoholunverträglichkeitserscheinungen. Erscheinungen einer Alkoholunverträglichkeit sind für den Sachverständigen naturgemäß weniger wichtig. Bekannt ist das Auftreten von Übelkeit, Zittern, Schweißausbrüchen, Kopfschmerzen und Brechreiz bei der gleichzeitigen Einnahme von Antabus (Antabusreaktion), das deswegen lange Zeit in der Therapie des chronischen Alkoholismus Verwendung fand. Ähnlich, wenn auch schwächer, wirkt das Antidiabetikum Rastinon. Verstärkt wird die Alkoholwirkung — sei es im Sinne einer Potenzierung, sei es im Sinne einer Addition — durch Sedativa und Schlafmittel, insbesondere durch barbitursäurehaltige Substanzen. Es kann zu schweren Trunkenheitssymptomen kommen, trotz relativ geringer Mengen genossenen Alkohols (s. auch pathologischer Rausch). Für die Schmerzmittel gilt Ähnliches, ebenso für Psychopharmaka. Letztere akzentuieren vor allem auch die Wirkung des Alkohols auf die Motorik. Pyramidon schließlich betont die vegetativen Effekte in Gestalt von Kopfschmerz und Schweißausbrüchen.

Der Nachweis der Abschwächung der Alkoholwirkung ist nicht mit der gleichen Zuverlässigkeit zu führen wie derjenige der Intensivierung. Eine Leistungsverbesserung sieht man unter Insidon, manchen Antiepileptika sowie beim gleichzeitigem Genuß von Koffein und Pervitin bzw. amphetaminähnlichen Stoffen. Letztere wirken zwar der Wachheitstrübung entgegen, führen jedoch in Verbindung mit einer diffusen Aktivitätssteigerung zu einem bisweilen gefährlichen Mißverhältnis zwischen Leistungswillen und Leistungsfähigkeit.

Zu einer Veränderung der Alkoholwirkung kann es vor allem bei der Kombination mit Psychopharmaka kommen. Die resultierenden Bilder entsprechen denen des pathologischen Rausches.

Eine besondere, forensisch-psychiatrisch bedeutsame Gruppe von Substanzen, die zu einer relevanten Beeinträchtigung der Bewußtseinsklarheit führen kann, ist medizinisch-therapeutisch uninteressant. Sie leitet zu den gesondert zu erörternden Rauschgiften über, ohne diesen im engeren Sinne bereits zuzugehören. Es handelt sich um gewerbliche Lösungsmittel, die vor allem von Jugendlichen „geschnüffelt" werden, um eine Bewußtseinsänderung tranceartigen bzw. rauschartigen Charakters herbeizuführen. Bereits bei geringen Dosen kommt es zu Intoxikationserscheinungen in Gestalt von Kopfschmerzen, Schwindel und Übelkeit. In hohen Dosen treten Krampfanfälle und Bewußtlosigkeit auf, schließlich auch gravierende Schädigungen innerer Organe. In manchen Subkulturen entwickeln sich aus dem „Schnüffeln" organischer Lösungsmittel typische Suchtkarrieren. An Substanzen kommen in Betracht: Benzin, Benzol, Trichloräthylen und andere Lösungsmittel, die z.B. in manchen Klebemitteln enthalten sind.

Die auftretenden Rauschzustände sind unter forensisch-psychiatrischem Aspekt ebenso zu bewerten wie der Alkoholrausch.

2.2.4 Schädelhirnverletzungen

2.2.4.1 Erscheinungsbild

Schädelhirnverletzungen sind unter forensisch-psychiatrischem Aspekt deswegen bedeutsam, weil sie — relativ selten — zu einer qualitativen Bewußtseinsstörung und zu einer Eintrübung des Bewußtseins, das heißt zu einer quantitativen Bewußtseinsstörung führen können. Von den (geordneten) Dämmerzuständen war bereits die Rede. Hier sind daher lediglich die posttraumatischen Minderungen der Wachheit zu erwähnen.

Einige allgemeine Feststellungen sind einleitend geboten, weil sich, nicht nur im Verständnis des Laien, mit manchen medizinisch diagnostischen Begriffen Vorstellungen bezüglich des psychopathologischen Befundes verbinden, die unzutreffend sind und daher auch bisweilen zu unrichtigen forensisch relevanten Schlußfolgerungen verleiten.

So ist, entgegen einer vielfach vertretenen Meinung, die Grenze zwischen der Gehirnerschütterung (Comotio cerebri) und der Gehirnquetschung (Contusio cerebri) durchaus nicht immer scharf zu ziehen. Die Behauptung, eine Comotio cerebri gehe im Unterschied zur Contusio cerebri stets ohne eine Hirnsubstanzschädigung einher, widerspricht klinischer und speziell pathologisch anatomischer Erfahrung. In beiden Fällen kommt es zu einer Bewußtseinsstörung, die bei der Comotio cerebri allerdings von sehr kurzer Dauer sein kann. Nahezu stets bei der Contusio, seltener bei der Comotio cerebri, besteht für die Zeit vor dem traumatisierenden Ereignis eine Erinnerungslücke (retrograde Amnesie). Das Erleben des Zeitablaufs nach dem Ereignis weist sowohl bei der Comotio als auch bei der Contusio cerebri eine Erinnerungslücke auf (anterograde Amnesie), die die Dauer der Bewußtlosigkeit sowie den sich gelegentlich anschließenden Dämmerzustand umfaßt. Als Faustregel gilt: Überschreitet die Bewußtlosigkeit die Spanne von einer Stunde und der eventuell sich anschließende Dämmerzustand eine Dauer von 24 Stunden, so liegt eine

Contusio cerebri vor. Zur Comotio cerebri gehört mit ziemlicher Regelmäßigkeit das Erbrechen. Neurologische Ausfallserscheinungen, etwa motorische Beeinträchtigungen der Extremitäten oder ein Verlust des Geruchsinns (Anosmie), sind für die Contusio cerebri typisch.

Überdauernde Behinderungen und mögliche Komplikationen zählen zu den chronischen Gehirnerkrankungen und werden dort abgehandelt.

2.2.4.2 Forensisch bedeutsame Aspekte

Beispiel: *Ein 22jähriger Mann, seit längerem ohne Arbeit, nimmt an der Geburtstagsfeier eines Freundes in einer Gastwirtschaft teil. In den frühen Morgenstunden beschließt er, ein Nachtlokal aufzusuchen, von dem er weiß, daß es erst um 4 Uhr schließt. Seinen Kameraden erklärt er, er wolle sich noch etwas amüsieren. Vom Geschäftsführer der Bar ist später zu erfahren, er habe in ungewöhnlich provizierend aufsässigem Ton Alkohol verlangt. Als man ihn darauf hinwies, daß sein Auftreten hier nicht geschätzt werde, sei es zu einem heftigen Wortwechsel gekommen, in dessen Verlauf man ihn energisch aufgefordert habe, das Lokal zu verlassen. Der junge Mann weigerte sich nicht nur, sondern schleuderte, an der Theke lehnend, einen Aschenbecher in den rückwärtigen Gläserschrank. Der Geschäftsführer meint, er habe darin einen Angriff auf die eigene Person gesehen und deswegen nach einem für solche Situationen bereitliegenden Prügel gegriffen. Der junge Mann wurde von einem offenbar heftigen Schlag getroffen. Er verließ die Bar und fand auf der Straße einen Teil seiner Freunde vor. Von dem Vorfall berichtete er nichts, folgte aber deren Aufforderung, weitere Nachtlokale aufzusuchen. Im Verlaufe der Nacht gelangte die Gruppe auch wieder in die Bar, deren Geschäftsführer den jungen Mann eine Stunde zuvor mit dem Knüppel geschlagen hatte. Kaum eingetreten, begann der junge Mann in ungewöhnlicher Erregung Tische und Stühle zu zertrümmern, er warf mit Gläsern und Blumenvasen. Der Geschäftsführer mußte schließlich mit schweren Gesichtsverletzungen in ein Krankenhaus gebracht werden.*

In der Exploration gab der junge Mann an, er wisse lediglich, daß er die Bar betreten habe, dann setzte die Erinnerung aus. „Wieder zu sich gekommen" sei er in dem Augenblick, als die herbeigerufenen Beamten ihn unsanft in den Streifenwagen schoben.

Der Sachverständige mußte bei der Beantwortung der Beweisfrage mehrere, gleichsinnig wirkende Faktoren berücksichtigen — das Zutreffende der Einlassungen des Beschuldigten zunächst einmal unterstellt

Zum einen war die Blutalkoholkonzentration während der Tat zu bedenken. Rückgerechnet auf den Zeitpunkt des Schuldvorwurfs ergab sich eine BAK von 1,45 ‰, ein Wert, der bei dem alkoholgewöhnten jungen Mann zweifellos nicht geeignet war, eine mehr als einstündige Amnesie zu erklären. Zu beachten war weiterhin der Umstand, daß der für ihn überraschende Schlag mit dem Knüppel zweifellos eine heftige Erregung bewirkt hatte. Eine tiefgreifende Bewußtseinsstörung im Sinne des § 20 StGB war jedoch aufgrund der Tatsache auszuschließen, daß der Täter durchaus nicht unmittelbar mit Anschluß an diesen Hieb das Lokal verwüstete, sondern erst anläßlich eines zweiten, von ihm — das ergab sich aus den Zeugenaussagen — durchaus nicht beabsichtigten Besuches.

Es blieb als wesentliches Moment das erlittene Schädelhirntrauma, wenn auch die gleichzeitige mäßige Alkoholintoxikation und eine möglicherweise diffuse, unreflektierte affektive Erregung nicht ganz außer Betracht bleiben konnten.

Die Überzeugung des Sachverständigen, es sei bezüglich des Verhaltens des Beschuldigten anläßlich des zweiten Besuches der Bar von einem Ausschluß der Einsichts- und Steuerungsfähigkeit auszugehen, basierte auf den folgenden Überlegungen: Das schwere Schädelhirntrauma hatte nach einer kurzen Bewußtlosigkeit, die allenfalls einige Minuten währte, zu einem Dämmerzustand geführt (daß nicht von einem pathologischen Rausch gesprochen wurde, hatte seinen Grund in der relativ geringen BAK, eine diagnostische Entscheidung, die für die Beantwortung der Beweisfrage im übrigen auch keinen Einfluß gehabt hätte). Die dem Trauma folgende anterograde Amnesie umfaßte die Zeitspanne des Dämmerzustandes und erlaubte es dem Täter, der eben wegen dieser amnestischen Lücke gegenüber seinen Freunden keine Angaben zu dem Vorgefallenen gemacht hatte, den Kameraden ohne Widerspruch in andere Nachtlokale zu folgen. Erst als er erneut, und für ihn gänzlich überraschend, mit der ursprünglichen Umgebung wieder konfrontiert wurde, knüpfte er abrupt und übergangslos an eine affektive emotionale Gestimmtheit an, deren Kontinuität im Augenblick der Traumatisierung zerrissen worden war. Die „vertraute" Szenerie gewann für ihn Signalcharakter, so daß er auch ohne Reflektion und Rekapitulation des vor einer Stunde Vorgefallenen an einen abgebrochenen Handlungsentwurf wieder anschließen und diesen realisieren konnte. Das eigentliche inkriminierte Handeln entsprang damit nicht einem kritischen Abschätzen der Situation oder dem willensgesteuerten Bedürfnis, für eine erlittene Kränkung Genugtuung zu erhalten. Es wurde gleichsam ausgeklinkt, die Wahrnehmung der spezifischen Konstellation wurde, ohne daß sie das kritische Filter der ratio hätte passieren müssen, unmittelbar in Motorik, das heißt hier in Schlagen und Zerstören, übersetzt.

Gerade dieser Fall zeigt, wie bedeutsam die Aussagen nicht nur des Beschuldigten, sondern auch der Zeugen sind. Deren Wahrheitsgehalt zu beurteilen ist niemals Aufgabe des Sachverständigen, wohl aber kann er etwas darüber sagen, ob das Bild des Befindens und Verhaltens des Täters, das sich aus den Einlassungen ergibt, unter Berücksichtigung der mitgeteilten objektiven Daten — Alkohol, Schläge — mit dem Wissen vereinbar ist, über das er als Psychiater und Psychopathologe verfügt. Gerade angesichts einer solchen Konstellation sollte der Gutachter in seiner vorbereitenden schriftlichen Stellungnahme, die sich ja in aller Regel auf die Einlassung des Beschuldigten und die Kenntnis des Akteninhaltes stützt, den vorläufigen Charakter seiner Ausführungen betonen und darauf hinweisen, daß eine definitive Äußerung — wie stets — das Ergebnis der Hauptverhandlung zu berücksichtigen hat, das heißt denjenigen Sachverhalt, von dem auszugehen ihm das Gericht aufgibt.

3 Chronische Gehirnerkrankungen

3.1 Erscheinungsbild

Während die akuten Gehirnerkrankungen vor allem durch die verschiedenen Erscheinungsformen einer Bewußtseinsstörung gekennzeichnet sind — qualitativer wie auch quantitativer Art — zählen zu den bedeutsamen psychopathologischen Veränderungen bei den chronischen Gehirnkrankheiten in erster Linie der Persönlichkeitsabbau und die Demenz. Seltener begegnet man wahnhaften, halluzinatorischen oder melancholischen Verfassungen, für die — aus forensich-psychiatrischer Sicht — das im Zusammenhang mit den endogenen oder funktionellen Psychosen Gesagte gilt.

In wenigen Sätzen seien die typischen psychopathologischen Symptome referiert. Auch hier muß der speziell Interessierte auf das einschlägige, am Schluß des Buches zusammengestellte psychiatrische und psychopathologische Schrifttum verwiesen werden.

Die leichteste Form der chronischen Gehirnerkrankung manifestiert sich als sogenanntes chronisches pseudoneurasthenisches Syndrom. Es handelt sich um ein wenig charakteristisches Zustandsbild, das erst durch das Zusammentreffen einer Reihe von Störungen ein leidlich typisches Gepräge gewinnt. Die früher so bezeichnete „reizbare Schwäche" tritt als stark schwankende Störung der affektiven Reaktivität in Erscheinung, als gesteigerte emotionale Labilität und Erregbarkeit. Sie ist weiter gekennzeichnet durch Beeinträchtigungen des Konzentrationsvermögens und der Merkfähigkeit, durch abnorme Ermüdbarkeit und Erschöpfbarkeit. Von Bedeutung ist, daß Zustandsbilder gleicher oder weitgehend ähnlicher Ausgestaltung auch im Verlauf endogener oder funktioneller Psychosen gesehen werden (Schizophrenien, Affektpsychosen).

Die organische Persönlichkeitsveränderung (synonym: Organische Wesensänderung, organisches Psychosyndrom) betrifft daneben vor allem den dynamischen Anteil der Persönlichkeit wie affektive Reaktivität und Grundstimmung, psychomotorisches Tempo, Umstellungsfähigkeit, Antrieb und formale Willensstruktur. Sie äußert sich in einer Minderung des allgemeinen psychischen Energieniveaus. Auch unter forensisch-psychiatrischen Gesichtspunkten hat sich die von K. *Schneider* vorgeschlagene Typisierung der organischen Persönlichkeitsstörung bewährt, die drei von ihm genannten Typen zeigen allerdings fließende Übergänge. Er beschreibt eine euphorisch-umständliche, eine apathisch-antriebsarme und eine reizbar-enthemmte Gruppe. Diese Typen können zusätzlich geprägt sein durch eine Zuspitzung prämorbider Persönlichkeitseigenschaften, eine Abschwächung differenzierter Wesenszüge, ein Abnehmen von Takt, Anstand, Rücksichtnahme, ästhetischem Feingefühl, Pflicht und Schamgefühl und feineren seelischen Schwingungen.

Die Demenz schließlich ist bestimmt durch eine Einschränkung von Auffassungs- und Kritikvermögen, durch eine grobe Störung der Begriffsbildung, des logischen Denkens, der Fähigkeit zur Kombination und zur Erfassung von Sinnzusammenhängen. Es finden sich mnestische Ausfälle, die vor allem Merkfähigkeit und Frischgedächtnis betreffen und nicht selten Zeichen der Desorientierung bezüglich Raum, Zeit und eigener Person.

Für alle chronischen Gehirnerkrankungen gilt — was deren psychopathologischen Aspekt angeht — eine zumindest sehr weitgehende Reversibilität, auch für die Demenz. Starke Schwankungen der Intensität der Störung sind nicht nur abhängig von zusätzlichen körperlichen Erkrankungen oder anderen Schädigungen, sondern auch von situativen Faktoren. So mag ein im sozialen Verhalten weitgehend unauffälliger Hirntraumatiker oder Greis die erzwungene Versetzung in eine andere Umgebung mit einer plötzlich einsetzenden Verwirrtheit beantworten, die ihn auch zu einfachen Verrichtungen unfähig werden läßt.

Aus der Vielzahl der Erkrankungen, in deren Verlauf es zu einem der Syndrome einer chronischen Gehirnerkrankung kommen kann, sollen nur jene genannt werden, die als relativ häufig gelten können. Dabei ist zu beachten, daß jede dieser Krankheiten zu jedem der genannten Syndrome führen kann und daß bei einer entsprechenden Krankheitsdauer und -intensität der Weg in der Regel über das pseudoneurasthenische Syndrom in die organische Persönlichkeitsstörung und schließlich zur Demenz führt.

Mit den folgenden, eine chronische Gehirnerkrankung mit daraus resultierenden psychopathologischen Auffälligkeiten herbeiführenden Leiden hat es der forensische Psychiater am häufigsten zu tun: Schwere, meist konsumierende Erkrankungen (z.B. fortgeschrittene Karzinome, progrediente Nieren- oder Leberleiden, große operative Eingriffe); Erkrankungen der Drüsen mit innerer Sekretion einschließlich der Veränderungen während der Schwangerschaft und im Wochenbett; Erkrankungen auf der Grundlage von Vergiftungen (Arzneimittel, Alkohol, gewerbliche und pflanzliche Substanzen); Geschlechtskrankheiten (progressive Paralyse, Neurolues); Hirntumoren; Gefäßveränderungen mit Hirnminderdurchblutung; degenerative und extrapyramidale Hirnerkrankungen (Alzheimer'sche Erkrankung, Pick'sche Atrophie, Huntington-Chorea, Parkinson-Erkrankung).

3.2 Forensisch bedeutsame Aspekte

Die forensisch-psychiatrische Bedeutung chronischer Hirnerkrankungen läßt sich am ehesten anhand der beschriebenen Syndromgruppen — chronisches pseudoneurasthenisches Syndrom, organische Persönlichkeitsveränderung, Demenz — veranschaulichen. Es sei aber noch einmal betont, daß diese Bezeichnungen lediglich auf Prägnanztypen abheben, das heißt, daß zwischen ihnen fließende Übergänge bestehen. Eine gesonderte Erörterung verlangen neben den Epilepsien die psychischen Veränderungen während der Schwangerschaft und insbesondere während des Wochenbettes.

Beispiel: *Der 59jährige Beschuldigte war zum Zeitpunkt der ihm zur Last gelegten Taten bereits fast über 30 Jahre in der Verwaltung eines großen Krankenhauses beschäftigt. Er betreute die Kasse und genoß in dieser Funktion das uneingeschränkte Vertrauen seiner Vorgesetzten. Zu seinen Aufgaben gehörte u.a. der Verkauf sogenannter Essensbons, die zur Teilnahme an den Kantinenmahlzeiten berechtigten. Etwa 5 Jahre vor dem hier in Rede stehenden Ereignis war ein Automat angeschafft worden, dem die Mitarbeiter nach Einwurf einer entsprechenden Münze einen Bon entnehmen konnten. Die Tatsache, daß das Gerät häufig defekt war, zwang den Beschuldigten in unregelmäßigen Abständen, den Verkauf wieder selber vorzunehmen. Er hatte sich zu diesem Zweck zwei Kladden zugelegt. In einer führte er über den Barverkauf Buch, die andere enthielt den jeweiligen Bestand an Marken in dem Automaten. Um sich einen Überblick über die Zahl der durch ihn oder über den Automaten bezogenen Marken zu verschaffen, war der Beschuldigte genötigt, den vorhandenen Vorrat mit den Aufzeichnungen in den Kladden zu vergleichen. Nachdem Revisionen in unregelmäßigen Abständen niemals Unstimmigkeiten ergeben hatten, wurde bei der letzten Überprüfung ein Fehlbetrag von mehreren 1000 DM entdeckt. Der Beschuldigte räumte auf Befragen ein, in den letzten Wochen und Monaten einen Teil der Einnahmen nicht ordnungsgemäß abgebucht zu haben. Er habe die erhaltenen Beträge zunächst einfach in die Schublade seines Schreibtisches gelegt, sie auch zum Teil in die Tasche gesteckt. Zu Hause habe er das Geld jener Summe hinzugefügt, die er gegenwärtig anspare mit dem Ziel, einige notwendige Reparaturen an seinem Hause finanzieren zu können.*

Die Untersuchung ergab zunächst das Bild eines fast zwanghaft peniblen, außerordentlich sorgfältigen Mannes, so daß das ihm zur Last gelegte Delikt auf dem Hintergrund der Persönlichkeitsstruktur und der Kenntnis wesentlicher biographischer Daten einigermaßen überraschend und insofern als „persönlichkeitsfremd" imponierte, als es den Erfahrungen im langjährigen Umgang mit diesem Mann offensichtlich durchaus widersprach. Der Beschuldigte berichtete, er habe vor einigen Monaten einen leichten Schlaganfall erlitten, die neurologischen Ausfallerscheinungen in Gestalt einer Lähmung der Gesichtsmuskulatur und einer Schwäche der linksseitigen Extremitäten, hatten sich innerhalb weniger Tage folgenlos zurückgebildet. Für den Sachverständigen bedeutete diese Information in Verbindung mit anderen Untersuchungsbefunden, daß der Beschuldigte an einer Minderung der Hirndurchblutung litt, die, trotz zweifellos längeren Bestehens, erstmals während des Deliktzeitraums klinisch manifest geworden war. Nun wurden Angaben der Ehefrau verständlich, der seit längerem eine zunehmende Reizbarkeit, vorzeitige Erschöpfbarkeit und vor allem eine ihr gänzlich fremde Indifferenz den besonderen beruflichen Verpflichtungen gegenüber aufgefallen war. In dieses Bild eines pseudoneurasthenischen Syndroms fügten sich die erkennbar gewordene Nachlässigkeit in der Buchführung, die schließlich dazu geführt hatte, daß ihm die Übersicht über die Einkünfte aus dem Verkauf der Bons verlorengegangen war. Daß er sich die Beträge schließlich angeeignet, dabei wenig vorsichtig in der Schublade des jedermann zugänglichen Schreibtisches verwahrt hatte, reflektierte eine ihm im Grunde durchaus fremde Bedenkenlosigkeit und die Bereitschaft, die sich bietende Gelegenheit zur Aneignung des fremden Geldes zu nutzen. Um das Strafbare seines Tuns wis-

send, hatte ihn die krankheitsbedingt eingeschränkte Verhaltenssteuerung durch erlernte sittlich-moralische Wertvorstellungen in Verbindung mit einer ungenügenden Reflexion der strafrechtlichen Implikationen seines Handelns erheblich beeinträchtigt bei der Entwicklung handlungsdeterminierender sozialkonformer Gegenvorstellungen.

In diesem Fall war also von einer erheblichen Beeinträchtigung der Einsichts- und Steuerungsfähigkeit auszugehen. Wäre es zu einer weiteren Akzentuierung der chronischen Gehirnerkrankung — etwa unter dem Bilde eines organischen Psychosyndroms — gekommen, so hätten — was sich aus dem über die Symptomatik Ausgeführten zwanglos ergibt — gegebenenfalls auch die Voraussetzungen des § 20 StGB bejaht werden müssen.

***Beispiel:** Ein 40jähriger Mann hat sich in rascher Folge in 6 Fällen Kindern unsittlich genähert. Während offenbar ziellos unternommener Spaziergänge war er an Kinderspielplätzen vorbeigekommen. Dort trat er wortlos an die Kinder heran, nahm sie auf den Schoß und griff ihnen unter die Kleidung, um an dem Genitale zu spielen. Gleichzeitig onanierte er, um dann ebenso wortlos den Spielplatz wieder zu verlassen.*

In diesem Fall war bereits den Polizeibeamten das eigentümlich „triebhaft" anmutende Tun des Mannes aufgefallen, die Tatsache, daß er weder während der Taten noch unmittelbar danach irgendwelche Anstalten getroffen hatte, unentdeckt zu bleiben bzw. zu entkommen.

Die Untersuchung zeigte eine ausgeprägte Persönlichkeitsstörung mit einer erheblichen Reduktion der Kritikfähigkeit, eine bemerkenswerte Gleichgültigkeit auch angesichts des gegen ihn erhobenen Schuldvorwurfs. Er sprach davon, der Anblick der Kinder habe ihn sexuell stimuliert und ehe er sich bedacht habe, sei er an sie herangetreten, um in der beschriebenen Weise zu verfahren. Die Persönlichkeitsstruktur des ursprünglich durchaus differenzierten Mannes erscheint entprofiliert, ein Gefühl der Scham oder des Respekts vor der Integrität der sexuell gänzlich unerfahrenen Kinder konnte auch in der Exploration nicht geweckt werden. Der Täter gestand den Vorfall in einer heiter-euphorischen Gemütslage. Vorhaltungen blieben ohne ersichtliche Resonanz. Aufgrund weiterer diagnostischer Maßnahmen ergab sich, daß der Mann an einem gutartigen, augenscheinlich seit Jahren wachsenden Hirntumor litt, dessen psychopathologische Symptome in zumindest diskreter Form sich über einen Zeitraum von 3 Jahren zurückverfolgen ließen.

Die Demenz schließlich wird auch von dem Laien in der Regel kaum übersehen. Typische Delikte Dementieller sind etwa einfache Diebstähle, Zechbetrug, aber auch Sexualdelikte, Körperverletzungen oder Tötungsdelikte. Bei verwirrten desorientierten Probanden kann es z.B. auch zur Brandstiftung kommen, wenn der Betroffene außerstande ist, beim Umgang mit Feuer die einfachsten und nächstliegenden Vorsichtsmaßnahmen zu beachten. Hier weist bereits das orientierende Gespräch auf die gravierenden Ausfälle hin, so daß der Gutachter stets in einem frühen Stadium der Ermittlung hinzugezogen wird.

3.3 Anhang: Schwangerschaft und Wochenbett

Die Frage nach der Schuldfähigkeit stellt sich bei schwangeren Täterinnen nur in Ausnahmefällen. Das hat seinen Grund zum einen in der Tatsache, daß forensisch-psychiatrisch relevante psychische Störungen während der Schwangerschaft ausgesprochen selten sind — Patientinnen mit bekannten schizophrenen oder affektpsychotischen Erkrankungen in der Vorgeschichte zeigen während dieser Zeit sogar eine Reduktion der Häufigkeit der Krankheitsattacken — zum anderen sind die körperlichen ebenso wie die psychischen Veränderungen der Verwirklichung delinquenter Antriebe offenbar nicht förderlich. Bisweilen werden Diebstähle geringwertiger Sachen von der Täterin mit einer Schwangerschaft in Zusammenhang gebracht. Darüber ist unter dem Stichwort „Kleptomanie" in dem Kapitel, das sich mit den psychogenen Behinderungen befaßt, einiges auszuführen.

Die sogenannten Schwangerschaftspsychosen — sie können ein schizophrenieähnliches oder auch ein affektpsychotisches Gepräge tragen — sind hinsichtlich ihrer forensisch-psychiatrischen Bedeutung so wie die sogenannten endogenen oder funktionellen Psychosen zu werten.

Eine Sonderstellung nimmt die Delinquenz im Wochenbett ein, und innerhalb dieser die Kindestötung.

Die entsprechende Strafvorschrift (§ 217 StGB) lautet:

1. Eine Mutter, welche ihr nichteheliches Kind in oder gleich nach der Geburt tötet, wird mit Freiheitsstrafe nicht unter 3 Jahren bestraft.
2. In minder schweren Fällen ist die Strafe Freiheitsstrafe von 6 Monaten bis zu 5 Jahren.

Die Formulierung „oder gleich nach der Geburt" meint nicht primär eine zeitliche Festlegung, sondern sie zielt auf den Zeitraum, währenddessen die Mutter sich in einem Zustand besonderer Gemütserregung befindet (respektive befinden kann). Praktisch wird man davon ausgehen dürfen, daß damit die Spanne des Wochenbettes gemeint ist.

Die Vorschrift des § 217 StGB spiegelt deutlich ein Verständnis der Rolle der Frau in der Gesellschaft wider, das für die Mitte und den Ausgang des 19. Jahrhunderts sicherlich typischer war als für die Gegenwart. Von den Vorstellungen, die mit dem § 217 StGB angesprochen werden, vermittelt das Werk des Staatsanwaltes E. *Wulffen* „Die Sexualverbrecher", das als 7. Band einer „Enzyklopädie der modernen Kriminalistik" 1910 erschienen ist, ein anschauliches Bild. Zwar sei die Mutterliebe „bei dem entbundenen Menschenweibe wohl zwar sofort vorhanden", sie differenziere sich aber erst langsam aus, weil das Neugeborene auf eine Erstgebärende „oft gar nicht den Eindruck eines fertigen Menschen macht". Neben körperlichen, speziell hormonellen Veränderungen, die die Gemütslage einer jeden Gebärenden beeinträchtige, vermutet der Staatsanwalt *Wulffen* bei diesen Täterinnen vor allem intellektuelle Minderbegabung und „moralische Defekte", die nach seiner Erfahrung bevorzugt bei Ledigen in wirtschaftlich abhängiger Stellung anzutreffen sind. „Nächst den Geistesschwachen sind moralisch defekte, gemütsrohe und zu starken zerstörenden Affekten geneigte, im Intellekt anormale Frauen zum Kindesmord disponiert. Mutterliebe und Scheu vor unmoralischen Handlungen fehlen ihnen ja".

Ein wenig wirklichkeitsnäher äußerte sich derselbe Autor 1923 („Das Weib als Sexualverbrecherin"). „Der Kindsmord ist das weibliche Verbrechen, welches das Weib ganz selbstständig und allein verübt. Die Gründe dazu liegen auf der Hand; die Kindesmutter ist mit dem Neugeborenen bei der Tat allein. Der Mann steht gänzlich im Hintergrunde, er beeinflußt die Tat nur insofern, als er der Schwangeren keinen genügenden Schutz angedeien läßt und sie vorläufig auf gut Glück ihrem Schicksal überläßt. Nicht selten ist der Kindsmord nichts anderes als die Nachholung einer Abtreibungshandlung, die früher versäumt oder nicht gewagt wurde oder keinen Erfolg hatte. Dies sind die Sturzgeburten auf dem Abort oder im Stehen. Ein Bestandteil des weiblichen Körpers wird ausgeschieden, verheimlicht, beiseite geschafft. Das Muttergefühl ist in solchen Fällen aus Gründen der Veranlagung der Mutter oder der äußeren Umstände nicht entwickelt, kaum zum Entstehen gekommen. Nur unter günstigen Umständen erwacht das Muttergefühl schon lebhaft in der Schwangeren, solange sie das Kind unter dem Herzen trägt. Im Anblicke des geborenen Kindes, bei seiner Pflege, seinen Lebensäußerungen und bei seinem Wachstum kommt das Muttergefühl zur Entfaltung. Wird das Kind geboren, aber verheimlicht und in lebensgefährdender Weise beiseite gelegt oder wird es in den Betten erstickt oder gar erwürgt, so haben heftige Gemütskämpfe (Scham vor der Schande, Verzweiflung über den treulosen Vater, Furcht vor der Aufziehung des Kindes usw.) die Regungen des Muttergefühls unterdrückt. Kommt es zu besonderen Gewalthandlungen gegen das Kind, so ist durch die Geburtsschmerzen und die durch die Schmerzen erregte seelische Stimmung die weibliche Grausamkeit geweckt worden, die an dem neuen Erdenbürger eine verzweifelte Rache nimmt. Besonders bei pathologischen Geburtszuständen kann die Grausamkeit sich in Wildheit äußern. Auch die Furcht, daß der Versuch, das Kind zu ersticken oder zu erwürgen, mißlungen sein könne, treibt zu Gewalthandlungen".

Der Sachverständige, der heute beauftragt wird, eine der Kindestötung beschuldigte Frau zu untersuchen, um dem Gericht die Beantwortung der Frage nach der Schuldfähigkeit zu ermöglichen, wird zunächst davon ausgehen, daß Schwangerschaft und Geburt grundsätzlich physiologische Vorgänge darstellen, die in der Regel aus psychopathologisch-psychiatrischer Sicht keine spezifischen Probleme aufwerfen. Das gilt ebenso für das Wochenbett. Allerdings ist zu beachten, daß die Entbindung in vielen Fällen ein besonders gewichtiges Ereignis im Leben einer Frau darstellt, das vermutlich eine größere Bereitschaft zu abnormen Reaktionen bedingt als viele andere einschneidende Erfahrungen. Primär körperliche, mit der Entbindung in ursächlichem Zusammenhang stehende Veränderungen können — beim Fehlen geburtshilflich relevanter Erkrankungen — als Voraussetzung abnormer Reaktionen und gelegentlich gravierender Störungen des affektiv-emotionalen Gleichgewichts ausgeschlossen werden. Sieht man von spezifischen, forensisch-psychiatrisch in aller Regel irrelevanten körperlichen Leiden ab, so stellt sich dem Gutachter angesichts einer Kindestötung vor allem die Frage nach zwei der vier Eingangsmerkmale der §§ 20, 21 StGB, und zwar die nach dem Schwachsinn und der tiefgreifenden Bewußtseinsstörung.

Wenn in den älteren Texten — und manchmal auch heute noch gelegentlich von Tatrichtern und Sachverständigen — die Annahme einer spezifischen charakterlichen Artung (schwere andere seelische Abartigkeit) bevorzugt diskutiert wird, so spiegeln sich in diesem Umstand überkommene sozialpsychologische und gegebenenfalls krude biologische Stereotype wider, von denen sich der Sachverständige tunlich freihalten sollte.

Beispiel: *Die 23jährige Krankenschwester wuchs in einer behüteten Familienatmosphäre in einem abgelegenen Dorf des Hunsrück auf. Nach dem Schulabschluß war sie längere Zeit — gegen ihren Willen, aber die Notwendigkeit einsehend — auf dem väterlichen Hof tätig. Zu einer engen Freundschaft mit einem Mann war es bislang nicht gekommen. Vater und Ortsgeistlicher hatten ein wachsames Auge auf mögliche heterosexuelle Beziehungen, die bereits im Anfangsstadium unterbunden wurden. Im Alter von 21 Jahren beschloß die junge Frau abrupt, sich von den Eltern zu lösen. Sie siedelte um in die nahegelegene Großstadt, wo sie in einem von Nonnen geführten Krankenhaus eine Schwesternausbildung begann. Mit den anderen Schülerinnen lebte sie in einem abgeschlossenen Internat ein sehr geregeltes Leben, das lediglich am Sonntagnachmittag einige Stunden zur freien Verfügung ließ. Sie lernte einen Jugoslawen kennen, mit dem sie sich in rascher Folge mehrfach traf. Überzeugt davon, der Mann wolle sie heiraten, berichtete sie brieflich den Eltern von der Freundschaft. Als sie schwanger wurde, trennte sich der Kindesvater sofort von ihr, nachdem er zunächst vergeblich versucht hatte, sie zu einer Interruptio zu überreden. In den folgenden Monaten versah die Probandin weiterhin pünktlich ihren Dienst. Den Nonnen fiel allerdings auf — so war später zu erfahren —, daß sie bisweilen unter Übelkeit litt, es sorgfältig vermied, gemeinsam mit anderen den Duschraum aufzusuchen und sich schrittweise aus allen geselligen Aktivitäten heraushielt. Ihre unmittelbare Vorgesetzte sprach sie einmal auf ihren Leibesumfang an mit der scherzhaften Bemerkung, man könne ja fast meinen, sie sei schwanger. Während eines Nachtdienstes setzten die Wehen ein. Sie fand eine Mitschülerin, die ihre Arbeit übernahm und der sie erklärte, sie müsse sich wohl am Abend zuvor den Magen verdorben haben. Die Geburt erfolgte in den Vormittagsstunden. Die junge Frau wartete auf die Nachgeburt, um dann Kind und Placenta, in Handtücher gewickelt, zunächst im Kleiderschrank zu verstecken. Zwei Tage später, während derer sie unter großen Mühen wieder ihren Dienst versehen hatte, schlich sie sich nachts aus dem Haus, um die Leiche des Kindes in einem Seitenarm des nahen Flusses zu versenken.*

Für den psychiatrischen Gutachter galt es, ein Bild von der inneren Tatseite zu gewinnen. Das Mädchen war in einem Milieu herangewachsen, das ihre Rolle in Familie und dörflicher Gemeinschaft klar definierte, und das auch verpflichtende Maßstäbe für das Verhalten in künftigen Situationen vorgegeben hatte. Einer bemerkenswert rigiden Sexualerziehung hatte sie niemals widersprochen, sich mit den vermittelten sittlichen und moralischen Wertvorstellungen ohne jede Einschränkung und ohne eigenständige Auseinandersetzung mit den vermittelten Normen identifiziert. Zu den intimen Beziehungen, die der junge Mann dringend von ihr verlangt hatte, hatte sie sich mit schweren Schuldgefühlen bereit gefunden, selbstverständlich überzeugt davon, die Eheschließung werde unmittelbar folgen. Die Entdeckung der unehelichen Schwangerschaft schien ihr zunächst mit einem Weiterle-

ben nicht vereinbar, weswegen sie bis zum Schluß zwischen Selbsttötung, erweitertem Suizid und Kindestötung schwankte. Die Beziehung zu den Eltern, die in ihrem Leben einen hohen Stellenwert einnahm, müßte nach Bekanntwerden des „Fehltritts" jäh und unwiderruflich zerbrechen. Eine Rückkehr in das Heimatdorf war daher ebenso ausgeschlossen wie der weitere Aufenthalt in dem klösterlichen Internat. Zur Unselbständigkeit erzogen, erwog sie nicht einmal den Gedanken, das Krankenhaus zu verlassen, um ihr Leben eigenverantwortlich zu gestalten. Ein weiteres kam hinzu: Die verpflichtende religiöse Bindung ließ sie vor sich selbst als sündig und verworfen erscheinen. Mit dieser Überlegung begründete sie auch ihre Entscheidung gegen den Suizid. Zwar wäre sie der Schande, dem Verstoßenwerden entgangen, im Dorf und in der Familie aber hätte sie in der Erinnerung fortgelebt als die Unehrenhafte. Die Stigmatisierung, deren Opfer die Eltern geworden wären, bedeutete Undankbarkeit und Grausamkeit diesen gegenüber, deren sie sich nicht schuldig machen konnte. Den Tag der Entbindung erwartete sie fast apathisch, „wie gelähmt", und die Tötung des Kindes bzw. das Unterlassen lebensrettender Maßnahmen ergab sich als selbstverständliche und notwendige Konsequenz. Sie handelte, wie sie glaubte, daß man es von ihr erwarte, handelte gleichsam für die anderen — die Familie — die Nonnen mit. Alternativen, die sie gelegentlich bedachte — etwa eine Entbindung unter falschem Namen in einem auswärtigen Krankenhaus —, vermochte sie nicht zu realisieren. Dumpfe Verzweiflung und lähmende Hoffnungslosigkeit drängten sie in eine Verfassung, in der sie eher etwas mit sich geschehen erlebte, als daß sie sich in der Rolle der aktiv Handelnden sah.

Es schien gerechtfertigt von einer ungewöhnlichen affektiven Einengung zu sprechen — nicht unter dem Bilde der hochgradigen affektiven Erregung, sondern in Form einer emotional affektiven Lähmung, die nur noch wenig Raum für eine rational gesteuerte Abwägung von Handlungsalternativen und zur Verwirklichung eines wertverpflichteten Verhaltens ließ.

Frauen, die einer Kindstötung beschuldigt werden, machen nicht selten geltend, sie hätten das Bestehen der Schwangerschaft nicht bemerkt und seien von der Geburt völlig überrascht worden. Während des Austrittes des Kindes seien sie bewußtlos geworden, um beim Erwachen das tote Kind neben sich vorzufinden. Manche geben auch an, sie hätten die einsetzenden Wehen mit Stuhldrang verwechselt, die Entbindung sei deswegen in das Toilettenbecken erfolgt, wodurch das Kind zu Tode gekommen sei. Abgesehen von den Befunden, die der Rechtsmediziner erhebt, und die ihn in die Lage setzen, den Geburtsvorgang zu rekonstruieren und Aussagen über den Modus der erlittenen Verletzungen sowie deren Bedeutung im Blick auf Ursache und Zeitpunkt des Todes zu machen, sind derartige Angaben nahezu niemals mit dem Wissen zu vereinen, daß dem psychiatrischen Sachverständigen zu Gebote steht. Dazu bedarf es keiner Erläuterungen.

Nur bei schweren Schwachsinnszuständen kann es einmal erforderlich sein, die Frage zu prüfen, ob sich die Täterin über die Bedeutung der im Laufe von Monaten fortschreitenden körperlichen Veränderungen Rechenschaft abzulegen vermochte, und ob sie imstande war, unter der Geburt und unmittelbar danach das für die Versorgung bzw. Rettung des Kindes Erforderliche zu veranlassen. Praktisch sind diese

Fälle jedoch mindestens außerordentlich selten und dann unter forensisch-psychiatrischem Aspekt unproblematisch, da so erhebliche Schwachsinnszustände auch vom Laien nicht verkannt werden. Täterinnen, die eine so schwerwiegende geistige Behinderung aufweisen, bedürfen in der Regel kontinuierlicher Betreuung, ein Umstand, der es ausschließt, daß eine Schwangerschaft während der gesamten Dauer ihres Bestehens unentdeckt bleibt. Demgegenüber hat es der Sachverständige bei Fällen von Kindstötung relativ häufig mit Konstellationen zu tun, die den im erwähnten Beispiel skizzierten ähneln — und dabei handelt es sich keineswegs stets um Landmädchen aus einem bigott-rigiden Milieu.

3.4 Anhang: Epilepsie

3.4.1 Erscheinungsbild

Für den forensischen Psychiater sind lediglich die psychischen Störungen bei Epilepsie von Bedeutung. Andere klinisch therapeutisch relevante Daten dürfen deswegen in diesem Zusammenhang kursorisch abgehandelt werden.

Das Wort Epilepsie bezeichnet eine chronische Erkrankung, in der der epileptische Anfall nur ein Symptom unter mehreren darstellt. Das Auftreten eines einzelnen epileptischen Anfalls beweist das Vorliegen der Krankheit Epilepsie noch nicht, da unter definierten Bedingungen bei jedem Menschen eine „epileptische Reaktion“ ausgelöst werden kann.

Hinsichtlich der Verursachung kann — etwas vereinfachend — zwischen genuinen und symptomatischen Epilepsien unterschieden werden. Von genuiner Epilepsie spricht man beim Vorliegen einer besonders ausgeprägten individuellen Disposition zu diesem Leiden, während sich die symptomatische Epilepsie zeitlich und kausal an eine Hirnschädigung anschließt. Allerdings bedarf auch die individuelle Disposition einer zusätzlichen Noxe, um eine Epilepsiekrankheit manifest werden zu lassen, während umgekehrt bei der symptomatischen Epilepsie der Faktor individuelle Disposition nicht gänzlich vernachlässigt werden darf. Daneben gibt es eine Reihe von degenerativen Hirnerkrankungen, die zwar mit epileptischen Anfällen einhergehen, bei denen andere Krankheitszeichen jedoch führend sind.

Die Einteilung der Epilepsien ist außerordentlich differenziert, unter forensisch-psychiatrischem Aspekt genügt jedoch die Kenntnis einiger weniger Erscheinungsformen des Leidens. So spricht man von generalisierten und partiellen Epilepsien. Die generalisierten Epilepsien gehen entweder vorzugsweise mit großen epileptischen Anfällen oder mit Absencen einher.

Der große epileptische Anfall (tonisch-klonischer Krampfanfall) ist durch den folgenden Ablauf gekennzeichnet: Es kommt zu einem plötzlichen Bewußtseinsverlust in Verbindung mit Krampferscheinungen, die die gesamte Körpermuskulatur erfassen. Zunächst beobachtet man ein tonisches Stadium mit maximaler Anspannung der Muskulatur, das in ein klonisches Stadium mit rhythmischen muskulären Massenkontraktionen übergeht. Häufige Begleiterscheinungen sind Zungenbiß, Speichelfluß („Schaum vor dem Mund“), Änderung der Pupillenweite und -reflexe sowie Inkontinenz. Nach ca. 1 Minute klingen die Krämpfe ab und münden in einen komatösen Zustand von in der Regel einigen Minuten Dauer. Danach hellt die Bewußtseinslage auf, wenn es nicht zu einer Verlängerung der Bewußtseinsstörung in Gestalt eines prolongierten postkritischen Dämmerzustandes kommt. Das EEG zeigt charakteristische Veränderungen regelmäßig nur während des Anfalles, im Intervall kann es unauffällig sein. Unter spezifischen Provokationsverfahren lassen sich allerdings auch in der anfallsfreien Zeit im EEG vielfach sogenannte Anfallsmuster nachweisen.

Jene Erscheinungsform einer generalisierten Epilepsie, deren Anfälle bevorzugt in Absencen bestehen, beginnt meist im Kindesalter, das heißt ca. 10 Jahre früher als die großen Anfälle. Die Absence ist gekennzeichnet durch eine gewöhnlich ebenso plötzlich einsetzende wie endende Bewußtseinsstörung, die allenfalls einige Sekunden dauert. Im EEG finden sich stets generalisierte Anfallsmuster. Die Absencen können mit rhythmischen Bewegungen der Augen, der Augenlider und des Rumpfes kombiniert sein, seltener mit Muskelzuckungen in anderen Körperregionen.

Die partiellen Epilepsien sind stets symptomatischer Natur, das heißt ursächlich durch umschriebene Hirnschädigungen bedingt z.B. aufgrund einer Verletzung oder eines Hirntumors. Je nach Lokalisation der Läsion manifestiert sich die Epilepsie in unterschiedlichen cerebralen Funktionssystemen, in der Motorik, den Sinnesorganen oder der autonomen Regulation. Von komplexen Symptomen spricht man, wenn die neurologischen Störungen mit psychischen Beeinträchtigungen verbunden sind, in Gestalt abnormer Erlebnisinhalte oder abweichender Verhaltensmuster. Die Dauer dieser Anfälle entspricht derjenigen der großen Anfälle.

Aus forensisch-psychiatrischer Sicht besonders bedeutsam sind naturgemäß die psychischen Störungen bei der Epilepsie.

Allgemein kann gesagt werden, daß bei den generalisierten Epilepsien die quantitativen Bewußtseinsstörungen im Sinne einer Trübung der Wachheit prävalieren, während man bei den partiellen Epilepsien eher qualitative Veränderungen sieht.

Die komatöse Verfassung im unmittelbaren Anschluß an den generalisierten Krampfanfall ist unter forensisch-psychiatrischem Aspekt bedeutungslos, zum einen wegen ihrer kurzen Dauer zum anderen, weil die Betroffenen in dieser Zeit gänzlich handlungsunfähig sind. Es lassen sich drei Typen einer psychischen Störung im Zusammenhang mit der Epilepsie voneinander abgrenzen: Die überdauernde organische Wesensänderung, die episodischen Störungen und die chronischen epileptischen Psychosen.

Eine typische epileptische Wesensänderung gibt es nicht. Wenn trotzdem die dauernd geschädigten Epileptiker einander in ihrem psychopathologischen Erscheinungsbild ähneln, so deswegen, weil an der Ausbildung des Phänotyps einer epileptischen Wesensänderung soziale Einflüsse in Gestalt spezifischer Erwartungen und Einstellungsmuster der Umwelt wesentlich mit beteiligt sind. In ihnen spiegelt sich die besondere Haltung der näheren und weiteren Bezugspersonen diesen Kranken gegenüber, die über die Jahrhunderte hinweg durch recht gleichförmige Stereotype geprägt ist.

Immer wieder wird im Fachschrifttum das sogenannte „Enechetische“ im Wesen des chronischen Epilleptikers beschrieben. Darunter wird ein zähflüssiger, viskös anmutender Gedankengang verstanden, die Tendenz, an einmal aufgegriffenen Themen festzuhalten (Umstellungserschwerung), Weitschweifigkeit, Pedanterie und Umständlichkeit. Häufiger genannt als tatsächlich angetroffen werden ein süßliches Wesen, unterwürfige Höflichkeit, Frömmelei, Unaufrichtigkeit und die Neigung zu abrupten affektiven Entladungen. Für den Sachverständigen von besonderem Gewicht ist eine Ausgestaltung der Persönlichkeitsänderung, die als Hysteroepilepsie bezeichnet wird. Gemeint ist damit die Tatsache, daß sich zweifelsfrei hirnorganisch determinierte Verhaltensstörungen mit solchen verbinden, in denen sich eine Antwort des Probanden auf sein Leiden ebenso ausdrückt wie seine Reaktion auf die, in der Regel deutliche Ablehnung durch die anderen und deren Bestreben, den Patienten sozial auszugrenzen. Man findet vor allem vermeintlich körperliche Beschwerden, die erscheinungsbildlich den funktionellen Körperstörungen im Rahmen einer Hysterie bzw. Konversionsneurose entsprechen. Funktionelle bzw. psychogene Lähmungen, mal der rechtsseitigen, mal der linksseitigen Extremitäten, werden ebenso gesehen wie eine funktionelle Blindheit oder Taubheit. Seltener begegnet man Bildern, die durch eine ungewöhnliche Lebhaftigkeit und Instabilität der affektiven Grundstimmung charakterisiert sind: Eine scheinbar entspannte und freundlich kooperative Haltung schlägt plötzlich um in eine gereizt-dysphorische Stimmung.

Die sogenannte epileptische „Demenz" beschreibt einen bisweilen massiven Intelligenzdefekt, der ausgedehnte Hirnschädigungen bei hoher Anfallsfrequenz zur Voraussetzung hat.

Für den forensischen Psychiater ist es wichtig zu wissen, daß durchaus nicht eine jede chronische Epilepsie in eine überdauernde Wesensänderung mündet. Zwischen dem Ausmaß der Wesensänderung auf der einen Seite und der Art und Häufigkeit der Anfälle auf der anderen Seite besteht nur eine lockere Verbindung, das heißt, auch eine jahrelange Erkrankung muß sich durchaus nicht zwangsläufig in einer Abwandlung der Persönlichkeitsstruktur manifestieren.

Die episodischen Störungen sind grundsätzlich rückbildungsfähig, von unterschiedlicher Dauer und teilweise mit einer Bewußtseinsstörung vergesellschaftet.

Auf die (geordneten) Dämmerzustände ist in einem der vorangehenden Kapitel eingegangen worden. Ihre Dauer schwankt zwischen wenigen Minuten und vielen Tagen; für das Geschehen während des Dämmerzustandes besteht später eine völlige Amnesie.

Ebenso sind die deliranten Psychosen bereits erwähnt worden. Hinsichtlich ihrer forensischen Relevanz sind sie nicht anders zu bewerten als die besprochenen toxisch bedingten Delire (z.B. Alkoholdelir).

Ohne Bewußtseinsstörungen verlaufen die epileptischen Verstimmungszustände und die episodischen Psychosen. Bei den Verstimmungszuständen, die mit und ohne Bindung an ein akutes Anfallsgeschehen auftreten können, handelt es sich meist um depressive Bilder, die vielfach eine gereizt-aggressive Note tragen. Nur sehr selten ähneln sie einer endogenen depressiven Phase. Demgegenüber erscheinen die psychotischen Episoden außerordentlich farbig. Sie sind vielfach den schizophrenen Psychosen vergleichbar und für den Sachverständigen von der gleichen

Bedeutung wie die autonomen Schizophrenien. Ihre Beziehung zu den epileptischen Anfällen ist umstritten. Manche Autoren meinen, es handele sich um epileptische Äquivalente und daß sie anstelle eines Anfalls z.B. dann auftreten, wenn die Anfallsfrequenz unter einer antikonvulsiven Therapie praktisch auf Null reduziert ist.

Die chronischen epileptischen Psychosen gleichen den Schizophrenien weit häufiger als den Affektpsychosen. Meist stehen ausformulierte, die Realität extrem verzerrende Wahnerlebnisse im Mittelpunkt neben massenhaften Halluzinationen auf allen Sinnesgebieten. Den Sachverständigen zwingen sie zu denselben Überlegungen wie die erscheinungsbildlich sehr ähnlichen funktionellen Psychosen.

3.4.2 Forensischer Aspekt

Die psychischen Störungen bei der Epilepsie stellen, soweit sie als überdauernde organische Wesensänderung (einschließlich Demenz) oder als chronische Psychose in Erscheinung treten, den Sachverständigen nicht vor besondere Probleme. Unter forensisch-psychiatrischem Aspekt sind sie den akuten bzw. chronischen Hirnerkrankungen und den Geisteskrankheiten gleichzustellen. Diese sind in den entsprechenden Kapiteln bereits erörtert worden.

Eine Sonderstellung nehmen einige Erscheinungsformen episodischer Psychosen ein, die epileptischen Verstimmungszustände und die Bilder einer sogenannten Hysteroepilepsie. Vor allem von Probanden, die an einer sogenannten psychomotorischen Epilepsie leiden (epileptisches Anfallsleiden, das durch eine Läsion des Schläfenlappens und gewöhnlich einen charakteristischen EEG-Befund gekennzeichnet ist), weiß man, daß die Libido in aller Regel stark reduziert ist, nachdem es zu Beginn der Erkrankung nicht selten zu einer vorübergehenden Steigerung der sexuellen Appetenz gekommen war. Manche — keineswegs alle — Patienten leiden unter der Impotenz, vor allem Jugendliche, die sich an den entsprechenden Aktivitäten der Altersgleichen nicht beteiligen können.

Beispiel: *Ein 20jähriger Bauschlosser ist bislang strafrechtlich niemals in Erscheinung getreten. Als Mitglied eines Motorradklubs genieß er allgemeine Anerkennung unter den jungen Leuten seiner Heimatgemeinde. Eines Tages wird er festgenommen, nachdem ihn eine junge Frau als denjenigen identifizierte, der sie in der vergangenen Nacht auf seinem Motorrad ein Stück mitgenommen habe, um sie auf einem abgelegenen Feldweg heftig und drohend zum Beischlaf aufzufordern. Er hatte sein Opfer weitgehend entkleidet, während er selber durchaus keine Anstalten gemacht hatte, sich seiner Montur zu entledigen. Auf dem nackten Opfer liegend hatte er mit den Brüsten gespielt, die Scham gestreichelt und versucht, mit dem Finger in die Vagina einzudringen. Plötzlich — und wie die junge Frau meinte, ohne durch ihre Gegenwehr oder das Herannahen von Passanten erkennbar dazu genötigt — war er aufgesprungen und mit donnerndem Motorrad davon gefahren.*

In der Exploration war zu erfahren, daß der Täter seit etwa 6 Jahren an einer psychomotorischen Epilepsie litt. Im Alter von 16 Jahren hatte er erstmals engen Kontakt mit einem Mädchen. Die äußeren Umstände waren damals so beschaffen, daß es — so meint er heute — zu einem Geschlechtsverkehr hätte kommen müssen, das Mädchen zeigte jedenfalls seine Bereitschaft deutlich. Sowohl bei dieser, als auch bei späteren Gelegenheiten verspürte der Täter weder das Bedürfnis noch kam es trotz Mithilfe des Mädchens zu einer Erektion. In der Folgezeit bemühte er sich zunächst mit photographischen Abbildungen um eine Stimulierung seiner Potenz, dann suchte er ein Bordell auf — stets mit dem gleichen negativen Ergebnis. Nun schlich er um einzeln stehende Häuser, und es gelang ihm mehrfach, einen Geschlechtsakt zu beobachten. Als er auch dadurch seine „Schwäche" nicht behoben sah, exhibierte er mehrfach in einem Waldstück, das von Frauen, die aus der nahegelegenen Fabrik nach Hause gingen, passiert werden mußte. Die ihm zur Last gelegten versuchten Notzuchtsdelikte — es waren insgesamt vier — bildeten das bislang letzte Glied in einer Kette erfolgloser und deprimierender Versuche. Er sei, so meinte er im Gespräch, der Überzeugung gewesen, die Gewaltanwendung, Demütigung und brutale Unterwerfung der Frauen werde ihn sexuell stimulieren und der dramatische Geschehensablauf werde seine Aufmerksamkeit so stark absorbieren, daß er während des ersehnten Vollzugs seine immer wieder erfahrene Unfähigkeit vergessen und daher „erfolgreich" sein könne.

Ohne Erörterungen vorgreifen zu wollen, die ihren Platz in dem Kapitel haben, das sich mit den sexuellen Fehlhaltungen befaßt, darf man im Blick auf diesen Täter und die inkriminierten Delikte — vorläufig — das Folgende festzustellen: Die als Makel und Stigma des Unmännlichen empfundene Impotenz muß hier im Zusammenhang mit der Grundkrankheit, das heißt der Temporallappenepilepsie, gesehen werden. Auch die wachsende Gereiztheit, depressiv-dysphorische Verstimmung, die — nach Voyeurismus und Exhibitionismus — den Entschluß zu einem, dem bisherigen devianten Sexualverhalten durchaus widersprechenden aggressiven Vorgehen aufkommen ließ, mußte auf dem Hintergrund der psychopathologisch-psychologischen Persönlichkeitsanalyse mit der Temporallappenepilepsie in Verbindung gebracht werden. Zwar begründeten weder die erhobenen Befunde noch die im Vorfeld mehrfach erlittenen Erlebnisse einer beschämenden Insuffizienz die Annahme einer erheblichen Beeinträchtigung von Einsichts- oder Direktionsfähigkeit. Für das Verständnis der inneren Tatseite und der Tatdynamik waren diese Informationen jedoch von erheblichem Wert.

Die im Verlauf einer Temporallappenepilepsie auftretenden sogenannten Dämmerattacken sind von den in einem vorangehenden Kapitel behandelten Dämmerzuständen zu unterscheiden. Sie stellen Anfallsmanifestationen, d.h. keine postkonvulsiven Bewußtseinsstörungen dar, schließen sich also weder zeitlich an einen Anfall an noch fallen sie in ein anfallfreies Intervall. Das außerordentlich variable Anfallsbild ist durch eine kurze Bewußtseinsveränderung, eigentümliche Bewegungsabläufe etwa im Bereich des Mundes oder der Hände und durch meist sinnlose Handlungen gekennzeichnet. Letztere sind wiederum — gegenüber dem Dämmerzustand — bedeutsam, da in diesen kurzen Handlungsabläufen weder an aktuelle situationale Gegebenheiten angeknüpft wird noch Situationen realisiert werden, die bei Kenntnis der Biographie des Betroffenen als persönlichkeitseigen imponieren. Es handelt sich um ganz abrupt aufbrechende Impulse, die weder verständlich aus der Gestimmtheit des Probanden abzuleiten sind, noch einen sinnvollen, stimmigen und folgerichtigen Vollzug einzelner Handlungssequenzen erkennen lassen.

Beispiel: *Der 25jährige Kraftfahrer leidet seit 2 Jahren an einer Temporallappenepilepsie. Er lebt bei seinen Eltern, plant jedoch in näherer Zukunft eine Ehe. Eines Nachts steht er plötzlich auf und beginnt, seine Sonntagskleider anzulegen. Die Fragen des Bruders, der das Zimmer mit ihm teilt, beantwortet er nicht. Er verläßt das Haus, überquert den Dorfplatz und bleibt vor dem Schaufenster eines Lebensmittelgeschäftes stehen. Mit einem großen Stein schlägt er die Scheibe ein und beginnt, wahllos die ausgelegte Ware auf die Straße zu werfen. Auch als sich ein Streifenwagen nähert, fährt er in seinem Tun fort, läßt sich allerdings ohne Widerstand in Gewahrsam nehmen. Dort klart er plötzlich auf, erfährt erschrocken und peinlich berührt von dem Geschehen und ist unfähig, die zurückliegende Zeit zu rekapitulieren.*

Hier war an dem Ausschluß von Einsichts- und Steuerungsfähigkeit wegen des Vorliegens einer krankhaften seelischen Störung in Gestalt eines psychomotorischen epileptischen Anfalls selbstverständlich nicht zu zweifeln.

4 Suchtkrankheiten

4.1 Erscheinungsbild

Unter forensisch-psychiatrischem Aspekt bieten die Suchtkrankheiten eine Reihe von Problemen, die bereits in anderen Kapiteln abgehandelt wurden. Die erforderlichen Querverweise setzen jedoch einige einleitende Bemerkungen zum Thema voraus.

Zunächst zu den Begriffen selbst: Zu unterscheiden ist zwischen Mißbrauch und Sucht.

Gemäß einer Empfehlung der Weltgesundheitsorganisation (WHO) wird als **Mißbrauch** die einmalige, mehrmalige oder auch ständige Einnahme von Drogen ohne ärztliche Indikation und/oder in übermäßiger Dosierung bezeichnet. Der Mißbrauch kann Folge bzw. Ausdruck eines süchtigen Verlangens sein, setzt ein solches aber nicht notwendig voraus. Die Anlässe eines Mißbrauchs sind vielfältig, individuelle Bedingungen spielen ebenso eine Rolle wie Unkenntnis und soziale Faktoren, z.B. in Gestalt des induzierten Mißbrauchs. Darüber unterrichtet die einschlägige Fachliteratur.

Auch der **Sucht**begriff wurde in seiner heute üblichen Fassung von der WHO vorgegeben. Anfangs unterschied man zwischen Sucht und Gewöhnung, eine Differenzierung, die wegen der unscharfen Grenzziehung inzwischen aufgegeben wurde. Der Terminus Drogenabhängigkeit (in der Abhängigkeit besteht das Wesentliche der Sucht), die deutsche Übersetzung des englischen „Drug dependence", bezieht sich auf alle Suchtstoffe — also nicht nur auf Drogen im strengen Wortsinne —, deren Einverleibung zur Reizung empfänglicher biologischer Substrate führt. Der Begriff Drogenabhängigkeit ist selbstverständlich frei von jeder moralischen Wertung. Er beschreibt einen Zustand seelischer und körperlicher Abhängigkeit von einer Droge mit zentralnervöser Wirkung, der durch die periodische oder kontinuierliche Aufnahme dieser Substanz bedingt ist. Seine — relativ — spezifischen Merkmale variieren in Abhängigkeit von dem Suchtstoff.

Sucht meint also ebenso die psychische wie die physische Abhängigkeit. Die psychische Drogenabhängigkeit wird definiert als das schwer oder gar nicht bezwingbare Verlangen nach wiederholter Einnahme der Droge, entweder um Unlustgefühle zu verscheuchen oder um lustvolle Befriedigung zu erlangen. Das maßlose, unersättliche Verlangen, das Nicht-mehr-aufhören-können, ist das entscheidende Charakteristikum der Sucht und gleichzeitig die Bedingung ihres Fortbestehens und ihrer Progredienz.

Die physische Drogenabhängigkeit stellt einen Anpassungszustand dar, der sich in gravierenden körperlichen Störungen äußert, wenn die Dosis reduziert oder gänzlich abgesetzt wird. Mit der körperlichen Abhängigkeit hängt der sogenannte Toleranzerwerb eng zusammen. Gemeint ist damit ein stetig schwächer werdendes Ansprechen auf die gleiche Dosis mit dem Ergebnis, daß diese entweder fortlaufend gesteigert oder daß von einer bislang oralen auf eine parenterale Applikation übergegangen werden muß.

Für den psychiatrischen Sachverständigen sind die Suchtleiden aus unterschiedlichen Gründen von Bedeutung. Kommt es bei einer bekannten Suchtkrankheit im Zustand einer akuten Intoxikation zu einer Straftat, so sind die Überlegungen anzustellen, die im Zusammenhang mit der Erörterung der (quantitativen) Bewußtseinsstörungen berichtet wurden. Ein langandauernder süchtiger Mißbrauch führt bei einer Reihe von Giften zu überdauernden Hirnschäden, die als intensitativ und qualitativ unterschiedliche organische Persönlichkeitsänderungen in Erscheinung treten können.

Neben diesen forensisch-psychiatrisch relevanten Folgen des Mißbrauchs und der süchtigen Drogenabhängigkeit, die sich grundsätzlich nicht von akuten oder chronischen Hirnschäden anderer Genese unterscheiden, sind es zwei Fragestellungen, mit denen der Sachverständige bei suchtkranken Straftätern gelegentlich konfrontiert wird. Die eine resultiert aus der psychischen Verfassung, die das suchttypische Verlangen unmittelbar widerspiegelt, während sich die andere mittelbar aus der Suchtkrankheit herleitet und die Änderung der Einstellung des Kranken gegenüber der eigenen Person, der Um- und Mitwelt betrifft.

Die süchtige Abhängigkeit führt allgemein zu einer Einengung des Denkens und der Interessen. In fortgeschrittenen Stadien behalten lediglich die Themen Droge und Drogenbeschaffung Gewicht und bestimmen allein im Erleben des Kranken Intentionen und Handeln. Die Bedeutung von Partnerbeziehungen tritt immer weiter in den Hintergrund, die Bedürfnisse des Alltags werden nur noch soweit befriedigt, wie zur Erhaltung der physischen Existenz unerläßlich ist. Normen und Wertvorstellungen verlieren, obwohl die Kranken rational um sie wissen, ihren Charakter als verpflichtende Handlungsdeterminanten. Mögliche Sanktionen bewirken entweder gar nicht mehr oder nur noch in erheblich vermindertem Umfang die Entwicklung effizienter Gegenvorstellungen, die geeignet wären, den Kranken von der Begehung einer Straftat abzuhalten.

In Abhängigkeit von der Substanz, der Persönlichkeitsstruktur und dem sozialen Umfeld, in das der Süchtige integriert ist, entwickelt sich gelegentlich drogenmittelbar eine schleichende Wesensänderung, die ganz offenbar nicht hirnorganisch determiniert ist, sondern als Ausdruck einer Interferenz individual-psychischer Abwandlungen im Sinne einer Entdifferenzierung und Entprofilierung zu verstehen ist mit sozial vermittelten Prägungen der Einstellungen und Handlungsbereitschaften. Verkürzt kann hier von einem drogeninduzierten Amotivationssyndrom gesprochen werden.

In diesen Fällen handelt es sich meist um Jugendliche — männlichen oder weiblichen Geschlechts —, die oft jahrelang Drogen — etwa Canabispräparate, Haluzinogene, Opiate etc. — in hohen Dosen und einigermaßen regelmäßig eingenommen haben. Sie gelangen kaum einmal auf eigenen Wunsch zum Arzt und wenn, dann wegen aktueller, sozialer — gelegentlich auch forensischer — Komplikationen, nicht jedoch wegen eines eigentlichen Leidensdrucks. Meist sind es die Eltern, andere Angehörige oder berufliche Vorgesetzte, die nach vergeblichen Versuchen, den Betroffenen zu Einsicht und Verhaltensänderung zu bewegen, schließlich vom Arzt eine Hilfe erwarten. Die Probanden haben bis dahin meist einen langen Weg hinter sich, der vor allem durch einen gleitenden sozialen Abstieg gekennzeichnet ist. Nach einem durchschnittlichen Schulbesuch sind die Leistungen in den letzten Jahren immer weiter abgefallen, so daß sie die Schule schließlich freiwillig oder unfreiwillig verlassen haben. Ein kurzer Versuch, eine Lehre zu absolvieren, scheitert nach Wochen oder allenfalls Monaten. Noch eine knappe Zeitspanne bleiben die Suchtkranken vielleicht in einer Wohngemeinschaft oder auch bei den Eltern, sozial halbwegs integriert, bis sie durch eine zunehmende Verwahrlosung und wohl auch wegen kleiner Eigentumsdelikte mit der Polizei in Konflikt geraten. Das Gespräch über die desolate Lebenssituation und die trübe weitere Prognose scheitert an einem absoluten Desinteresse, an der Gleichgültigkeit und emotionalen Indifferenz der Kranken, die sich nicht selten hinter der Fassade des Angepaßten und scheinbar Kooperationsbereiten verbergen. In Extremfällen richten sie sich schließlich auf einer psychischen und physischen Vita minima ein, die bisweilen in einem bemerkenswerten Kontrast zu dem sozialen Herkunftsniveau steht. Das drogeninduzierte Amotivationssyndrom ist nicht hirnorganisch determiniert und unterscheidet sich damit von den körperlich begründbaren chronischen Psychosen des Alkohol- oder Medikamentensüchtigen. Es ist allenfalls partiell unmittelbar auf das Gift zurückzuführen. Weit bedeutsamer sind Faktoren, die in der Persönlichkeit des Betroffenen und in jener Subkultur liegen, der er sich eben durch den Drogenkonsum als zugehörig empfindet. Im Grunde handelt es sich darum, daß eine ursprünglich, das heißt vor Einsetzen der Karriere, eher spielerisch angenommene Attitüde — die gesellschaftlich vermittelten Ziele ebenso abzulehnen wie die zu ihrer Erreichung positiv sanktionierten Mittel — zur rigiden und fixierenden Haltung wird, da die Ausgliederung aus der Gemeinschaft und die Integration in eine autistisch selbstgenügsame Subkultur schließlich keine andere Einstellung mehr zuläßt. Was ursprünglich einmal Form eines Protestes und bewußter, kritischer Widerstand gewesen sein mag, ist nun Ausdruck einer extremen Reduktion menschlicher Möglichkeiten geworden, eines Verlustes jeglicher Zukunftsbezogenheit, einer Stabilisierung in einer gleichsam punktförmigen Existenz, die die Vergangenheit leugnet und die Zukunft ablehnt.

Eine gesonderte Erörterung erfordern einige jener Rauschzustände, die unter der Einwirkung insbesondere halluzinogen wirkender Substanzen — aber auch anderer Stoffe — gesehen werden. Sie unterscheiden sich vor allem aufgrund ihres bisweilen ungewöhnlich farbigen und inhaltsreichen Erlebens recht deutlich vom Alkoholrausch oder dem Rausch, der beispielsweise durch die Einnahme hoher Dosen von Schlafmitteln bewirkt werden kann.

Die Kenntnis der Phänomenologie dieser Rauschzustände ist auch deswegen wichtig, weil sie dem Gutachter die Möglichkeit bietet, sich durch gezielte Fragen ein Bild vom Ausmaß der — behaupteten oder vermuteten — Drogenabhängigkeit zu machen, um dadurch die gesamte Drogenkarriere genauer zu beschreiben und unter forensisch-psychiatrischem Aspekt gewichten zu können.

In der folgenden knappen Übersicht werden die Rauschzustände im eigentlichen Sinne von den psychotischen Zustandsbildern unterschieden. Ich möchte mich bei den Angaben auf Stichworte beschränken.

1. **Cannabis-Rausch:** Ausschalten unangenehmer Einflüsse der Umgebung, euphorisches Wohlbefinden, Heiterkeit, Gelassenheit, Entspannung. Gelegentliche Fröhlichkeit mit einer Tendenz zum Albern-Unernsten. Wegfall von Hemmungen, als wohlig empfundene Passivität bis hin zur Apathie. Gefühl der Überlegenheit und gelegentliche Omnipotenzgewißheit. Plötzliches kurzdauerndes Absinken in Trauer und Verzweiflung ist möglich. Störungen des Denkens in Gestalt eines Zerfalls thematischer Ganzheiten; Zerbrechen der Kontinuität des Erlebens; Wahrnehmungsveränderungen im Sinne der Verzerrung der Konturen, scheinbarer Dehnungen und Schrumpfungen der Wahrnehmungsgegenstände. Intensivierung optischer und vor allem akustischer Erlebnisse. Illusionäre Verkennungen, das heißt Verkennung und Umdeutung von real Wahrgenommenem. Schließlich: Orientierungsstörungen, erhöhte Risikobereitschaft und Kritikschwäche, gelegentlich erhebliche Minderung des Konzentrationsvermögens.

Cannabis-Psychosen: Entweder episodische Verwirrtheitszustände mit Sinnestäuschungen und illusionären Verkennungen, bisweilen in Verbindung mit Angst oder chronische Psychosen von mehrmonatiger Dauer. Die Bilder ähneln am häufigsten den Schizophrenien, manchmal auch der Manie oder der Melancholie.

2. **LSD-Rausch:** Form und Inhalt der Erlebnisse wesentlich bestimmt durch Vorerfahrung und momentane Gestimmtheit des Konsumenten. Vorwiegend optische Sinnestäuschungen bei wechselnder Bewußtseinslage. Intensivierung der Wirkung optischer Reize, verzerrtes Wahrnehmen der Gegenstände der Umgebung. Illusionäre Verkennungen. Abwandlung des Zeiterlebens, das subjektiv extreme Dehnungen oder auch Raffungen erfährt. Instabile Affektivität, die zwischen Gleichgültigkeit und starkem emotionalem Betroffensein schwankt. Selektives Wahrnehmen mit bedeutungsvollem Hervortreten von Nebensächlichkeiten, die die ganze Aufmerksamkeit beanspruchen. Gelegentlich rauschhafte Glückszustände ekstatischen Charakters. Entfremdungserlebnisse, wobei einzelne Körperteile als nicht ich-zugehörig empfunden werden. Seltener: Statt lustbetonter Erlebnisse solche intensiver Qual und Angst mit den Themen Tod und Vernichtung, Schuld und Sühne, Rache und Verfolgung. Plötzlich aufbrechende paranoide Gestimmtheit.

LSD-Psychosen zeigen vor allem Verwirrtheit, Verworrenheit der Denkabläufe, delirant anmutende motorische Unruheerscheinungen. Angst- und Panikerlebnisse bei völliger Verkennung der realen Situation, lebhafte optische und/oder akustische Sinnestäuschungen, auch solche taktiler Art. Dauer wenige Wochen. Intervall zwischen letztem Konsum und Auftreten der psychotischen Episode kann bis zu einem Jahr dauern.

Unter **Flash back** versteht man das abrupte Auftreten psychotischer Episoden nach gesichertem drogenfreiem Intervall. Besonders häufig bei LSD-Mißbrauch.

3. **Weckmittel.** Initial ein intensiv beglückendes Erlebnis mit euphorischer Grundstimmung. Später Ratlosigkeit, Nervosität, bisweilen Verwirrtheit und Desorientierung. Optische und akustische Halluzinationen, Rastlosigkeit, quälende Schlaflosigkeit. Gefühl gesteigerten Leistungsvermögens mit resultierendem Fehlverhalten und Überschätzung der tatsächlichen Möglichkeiten.

Weckmittel-Psychosen: Angstsyndrome paranoid-halluzinatorischen Charakters, paranoid-mikrohalluzinatorische Bilder, Syndrome ekstatisch gesteigerten Wahrnehmens und depressiv-dysphorische Zwangsphänomene. Vielfach schizophrene Färbung der Zustandsbilder.

4. **Opiat-Rausch:** Wirkung von Opiaten und von morphinartigen Substanzen (z.B. Heroin) weitgehend identisch. Ungewöhnliche Euphorie mit Ausblendung unangenehmer Außenreize. Später Abflachung der Vorstellungs- und Wahrnehmungsabläufe. Hunger, Ermüdung, Erschöpfung und Schmerz werden unterdrückt. Als angenehm erlebte Passivität, Apathie, Entspannung, Ruhe und Gelassenheit bei allgemeinem Desinteresse. Nur die initiale Euphorie wird als „flash" oder „kick" beschrieben, die Verfassung auf dem Höhepunkt der Intoxikation als „high". Keine Sinnestäuschungen oder Wahrnehmungsveränderungen, sondern allgemeine Umformung des Erlebens ins Positive und Problemlose.

Psychosen bei Opiatkonsum (auch andere morphinartige Stoffe): Schizophrenieähnliche Zustandsbilder mit der Tendenz zur Chronifizierung.

5. **Mescalin-Rausch** (auch Psilocybinrausch): Veränderungen der Sinnesfunktionen, vor allem auf dem Gebiet der optischen Wahrnehmung. Änderungen auch der Geruchs-, Geschmacks- und Gehörwahrnehmung. Sinnestäuschungen optischer und akustischer Natur. Intensivierung des Erlebens vor allem optischer und akustischer Reize. Illusionäre Verkennungen. Farben werden intensiver wahrgenommen, Kontraste und Konturen schärfer gesehen, flächenhafte Abbildungen plastisch erlebt. Gelegentlich Scheinbewegungen realer Wahrnehmungsgegenstände. Häufig Veränderungen des Temperatursinns mit abnormen Kälteempfindungen. Bisweilen Schmerzenssationen angesichts belangloser Berührungen. Schwereempfindungen, aber auch das Gefühl der Leichtigkeit und Gewichtslosigkeit des eigenen Körpers mit der Gewißheit, fliegen oder schweben zu können. Abwandlung des Erlebens des eigenen Körpers, Verzerrungen und Verformungen. Schwankende Bewußtseinslage. Rauschhafte Entrücktheit und traumhafte Versunkenheit schlagen um in eine klare Bewußtseinslage mit der Fähigkeit zu geordneter Aufnahme von Außenreizen. Veränderungen des Zeitsinns, die Minuten als ungewöhnlich ausgedehnt, Stunden auf einen Augenblick komprimiert erleben lassen. Zerfall der zeitlichen Kontinuität des Erlebens. Assoziative Auflockerung des Denkens, Zerfall thematischer Ganzheiten. Bisweilen auch angstgetönte und als quälend erlebte Mißempfindungen.

6. Rauschzustände bei **organischen Lösungsmitteln:** (z.B. Benzin, Toluol, Essigesther, Methylenchlorid und Butanol). Unmittelbar nach dem Einatmen unangenehme Körperempfindungen mit Kopfdruck, Wadenkrämpfen und Übelkeit. Dann eigentliches Rauschstadium mit gesteigerten Sinneswahrnehmungen besonders im akustischen und optischen Bereich. Fokussierung des Wahrnehmens, unzusammenhängende Wahrnehmungsobjekte werden als Einheit erlebt und zu neuen Gegenständen zusammengefügt.

Bildhaftes Auftauchen konfliktbesetzter Ängste und Befürchtungen, aber auch von Wunschbildern.

7. **Kokain-Rausch:** Initial euphorisches Stadium mit Ausgelassenheit, Heiterkeit. Verstärkter Rededrang, Beschleunigung des Gedankenablaufes bei gleichzeitiger Kritik- und Distanzlosigkeit sowie Urteilsschwäche. Beseitigung von Hemmungen, Angst und Menschenscheu. Kontaktschwäche wird überwunden. Schließlich illusionäre Verkennungen, Sinnestäuschungen vor allem im optischen und akustischen Bereich. Bisweilen paranoid-halluzinatorische Bilder mit Beziehungsideen. Optische Sinnestäuschungen können zur vermeintlichen Wahrnehmung konkreter Objekte führen, etwa kleiner Tiere auf der Haut. Die eigene Person kann als gespalten erlebt werden. Im depressiven Stadium schließlich Müdigkeit, Apathie, Passivität und Desinteresse bis hin zum Stupor.

Kokain-Psychosen häufig bestimmt durch paranoide Erlebnisse. Außerdem Zwangsideen und Zwangshandlungen. Angstzustände, sexuelle Auffälligkeiten wie Homophilie oder perverses deviantes Sexualverhalten. Charakteristisch taktile Mikrohalluzinationen, es werden z.B. Schlangen oder Frösche als unter der Haut befindlich halluziniert. Als Kokaindelir wird ein Zustandsbild bezeichnet, das durch optische, akustische und/oder taktile Halluzinationen, Wahnideen, motorische Unruhe, Suggestibilität und einen Gestaltzerfall des Bewußtseinsfeldes charakterisiert ist.

Horrortrip: Bestimmt im wesentlichen durch Angst, paranoide Gestimmtheit und optische Sinnestäuschungen. Furcht, verfolgt und bedroht zu werden. Erschreckende Verzerrung der Gesichter Anwesender, quälende körperliche Beschwerden. Später depressive Verstimmungen mit ernst zu nehmenden Suizidimpulsen.

Um sich ein Bild von Dauer und Intensität der Drogenkarriere zu machen, ist für den Sachverständigen auch eine genaue Kenntnis der **Entzugserscheinungen** von besonderer Bedeutung. Sie sind nicht drogenspezifisch und in ihrem Ablauf recht einförmig. Sie äußern sich in Schmerzen in der Haut, Kribbelparaesthesien, Dyspnoe, Herzangst, Brechreiz, Niesen und Gähnen, starker psychomotorischer Unruhe, Magen- Darm-Tenesmen, Diarrhoen, Schnupfen, Augentränen, Kratzen im Hals, Tachykardie, Inappetenz. Auf psychischem Gebiet: Angst, Verzweiflung, psychomotorische Unruhe, tiefe Depressionen mit hoher Suizidgefahr.

2 Typische Schilderungen einer Rauschmittel-Psychose (aus *Bron*):

1. Eine 16jährige Gymnasiastin raucht seit 2 Jahren Haschisch, dessen Wirkung sich „auf den Körper" ausgedehnt habe. Zeitweilig habe sie sich wie gelähmt gefühlt, sie habe sich nicht mehr richtig bewegen können, auch der Kopf sei steif gewesen, manchmal habe sie gar nicht mehr richtig sprechen können. Vor 2 Jahren habe sie auch die ersten LSD-Trips eingeworfen. Schon beim ersten Trip seien Angstzustände mit Verfolgungsideen und Schmerzen am ganzen Körper aufgetreten. Auf dem zweiten Trip sei der Horror noch stärker geworden. Sie habe geweint, ja geschrien und eine unheimliche Angst gehabt. Auch habe sie sich verfolgt gefühlt. Schließlich sei sie auf die Erde gefallen, sie habe gemeint, daß man sie abhole und ins Krankenhaus fahre. Es habe sie dann jemand an die Hand genommen und sie während eines Spazierganges im Gespräch vom Horror „heruntergeholt". Auch auf den folgenden Trips sei es zu Horror-Phänomenen gekommen. Überall habe sie

Spitzel zu sehen gemeint, auch auf dem Wege zu einer Freundin habe sie sich von tausend Polizisten verfolgt gefühlt und geglaubt, daß hinter jedem Auto ein Polizist hervorkomme. Einige Male habe sie gemeint, sterben zu müssen. Überall seien Schmerzen aufgetreten, sie habe befürchtet, keine Luft mehr zu bekommen, und einen Herzschlag zu erleiden. Der Trip sei wie im tibetanischen Totenbuch verlaufen. Sie habe geglaubt, über das Leben nach dem Tode Bescheid zu wissen. Dabei habe sie sich wunschlos glücklich und unsterblich gefühlt. Die Wirkung dieser Trips habe immer mehrere Tage, manchmal 1—2 Wochen angehalten, bis sie dann den nächsten Trip eingeworfen habe. Da sie durch die Trips sehr sensibel und rezeptiv geworden sei, befürchtet habe, nie mehr ganz vom Trip herunter zu kommen, habe sie keine Trips mehr, sondern nur noch andere Drogen genommen, vor allem Opiate gespritzt.

2. Ein 16jähriger Gymnasiast gibt an, seit 2 Jahren relativ regelmäßig Haschisch geraucht und insgesamt schon fast 100 Trips eingeworfen zu haben. Außerdem habe er zwischendurch kurzzeitig Opiate gefixt und vor einem Jahr mit 2 großen Dosen Rosimon einen Suizidversuch unternommen. Obwohl er seit mehreren Monaten keine Drogen mehr eingenommen habe, sei er mehrmals wöchentlich auf dem Trip (Flash back). Er blicke nicht mehr durch, habe Visionen übernatürlicher Art, als ob er sich in einer fremden Welt befinde. Alles erscheine ihm dann verändert. Solche Triperlebnisse kämen unvermittelt, er könne sie aber auch bewußt auslösen. Starke Angstgefühle habe er dabei nicht, jedoch fühle er sich unwohl und befürchte, nicht mehr vom Trip herunter kommen zu können. Beim Schließen der Augen sehe er farbige, zerplatzende Tropfen wie bei einem Feuerwerk. Es seien herrliche Farben, die teils wellenförmig aussähen, andererseits in Form von Strichen oder diagonalen Balken in Erscheinung träten. Er spüre dann, daß er nicht mehr er selbst sei. Er komme sich fremd vor und meine, daß andere Menschen ihn durchschauten.

4.2 Forensisch bedeutsame Aspekte

Sieht man einmal von der Vernehmungsfähigkeit ab, die gerade bei Suchtkranken in der ersten Phase der — erzwungenen — Abstinenz gelegentlich in Frage gestellt werden muß, so sind zum einen die drogeninduzierten Rauschzustände, zum anderen die chronischen Gehirnerkrankungen als Folge mancher dieser Gifte von forensisch-psychiatrischer Bedeutung. Über diese Bilder ist oben das Erforderliche ausgeführt worden.

Eine gesonderte Besprechung verlangen jene drogeninduzierten Rauschzustände, die sich vom Alkoholrausch unterscheiden, die drogenbedingten Psychosen sowie die überdauernden, nicht primär hirnorganischen Persönlichkeitsstörungen, die unter dem Stichwort drogeninduziertes Amotivationssyndrom angesprochen wurden.

Beim nachgewiesenen Vorliegen eines drogenbedingten Rausches oder einer drogenbedingten Psychose stellt die Frage nach der Einsichts- und Steuerungsfähigkeit den Sachverständigen in aller Regel nicht vor besondere Probleme. Hier wird er

Überlegungen anzustellen haben, die ihm aus der Untersuchung von Straftätern mit funktionellen Psychosen und Bewußtseinsstörungen — sowohl qualitativen als auch quantitativen — geläufig sind. Das gleiche gilt für Probanden, die für den in Frage kommenden Zeitraum überzeugend das Erlebnis eines Horror-Trips oder eines „flash back" berichten. Hier ist allenfalls zu diskutieren, ob ein Ausschluß der Einsichts- und Steuerungsfähigkeit oder lediglich deren erhebliche Verminderung anzunehmen ist.

Am häufigsten hat es der Sachverständige zweifellos mit suchtkranken Straftätern zu tun, bei denen sich die Frage nach der Schuldfähigkeit nicht wegen einer akuten oder chronischen Intoxikation stellt, sondern angesichts einer langjährigen, meist intensiven Drogenkarriere, die zu einer schleichenden Umstrukturierung und Destabilisierung des Persönlichkeitsgefüges geführt hat. In diesen Fällen geht es darum, das Ausmaß der eingetretenen Veränderung abzuschätzen und in Beziehung zu dem inkriminierten Tun zu setzen.

Dabei kann die Unterscheidung zwischen direkter und indirekter Beschaffungskriminalität nur bedingt weiter helfen. Mit direkter Beschaffungskriminalität sind Straftaten gemeint, die unmittelbar den Erwerb der süchtig verlangten Droge zum Ziel haben, während es bei der indirekten Beschaffungskriminalität darum geht, sich in den Besitz jener Barmittel zu setzen, die den Ankauf der in aller Regel ungewöhnlich teuren Gifte ermöglichen.

Mit diesen Begriffen kann selbstverständlich nicht zwangsläufig eine Aussage zur Schuldfähigkeit verbunden sein, wohl aber kann gesagt werden, daß die direkte Beschaffungskriminalität (z.B. Einbruch in eine Apotheke) häufiger unter dem Eindruck beginnender Entzugserscheinungen erfolgt, das heißt in einer psychischen Verfassung, die auch ohne Nachweis einer bereits eingetretenen Persönlichkeitsänderung einen Zweifel an der Einsichts- und Direktionsfähigkeit nahelegt.

Wenn auch in den beiden folgenden Beispielen die Suchtkrankheit von forensisch-psychiatrischer Relevanz ist, so darf daraus keineswegs geschlossen werden, daß die hier aufgezeigten psychopathologischen Eigentümlichkeiten für die Suchtleiden generell charakteristisch seien. Im Gegenteil: In der Mehrzahl der Fälle wird die Untersuchung diese Besonderheiten nicht aufdecken, das heißt, bei der überwiegenden Zahl von Straftaten Drogenabhängiger finden sich keine Hinweise auf eine so nachhaltige Alteration des Persönlichkeitsgefüges, mit denen der forensische Psychiater einen erheblichen Zweifel an der Schuldfähigkeit begründen kann.

Beispiel: *Die 24jährige Frau hatte nach einem durchschnittlichen Schulbesuch eine Lehre als Verkäuferin abgeschlossen. Einige Jahre war sie in diesem Beruf tätig bis sie einen amerikanischen Soldaten heiratete. Über dessen Freunde fand sie Zugang zur Drogenszene. Nach einer kurzen Phase, wähgrend derer sie Haschisch rauchte und LSD-Trips „einwarf", begann sie, Heroin zunächst zu schnupfen, dann zu injizieren. Die täglich benötigte Dosis stieg rasch an und lag schließlich bei 2 Gramm. Zwei Entziehungsbehandlungen brach sie nach wenigen Wochen ab. Während eines Klinikaufenthaltes wegen einer Hepatitis wußte sie sich ihren täglichen Heroinbedarf ohne Unterbrechungen zu besorgen. Erzwungene Tage der Abstinenz, die sich* *aus vorübergehenden Schwierigkeiten der Drogenbeschaffung ergaben, überstand sie mit Alkohol, barbiturathaltigen Medikamenten und Valoron, das ihr der behandelnde Arzt auf einem Privatrezept verschrieb. Nachdem sie über 2 Tage hinweg auf Heroin hatte verzichten müssen und auch Substanzen, mit denen sie in der Vergangenheit Entziehungserscheinungen abgefangen hatte, nicht in ausreichender Menge zur Verfügung standen, brach sie in eine nahegelegene Apotheke ein. Sie entwendete mehrere Packungen morphinähnlicher Schmerzmittel, die sie zum Teil noch am Tatort injizierte.*

Die forensisch-psychiatrische Beurteilung bot keine besonderen Probleme. Die langjährige Suchtkarriere und insbesondere der Umstand, daß die Probandin zum Zeitpunkt der Tat nachweislich unter dem Eindruck quälender Abstinenzsymptome gestanden hatte, legten es nahe, die Straftat in Verbindung mit dem suchttypischen, schwer bezwingbaren Verlangen zu bringen. Es war deswegen von einer erheblichen Beeinträchtigung der Steuerungsfähigkeit auf dem Boden einer „krankhaften seelischen Störung" auszugehen.

Schwieriger war die Beurteilung in dem folgenden Fall, der deswegen etwas ausführlicher zu besprechen ist.

***Beispiel:** Der heute 30jährige Mann entstammt einfachen Verhältnissen. Bald nach der Schulentlassung entzog er sich dem Einfluß der elterlichen Familie und schloß sich Studentengruppen an. Er fand in verschiedenen Wohngemeinschaften Aufnahme, ohne jedoch dauerhafte Beziehungen anknüpfen zu können. Mit 22 Jahren unternahm er noch einmal einen Anlauf, einen höheren Schulabschluß zu erreichen, scheiterte jedoch bald. In der Folgezeit ging er unterschiedlichen Arbeiten nach, zur Entlassung kam es in der Regel wegen kleinerer Eigentumsdelikte.*

Zur Drogenkarriere: Erstmals am Heiligen Abend des Jahres 1969 habe er einen Joint geraucht. Das sei eine eindrucksvolle Erfahrung für ihn gewesen. In der Folgezeigt habe er dann vorwiegend Haschisch geraucht, außerdem gelegentlich LSD-Trips genommen. In der jüngeren Vergangenheit sei dann Psilocybin hinzugekommen. Speed habe er nur gelegentlich benutzt. Ebenfalls in der unmittelbaren Vergangenheit habe er erste Erfahrungen mit Kokain gemacht. In die Zeit zwischen April 82 und Juli 82 falle vor allem der Psilocybingenuß. Er habe das Psilocybin in Gestalt von Pilzen zu sich genommen, die er von Freunden gekauft habe. Er könne nicht genau angeben, wie häufig er diese Pilze gegessen habe, ca. 1 mal in der Woche. Außerdem habe er in der fraglichen Zeit einen hohen Haschischverbrauch gehabt, etwa 5 bis 7 Gramm pro Tag, sowie Kokain, allerdings nur im letzten Monat, etwa 2 bis 3 Gramm. Das Kokain falle jedoch kaum ins Gewicht. Nach der Psilocybinwirkung befragt, meinte er: die Wirkung habe bei ihm damit begonnen, daß er tänzelnde Bewegungen vollführt habe. Er habe sich gefühlt, als verliere er das Gleichgewicht, ohne zu Boden zu fallen. Es sei ein sehr wohliges Gefühl gewesen, der Eindruck, als werde der ganze Körper gereinigt, verbunden mit viel Auswurf. Dann sei es zu visuellen Veränderungen gekommen, die er als „geographische" Veränderungen beschreibt. Die Strukturen der Wahrnehmungsgegenstände, der Häuser und Autos hätten sich verändert, seien fließend geworden. Er habe keine Kanten mehr wahrgenommen, keine geraden Linien. Alles sei auf eine angenehme Weise konturlos und geschwungen gewesen. Er nenne diesen Eindruck organisch. Er habe sich von den Menschen entfernt gefühlt, ein Gefühl, als komme er von einem anderen Stern. Im Umgang mit anderen sei er in dieser Verfassung außerordentlich sensibel. Er reagiere dann auf geringfügige Gesten. Er habe den Eindruck, als könne er das Verhalten der Leute durchschauen, als interpretiere er jede Bewegung richtig. Manchmal sei es ein Gefühl, die Gedanken der anderen lesen zu können. Er sei sich wie eine Meeresalge vorgekommen, die sich im Rhythmus bewege. Trotzdem sei die Distanz zu den Menschen geblieben, die Gespräche der Leute seien ihm schal und leer erschienen, als sei der Wert aus ihnen gezogen. Er selber habe sich auf einer anderen Ebene bewegt. Wie durch eine „Angstluke" habe er Szenen beobachtet. „Ich habe den Eindruck gehabt, als ob ich die Leute in ihrem Sosein begreife." Sehr angenehm sei die Psilocybinwirkung dann gewesen, wenn er allein gewesen sei. Unter Leuten sei er demgegenüber ängstlich und furchtsam gewesen, habe sich meist herausgehalten. Den Pilz habe er genommen, weil er ein Mystiker sei. Der Pilz habe ihn neue Aspekte gelehrt, ihm Impulse gegeben, die er sonst nicht empfangen hätte. Es sei eine Bewußtseinserweiterung gewesen.

Heroin habe er allenfalls einmal probiert. Das sei aber eine Droge, die er nicht akzeptieren könne. Er sei ein Hascher, mit Heroin wolle er nichts zu tun haben. Er fühle sich durchaus von Haschisch abhängig, nehme er das Haschisch, so sei er distanziert, mehr bei sich, sensibler. Er fühle dann keine Panik und sei ruhig. Ohne Haschisch fühle er sich aggressiv und reizbar. Er könne dann die Leute nicht ertragen. Er könne überhaupt Situationen nüchtern kaum durchstehen. Das Haschisch sei ein Lebenselexier für ihn, es gebe ihm das Gefühl, jetzt zu leben. Ohne Haschisch komme es zu keinem intensiven Erleben. Er habe keinen Film anschauen können, keine Musik hören können, ohne zuvor Haschisch zu nehmen. Er habe das Haschisch nicht mehr als Droge gewertet, sondern als selbstverständlichen Bestandteil seines Lebens. Mit zunehmender Dauer des Haschischgebrauches habe er dieser Tatsache gleichgültig und unreflektiert gegenübergestanden. Es sei ihm egal gewesen, was werde. Diese Haltung habe er auch heute noch.

Sein Ziel sei im Grunde die Selbstverwirklichung. Dabei sei es gleichgültig, wo er lebe, ob im Knast oder auf freiem Fuß. Bisweilen denke er, draußen sei es für ihn unerträglich, es sei viel besser, in der Haftanstalt zu leben. Draußen habe er sich häufig elend gefühlt, sich mit den Leuten nicht unterhalten können. Die Leute seien ihm grausam, grau und gefühllos erschienen. Er habe sich dann immer mehr auf sich selber zurückgezogen. Er habe sein eigenes Leben gelebt, gedacht, es sei doch gleichgültig, was die anderen dächten und tun. Ihm gehe es um die Ichfindung, von der er überzeugt sei, sie sei in jedem Lebensbereich möglich. Diese Suche nach sich selbst sei ihm in der Abgeschiedenheit der Haftanstalt vielleicht sogar besser gelungen als draußen, wo man sich mit Miete, Konsumproblemen und Arbeit herumschlagen müsse. So habe er auch in der Zeit auf freiem Fuß manchmal gedacht, es sei besser, er gehe in sein Zimmer und lese ein Buch. „Ich möchte so nahe an mich herankommen wie möglich. Ich möchte so viel aus mir herausholen wie möglich, soweit mit mir kommen wie möglich." An eine Entziehungstherapie denke er nicht. Er halte sie zum einen für überflüssig, zum anderen strebe er auch diese Unabhängigkeit vom Haschisch nicht an. Er würde jedoch an einer Therapie teilnehmen, wenn sie der Selbsterfahrung diene.

In der Anklageschrift wurde ihm vorgeworfen, im Laufe einiger Monate insgesamt 40 kg Haschisch verkauft zu haben.

In der Beurteilung wurde u.a. das Folgende ausgeführt: Der Beschuldigte leidet zweifellos an einer psychischen Abhängigkeit vom Haschisch. Es ist von ihm nicht nur zu erfahren, daß der Haschischkonsum zu einem notwendigen und selbstverständlichen Bestandteil seines Alltags geworden war, sondern auch, daß ihn täglich, bereits in den Morgenstunden, ein unwiderstehliches Verlangen nach der Substanz überfiel. Er war außerstande, sich den Belastungen des täglichen Lebens zu stellen, war aber auch in seiner Genußfähigkeit erheblich eingeschränkt, wenn er auf Haschisch verzichten mußte. Er fühlte sich gereizt, unruhig und getrieben. Der Haschischgenuß diente nicht nur der Herbeiführung eines als lustvoll empfundenen Zustandes, sondern stand bei dem Beschuldigten auch im Dienst der Vermeidung quälender Unlustgefühle. Insofern kann man sicherlich von einer psychischen Abhängigkeit sprechen. Mit der zweifellos gegebenen psychischen Abhängigkeit hängt es zusammen, daß es im Laufe der zurückliegenden Jahre zu einer erkennbaren Neuprägung des Persönlichkeitsbildes gekommen ist. Sicherlich handelt es sich dabei nicht um den Ausdruck einer orgnaischen Hirnschädigung, das heißt um einen pathogenetischen Mechanismus, wie z.B. bei der alkoholisch bedingten organischen Wesensänderung. Im Falle des Beschuldigten, das gilt für alle Haschischkonsumenten, sind vielmehr die sozialpsychologischen Einflüsse entscheidend, die während der Suchtkarriere wirksam werden. Sie ergeben sich als Resultante aus individuellen Faktoren und solchen, die von außen auf den Probanden einwirken.

Der Beschuldigte neigt dazu, jene Erlebnisse, die er unter der Einwirkung von Haschisch erfährt, als generelle Lebenseinstellung zu internalisieren. Man bemerkt eine Gleichgültigkeit den Erwartungen der Umwelt gegenüber, einen Verlust der Zukunftsbezogenheit. Das Dasein engt sich schrittweise auf die Gegenwart ein, die Vergangenheit geht verloren oder wird uminterpretiert, Pläne für die Zukunft werden nicht entworfen.

Rückzug, Beschränkung auf die eigene Person und deren unmittelbare Bedürfnisse sind kennzeichnend, abnehmende Frustrationstoleranz und das Bestreben, aufkommende Bedürfnisse unmittelbar und, was mögliche Konsequenzen des Handelns angeht, bedenkenlos zu befriedigen. Partnerschaftliche Beziehungen werden unwesentlich oder auf einige Personen reduziert, die im Zusammenhang mit der Stoffbeschaffung von Bedeutung sind. Die Grundstimmung ist von einer heiteren, unproblematischen Indifferenz getragen und wird von dem Beschuldigten als „Ichfindung", „Bewußtseinserweiterung" oder vermeintliche Gelassenheit fernöstlicher Denker verbrämt. Diese Einstellung wird durch Außenfaktoren gefördert. Die Umwelt hat sich weitgehend von ihm zurückgezogen, ihn ausgegliedert, ist ihm nicht mehr mit Anforderungen entgegengetreten. Sozialkonformes Verhalten wird nicht mehr von ihm erwartet. Charakteristisch ist, was der Beschuldigte von seinen Eltern erzählt. Sie hätten ihn geduldet, schließlich „links laufen" lassen und auch keinen Versuch unternommen, auf sein Verhalten Einfluß zu nehmen.

Der haschischbedingte Persönlichkeitswandel und die Einstellung der Umwelt er-

gänzen einander bei der Entwicklung jenes Persönlichkeitsbildes, das mit den Begriffen Bedenkenlosigkeit, Gelassenheit, Gleichgültigkeit bis zur Apathie, heitere Resignation und fehlender Zukunftsentwurf gekennzeichnet werden kann.

Bezogen auf die §§ 20, 21 StGB wird man in dieser Persönlichkeitsänderung am ehesten das Eingangsmerkmal der schweren anderen seelischen Abartigkeit verwirklicht sehen, von einer krankhaften seelischen Störung sollte man nicht sprechen, weil hier eine organische Hirnschädigung nicht als ursächlich anzuschuldigen ist.

Diese als schwere andere seelische Abartigkeit zu charakterisierende Persönlichkeitsveränderung muß sich vor allem in jenen Bereichen auf Einsichts- und Steuerungsfähigkeit auswirken, die in engerem oder weiterem Zusammenhang mit dem Haschischgebrauch stehen. Die Beschaffung des Suchtmittels tritt in den Vordergrund des Denkens und wird schließlich zum allein beherrschenden Thema. Das suchttypische Verlangen blendet andere Bereiche aus. Die Implikationen des Handelns, auch des Handelns, das erforderlich ist, um sich in den Besitz der Droge zu setzen, werden nur unzureichend bedacht. Auch wenn das Wissen um das Strafbare des Tuns erhalten bleibt, ist doch das Vermögen, dieses kritisch zu reflektieren, soweit eingeengt, daß es nur in vermindertem Umfang handlungsbestimmend werden kann. Insofern wird man Einsichts- und Steuerungsfähigkeit bei jenen Formen deliktischen Verhaltens als erheblich beeinträchtigt ansehen müssen, die der Beschaffung der Droge dienen. Dazu zählen die direkte und die indirekte Beschaffungskriminalität.

4.3 Anhang: Zur Vernehmungsfähigkeit beschuldigter Drogenabhängiger

Bei der Beurteilung der Vernehmungsfähigkeit eines Beschuldigten ist es für den Sachverständigen wichtig zu wissen, daß sich der Begriff der Vernehmungsfähigkeit weder mit dem der Prozeßfähigkeit, noch mit dem der Geschäftsfähigkeit oder der Schuldfähigkeit deckt. Auch bei einem Geisteskranken kann die Frage nach der Vernehmungsfähigkeit zu bejahen sein. Vernehmungsfähigkeit setzt das Vermögen des Beschuldigten voraus, seine Interessen in und außerhalb der Verhandlung vernünftig wahrzunehmen, die Verteidigung in verständiger und verständlicher Form zu führen sowie Erklärungen abzugeben und entgegenzunehmen. Damit ist gesagt, daß sich die Beurteilung der Vernehmungsfähigkeit stets auf der psychologischen Ebene entscheidet, und zwar auch in den Fällen, in denen nicht ein psychisches, sondern ein primär körperliches Leiden einen entsprechenden Zweifel begründet. Hier wird der Sachverständige in seinem Gutachten jedoch zu erläutern haben, warum die vorliegende somatische Erkrankung (z. B. Herz-Kreislauf-Insuffizienz; schwere konsumierende, maligne Erkrankungen; Schädelhirnverletzungen etc.) auf der psychischen Ebene Wirkungen zeitigt, die Anlaß geben, die Vernehmungsfähigkeit zu verneinen.

Zwar stellt jede Entzugssymptomatik bei Drogenabhängigen eine Krankheit dar; die Frage nach der Vernehmungsfähigkeit kann jedoch nur bezogen auf den konkreten Einzelfall beantwortet werden, wenn sie sich auch, je nach dem Typ der Abhängigkeit, mit unterschiedlicher Dringlichkeit stellt.

Zu bejahen ist sie immer dann, wenn es sich nachweislich um einen Entzug nach süchtigem Mißbrauch von Kokain und/oder Halluzinogenen handelt. Es muß allerdings gesichert sein — und dies ist eine Aufgabe, die der Sachverständige im Rahmen einer sorgfältigen, kompetenten und insbesondere auch die Anamnese berücksichtigenden Untersuchung zu leisten hat —, daß der Beschuldigte nicht an einer polyvalenten Drogenabhängigkeit leidet, das heißt, nicht beispielsweise Kokain und Heroin konsumiert hat. Bei allen anderen Substanzen ist eine Ad-hoc-Entscheidung nicht möglich.

Angesichts der Tatsache, daß weder die Dauer der Abhängigkeit, noch die zwischen der jeweiligen Giftzufuhr liegenden Zeitintervalle, noch die Einzeldosis und/oder die in einem definierten Zeitraum zugeführte Gesamtmenge zuverlässige Feststellungen erlauben, ist es nicht zu vertreten, die Entscheidung einer so wichtigen Frage stets dem Laien zu überlassen, das heißt auch nicht jenem Beamten, der nach eigener oder der Einschätzung anderer über „große Erfahrung im Umgang mit Süchtigen" verfügt. Es hat sich schließlich auch nicht bewährt, die Beurteilung eines Schädelhirntraumas, das innerhalb kurzer Frist zu einer vital bedrohlichen intracerebralen Blutung führen kann, in die Hände eines „erfahrenen" Sanitätswagenfahrers zu legen.

Ist bei dem zu Vernehmenden eine Drogenanamnese bekannt, oder besteht aufgrund äußerer Daten der begründete Verdacht, es könne eine solche vorliegen, so ist nicht nur der Arzt, sondern ebenso ein gerade mit dem Krankheitsbild der Drogenabhängigkeit vertrauter Sachverständiger zur Prüfung der Frage nach der Vernehmungsfähigkeit hinzuzuziehen.

Einleitend ist ein körperlicher Befund am unbekleideten Probanden zu erheben, zum einen, um durch den Nachweis von Injektionsstellen gegebenenfalls die Vermutung einer Drogenabhängigkeit zu stützen, zum anderen, um die von der Mehrzahl der Probanden geklagten körperlichen Beschwerden auf einen möglichen krankhaften Befund zu prüfen. Nicht immer können die körperlichen Mißempfindungen objektiviert werden. Auch die Möglichkeit der Dissimulation ist angesichts der befürchteten Sanktionen zu bedenken. Von weit größerer Bedeutung ist naturgemäß die Erhebung des psychopathologischen Befundes; hier wird man in aller Regel von dem psychiatrischen Sachverständigen das Hinzuziehen eines Psychologen zu fordern haben, dessen Untersuchungsergebnisse für die abschließende Stellungnahme des Psychiaters von großem Gewicht sind.

Als Faustregel — allerdings nur als Faustregel — kann nach eigener Erfahrung gelten, daß sich die Frage nach der Vernehmungsfähigkeit eines Drogenabhängigen um so dringlicher stellt, je kooperationsbereiter er sich gegenüber den vernehmenden Beamten verhält, je größer seine Aussagebereitschaft ist — auch unter Mißachtung der eigenen Interessen und derjenigen anderer — und je schwerer er unter erkennbaren körperlichen Entzugserscheinungen leidet. Die Entzugssymptomatik stellt eine körperliche Erkrankung in Verbindung mit gravierenden psychischen Störungen dar, die sich von allen anderen Erkrankungen grundsätzlich dadurch unterscheidet, daß der Patient zuverlässig und unwiderleglich um das alle Qualen beseitigende Hilfsmittel weiß. Dadurch hat er eine besondere Stellung gegenüber dem Arzt und gegenüber allen Menschen, mit denen er in seinem Zustand konfrontiert wird. Diese Stellung ist mit der üblichen Arzt-Patienten-Beziehung nicht vergleichbar. Der Drogenabhängige ist durchaus nicht freiwillig in die Beziehung eingetreten, er sucht nicht Rat und Hilfe angesichts einer Beschwernis, deren Natur es erst zu ergründen gilt, und er begrüßt im Arzt und in dem Beamten nicht Menschen, die sich seiner annehmen, um ihm zu helfen. Er weiß vielmehr, daß sein Leiden Teil des später formulierten Schuldvorwurfs sein wird, und daß die ihm Entgegentretenden zwar durchaus wissen, wie ihm Hilfe zu teil werden könnte, gerade aber aufgrund dieses Wissens keinen Gebrauch davon machen werden. (Diese höchst problematische Beziehung zwischen psychiatrischem Sachverständigen — der auch als Sachverständiger die Rolle des Therapeuten nicht einfach verleugnen kann — sollte deswegen rasch beendet werden, das heißt die Behandlung muß sofort beginnen, wenn der Sachverständige im Besitz der erforderlichen Informationen ist.)

In schweren Fällen mit einer ausgeprägten Entzugssymptomatik fällt die Entscheidung leicht. Wenn die Schmerzen ein solches Ausmaß erreicht haben, daß sie den Suchtkranken ganz auf die qualvoll erlebte eigene Leiblichkeit verweisen, wird er die Situation und die in ihr handelnden Personen nur ungenau wahrnehmen und in ihren Funktionen gegebenenfalls verkennen. Eine ungenaue räumliche und zeitliche Orientierung, in Verbindung mit einer unsicheren Orientierung bezüglich der eigenen Person und deren wesentlichen Daten, wird den Kranken stets unfähig machen, seine Interessen vernünftig wahrzunehmen und seine Verteidigung verständig zu führen. Ein situationsangepaßtes Verhalten erfordert ein präzises Erfassen der Situation und die Fähigkeit, die situationsspezifischen Erwartungen des anderen wahrzunehmen, um das eigene Verhalten, den eigenen Interessen gemäß, an eben diesen Fremderwartungen zu orientieren. Dabei sei betont, daß die Beantwortung der Frage nach der situationsgemäßen Orientierungsfähigkeit nicht bereits dann als positiv beantwortet gelten kann, wenn der zu Vernehmende einen Uniformträger als Polizisten und eine Amtsstube als Polizeiwache identifiziert.

Weniger einfach liegen die Dinge, wenn das vergleichsweise leicht nachzuprüfende Kriterium der fehlenden oder ungenügenden Situationsorientierung bzw. des konsensuellen Situationsverständnisses fehlt. Das trifft zweifellos für die Mehrzahl der vernehmungsunfähigen Beschuldigten zu. In diesen Fällen ist der Sachverständige gehalten, prinzipiell so vorzugehen, wie er es gewohnt ist, wenn er sich zur Schuldfähigkeit äußern soll, ohne daß ihm allerdings die Eingangsmerkmale der §§ 20/21 StGB als Leitlinie zur Verfügung stünden. Statt dessen dient ihm seine Kenntnis der durchgehend anzutreffenden Merkmale jener Menschen, die drogenabhängig sind, als Beurteilungshilfe. Unter dem Eindruck der Entzugssymptomatik wird die Furcht vor Strafe oder anderen gesellschaftlich sanktionierten Maßnahmen überdeckt und hinweggespült von der Angst vor einer Zunahme der Qual des Entzugs und dem damit einhergehenden Bedürfnis, das gefürchtete — weil hinlänglich bekannte — Leiden nach Möglichkeit abzuschwächen. Deutet man ihm also etwa die Chance einer Hilfestellung nach Abschluß der Vernehmung an, so wird er alles tun, diese abzukürzen und in der Vernehmung das Für und Wider seiner Einlassung ausschließlich unter dem Gesichtspunkt abschätzen, wieweit er dadurch dem ersehnten Ziel näher kommt. Gewöhnlich wird er es dadurch erreichen, daß er mit seinen Antworten den Vernehmenden befriedigt, nicht aber dadurch, daß er etwa im Widerspruch zu dessen Erwartungen die eigenen mit Nachdruck vertritt. Natürlich überschritte es die Kompetenz des Sachverständigen, wollte er sich zu der Frage äußern, mit welchen Einlassungen der Beschuldigte vernünftig seine Interessen wahrnimmt, und welches Verhalten den Schluß erlaubt, er führe seine Verteidigung verständig. In diesem Punkt ist jedoch nicht nur die Auffassung des Sachverständigen belanglos; ein jedes Außenkriterium, das nicht an der konkreten Situation des Beschuldigten und seiner Auffassungsperspektive orientiert ist, ist in diesem Sinne zu bewerten. Hier gilt wie überall sonst in der Psychologie, daß der intersubjektiven Wahrnehmung enge Grenzen gezogen sind, und daß ein Nachfühlen, Nacherleben der Intentionen des Gegenüber nur in Annäherung möglich ist. Wohl aber vermag der Sachverständige die intraindividuelle Stimmigkeit eines verbalen oder nonverbalen Verhaltens zu prüfen, insbesondere bei einem Kranken, dessen Leiden zu einer extremen Einengung des relevanten Themenkreises und der Auffassungsperspektive unter der dominierenden Wirkung einer oder weniger handlungsbestimmender Intentionen geführt hat.

Während es sich bei dem Kriterium der Situationsangemessenheit gleichsam um ein — zulässiges — Außenkriterium handelt, das wahrzunehmen auch der relativ Ungeschulte befähigt ist, zielt der Begriff der inneren Stimmigkeit auf ein Innenkriterium, bei dessen Erfassung und Bewertung der Spekulation ein scheinbar unbegrenzter Spielraum bleibt. Auf das grundsätzliche Problem der intersubjektiven Wahrnehmung — ein zentrales Problem der Psychopathologie — muß jedoch in diesem konkreten Fall nicht eingegangen werden. Das zur Verfügung stehende Wissen um die Psychologie des Drogenabhängigen erlaubt es, einige bedeutsame Einstellungen, Erwartungen und Intentionen gleichsam als interindividuelle Konstante zu nehmen, mit deren Hilfe das konkrete Handeln auf Sinnhaftigkeit und Stimmigkeit geprüft werden kann.

Wenn die Vernehmungsfähigkeit eines Beschuldigten an sein Vermögen zu vernunftgemäßem Wahrnehmen seiner Interessen und zur verständigen Führung seiner Verteidigung gebunden ist, so heißt das zunächst einmal, daß in einer bestimmten Situation, in der ein Handeln von ihm gefordert wird, eine Wahlmöglichkeit hinsichtlich seines Verhaltens gegeben sein muß. Das bedeutet zweierlei. Der Proband muß zum einen in der Lage sein, Alternativen zu erkennen, das heißt, er muß zumindest einen partiellen Überblick über die auch in einer rigide definierten Situation verbliebenen Chancen zur selbständigen Gestaltung der Beziehung gewinnen. Zum anderen muß er fähig sein, diese Einsicht gegebenenfalls in Handlungsvollzügen zu realisieren. Er muß beispielsweise imstande sein, die Befriedigung eines unmittelbaren Bedürfnisses vorübergehend aufzuschieben, zu suspendieren, wenn dadurch andere, in vernünftiger Einschätzung seiner Lage gewichtigere Interessen geschützt werden.

Vom Drogenabhängigen wissen wir generell, daß er auch dann nicht zum vorübergehenden, kurzfristigen Verzicht in der Lage ist, wenn die Befriedigung des aktuellen Bedürfnisses möglich ist — auch unabhängig von einer möglichen Verletzung eigener oder der Interessen anderer. Die Psychologie faßt diesen Sachverhalt in dem Begriff der hohen Frustrationsintoleranz des Suchtkranken zusammen.

Die häufig verblüffende Kooperationsbereitschaft des Drogenkranken mit den vernehmenden Beamten reflektiert nicht selten eben jene Frustrationsintoleranz, das heißt, der Proband ist im Interesse seines dringenden Bedürfnisses nach medikamentöser Hilfe oder doch zumindest Ruhe — die Reizarmut, die die Einsamkeit, das Alleingelassenwerden garantieren, macht die Entzugssymptomatik relativ leichter erträglich — bisweilen bereit, zugunsten einer gegenwärtigen Bedürfnisbefriedigung zukünftige gravierende Nachteile bedenkenlos — bedenkenlos in einem sehr wörtlichen Sinne — in Kauf zu nehmen. Damit soll nicht gesagt werden, daß eine wahrheitsgemäße und gegebenenfalls den Probanden und/oder seine Freunde belastende Aussage notwendiges Indiz für seine Vernehmungsunfähigkeit ist. Es kann jedoch so sein, wenn sich in ihr ein durch die Suchtkrankheit bedingter Verlust an vernunftgemäßer und verständiger Wahlmöglichkeit des Verhaltens dokumentiert. Sie überprüfen und abschätzen sollte der Sachverständige jedoch nicht im Rahmen eines Gesprächs über das inkriminierte Delikt oder über Themen, die mit der Drogenabhängigkeit in engem Zusammenhang stehen.

Die Untersuchungssituation gestaltet sich hier aus der Perspektive des Sachverständigen nicht wesentlich anders als in einem jeden diagnostischen Gespräch. Am engsten sind die Beziehungen zweifellos zu dem Dialog zwischen Psychiater/Psychopathologen und einem Menschen, auf dessen Einstellung zur Mit- und Umwelt die Bezeichnung paranoid angewendet werden darf.

Unter einem Paranoid, einer paranoiden Reaktion oder einer paranoiden Einstellung versteht man im gängigen Schrifttum jene Eigenbeziehungen, die unmittelbar verständlich aus Affekten, Wünschen, Strebungen etc. hervorgehen und eine diesen entsprechende Intention im subjektiven Erleben realisieren. Ein wesentlicher Zug paranoiden Erlebens liegt in der Tendenz des Betroffenen zur monothematischen Situationsdefinition.

Jene Situationsabwandlung, die unter dem Stichwort der monothematischen Situationsdefinition zu beschreiben ist, darf unter zwei Gesichtspunkten betrachtet werden. In der monothematischen Situationsdefinition reduziert sich die Vielfalt der Rollen, in denen der Einzelne normalerweise in Beziehung zu einer hinsichtlich Charakter und Anspruch variablen Umwelt in Beziehung tritt, auf einige wenige oder gar auf eine einzige. Diese Reduktion der Verhaltenserwartungen ist gleichsam das Spiegelbild der monothematischen Situationsdefinition. Der Kranke ist in seinem eigenen Verständnis für die anderen nicht mehr unbekannter Fußgänger, Verkehrsteilnehmer, Schullehrer, Vereinsmitglied, Vater etc., sondern lediglich noch der Verliebte, Gejagte, der Sünder etc. Die Erkenntnis, von den anderen in diesem Sinne identifiziert zu werden, weckt im einen Fall Protest und Auflehnung gegen die zugeschriebene Rolle insgesamt oder die erlebte Tendenz der anderen, ihn allein auf diese Rolle zu reduzieren. Der Kranke sträubt sich gegen eine zugeschriebene Identität, das heißt, er sieht sich in jenem Teil seiner Identität verfälscht, der als deren sozialer Aspekt zu beschreiben ist. Im anderen Fall begehrt der Kranke — wenn überhaupt — nicht gegen eine zugeschriebene Rolle auf, sondern allenfalls gegen Art und Ausmaß der gegen ihn ergriffenen Sanktionen. In diesem Fall korrespondiert das wahrgenommene Verhalten der anderen mit der eigenen Selbsteinschätzung. Jener Teil der Ich-Identität, der das Bewußtsein vermittelt, der Gleiche im Lauf der Zeit zu sein, ist beeinträchtigt, da sich der Kranke tatsächlich als ein Sünder, ein Verworfener oder ein Ausgestoßener erlebt.

Zur Vermeidung eines Mißverständisses: In aller Regel entspricht die psychische Verfassung des Drogenabhängigen nicht derjenigen des Paranoiden; Parallelen bestehen jedoch, da bezüglich der Auffassungsperspektive des Suchtkranken während des Entzugs ebenso von einer monothematischen Situationsdefinition gesprochen werden kann. Unabhängig vom erörterten Gegenstand und von den konkreten äußeren Merkmalen, die die Beziehung zwischen Drogenabhängigem und vernehmendem Beamten oder Sachverständigem kennzeichnen, konstelliert sich ihm die Situation unter einem dominierenden Thema, auf das alles Reden bezogen bleibt und in Beziehung zu dem alles Handeln — auch das im Ansatz stecken bleibende — für den Betroffenen steht. So wird der Sachverständige beispielsweise in der Unterhaltung die soziale Lage des Abhängigen ansprechen, sein Verhältnis zu engeren und weiteren Bezugspersonen oder zu seiner eventuell noch ausgeübten Tätigkeit. Dabei gilt — in einer jeden Exploration nicht anders als im konventionellen Gespräch — daß der Proband in jeder der angesprochenen Beziehungen in unterschiedlichen Rollensegmenten agiert: In der Beziehung zur Freundin nicht nur als Geschlechtspartner, sondern als jemand, der auf manchen Gebieten ähnliche Interessen hat, an den ein Stück eigene Vergangenheit der Partnerin gebunden ist, für den die Freundin Verbindungsglied zu einer anderen Gruppe darstellt, der er selber nicht angehört etc. Und am Arbeitsplatz ist er nicht nur Kollege, sondern mit anderen auch Untergebener, gegebenenfalls Fachmann im Blick auf eine bestimmte geforderte Leistung, Konkurrent für andere und Vertrauter für einen engeren Kreis von Mitarbeitern. Andere Rollensegmente ließen sich beschreiben. Sie alle sind Segmente der übergreifenden Rollen Freund bzw. Arbeitskollege. Rolle aber meint die Summe von Verhaltenserwartungen. Ebenso wie im Gespräch bzw. in der Exploration zählt es zur Aufgabe des untersuchenden Sachverständigen zu prüfen, wie weit der andere — hier der zu Vernehmende — auf eine entsprechende verbale Aktualisierung bestimmter Aspekte der Beziehung zur Freundin und der Bedingungen am Arbeitsplatz mit der Realisierung jenes Rollensegments antwortet, das durch eben jene Aktualisierung angesprochen wird. Konkret heißt das, daß der Proband im Gespräch jenes Verhalten zeigt bzw. verwirklicht, das von ihm erwartet werden kann, wenn die thematische Ausgestaltung der Situation eben dieses Segment seiner Berufs- oder Partnerrolle anspricht.

Ist er auf eine monothematische Definition der Situation rigide festgelegt — ähnlich wie der Paranoide, aber aus anderen Gründen — so verkürzt sich das Rollenbündel auf eine einzige Rolle, das heißt, die Beziehung zu Arbeitsplatz und Arbeitskollegen ist thematisch ebenso eingeengt wie die zur Partnerin. In beiden Fällen wird allein die Droge und deren Beschaffung zum Gegenstand der Beziehung, vielleicht noch deren gemeinsamer Genuß. Auch in der Exploration agiert der Drogenabhängige unabhängig von der durch den Untersucher vorgegebenen Situation und den daraus resultierenden Verhaltenserwartungen als suchtkrank Abhängiger, bei dem sich alles um das eine beherrschende Thema dreht.

Eine solcherart rigide gewordene monothematische Situationsdefinition macht den Drogenkranken — ebenso wie den Paranoiden — unfähig, das Erlebnisfeld nach aktuellen Außenbedingungen in ein zentrales Thema und einen vergleichsweise weniger relevanten Hintergrund zu gliedern. Eben dieses Gliederungsvermögen aber ist unerläßliche Voraussetzung für ein umsichtiges Verhalten in einem gegebenen sozialen Kontext. Das gilt insbesondere dann, wenn das Recht zur thematischen Modifikation der Situation — typisch für die Rolle des zu vernehmenden potentiellen Delinquenten, der mit den Fragen eines Beamten konfrontiert wird — ganz auf seiten der Gesprächspartner liegt, wenn es dem Drogenabhängigen also verwehrt ist, etwa durch Gegenfragen die Situation so zu strukturieren, daß er auch angesichts seiner fixierten Wahrnehmungsperspektive und der krankheitsbedingten Verarmung an Handlungsalternativen einen Rest aktiver Eigengestaltung realisieren kann.

Auf dem Hintergrund des Ausgeführten wird ersichtlich, daß die monothematische Situationsdefinition mit dem Begriff der Vernehmungsfähigkeit eines Beschuldigten, deren Kriterien oben erwähnt wurden, kaum zu vereinbaren ist.

Selbstverständlich gilt das nicht für einen jeden potentiellen Delinquenten, der nachweislich unter Entzugserscheinungen leidet. Auf die oben beschriebenen qualitativen und quantitativen Unterschiede in den Entzugserscheinungen einzelner Drogen wurde bereits hingewiesen. Man wird jedoch auch nicht sagen können, daß unter den genannten Aspekten die Vernehmungsfähigkeit etwa nur bei Heroin und Morphium bzw. Morphinderivaten in Frage zu stellen ist. Wechselnde individuelle Toleranz, Dauer der Karriere und Höhe der benötigten Dosis zwingen in einem jeden Falle dazu, an die Möglichkeit einer Vernehmungsunfähigkeit zu denken und diese gegebenenfalls durch einen kompetenten Sachverständigen überprüfen zu lassen.

5 Neurosen und Persönlichkeitsstörungen

Zum Begriff der „schweren anderen seelischen Abartigkeit" — unter den die fachpsychiatrischen Termini Neurose und Persönlichkeitsstörung fallen —, seinem Inhalt und seinem Umfang ist in den vorangehenden Kapiteln bereits einiges gesagt worden. Jetzt gilt es, jene Formen einer nicht hirnorganisch bedingten — psycho- oder soziogenen — seelischen Behinderung zu behandeln, die erfahrungsgemäß forensisch-psychiatrisch von Bedeutung sein können.

Dabei sind vorweg einige allgemeine Bemerkungen unerläßlich.

Eine umfassende Neurosenlehre ist von einem forensisch-psychiatrischen Text nicht zu erwarten; er hat sich auf jene Zustandsbilder zu beschränken, die in foro Anlaß sein können, die Schuldfähigkeit eines Delinquenten in Frage zu stellen.

Auch die Gliederung, die hier vorgenommen wird, kann sich durchaus nicht mit derjenigen in den klinisch-therapeutischen Lehrtexten decken. Sie wird sich vielmehr an Merkmalen orientieren müssen, die auch ohne subtile Kenntnis des Betroffenen und ohne spezielles Fachwissen gleichsam auf den ersten Blick wahrgenommen werden. Das bedeutet, daß sich die Einteilung weder durchgehend auf der aetiopathogenetischen Ebene noch auf der erscheinungsbildlich-phänomenologischen bewegen kann. Diese Überlegungen rechtfertigen es, drei Gruppen von Persönlichkeitsstörungen zu beschreiben, die neurotischen Persönlichkeitsstörungen, die soziopathischen Persönlichkeitsstörungen und die devianten Formen des Sexualverhaltens. Natürlich: deviantes Sexualverhalten ist — zumindest sehr häufig — Ausdruck einer neurotischen Entwicklung und auch die soziopathische Persönlichkeitsstörung ließe sich unschwer den Neurosen zuorden. Der § 20 StGB faßt sie alle nicht zu Unrecht unter einem Oberbegriff zusammen. Aus forensischer Perspektive ist eine solche Gliederung jedoch deswegen recht nützlich, weil sich die charakteristischen Merkmale dieser Störungstypen vielfach bereits in der Tatausführung zeigen. Diese Feststellung gilt natürlich nur mit Einschränkungen, das heißt, es kann eine inkriminierte Form devianten Sexualverhaltens tatsächlich ihre Ursache in einer Persönlichkeitsstörung haben, die den Bereich der Sexualität primär überhaupt nicht tangiert. Und noch ein Weiteres ist einleitend zu bemerken: stärker als in den anderen Kapiteln wird es hier darum gehen, durch praktische Beispiele eine Vorstellung von der Beziehung zwischen Eingangsmerkmal (schwere andere seelische Abartigkeit) und inkriminiertem Tun bzw. Unterlassen aufzuzeigen, um anhand konkreter Fälle Anhaltspunkte für die Beurteilung ähnlich gelagerter zu gewinnen.

5.1 Deviante Formen des Sexualverhaltens

Im Folgenden geht es um sexuelle Verhaltensweisen, die einen Straftatbestand erfüllen. Dabei ist ausdrücklich darauf hinzuweisen, daß die strafrechtliche Würdigung eines sexuellen Verhaltensmusters keine Aussage zu dessen sexual-psychopathologischer Bedeutung impliziert. Was sich dem Strafrichter auf diesem Gebiet als Normenverstoß darstellt, kann aus der Sicht des psychiatrischen Sachverständigen durchaus „normal", d.h. Ausdruck eines ungestörten, gesunden Sexualverhaltens, sein. Deswegen wird in diesem Kapitel beispielsweise auch die Homophilie erörtert, obwohl sie nicht Gegenstand der Sexualpsychopathologie ist.

In Betracht kommen die folgenden Straftatbestände: § 173 Beischlaf zwischen Verwandten; § 174 sexueller Mißbrauch von Schutzbefohlenen; § 175 homosexuelle Handlungen; § 176 sexueller Mißbrauch von Kindern; § 177 Vergewaltigung; § 178 sexuelle Nötigung; § 179 sexueller Mißbrauch Widerstandsunfähiger; § 180 Förderung sexueller Handlungen Minderjähriger; § 182 Verführung; § 183 exhibitionistische Handlung; § 183a Erregung öffentlichen Ärgernisses; § 184 Verbreitung pornographischer Schriften.

Tatsächlich hat man es häufig mit Delinquenten zu tun, die mit ihrem Handeln mehrere Straftatbestände verwirklichen; das heißt, man wird zweckmäßigerweise die Erörterung der devianten Formen des Sexualverhaltens nicht an den im Strafgesetzbuch aufgeführten Tatbeständen orientieren.

Aufgabe des Sachverständigen ist es nicht, seine persönliche Wertung eines als Straftatbestand inkriminierten Handelns vorzutragen.

Ob er also die vom Gesetz erfaßten Formen devianten Sexualverhaltens tatsächlich für „deviant" hält, ob er es für gerechtfertigt hält, sie unter Strafandrohung zu stellen, interessiert keinen der Prozeßbeteiligten und ist deswegen gänzlich belanglos.

Seine Aufgabe ist es lediglich zu prüfen, ob er angesichts eines bestimmten Handlungsvollzugs des Täters, aus dem ein Schuldvorworf abgeleitet wird, Anhaltspunkte dafür findet, daß der Delinquent in seiner Fähigkeit beeinträchtigt war, das inkriminierte Tun zu unterlassen und in der konkreten Situation normengemäß zu handeln.

Gerade im Zusammenhang mit den devianten Formen des Sexualverhaltens fällt es dem Sachverständigen nicht selten schwer, in dem Schuldvorwurf, der gegen den Probanden erhoben wird, ein Crimen zu sehen, das heißt ein sanktionsfähiges Fehlverhalten. Er muß sich aber in foro davor hüten, gegenüber dem Delinquenten und angesichts seines hier in Rede stehenden Tuns in die Rolle des ärztlichen Therapeuten zu wechseln, der gegebenenfalls um verstehende Hilfeleistung oder gar um ein therapeutisches Bündnis bemüht ist. Die ihm vom Tatrichter zugewiesene Aufgabe läßt dafür keinen Raum. Der Gutachter soll aus einer ganz bestimmten Perspektive Stellung zu seiner Verhaltenssequenz nehmen, die als delinquent ausgewiesen ist aufgrund der Verletzung von Normen, nach deren Gültigkeit oder gar Verbindlichkeit der forensischer Psychiater als Gehilfe des Gerichtes ausdrücklich nicht gefragt ist. Wie schwer diese erzwungene Abstinenz gelegentlich ist, spürt man in vielen Gutachten, deren Wert durch den erkennbaren Verlust der erforderlichen Distanz zwischen Gutachter und Proband erheblich gemindert wird. Das bedeutet: Wenn in diesem Kapitel von devianten Formen des Sexualverhaltens die Rede ist, sind lediglich jene — diese allerdings ausdrücklich — Verhaltensweisen gemeint, deren Vollzug unter Strafe gestellt ist. Reflektionen über den Begriff der sexuellen Devianz haben deswegen hier nur insoweit einen Platz, als sie sich auf die im Strafgesetzbuch aufgeführten Verstöße beziehen. Andere Erscheinungsweisen sind Gegenstand der Sexualpsychopathologie.

Die angegebenen Strafvorschriften beziehen sich auf ganz unterschiedliche Verhaltensweisen mit dem primären Ziel der sexuellen Befriedigung. Einige von ihnen betreffen den unmittelbaren sexuellen Vollzug, andere dienen mittelbar der sexuellen Gratifikation. Bei ersteren sind entweder Feststellungen zu dem Geschlechtspartner (Verwandte, Schutzbefohlene, Gleichgeschlechtliche eines bestimmten Alters, Kinder, Widerstandsunfähige) entscheidend oder sie beschreiben die Bedingungen, unter denen es zum sexuellen Vollzug kommt (Vergewaltigung, Nötigung, Verführung). Letztere beinhalten indirekte Formen geschlechtlicher Befriedigung, die dadurch gekennzeichnet sind, daß nicht der direkte genitale Vollzug angestrebt wird, sondern eine Konstellation, die dem beobachtend teilnehmenden Delinquenten sexuelle Lust bereitet (Nötigung, Förderung sexueller Handlung Minderjähriger, exhibitionistische Handlungen, Erregung öffentlichen Ärgernisses, Verbreitung pornographischer Schriften).

Kein Zweifel, für den Psychiater handelt es sich hier um qualitativ Unterschiedliches. Nicht nur das, er entdeckt bisweilen bei der Untersuchung von Menschen, daß sie nach den äußeren Merkmalen ihres Handelns zu der einen Gruppe von Straftätern zu gehören scheinen, nach einer Analyse der Motivation ihres Tuns jedoch tatsächlich einer anderen Gruppe zuzurechnen sind.

Trotzdem sollen sich die folgenden Erörterungen — die sich auf die relativ häufigen Erscheinungsweisen der sogenannten Sexualdelinquenz beschränken — an dieser Gliederung orientieren.

5.1.1 Beischlaf zwischen Verwandten. Sexueller Mißbrauch von Schutzbefohlenen

Die Strafvorschriften, die den Beischlaf zwischen Verwandten und den sexuellen Mißbrauch von Schutzbefohlenen betreffen, können gemeinsam abgehandelt werden.

Im § 173 StGB heißt es u.a.: 1. Wer mit einem leiblichen Abkömmling den Beischlaf vollzieht, wird mit Freiheitsstrafe bis zu 3 Jahren oder mit Geldstrafe bestraft.

2. Wer mit einem leiblichen Verwandten aufsteigender Linie den Beischlaf vollzieht, wird mit Freiheitsstrafe bis zu 2 Jahren oder mit Geldstrafe bestraft; dies gilt auch dann, wenn das Verwandtschaftsverhältnis erloschen ist. Ebenso werden leibliche Geschwister bestraft, die miteinander den Beischlaf vollziehen.

Beispiel: *W. ist 1950 aus der DDR in die Bundesrepublik übergesiedelt. Er wollte etwas Neues erleben, die Trennung von der allein lebenden Mutter fiel ihm nicht schwer. Er nahm in der Bundesrepublik verschiedene Stellen an, zunächst bei Bauern, vorübergehend arbeitete er auch in einer Ziegelei. Schließlich fand er eine Beschäftigung als Schweißer, die er bis zum erneuten Auftreten eines Asthma-*

Bronchiale behielt. Als er wegen dieses Asthmas nicht mehr als Schweißer arbeiten konnte, ging er auf den Bau. Dort war er zuletzt als Verputzer tätig. Nach der Eheschließung 1958 wohnte er mit seiner Frau in einem Notbehelf am Stadtrand. Bei diesem Notbehelf handelte es sich um eine Baracke, in der er in den ersten Jahren lediglich ein Zimmer bewohnte. Später erhielt er zu dem Zimmer noch eine abgetrennte Küche. In dieser Wohnung bekam er 5 Kinder. Die Frau arbeitete gelegentlich als Putzhilfe, soweit es die Hausarbeit und die Sorge um die Kinder erlaubte. Beide bemühten sich ständig um eine neue Wohnung, nach Angaben des Mannes sei die Frau fast täglich zum Sozialamt gegangen. Eine Wohnung konnte man ihm nicht geben, so daß die Familie weiter in der mit insgesamt 7 Familien belegten Baracke blieb. Der Beschuldigte selber empfand das Leben dort nicht als beengt, um eine neue Wohnung hatte er sich nie bemüht. Er begründete das mit starker Arbeitsbelastung. Ein eigentliches Interessengebiet hatte er nicht, er ging jedoch gerne auf den Sportplatz und war Mitglied eines Fußballvereins. Durch häufigen Besuch des Fußballplatzes erwarb er theoretische Kenntnisse des Fußballsportes und wurde schließlich zum Trainer einer Jugendmannschaft berufen. Diese Tätigkeit führte er einige Jahre ehrenamtlich aus. Seine Freizeitbeschäftigung bestand im wesentlichen darin, am Freitag zum Skatspielen zu gehen und am Sonntag den Fußballplatz zu besuchen. Viel Geselligkeit gab es nicht, zu Hause spielte er gelegentlich Karten mit seiner Frau oder den Kindern. Das Haushaltsgeld verwaltete ausschließlich die Frau, die ihm in der Woche 20—30 Mark als Taschengeld gab. Dieses Geld vertrank er.

Zum Sexualverhalten ist von ihm zu erfahren, daß er im Alter von 21 Jahren den ersten Geschlechtsverkehr ausübte. Diese Beziehung endete rasch, er verließ die Gegend. In den ersten Jahren der Ehe war er sexuell sehr anspruchsvoll, die Ehefrau lehnte häufiger den Verkehr ab. Später, nach der Geburt der Kinder, kam es immer seltener zum Verkehr. Zum Teil lag es daran, daß die Frau überarbeitet war, zum Teil aber auch an den Wohnverhältnissen. Die dünnen Wände hätten es mit sich gebracht, daß die Nachbarn stets am Eheleben teilnehmen konnten. Da es am nächsten Tag darüber Bemerkungen gab, unterließ das Ehepaar schließlich den Verkehr weitgehend. Der Beschuldigte entspannte sich vorwiegend auf dem Wege der Selbstbefriedigung.

Zu den ihm zur Last gelegten Delikten gab er an: Die Beziehung zur Tochter Claudia habe um den Jahreswechsel 68/69 begonnen. Er sei in dieser Zeit viel allein ausgegangen, die Frau habe grundsätzlich kein großes Interesse am gemeinsamen Ausgehen gehabt. Es sei an sich schon immer so gewesen, daß er alleine ausgegangen sei. Er sei vielfach auch die ganze Nacht weggeblieben, habe viel getrunken. Claudia habe in der Küche geschlafen. Nach einer so durchzechten Nacht sei er am Vormittag aufgewacht, die Frau sei bereits zur Arbeit fort gewesen. Claudia sei zu ihm gekommen und habe ihn gefragt, ob er sie gerufen habe. Er habe nicht gewußt, was sie meine, darauf habe sie ihm erklärt, er habe sie am Abend zuvor in betrunkenem Zustande ins Bett geholt. In den folgenden Tagen habe Claudia ihn immer wieder gefragt, ob er sie gerufen habe. Schließlich habe er geantwortet „dann komm halt rüber". Sie sei zu ihm ins Bett gekommen, und er habe an ihrem Geschlechtsteil gespielt. Das habe sich in der folgenden Nacht wiederholt, und er habe sie schließlich auch aufgefordert, an seinem Geschlechtsteil zu spielen. Dabei sei es zu einer Erektion gekommen. Wochen später habe er dann das erste Mal mit der Tochter Claudia den Geschlechtsverkehr ausgeführt. Später habe Claudia jede Gelegenheit wahrgenommen, mit ihm in Kontakt zu kommen. Sie sei auch unaufgefordert zu ihm ins Bett gegangen. Er habe versucht, mit ihr einen Krach zu beginnen, um auf diese Weise in Ruhe gelassen zu werden. Wenn Vater und Tochter Streit hatten, habe sie ihn nachts bzw. morgens nicht aufgesucht. Gleichzeitig meint er jedoch, Claudia habe ihn wie ein Magnet angezogen. Die Ehefrau habe von dieser Beziehung nicht gewußt, auch Claudia habe der Mutter nichts gesagt. Es treffe nicht zu, daß er Claudia gedroht habe, sie zu strafen, wenn sie der Mutter von der Beziehung berichte. Als Claudia ihm eines Tages gesagt habe, daß sie ein Kind erwarte, habe ihn das erschreckt. Claudia habe die Abtreibung gewünscht. Er selber habe sich dagegengestellt, weil er eine Abtreibung grundsätzlich nicht für richtig halte. Er habe mit Claudia die Situation durchgesprochen und man habe sich darauf geeinigt, sie solle erzählen, mit einem unbekannten Mann verkehrt zu haben. Auch damals habe die Ehefrau von dieser Beziehung nicht erfahren, die Vaterschaft sei der Ehefrau erst bei der Verhaftung bekannt geworden. Anfang des Jahres 1970 sei die Beziehung zu Claudia beendet gewesen, das heißt also mit der Schwangerschaft.

Was die Tochter Petra angehe, so sei sie ein Typ, „die das braucht". Man habe zusammen in der Wohnstube gesessen und Spaß gemacht und wohl auch Rommee gespielt. Insgesamt habe er dreimal mit ihr Verkehr ausgeübt. Er habe dann die Beziehung abgebrochen aus Angst vor einer Schwangerschaft. Die Beziehung zu Petra habe er aufgenommen in der Zeit, als Claudia ihr Kind bekommen habe. Er wisse nicht, was er sich dabei gedacht habe. Natürlich sei ihm klar gewesen, daß es sich hier um ein strafbares Delikt handele. Er habe sich aber darüber kaum Gedanken gemacht. Auch Petra habe sich nie gewehrt, im Gegenteil, von ihr sei die Initiative ausgegangen. Was die Tochter Ute angehe, so tue ihm das Geschehene ausdrücklich leid. Er könne sich an nichts erinnern, sei zweifellos volltrunken gewesen. Wenn Ute von einem Geschlechtsverkehr berichte, so sei das sicherlich richtig. Ute sage stets die Wahrheit. Ute habe es auch der Frau erzählt, die ihn dringend davor gewarnt habe, sich weiter der Tochter zu nähern. Es sei später auch nicht mehr zu Beziehungen gekommen. Das Ereignis mit Ute sei ihm unbegreiflich, er könne sich an den Hergang nicht erinnern.

In der Beurteilung hatten wir u.a. ausgeführt: Berücksichtigt man die Beziehung des Beschuldigten zu seinen Töchtern, wie sie sich aus den eigenen Darstellungen, aber auch aus den Zeugenaussagen ergibt, so bestand zweifellos in den frühen Kindheitsjahren keine besonders enge Beziehung zwischen Vater und Töchtern. Der Beschuldigte selber gibt an, seine Freizeit vorwiegend außerhalb des Hauses verbracht zu haben, die Tochter Petra war lange Zeit bei der Großmutter in der DDR. Gerade am Beispiel der Tochter Petra zeigt sich, daß offenbar eine vorbestehende enge Bindung nicht Voraussetzung für den späteren Inzest war. Im Falle des Beschuldigten ist die Konstellation dadurch gekennzeichnet, daß sich der Inzest in einem großen Familienverband unter denkbar ungünstigen sozialen Umständen ereignet hat. Die desolate soziale Situation mit den unerträglichen Wohnverhältnissen hat sicherlich mit dazu beigetragen, daß der von der Persönlichkeitsstruktur her schwache und abhängig-fremdbestimmte Beschuldigte eine nur geringe Bindung an die eigene Familie entwickeln konnte. Das Familienleben war bestimmt durch ein Dominieren alltäglicher Sorgen, denen sich der Beschuldigte in der Regel entzog, häufig durch die Flucht in den Alkoholrausch. Der intellektuell allenfalls mäßig ausgestattete, in ein polytop kriminelles Verhalten abgeglittene Vater hat sich der Töchter lediglich zur Triebbefriedigung bedient. Man wird hier allerdings bedenken müssen, daß die in ihrer Entwicklung zweifellos durch die ungünstige häusliche Situation gestörten Töchter dem Ansinnen des Vaters nur geringen Widerstand entgegensetzten. Wenn die Tochter Petra auf die Frage, warum sie sich mit dem Vater eingelassen habe, antwortet „warum soll ich mir etwas draußen suchen, was ich zu Hause haben kann", so zeigt das die Prägung durch das äußere Milieu. Die Familie des Beschuldigten lebte mit 7 Personen in einem Zimmer, gegen Nachbarn durch eine dünne Bretterwand abgetrennt. Der Intimbereich war nicht garantiert, eine Reihe von Regeln, die das Zusammenleben in unserem soziokulturellen Kontext bestimmen, war durch die äußeren Umstände außer Kraft gesetzt. Werte, die als scheinbar gesichert das Verhalten bestimmen, hatten unter diesen Bedingungen ihre Bedeutung verloren, es war nicht möglich, sie zum bestimmenden Maßstab des eigenen Tuns zu machen. Der Beschuldigte hat sich gegen diese Verhältnisse niemals aufgelehnt, sondern sie gleichgültig oder leidend hingenommen. Diese Entwertung verpflichtender Normen, die gemeinsam für das Zusammenleben als verbindlich anerkannt werden, hat sicherlich dazu beigetragen, daß auch die Inzestschranke leichter zu überwinden war. Der Beschuldigte gibt an, niemals über sein Tun und dessen strafrechtliche Konsequenzen nachgedacht zu haben. Diese Äußerung erscheint charakteristisch für einen Menschen, den die ungünstigen äußeren Verhältnisse in eine Situation gebracht haben, in der vieles von dem, was für die anderen als selbstverständlich gilt, außer Kraft gesetzt ist, und in der Strebungen und Werte nicht realisiert werden können, deren Verwirklichung in einem anderen Milieu keinen besonderen Anspruch an die Willensstärke stellt. Sicherlich hat sich hier insofern ein circulus vitiosus entwickelt, als die äußeren Gegebenheiten das Abgleiten in die Kriminalität erleichterten und umgekehrt die Kriminalität eine durchgreifende Änderung der sozialen Situation unmöglich machte. Daß der Beschuldigte in diese Konstellation geriet, ist auf der einen Seite sicherlich der vorgegebenen Willensschwäche und geringen intellektuellen Ausstattung zuzuschreiben, zum anderen aber gesellschaftlichen Zwängen, die es einer 7-köpfigen Familie in 10 Jahren nicht erlaubten, eine angemessene Wohnung zu finden. Der Inzest hat sich in einer Situation entwickelt, in der das durch äußere Faktoren bedingte Außerkraftsetzen verbindlicher Normen auch das Überschreiten der Inzestbarriere erleichterte. Wenn man weiter bedenkt, daß die ebenfalls geschädigten Töchter dem Ansinnen des Vaters wohl nur geringen Widerstand entgegensetzten, daß darüber hinaus die überarbeitete und stets erschöpfte Ehefrau nur wenig Wert auf den Geschlechtsverkehr legte, so mag es immerhin möglich sein, das Vorbereitungsfeld, aus dem sich schließlich der Inzest entwickelte, zu skizzieren und die in das Delikt führenden Entwicklungslinien nachzuzeichnen. Es besteht daher kein Zweifel, daß es für den Beschuldigten einer größeren Willensanspannung bedurfte, den Inzest nicht zu vollziehen, als es in anderen, dem gängigen Standard entsprechenden sozialen Verhältnissen erforderlich gewesen wäre. Sicherlich war der Beschuldigte jederzeit in der Lage, das Unrechtmäßige der Tat einzusehen und entsprechend dieser Einsicht zu handeln. Die Bereitschaft, entgegen dieser Einsicht zu handeln, war jedoch in seinem besonderen Fall sicherlich größer, als sie es gewesen wäre, wenn er unter anderen Verhältnissen gelebt hätte.

Das genannte Beispiel ist in mancherlei Hinsicht typisch. Tatsächlich kommt es am häufigsten zu sexuellen Beziehungen zwischen Vätern und Töchtern. Außerdem werden solche Vorkommnisse bevorzugt in der unteren Mittelschicht und der Unterschicht angetroffen. Letzteres hat natürlich nichts damit zu tun, daß etwa das Inzest-Tabu in der Unterschicht weniger wirksam wäre — eher das Gegenteil ist der Fall. Vermutlich sind es zum einen die meist ungünstigen Wohnverhältnisse — wie auch im erwähnten Fall — die eine Rolle spielen, zum anderen verfügen Angehörige dieser Schicht natürlich auch über weit weniger Mittel, die verhindern, daß ein solches Vorkommnis sozial wahrnehmbar wird. Die Dinge liegen hier übrigens ähnlich wie bei der Kindesmißhandlung, die durchaus nicht — wie es die Statistiken auszuweisen scheinen — ein Delikt der „armen Leute" ist.

Unter den forensisch-psychiatrisch bedeutsamen Fällen eines Beischlafs zwischen Verwandten trifft man am häufigsten auf mittelschwere oder schwere Schwachsinnszustände, auf akute Intoxikationen im Rahmen einer Suchtkrankheit (Alkohol), chronische Hirnerkrankungen (Altersdemenz) und funktionelle Psychosen (selten). Die Beurteilung wird sich dann an den Überlegungen zu orientieren haben, die in den entsprechenden Kapiteln berichtet wurden. Neurotische Entwicklungen im Sinne der schweren anderen seelischen Abartigkeit spielen als Gründe der Schuldminderung oder gar der Schuldausschließung meist keine Rolle.

Gerade bei diesen Delikten ist es aber Sache des Gutachters, dem Tatrichter einen Einblick in die innere Tatseite zu vermitteln, auch dann, wenn seine Ausführungen das Gericht nicht zu dem Ergebnis führen, daß auf die Tat die §§ 20 oder 21 StGB anzuwenden sind.

Auf die tiefenpsychologische Deutung des Inzests soll in diesem Zusammenhang ausdrücklich nicht eingegangen werden. Zum einen unterrichtet das Fachschrifttum eingehend und kompetent über diese Problematik. Auf der anderen Seite gilt zumindest für die sogenannte orthodoxe Psychoanalyse, daß der sie kennzeichnende strenge entwicklungsdynamische Determinismus dem Sachverständigen in foro nicht hilfreich sein kann.

Zu bedenken aber ist das Folgende: Auch unter normalpsychologischen Bedingungen, das heißt beim Fehlen eines der erwähnten Eingangsmerkmale (Schwachsinn, krankhafte seelische Störung in Gestalt einer Intoxikation etc.) ist die Rolle des Vaters der Tochter gegenüber meist durchaus nicht so eindeutig definiert, wie es gemeinhin für eine Primärrolle — d.h. eine biosoziale, nicht von der Gesellschaft verliehene — gilt. Gerade im Umgang mit der heranwachsenden Tochter treten Verhaltensunsicherheiten zutage, die möglicherweise mit einer zeitbedingten Scheu vor dem Austausch von Zärtlichkeiten, vor dem liebevollen Körperkontakt vor allem in der Familie zusammenhängen. Insbesondere in Familien, in denen auch „harmlose", durchaus rollenkonforme Zärtlichkeiten stark tabuisiert sind, kommt es dann zu Unsicherheiten, wenn der Betroffene subjektiv durchaus noch in der Vaterrolle agiert, an der Reaktion der anderen aber wahrnimmt, daß er in deren Augen im Begriff steht, die durch die Primärrolle gezogenen Grenzen zu überschreiten. Die von den anderen vorgenommene Deutung seines Handelns wird ihn nicht nur verunsichern, sondern in ihm gegebenenfalls auch Zweifel an der eigenen „tatsächlichen" Motivation aufkommen lassen. Erfahrungsgemäß ist das Selbstbild abhängig vom Fremdbild. Auch eine anfangs als abwegig und unzutreffend empfundene zugeschriebene Identität wird sich auf die Ichidentität auswirken, und sei es lediglich in der Weise, daß die Beweggründe des eigenen Handelns erstmals oder mit besonderer Kritik hinterfragt werden. Die natürliche Selbstverständlichkeit im Umgang mit der Primärrolle jedenfalls geht verloren. In diesem Prozeß kann sich ein lang bestehender innerfamiliärer Konflikt artikulieren. Das Ergebnis besteht bisweilen darin, daß die ursprünglich präzise Rollendefinition unscharf wird und das mit ihr gegebene Verhaltenskorsett an Stabilität verliert. Die Rollenunsicherhheit kann schließlich so weit gehen, daß die Primärrolle des Vaters nicht mehr zu verwirklichen ist, daß es zu einem gleitenden Rollenwechsel kommt, der schließlich in diejenige des Sexualpartners mündet. Solche Entwicklungen bedürfen allerdings mannigfacher Verstärkungen in Gestalt von Außeneinflüssen, die von der Mutter und natürlich auch der Tochter aus unterschiedlichen Gründen ausgehen können.

Derartige verformende innerfamiliäre Verhaltensstrategien findet man nicht selten im Vorfeld einer Verletzung des Inzesttabus. Im Unterschied zu anderen strafrechtlich sanktionierten Formen des Sexualverhaltens spielt jedenfalls beim Inzest eine — im Sinne der Statistik — abnorme sexuelle Appetenz bzw. Triebvariante ursächlich keine Rolle. Ein Gleiches gilt für den Beischlaf mit leiblichen Geschwistern, wenn auch die Bedingungskonstellationen meist anderer Art sind.

Auch den „Typ des Inzesttäters" gibt es nicht. Am ehesten bestehen in manchen Fällen Übergänge zu den gesondert zu erörternden Pädophilen. Stets ist in beiden Fällen die Möglichkeit zu bedenken, daß es sich um den strafrechtlich sanktionierten Ausdruck einer tiefen Liebesbeziehung handeln kann, beim Inzest nicht selten unterstützt und gefördert von einer starken ödipalen Bindung des Kindes an den Vater.

Sieht man von den erwähnten gelegentlich anzutreffenden Persönlichkeitsstörungen ab, die sich bevorzugt auf dem Hintergrund ungünstiger sozialer Bedingungen oder gestörter Familienbeziehungen manifestieren, so stellt sich dem forensischen Psychiater weit seltener die Frage nach der Schuldfähigkeit als die Aufgabe, dem Tatrichter Einblick in die innere Tatseite und die Psychodynamik des Geschehens zu vermitteln. In einem Werk v. *Krafft-Ebing,* 5. Auflage 1880, dem kaum eine bedenkliche liberale Haltung deviantem Sexualverhalten gegenüber unterstellt werden kann, heißt es bereits: „In einer großen Zahl von Fällen, wohl der Mehrzahl, läßt sich jedoch eine pathologische Begründung des nicht bloß die Bande des Blutes, sondern auch die Gefühle eines Kulturvolkes tief verletzenden Aktes nicht erweisen."

In § 174 StGB heißt es über den sexuellen Mißbrauch von Schutzbefohlenen u.a.:

Sexueller Mißbrauch von Schutzbefohlenen. 1. Wer sexuelle Handlungen
1. an einer Person unter 16 Jahren, die ihm zur Erziehung, zur Ausbildung oder zur Betreuung

in der Lebensführung anvertraut ist

2. an einer Person unter 18 Jahren, die ihm zur Erziehung, zur Ausbildung oder zur Betreuung in der Lebensführung anvertraut oder im Rahmen eines Dienst- oder Arbeitsverhältnisses untergeordnet ist, unter Mißbrauch einer mit dem Erziehungs-, Ausbildungs- Betreuungs-, Dienst- oder Arbeitsverhältnis verbundenen Abhängigkeit oder

3. an seinem noch nicht 18 Jahre alten leiblichen oder angenommenen Kind vornimmt oder an sich von dem Schutzbefohlenen vornehmen läßt, wird mit Freiheitsstrafe bis zu 5 Jahren oder mit Geldstrafe bestraft.

Aus forensich-psychiatrischer Sicht erübrigen sich hier zusätzliche Ausführungen, auf das im Zusammenhang mit dem § 173 StGB Gesagte darf verwiesen werden. Daß auch in diesen Fällen der psychiatrische Sachverständige nur selten gefragt ist — sieht man von jenen Behinderungen ab, die einleitend erwähnt wurden —, liegt auf der Hand und wurde ebenso von v. *Krafft-Ebing* durchaus zutreffend bewertet: „Dem Inzest nahestehend, jedoch das sittliche Gefühl nicht so tief verletzend, erscheinen die Fälle, wo jemand eine seiner Aufsicht oder seiner Erziehung anvertraute und mehr oder weniger in Abhängigkeit von ihm stehende Person zur Begehung oder Duldung einer unzüchtigen Handlung verleitet. Eine psychopathische Bedeutung scheinen derartige, strafrechtlich besonders qualifizierte unzüchtige Handlungen nur ausnahmsweise zu haben."

5.1.2 Sexueller Mißbrauch von Kindern

Durchaus anders — aus forensisch-psychiatrischer Sicht — liegen die Dinge beim sexuellen Mißbrauch von Kindern. In § 176 StGB heißt es u.a.:

1. Wer sexuelle Handlungen an einer Person unter 14 Jahren (Kind) vornimmt oder an sich von dem Kind vornehmen läßt, wird mit Freiheitsstrafe von 6 Monaten bis zu 10 Jahren, in minder schweren Fällen mit Freiheitsstrafe bis zu 5 Jahren oder mit Geldstrafe bestraft.

2. Ebenso wird bestraft, wer ein Kind dazu bestimmt, daß es sexuelle Handlungen an einem Dritten vornimmt oder von einem Dritten an sich vornehmen läßt.

5. Mit Freiheitsstrafe bis zu 3 Jahren oder mit Geldstrafe wird bestraft, wer

1. sexuelle Handlungen vor einem Kind vornimmt

2. ein Kind dazu bestimmt, daß es sexuelle Handlungen vor ihm oder einem Dritten vornimmt, oder

3. auf ein Kind durch Vorzeigen pornographischer Abbildungen oder Darstellungen, durch Abspielen von Tonträgern pornographischen Inhalts oder durch entsprechende Reden einwirkt, um sich, das Kind oder einen anderen hierdurch sexuell zu erregen.

Im Folgenden wird durchgehend der Begriff der Pädophilie verwandt, der damit auch die Päderastie umfaßt, das heißt, den Hang des Mannes zu sexuellem Kontakt mit einem Knaben (homophile Pädophilie). Neben der homophilen werden heterosexuelle und bisexuelle Pädophilie begrifflich voneinander unterschieden. Die Pädophilie nimmt unter den Delikten, zu denen der Psychiater in foro gehört wird, einen relativ großen Raum ein. Das hat seinen Grund u.a. in der Tatsache, daß diese Formen sexuelle devianten Verhaltens in unserem Kulturkreis seit langem eindeutig negativ konnotiert sind. Übrigens rangieren die pädophilen Straftäter auch in den Vollzugsanstalten am unteren Ende der sozialen Hierarchie. Tötungs- oder Eigentumsdelikte, aber auch solche der Notzucht garantieren ein ungleich höheres Ansehen. Die Auffassung v. *Krafft-Ebings* spiegelt — in allerdings recht krasser Form — durchaus die Meinung wider, der man auch heute noch vielfach innerhalb und außerhalb der Gerichtssäle begegnet. *V. Krafft-Ebing* handelt die Päderastie im Kapitel „Unzucht wider die Natur" zusammen mit der Sodomie ab. Für ihn handelt es sich um einen typischen Fall von „konträrer Sexualempfindung". Er kennt eine angeborene und eine gezüchtete Päderastie, wobei er — der Psychiatrie seiner Zeit gemäß — nur der angeborenen eine Krankheitswertigkeit zuzuerkennen bereit ist. Bei ihr tendiert er zur Annahme einer erheblichen Verminderung oder einer Aufhebung der Schuldfähigkeit. „Sein (des Päderasten) sexuelles Verlangen mag ästhetisch höchst widerlich sein, von seinem krankhaften Standpunkt ist es etwas Natürliches. Dazu kommt, daß bei der Mehrzahl dieser Unglücklichen der perverse Sexualtrieb mit abnormer Stärke sich geltend macht und daß ihr Bewußtsein den perversen Trieb nicht als etwas Widernatürliches erkennt. Damit ermangeln sie sittlicher, ästhetischer Gegengewichte zur Bekämpfung des Dranges." Demgegenüber bestreitet er bei dem „gezüchteten" Päderasten jeden möglichen Zweifel an der Schuldfähigkeit. Hier sei es nicht eine vorgegebene Anlage, die zu dem Delikt führe, sondern die fehlende Bereitschaft, eine längere sexuelle Abstinenz zu ertragen oder einfach die „Wollust", die sich bedenkenlos eines jeden Reizes zur Befriedigung ihres „schändlichen" Bedürfnisses bediene.

Gegenüber der von v. *Krafft-Ebing* und seinen Zeitgenossen vertretenen Auffassung wird man zunächst einmal festhalten, daß die Pädophilie einen keineswegs so scharf umrissenen Tatbestand darstellt, wie diese Autoren vermuteten. Außerdem sollte nicht übersehen werden, daß die erotische Neigung zu Knaben und jungen Mädchen in der Zeit der ausgehenden Klassik und beginnenden Romantik weder als moralisch verwerflich galt noch einen Straftatbestand erfüllte. Auch gegenwärtig scheint dieser Begriff im gesellschaftlichen Verständnis ein wenig seinen Schrecken zu verlieren, eine Tendenz, die mit der von *Adorno* so bezeichneten Infantilisierung des erotischen Ideals zusammenhängen mag.

Man sollte in der Pädophilie keine vorgegebene Ausformung sexueller Appetenz erblicken, insbesondere aber nicht eine von vornherein krankhafte Triebvariante. Auch darf nicht übersehen werden, daß die dem sexuellen Vollzug vorausgehenden Zärtlichkeiten als Ausdruck der „Kinderliebe" durchaus positiv sanktioniert sind, obwohl natürlich in vielen Manifestationen der „Kinderliebe" mehr oder weniger offen eine erotische Komponente mitschwingt. Bei kaum einer anderen Erscheinungsweise devianten Sexualverhaltens wird die Abhängigkeit der sozialen Wertung von kulturellen Normen und dem Geist einer Epoche so deutlich wie gerade bei den Formen der Pädophilie.

Den einheitlichen Typ des Pädophilen gibt es nicht. Wenn unter den pädophilen Straftätern einige Berufsgruppen offenbar prävalieren (Erzieher, Jugendleiter etc.), so wird man diese Tatsache zwanglos darauf zurückführen dürfen, daß hier die situationsspezifischen „Gefahren" weit häufiger sind als im Rahmen anderer Tätigkeiten. Im übrigen spielen beim Zustandekommen pädophiler Akte Milieufaktoren eine ähnliche Rolle wie etwa bei den Inzesthandlungen.

Auch wenn es nicht möglich ist, einen oder mehrere Typen des Pädophilen zu beschreiben, so lassen sich doch einige vergleichsweise häufig vorkommende Merkmale dieser Straftäter gleichsam zu Prägnanztypen zusammenstellen. Zwei von ihnen sind vor allem durch das Lebensalter bestimmt, einer durch kennzeichnende biographische Daten und ein vierter schließlich durch die berufliche Tätigkeit.

Nach eigenen Erfahrungen entsprechen der homophilen, heterosexuellen und bisexuellen Pädophilie in der Persönlichkeitsstruktur der Delinquenten keine forensisch-psychiatrisch bedeutsamen Unterschiede. Die sexuelle Appetenz der Pädophilen ist ja ausdrücklich auf das nicht geschlechtsreife Kind gerichtet, das heißt auf einen kindlichen Körper, an dem sich die mit der Pubertät verbundenen Veränderungen noch nicht abbilden.

Pädophile des Jugendlichen

Es handelt sich meist um einsame, entweder allein aufwachsende oder in den Familienverband nur ungenügend integrierte Jugendliche. Vielfach gehören sie den unteren sozialen Schichten an, ein Umstand, der vor allem deswegen bedeutsam erscheint, weil er ein — sozialisationsbedingt — geringes Vermögen zur sprachlichen Artikulation erlebter Bedürfnisse und erlittener Konfliktspannungen impliziert. Scheu und zum Einzelgängertum neigend — oder dazu verdammt — beteiligen sie sich weder an alterstypischen Aktivitäten noch werden sie vom Klassenverband angenommen. Sie erscheinen früh als kontaktarme Außenseiter, ihre gelegentlichen und ungeschickten Versuche, Aufmerksamkeit, Zuwendung und Anerkennung zu erringen, machen sie unter den Altersgleichen zum Gespött, während Eltern und Lehrer von Disziplin- und Erziehungsschwierigkeiten berichten. Einige von ihnen sind ausgesprochen gehemmt und ängstlich, bei anderen kommt es gelegentlich zu abrupten und nicht unbedenklichen aggressiven Handlungen. Die intellektuelle Ausstattung liegt meist an der unteren Grenze des Durchschnitts. Ihre Beziehung zu den Kindern hat — deutlicher bei den Aggressionsgehemmten — oft über längere Zeit etwas Spielerisches; bisweilen haben sie während vieler Wochen oder Monate als Spielgefährte Zutrauen und Zuneigung der Kinder erworben, ohne schon zu diesem Zeitpunkt den Gedanken an die spätere Tat zu erwägen. In anderen Fällen kommt es zu scheinbar abrupten, nicht vorhersehbaren Attacken. Dementsprechend gleicht das Hinübergleiten in das von sexueller Appetenz getratene Verhaltensmuster einmal einem langfristigen Prozeß, das andere Mal einem plötzlichen Rollenwechsel.

Beispiel: *Der 16jährige Schüler besucht zum Zeitpunkt der Tat die 9. Hauptschulklasse. Er entstammt einfachen Verhältnissen. Zwei Monate vor der Tat findet er das erste Mal eine Freundin, ohne daß es bereits zu intimen Beziehungen gekommen wäre. Im Gespräch ist der Beschuldigte verhalten. Er neigt offensichtlich dazu, Affekte aufzustauen ohne sich adäquat entäußern zu können. Das Selbstwertgefühl ist altersgemäß noch unausgereift. Er bietet das Bild eines gehemmten, zu dumpfem Brüten neigenden, unfrischen und wenig jugendlichen Jungen, der nur ungern persönliche Bereiche zur Sprache bringt. Er bemüht sich, seine Lebenssituation als harmonisch und störungsfrei darzustellen um so ein weiteres Nachfragen des Explorateurs zu verhindern.*

Zum Schuldvorwurf meint er: Am fraglichen Tages sei er mit seinem Mofa herumgefahren. Ein Ziel habe er nicht gehabt. Unterwegs sei ihm ein Junge begegnet. Er habe diesen auf dem Bürgersteig gehen sehen, und das Alter auf 11—12 Jahre geschätzt. Er habe den Jungen angeredet, ihn nach einer Adresse gefragt und ihn dann gebeten, ihm die Straße zu zeigen. Der Junge sei mitgegangen. Unterwegs habe er ihm erzählt, er sei nicht aus dieser Gegend, sei fremd und bedürfe deswegen der Hilfe. Auf seinen Vorschlag seien sie dann gemeinsam vom Weg abgebogen. Man habe eine Eisenbahnüberführung passiert. Er habe dem Jungen gesagt, daß unter der Brücke etwas liege, das sein Freund dort verborgen habe und das er suche. Der andere möge ihm doch bei der Suche behilflich sein. Von irgendeinem Päckchen habe er gesprochen. Man sei gemeinsam eine Treppe herunter gegangen. Der Junge sei neben ihm hergelaufen. Von der Straße aus habe man den nun erreichten Platz nicht einsehen können. Unten angekommen, habe er den Jungen gefragt, ob er ein Bub oder ein Mädchen sei. Der Junge habe gesagt, er sei ein Bub. Die Antwort des Jungen habe er bezweifelt und geäußert, er glaube ihm nicht, daß er ein Junge sei. Er habe ihn aufgefordet, das zu beweisen. Er habe zu ihm gesagt, er möge die Hosen ausziehen. Der Junge habe nun die Hosen ausgezogen, dessen Geschlechtsteil habe er jedoch nicht berührt. Auf nochmaliges Befragen räumt der Beschuldigte dann ein, er habe doch das Geschlechtsteil des Jungen angefaßt. Er habe ihn aufgefordert, sein eigenes Geschlechtsteil zu berühren, was der Junge auch getan habe. In Gegenwart des Jungen, der sich umgedreht habe, habe er nun onaniert. Es könne aber auch sein, daß er den Jungen aufgefordert habe, sich umzudrehen. Ergänzend meint der Täter dann, der Junge habe sich anfangs geweigert, die Hosen auszuziehen. Deswegen sei es zu einer Art Rangelei gekommen, in deren Verlauf der Junge zu Boden gestürzt sei.

***Beispiel:** Der Vater des zur Tatzeit 15-jährigen L. ist Rohrleger beim Straßenbau. Der Beschuldigte hat die Hauptschule über 9 Jahre besucht und ist aus der 7. Klasse entlassen worden. Zum Zeitpunkt des Geschehens ist er arbeitslos. Die Beziehung zum Vater ist gespannt, es kommt häufig zu wechselseitigen Schlägereien.*

Zum Schuldvorwurf gibt er an, das Mädchen T. sei häufig zu seiner kleinen Schwester gekommen. Er schätze das Mädchen auf 6 oder 7 Jahre ein. Die Kinder hätten im Hof gespielt. Er wisse nicht mehr, warum er hinunter gegangen sei, möglicherweise habe von seinem Fenster aus die Spielenden beobachtet. Es könne aber auch sein, daß er nach Hause gekommen sei und die Kinder im Hof spielend angetroffen habe. Man habe gemeinsam Verstecken gespielt. Stets hätten sich zwei zusammentun müssen, um von dem dritten gefunden zu werden. Einmal sei es an ihm und dem Mädchen gewesen, sich zu verstecken. Dort habe er begonnen, das Mädchen auszuziehen. Er habe ihr den Pullover abgestreift und sei mit der Hand zwischen Unterhose und unbekleideten Leib gefahren. Er habe Gesäß und Geschlechtsteil berührt, dann die eigene Unterhose geöffnet und das erigierte Glied herausgeholt. Das Mädchen habe das Geschlechtsteil anfassen müssen. Es habe am Geschlechtsteil reiben müssen bis zum Samenerguß. Ähnliche Vorfälle hätten sich mehrfach wiederholt, mal im Garten, mal auf der Toilette. Einmal habe er von dem Kind verlangt, es solle sein Geschlechtsteil in den Mund nehmen.

Bei der Untersuchung erweist sich der Beschuldigte als durchschnittlich intelligent. Er erfaßt die Situation, in der er sich bewegt, ohne Schwierigkeiten, weiß sich in seinem Verhalten an den vermeintlichen oder tatsächlichen Erwartungen des Gegenüber zu orientieren. Was das Thema Sexualität angeht, so ist er anfangs etwas gehemmt, dann berichtet er freimütig von der eigenen Onanie, von Pornofilmen, davon, daß er auch zu Hause Gelegenheit gehabt habe, sich einen solchen zu betrachten. Er macht insgesamt einen altersgemäßen Eindruck, bezüglich der sozialen Intelligenz ist er eher weiter entwickelt. Er wirkt etwas verschlagen, zurückhaltend und vorsichtig, bisweilen lauernd.

Im ersten Beispiel war im Gutachten u.a. das Folgende ausgeführt worden: Der Beschuldigte befindet sich in einer Übergangsphase, der Pubertät. Bei der Pubertät handelt es sich um einen physiologischen Entwicklungsabschnitt, der von einem jeden Menschen durchlaufen wird, dem durchaus kein Krankheitswert zugesprochen werden kann und der auch nicht unter den Begriff der schweren anderen seelischen Abartigkeit im Sinne des Gesetzes fällt. Es ist die Zeit der Rollenunsicherheit, sowohl bezogen auf die Sozialrolle als auch im Hinblick auf die Sexualrolle. Diese Rollenunsicherheit ist ebenfalls etwas Physiologisches. Im Handeln des Beschuldigten erkennt man allerdings Elemente, die über eine altersentsprechende sexuelle Neugier hinaus gehen. Er strebt die sexuelle Befriedigung an, in dem er onaniert oder den Geschädigten auffordert, ihn zu befriedigen. Hier kann deswegen von sexueller Neugier im engeren Sinne nicht mehr gesprochen werden. Der Beschuldigte kennt durchaus die Möglichkeiten einer sexuellen Befriedigung. Er weiß auch, daß die sexuelle Appetenz in Gegenwart eines anderen gesteigert werden kann, ebenso wie die sexuelle Entspannung an Reiz gewinnt, wenn sie von einem anderen herbeigeführt wird. Es ist aber nicht zu erkennen, daß es bei ihm zu einer so gravierenden Entwicklungsstörung insbesondere im Sexualbereich gekommen ist, daß hier von einer schweren anderen seelischen Abartigkeit gesprochen werden könnte, die gegebenenfalls geeignet wäre, Einsichts- und Direktionsfähigkeit zu berühren. In einem psychologischen Vorgutachten war von einer protahierten pubertären Reifungskrise gesprochen worden. Dazu war auszuführen, daß eine jede Umbruchsphase im Leben eines Menschen kritische Züge trägt, das gilt für die Pubertät ebenso wie für den Eintritt in die Menopause. Jede dieser Umstellungsphasen kann sich zeitlich verzögern. Es können aber auch einzelne physiologische Merkmale gegenüber anderen prävalieren, so daß es zum Bild der abnormen Bewältigung dieser Umbruchsphase kommt. Im Falle des Beschuldigten wird deutlich, daß die Bewältigung des Hauptproblems der Pubertätsperiode, nämlich die Unterordnung der erogenen Zonen unter den Primat der Genitalzone, zweifellos erreicht ist. Dafür legen die Angaben des Beschuldigten ebenso Zeugnis ab wie sein Verhalten. Auch die Wahl des Sexualobjektes außerhalb der Familie, ein weiteres Problem der Pubertätsperiode, ist erfolgreich vollzogen. Es ist demnach nicht zu erkennen, worauf der Vorgutachter die Vermutung stützt, es handele sich um eine Reifungskrise. Die Hemmung der psychosozialen Reifung als psychopathologischer Entwicklungsrückstand ist bestimmt durch ein Persistieren kindlicher Verhaltensweisen. Man beobachtet in solchen Fällen eine naiv-neugierige Weltzugewandtheit und einen Kontakt mit Erwachsenen, der noch durch Abhängigkeit oder kindlichen Trotz und durch einen Mangel an Kritik gegenüber sich und anderen ausgezeichnet ist. Bei dem Beschuldigten sind diese Züge nicht zu erkennen. Er hat sich durchaus altersgemäß von den Elternfiguren gelöst, sucht den Kontakt zu Altersgleichen und gibt an, über eine große Anzahl von Freunden und neuerdings auch über eine Freundin zu verfügen. Wenn der Vorgutachter äußert, die Reifungskrise resultiere aus der Diskrepanz zwischen intellektueller und emotionaler Entwicklung, so ist dazu zu sagen, daß eine solche Diskrepanz in diesem Lebensalter durchaus nicht ungewöhnlich ist. Es hängt von vielfältigen Faktoren ab, schulischen ebenso wie solchen, die im Elternhaus begründet liegen, ob zunächst die intellektuelle Seite oder die emotionale gefördert wird. Bei dem Beschuldigten ist es erkennbar die intellektuelle Seite, die Anspruchshaltung im elterlichen Haus hat zu einem Prävalieren eben dieses Persönlichkeitsanteils geführt. Demgegenüber ist er in seiner Emotionalität weniger ausgereift, wenn das altersspezifische Bedürfnis nach Geborgenheit und Schutz auch unverkennbar bleibt. Was die Unsicherheit der Sexualrolle angeht, so ist auch diese alterstypisch. Es geht nicht an, in ihr einen besonderen, gar psychopathologisch relevanten Tatbestand zu sehen. Das Auftauchen der Frage nach der Ausrichtung des sexuellen Triebziels ist in diesem Alter ebenfalls physiologisch, mit ihr hängt zusammen, daß es während dieses Entwicklungsabschnittes gelegentlich zu angedeuteten, latenten oder manifesten homophilen Kontakten kommt. Die Sexualentwicklung des Beschuldigten erscheint also durchaus nicht atypisch, das heißt er fällt aus der Gruppe der Altersgleichen nicht in einem forensisch-psychiatrisch relevanten Ausmaß heraus.

In der gutachterlichen Stellungnahme zum zweiten Beispiel hieß es u.a.:

„Wenn in einem Vorgutachten von Minderwertigkeitsgefühlen, von Unsicherheit in bezug auf die Geschlechtsrolle etc. die Rede ist, davon, das Handeln des Beschuldigten sei von Phantasien und Impulsen geleitet, so wird damit das typische Bild des Pubertären bzw. postpubertären Jugendlichen skizziert. Es gehört zum Charakteristischen dieser Altersstufe, daß sich der Betreffende erst definitiv in seine Geschlechtsrolle hineinfinden muß. Es ist eine charakteristische Aufgabe dieses Alters, stabile Formen auch der sexuellen Beziehung zu entwickeln.

Die Neigung zum Rollenspiel, zu einer gleichsam versuchsweisen Übernahme wechselnder Identitäten, ist gleichfalls charakteristisch für diese Altersstufe. Das gilt ebenso für ein starkes Schwanken der Emotionalität, für eine hohe emotionale Ansprechbarkeit und für die Bereitschaft, sich in Phantasien zu verlieren. Diese Phantasien mögen dergestalt sein, daß sie die Überhöhung der eigenen Existenz zum Inhalt haben, sie mögen aber auch der vorübergehenden scheinbaren Realisierung einer Wirklichkeit dienen, die von dem Jugendlichen erstrebt aber (noch) nicht erreicht werden kann. Auch die Selbstunsicherheit, der Zweifel am eigenen Wert, die Unsicherheit, die eigene Stellung in der Gesellschaft zu bestimmen, müssen als phasen- bzw. entwicklungstypisch bezeichnet werden. Es geht nicht an, hier pauschal von Minderwertigkeitsgefühl zu sprechen insofern, als dieser Begriff eine Normvariante andeutet. Selbstunsicherheit, Rollenunsicherheit etc. sind aber in dem Alter, in dem der Beschuldigte steht, durchaus nicht als Normvariante zu verstehen, sondern eben als phasentypisches Charakteristikum. Sicherlich ist das Persönlichkeitsbild des Beschuldigten geprägt von Einflüssen, die aus der Umgebung auf ihn einwirkten. Diese haben das zum gegenwärtigen Zeitpunkt sich darbietende Charakterbild geprägt. Wenn im Bereich des Sexualverhaltens allgemein gültige, gesellschaftlich vermittelte und von dem Beschuldigten durchaus internalisierte Normen verletzt werden, so vermag der Gutachter nicht sicher zu beurteilen, inwiefern das häusliche Milieu sich als nicht hinlänglich geeignet erwiesen hat, dem Beschuldigten bei der Entwicklung wirksamer Gegenvorstellungen behilflich zu sein. Daraus aber kann nicht geschlossen werden auf eine Persönlichkeitsstörung von solchem Gewicht, daß dadurch der Begriff der schweren anderen seelischen Abartigkeit im Sinne des Gesetzes erfüllt wäre.

Nur bei schweren Schwachsinnzuständen, akuten oder chronischen gravierenden Erkrankungen des Gehirns (z.B. Epilepsie, Zustand nach infektiöser Erkrankung des Gehirns und seiner Häute, u.a.) oder einer in diesem Alter seltenen funktionellen bzw. endogenen Geisteskrankheit wird man einmal einen Ausschluß der Schuldfähigkeit annehmen können.

Häufiger, allerdings auch nur in der Minderzahl aller einschlägigen Fälle, ist eine schwere andere seelische Abartigkeit als Voraussetzung für eine erhebliche Beeinträchtigung der Einsichts- und Steuerungsfähigkeit zu diskutieren.

Wie überall lassen sich auch hier keine verbindlichen, von der jeweiligen Persönlichkeit abzulösenden Richtlinien formulieren. Eine Hilfe bieten die folgenden Gesichtspunkte:

Man sollte das Augenmerk nicht zu sehr auf den Stand der sexuellen Entwicklung richten. In diesem Alter ist es durchaus nicht ungewöhnlich, daß der Jugendliche das Einsetzen des sexuellen Bedürfnisses noch nicht in sein Erleben hat integrieren können, daß er ihm zumindest ambivalent gegenübersteht in einer Haltung, die Neugier, Angst und Schuldgefühle gleichermaßen umfaßt. In dieser Unsicherheit bereits den Ausdruck einer krisenhaften Pubertätsentwicklung zu sehen und dieser gar ein forensisch-psychiatrisches Gewicht beizumessen, bedeutet eine Fehleinschätzung der Regelhaftigkeiten und Verwerfungen seelischer Entwicklung und versieht den Jugendlichen darüber hinaus mit einem Stigma, durch das jene Entwicklungsdisharmonien erst verursacht werden, die fälschlich als bereits gegeben angenommen werden. Ein wichtiges Indiz ist sicherlich die familiäre Struktur, deren Pathologie sich als schwere Alteration des Persönlichkeitsgefüges offenbaren kann. Dabei sollte man nicht übersehen, daß auch ein scheinbar intakter Familienverband alle Kennzeichen der unvollständigen, etwa durch Scheidung der Eltern auf einen erwachsenen Partner reduzierten Familie aufweisen kann. Vor allem eine emotionsarme Atmosphäre, in der jede emotionale Entäußerung verpönt oder den elterlichen Bezugspersonen nicht möglich ist, und in der der Jugendliche daher auch das Akzeptieren eigener Gefühle und den Umgang mit ihnen nicht erlernt, kann zu einer gerade in diesem Bereich defizitären Entwicklung führen. Vor allem in diesem Alter ist es erforderlich, die phasentypisch intensive Emotionalität, das Bedürfnis, sie zu erleben und in der Einstellung des anderen wiederzufinden, ausdrücken zu können — verbal und nichtverbal —, ohne auf Unverständnis, Gleichgültigkeit oder gar Ablehnung zu stoßen. Bei in ihrer Persönlichkeit geschädigten Pädophilen begegnet man nicht selten dieser erlernten Unfähigkeit vor allem zur sprachlichen Darstellung emotionaler Bedürfnisse. In dem pädophilen Akt rauben sich die jugendlichen Pädophilen dann gleichsam die ihnen sonst versagte Zärtlichkeit, wobei sich in ihrem Vorgehen das Wissen um das Verbotene des Tuns mit einem zornigen und als gerechtfertigt empfundenen Anspruch verbindet. Es ist in diesem Alter besonders schwierig, den Wunsch nach versagter Zärtlichkeit abzudrängen und Gegenvorstellungen zu entwickeln, die eine — delinquente — Verwirklichung eines sexuellen Bedürfnisses inhibieren. Das hat seinen Grund in der Tatsache, daß diese Jugendlichen zum einen den zärtlichen Körperkontakt nur selten als ein negativ sanktioniertes Verhalten bewerten und zum anderen den sozial gebilligten Umgang mit diesem zentralen Bedürfnis nicht gelernt haben. Eine Problematisierung und gegebenenfalls Tabuierung auch nicht genitaler Formen sexuell motivierter Beziehungsaufnahme wird dem Jugendlichen auch dadurch vermittelt, daß die Familie oder andere erwachsene Bezugspersonen sich in der entscheidenden Entwicklungsphase dieses Themas nicht annehmen konnten und es niemals zum Gegenstand eines Gespräches zu machen wußten.

Keine unzulässige Vereinfachung bedeutet es deswegen festzustellen, daß an eine schwere seelische Abartigkeit von tatkausaler Relevanz dann zu denken ist, wenn sich in der Untersuchung erweist, daß es dem Jugendlichen nicht gelungen ist in seinem Erleben zwischen einer kommunikativen Zärtlichkeit, die in dem anderen den Partner sucht, und einem einlinig auf sexuelle Stimulierung und Befriedigung ausgerichteten Wunsch zu differenzieren, der nur in der Objektivierung des anderen Erfüllung findet. Im Kontakt mit dem pubertären Kind bleibt die, eigenes Unvermögen reflektierende Furcht, als Partner gefordert zu werden und sich auf Kommunikation einlassen zu müssen, weniger bedrohlich als in anderen Beziehungen.

Pädophilie des Alters

Die Pädophilie des älteren Mannes, der bislang nicht zu deviantem Sexualverhalten neigte, hat zweifellos Beziehungen zu den involutiven Veränderungen, die dieses Lebensalter kennzeichnen.

Das bedeutet, daß hier primär und bevorzugt auf alterstypische Wandlungen der personalen Struktur abzuheben ist, krankheitswertige hirnorganische Veränderungen gilt es nur in seltenen Fällen zu berücksichtigen.

Gewöhnlich handelt es sich um Angehörige der sozialen Unterschicht, entweder primär oder sekundär in den Fällen, in denen der gegenwärtige soziale Status das Ergebnis einer lang dauernden Entwicklung sozialer Desintegration ist. In der Vorgeschichte finden sich in der Regel keine Straftaten, insbesondere auch keine Sexualstraftaten. Die Probanden leben allein oder allenfalls partiell sozial integriert mit mannigfachen Zügen des Randständigen. Stabile Partnerbeziehungen fehlen, obwohl sie in den Jahren zuvor durchaus bestanden haben mögen. Von ihrer unmittelbaren Umgebung werden sie kaum zur Kenntnis genommen. Sie wohnen vielfach in schäbigen Quartieren als Untermieter oder in Baubuden, lediglich mit dem Nötigsten ausgestattet. Eine vorgegebene oder unter dem Eindruck eines unglücklichen

Schicksals erworbene Menschenscheu läßt sie auch den möglichen Umgang mit anderen meiden. Sie gelten bei den Arbeitskameraden als ungesellig und abweisend. Die pädophilen Delikte resultieren sehr häufig aus der erlittenen Einsamkeit und dem Wunsch nach zwischenmenschlicher Beziehung, zu der sie sich im Verkehr mit Erwachsenen nicht gerüstet fühlen. Ihre „Kinderliebe" enthält deswegen auch ein gutes Teil an Zärtlichkeitsbedürfnis, Bedürfnis nach Liebe und wärmender Zuwendung. Der erste Kontakt mit den Kindern ergibt sich meist aus gemeinsamen Spielen, dem Angebot, sich des eigenen Fernsehapparates zu bedienen, um Sendungen zu verfolgen, deren Betrachtung den Kindern zu Hause verboten ist. Es entwickelt sich eine Art von Geselligkeit, die den älteren Mann als großzügigen Gastgeber sieht, der mit Gebäck und Getränken nicht spart. Erst langsam wächst die sexuelle Appetenz, eine altersbedingte Einschränkung der Triebfähigkeit läßt den Delinquenten oft erst relativ spät erkennen, daß er die Rolle des guten, selbstlosen Onkels längst aufgegeben hat. Es kommt häufig vor, daß dieser Rollenwechsel von den Kindern durchaus erkannt wird, daß sie aber zumindest anfangs die Beziehung aufrecht erhalten wegen der größeren und kleineren Zuwendungen. Nicht einmal eindeutig pädophile Akte vermögen sie stets zu bewegen, den Kontakt abzubrechen — ja bisweilen nutzten sie sogar diese Vorkommnisse aus, um den Täter zu erpressen. Deutlicher als bei anderen Fällen von Pädophilie findet man hier bisweilen vergleichsweise stabile Zerrformen einer Vergesellschaftung, in der durchaus beide Seiten in der Beziehung ihren Vorteil realisieren.

Forensisch-psychiatrisch werden diese Straftäter nur dann relevant, wenn die Untersuchung eine fortgeschrittene organische Wesensänderung aufdeckt oder einen massiven, vielfach bereits mit einer Entdifferenzierung und Entprofilierung der Persönlichkeit verbundenen chronischen Alkoholmißbrauch. Die Frage nach einer schweren anderen seelischen Abartigkeit stellt sich hier nicht, es sei denn, die Pädophilie erfülle den Begriff der Perversion.

Beispiel: *Zum Biographischen ist von dem 52-jährigen Beschuldigten das Folgende zu erfahren: Mit 4 oder 5 Jahren wurde er von den Eltern entfernt und wuchs bei Pflegeeltern auf. Daran schloß sich ein mehrjähriger Heimaufenthalt an. Von dort entlassen ging er verschiedenen Tätigkeiten nach. Später siedelte er in die DDR über, arbeitete dort als Kranführer. Eine hier eingegangene Ehe scheiterte nach wenigen Jahren, es gelang ihm daraufhin, in die Bundesrepublik zurückzukehren. Er übte in rascher Folge unterschiedliche Tätigkeiten aus, schloß eine zweite Ehe, die bereits nach einem halben Jahr scheiterte. Zuletzt war er Bauarbeiter, Kontakte zu Familienangehörigen unterhält er nicht mehr.*

Zu den ihm zu Last gelegten Delikten will er sich nicht äußern, eines der geschädigten Kinder macht folgende Angaben:

„Am Samstag war ich bei meinem Onkel. Vorher hatte ich ihn einmal mit meinen Eltern und Geschwistern aufgesucht. Am Samstag war ich allein bei ihm. Wir haben in seiner Wohnung gespielt, wir haben so herumgealbert. Plötzlich hat mein Onkel mit seiner Hand über der Hose an mein Geschlechtsteil gegriffen. Hierbei sagt er „was ist das". Ich gab ihm zur Antwort „das ist mein kleines Ding für die Toilette". Mein Onkel fragte dann „was ist es noch". Und gab gleichzeitig den Antwort „für

Babys zu machen". Er griff mir immer wieder in die Hose und sagte „zeig mal". Ich sagte ihm aber, er solle aufhören, da ich es nicht wolle. Dann hat er doch meinen Hosenlatz aufgemacht und hat „das Ding" in die Hand genommen. Dann hat er auch mein „Ding" in den Mund genommen. Er hat darauf gebissen. Plötzlich habe ich den Halt verloren und bin auf den Teppich gefallen. Als ich auf dem Boden lag, hat er mein „Ding" wieder in den Mund genommen und daran gezuckelt. Dann sagt er „du bis mein Schätzchen". Ich war so erschrocken, daß ich nichts sagen konnte. Ich habe einen Schock gehabt. Er hat mir auch einen Zungenkuß gegeben. Ich habe aber die Lippen zusammengepreßt, aber mit seiner Zunge hat er mir den Mund geöffnet. Als er mir den Hosenlatz aufgemacht hat, hat er gezittert und geschnauft. Das Ganze hat etwa 5 Minuten gedauert. Als ich fort ging, hat er mir 2 Tafeln Schokolade gegeben, eine für mich und eine für meine Schwester. Am Montag war ich wieder dort, aber da war meine Schwester mit dabei. Er hat mit mir wieder in der Wohnung gespielt. Ich bin dann auf die Toilette und habe mich eingeschlossen. Plötzlich war mein Onkel auch in der Toilette. Wie er herein gekommen ist, weiß ich nicht, aber ich glaube, er hat von außen den Haken an der Tür geöffnet. Auf der Toilette hat er mir einen Zungenkuß gegeben. Er sagte noch, er wolle mich „durch den Bello stoßen", damit meinte er die Toilettenschüssel. Warum er das machen wollte, weiß ich nicht. Es sollte vielleicht ein Spaß sein. Er sagte noch, ich wäre sein „Schätzchen"."

Im Gutachten wurde u.a. ausgeführt: Hinsichtlich des allgemeinen Sexualverhaltens des Beschuldigten ergeben sich keine Hinweise auf einen sogenannten übersteigerten Sexualtrieb. Es handelt sich weder um eine scheinbar absolute Steigerung durch eine besondere Sensibilisierung für sexuelle oder als sexuell empfundene Außenreize, noch um eine relative, resultierend aus einer Beeinträchtigung des Hemmungsvermögens. Der Beschuldigte entstammt einem gestörten Familienmilieu und hat zeitlebens eine weitgehend randständige Position in der Gesellschaft eingenommen. Die Begründung stabiler und befriedigender Partnerbeziehungen war ihm niemals möglich. Die aufgezwungene soziale Isolierung wurde durch eine vorgegebene Neigung zu autistischer Selbstgenügsamkeit verstärkt. Das ungünstige soziale Milieu, die menschliche Isolierung und die allenfalls durchschnittliche intellektuelle Begabung haben im Falle des Beschuldigten zweifellos das Überwinden jener Barriere erleichtert. Er hat in früheren Jahren heterosexuelle Beziehungen z. T. über mehrere Jahre hinweg unterhalten, von einer Tendenz zur homophilen oder heterosexuellen Pädophilie war bislang nichts bekannt geworden. Folgt man seinen Angaben, so zeigt sich in den pädophilen Delikten weniger der Ausdruck einer fixierten sexuellen Appetenz als vielmehr ein Ausweichen in diese Form der sexuellen Befriedigung angesichts der unbefriedigenden Beziehungen zu erwachsenen Partnern und der weitgehenden sozialen Isolierung. Die ihm vorgeworfenen Delikte sind damit nicht Ausdruck einer einseitigen sexuellen Fixierung, sondern u. a. Manifestationen eines Mißverhältnisses zwischen dem Wunsch nach — sexueller — Partnerbeziehung und der Möglichkeit zu dessen Realisierung. Homo- und heterosexuelle Pädophilie konnten sich auf dem Hintergrund der sozialen Isolierung und der vergleichsweise geringen intellektuellen Ausstattung relativ einfach manifestieren, die unmittelbar mit der Tat zusammenhängenden äußeren Umstände einschließlich der

Einstellung der Partner mögen zusätzlich begünstigend gewirkt haben. Tatausführung und jetzige Einstellung den ihm zur Last gelegten Delikten gegenüber zeigen jedoch, daß der Beschuldigte sicherlich stets in der Lage war, das Unerlaubte der Tat einzusehen und gemäß dieser Einsicht zu handeln.

Pädophilie des Kriminellen

Sie ist nach eigenen Erfahrungen nicht sehr häufig, stellt aber einen recht gut umschriebenen Prägnanztyp dar.

Bereits der soziale Werdegang weist erhebliche Brüche und Verwerfungen auf, Auffälligkeiten im Sexualverhalten fehlen jedoch meist. Der Täter lebt unstet, wechselt den Arbeitsplatz häufig, zeigt Merkmale des Haltlosen, Bindungsschwachen in Verbindung mit Tendenzen der Verwahrlosung. Dabei ist er keineswegs kontaktschwach und ungesellig, er verfügt über einen Freundeskreis und ist nicht selten in zweiter oder dritter Ehe verheiratet. Bei den Straftaten, deretwegen er oft bereits langjährige Haftstrafen verbüßt hat, handelt es sich um Eigentumsdelikte, seltener Körperverletzungen und vor allem um solche Delikte, die in unmittelbarem Zusammenhang mit der unsteten, dissozialen Lebensführung stehen. Immer wieder fällt seine bemerkenswert wenig ausdifferenzierte Emotionalität auf, die geringe gemütliche Ansprechbarkeit. Sein Lebensbericht ist bestimmt von einem wehleidigen Selbstmitleid, das ihn eigenes Fehlverhalten — wenn es überhaupt eingeräumt wird — in der Ungunst der Verhältnisse und dem Unverständnis der Mitmenschen begründet sehen läßt. Stößt man in den Akten auf Vorgutachten, die in anderer Sache einmal erstattet wurden, so erkennt man häufig so weitgehende Abweichungen in der biographischen Selbstdarstellung, daß man meint, es mit zwei verschiedenen Personen zu tun zu haben.

Die von diesem Tätertypus begangenen pädophilen Delikte zeichnen sich durch eine kühle und zielstrebige Konsequenz des Vorgehens aus, durch Umsicht und das Bestreben, die Kinder möglichst lange über die tatsächlichen, durchaus von Beginn an bewußten Intentionen das Verhaltens im Unklaren zu lassen. Hier hört man auch am häufigsten von massiven Drohungen, mit deren Hilfe die Kinder veranlaßt werden sollen, gegenüber den Eltern stets Schweigen zu bewahren. Der kriminelle Pädophile beschränkt sich nicht auf pädophile Sexualkontakte sondern unterhält darüber hinaus auch Beziehungen zu Frauen, wobei auch diese Beziehungen vielfach Merkmale der Promiskuität aufweisen.

Die Frage nach der Schuldfähigkeit stellt sich bei diesen Tätern praktisch niemals, eine süchtige Verzerrung in Richtung auf die Perversion wird hier kaum einmal angetroffen.

Beispiel: *Der Beschuldigte ist kurz vor Kriegsbeginn in Norddeutschland geboren worden. Anfangs des Krieges siedelten die Eltern nach Schlesien über. Der Vater wurde Soldat. Bei Kriegsende wurde der Heimatort von den sowjetischen Truppen besetzt, die Mutter vergewaltigt. Der Beschuldigte selber sei Zeuge mehrerer Einschießungen gewesen.*

1950 siedelte er mit der Mutter in die Bundesrepublik über. Er absolvierte eine

Lehre als Autoschlosser. Da er keine Arbeit fand, ging er 1955 in die DDR. Hier sei er wegen Sabotage verhaftet und verurteilt worden. 1959 heiratete er erstmals. Eine erneute Haftstrafe beendete diese Ehe, die 1960 geschieden wurde. Nach einer weiteren Haftstrafe heiratete er ein zweites Mal, die Ehe bestand 2 Jahre. 1969 wurde er, wiederum inhaftiert, in die Bundesrepublik abgeschoben. Hier fand er häufig wechselnde Arbeitsstellen.

Zum Schuldvorwurf berichtet er: Als er das Mädchen R. kennengelernt habe, sei dieses 13 Jahre alt gewesen. Zuvor habe ihn bereits mit mehreren Jugendlichen eine enge Freundschaft verbunden. Er habe mit ihnen Spaziergänge unternommen, man habe gemeinsame Interessen entdeckt. Sein technisches Verständnis und sein Geschick im Handwerklichen habe die Jungen beeindruckt. Sie hätten ihre Geräte gebracht mit der Bitte, sie zu reparieren. Er habe sich bereits erklärt ihnen seine Stereoanlage zu zeigen. Auf diese Weise seien die Knaben in seine Wohnung gelangt. Er sei immer gern mit Jugendlichen umgegangen, habe sich als einer der Ihren gefühlt. Gemeinsam habe er auch mit ihnen auf einer nahegelegenen Wiese gezeltet, nachdem er zuvor die Eltern der Knaben um ihre Zustimmung gebeten habe. Nach einem Unfall hätten ihn die Jungen im Krankenhaus besucht, ihn mit kleinen Gefälligkeiten umsorgt. Bereits vor diesem Unfall habe einer der Knaben ihm seine Freundin gezeigt. Der Junge habe den Beschuldigten um seinen fachmännischen Rat gebeten, dieser habe das Mädchen gelobt. Später seien andere Jungen mit ihren Freundinnen zu ihm gekommen. Man habe Musik gemacht, Partys veranstaltet. Er habe den Jungen auch in seiner Abwesenheit seine Wohnung für diesen Zweck zur Verfügung gestellt. Wann das Mädchen R. das erste Mal gekommen sei, wisse er nicht genau anzugeben. Immerhin habe ihn das Mädchen sehr an die Tochter einer früheren Freundin erinnert.

Dadurch sei es bald zu einer engen Bindung gekommen. In der Folgezeit habe man gemeinsame Spiele unternommen, die Zuneigung habe sich vertieft. Er habe schließlich in dem Mädchen einen Tochterersatz gesehen. Bald darauf habe er überraschend einen beruflichen Erfolg erlebt. Es sei ein Sprung nach oben auf der Karriereleiter gewesen. Dieser Erfolg habe ihn beflügelt und er habe mit dem Kind Ausflüge gemacht, ihr die Welt gezeigt. Im Zusammenhang damit sei es mehrfach zum Geschlechtsverkehr gekommen. Sexuelle Kontakte habe er jedoch auch mit den Jungen gehabt, diese hätten an seinem Genitale bis zum Samenerguß manipuliert.

Der Beschuldigte stellt sich als eine emotional unausgereifte Persönlichkeit dar mit einer weichen, zum Sentimentalen neigenden Grundstimmung. Bestimmende Wesenszüge sind die der Bindungsschwäche, der Haltschwäche und verminderten sozialen Kontaktfähigkeit. Eine Neigung zum Aufbauschen und zur Umformung der Wahrheit im Interesse der Imagepflege ist unverkennbar.

In der Begutachtung heißt es: Die sexuelle Entwicklung des Beschuldigten ist vergleichsweise unauffällig verlaufen. Charakteristisch ist, daß ihm die Kinder bei der Tatausführung bereits bekannt waren, daß also eine emotionale Bindung nicht ausgeschlossen werden kann. Das gilt insbesondere für die Beziehung zu dem Kind R. Geht man davon aus, daß die geschlechtliche Beziehung zu einem pubertierenden Mädchen dem Manne in unserer Gesellschaft durch ein massives Tabu verwehrt ist, so ist bei dem Beschuldigten zu prüfen, welche Faktoren und Einflüsse in der Lage waren, diese Tabubarriere zu durchbrechen.

Zweifellos ist hier die sexuelle Appetenz als die sicherlich wichtigste Triebfeder zu nennen. Es ist zu bedenken, daß die erotische Bindung an pubertierende Mädchen nicht immer mit der gleichen Ablehnung gewertet wurde. Das heißt also, daß die Zuneigung des Mannes zum pubertierenden Mädchen nicht einen spezifischen abnormen Wesenszug zur Voraussetzung hat. Bei dem Beschuldigten entwickelte sich die Beziehung augenscheinlich aus einer längeren Freundschaft, über deren Charakter er anfangs selber im Unklaren gewesen sein mag, allerdings nur im ersten Stadium dieser Beziehung. Er mag sich anfangs tatsächlich in der Vaterrolle gesehen haben, eine Vermutung, die durch den Umstand gestützt wird, daß die Eltern des Mädchens die Beziehung offensichtlich billigten. Als es dann später zu erotischen Berührungen kam, zunächst außerhalb der Genitalzone, mußte dem Beschuldigten insbesondere auf dem Hintergrund seiner intellektuellen Ausstattung deutlich werden, daß die Situation nunmehr neu definiert war, daß der ursprünglich hintergründige sexuelle Akzent jetzt vordergründig wurde. Der gleitende Übergang von der väterlichen Beziehung in eine solche zwischen zwei Sexualpartnern hat es dem Beschuldigten zweifellos erleichtert, die Tabubarriere zu überwinden. Hinzu kommt, daß vorgegebene Kontaktschwäche und soziale Bindungsschwäche dem Beschuldigten vor allem in den letzten Jahren augenscheinlich nur wenig alternative Beziehungen ermöglichten, wodurch sich die sexuelle Appetenz noch deutlicher auf das Mädchen richtete. Ein Zweifel an der Einsichts- und Steuerungsfähigkeit konnte naturgemäß nach Lage der Dinge nicht begründet werden.

Pädophilie des Jugendleiters

Der Prägnanztyp des pädophilen Jugendleiters stellt zweifellos den psychopathologisch interessantesten pädophilen Straftäter dar. Man begegnet ihm auch am häufigsten unter jenen Pädophilen, bei denen das sexuelle Fehlverhalten den Charakter der Perversion angenommen hat.

Beispiel: *Der 35-jährige A. wird des sexuellen Mißbrauchs mehrerer Knaben eines Chores beschuldigt, mit dessen Stimmbildung er beauftragt war und den er stellvertretend leitete.*

Zum Schuldvorwurf

„Ich kann mir immer wie der große Bruder vor. Ich bin ja in dem Chor aufgewachsen, komme aus der Jugendarbeit".

Mit diesem Satz beginnt A. seine Darstellung des hier in Rede stehenden Schuldvorwurfes. Er betont dann, daß das in der Anklageschrift niedergelegte der Wahrheit entspreche. Natürlich habe er stets lieber mit den Begabten gearbeitet als mit den anderen. Er sei aber stets bestrebt gewesen nicht den einen dem anderen vorzuziehen. Die Arbeit habe ihm viel Freude gemacht.

Um das Jahr 1974 herum sei für ihn wohl das erste Mal die Frage aufgetaucht, wie man feststellen könne, wieviel Zeit einem Jungen noch bis zum Eintritt in den Stimmwechsel bleibe. Er müsse dabei betonen, daß bei den ausgebildeten Stimmen der Stimmwechsel eher ein gleitender Vorgang sei, die eigentliche Stimmbruch-Phase falle fort. Es sei jedoch besonders verantwortungsvoll, diesen Zeitpunkt rechtzeitig abzupassen. Belaste man die Knaben zu lange, d. h. auch noch in der Zeit des beginnenden Stimmwechsels, so laufe man Gefahr, die Stimme für den Rest des Lebens zu verderben. Deswegen habe er seine Aufgabe mit viel Interesse und großem Verantwortungsgefühl wahrgenommen. Er habe begonnen, mit den Buben Gespräche über den Stimmbruch zu führen. Die Buben hätten ihn gefragt, wie lange sie wohl noch singen könnten. Er habe geäußert, es gebe nicht nur die Möglichkeit über die Beurteilung der Stimme den bevorstehenden Einbruch des Stimmwechselns zu prognostizieren. Er habe gemeint, es seien auch andere Kriterien, die man hier heranziehen könne. Dazu gehöre beispielsweise die Beurteilung des Händedrucks, aber auch die Inspektion des Genitale. Damit meine er die Schambehaarung sowie die Erektions- und schließlich die Ejakulationsfähigkeit.

„Ich hab' gesagt, zieh die Hose runter und sie taten es". Es habe allerdings auch Kinder gegeben, die sich gegen diese Form der Untersuchung gewehrt hätten. Von denen habe er nichts verlangt. Er habe überhaupt niemals seinem Wunsch anders Nachdruck verliehen als durch verbales Überzeugen.

Anfänglich seien seine Untersuchungen über das Betrachten des Genitalen nicht hinausgegangen. Später habe er dann das Genitale der Buben angefaßt und onaniert bis zum Samenerguß.

In einem späteren Gespräch wird A. noch einmal auf die „Untersuchungen" angesprochen. Er meint, er selber sei sexuell wohl nicht motiviert gewesen. Er habe durchaus gemerkt, daß es den Knaben Spaß mache. Deswegen habe er auch fortgefahren, deswegen sei es auch zu anderen Manipulationen gekommen, die mit seinen Untersuchungen nicht in unmittelbarem Zusammenhang gestanden hätten. Er denke hierbei etwa an die analen Manipulationen, Einführen einer Kerze etc.

Er identifiziere sich ausdrücklich nicht als einen Homophilen. „Ich hab' mir vorgemacht, ich tue es für sie".

In einem späteren Gespräch begründet A. noch einmal seine Theorie, wonach es möglich sei, aus der Entwicklung und Funktion des Genitale auf den eintretenden Stimmbruch rückzuschließen. Er weist wiederum darauf hin, daß sich bei Chorknaben der Übergang, d. h. der Stimmwechsel, gleitend vollziehe. Deswegen sei es besonders schwierig aber auch wichtig, den Beginn eben dieses Eintritts in den Stimmwechsel rechtzeitig zu diagnostizieren. Aus dieser Überlegung heraus sei er zu seinen Untersuchungen und Studien gekommen. Es sei eben erforderlich, in dieser kritischen Phase sehr genaue Beobachtungen anzustellen, um nichts zu zerstören. „Das ist eben kein Unsinn, es geht". Inzwischen sei er in der Lage, auch ohne Inspektion des Genitale zu entscheiden, wann etwa mit dem Stimmbruch zu rechnen sei, d.h. wie lange ein Junge noch im Chor singen könne. Auf eine entsprechende Frage meint er dann, er habe wohl immer hintergründig die Vorstellung gehabt, daß er sich mit seinem Tun am Rande der Legalität bewege. „Ich habe mich nicht wohlgefühlt, mir hat es keinen Spaß gemacht, mir hat es nie sexuell etwas gebracht". „Ich dachte, vielleicht ist es nicht in Ordnung, aber vielleicht rechtfertigt das Ergebnis der Untersuchung das Vorgehen".

Damit meine er, daß er trotz des moralisch Fragwürdigen, das ihm aufgegangen sei, fortgefahren sei in seinen Übungen in der Überzeugung, das mögliche Resultat seiner Studien werde das Ungewöhnliche der Mittel rechtfertigen. Wiederum auf eine entsprechende Frage meint er, wenn er in der beschriebenen Weise auch bei Jungen vorgegangen sei, bei denen der Stimmbruch bereits eingetreten gewesen sei, so deswegen, weil er die Entwicklung weiter verfolgen wollte. Außerdem habe er gemerkt, daß es den Buben Spaß mache. Das sei sicher mit ein Grund dafür gewesen, weshalb er mit ihnen in Kontakt geblieben sei.

Er selber halte sich nicht für homosexuell, sondern lediglich für scheu, zurückhaltend und ängstlich im Umgang mit Frauen.

Wieder auf eine entsprechende Frage meinte er, eine erotische Komponente enthalte seine Tätigkeit sicher. Schließlich sei er früher Jugendführer gewesen. Er habe besonders gut mit den Buben umgehen können, sei ja selber aus der Chorarbeit gekommen. Eine sexuelle Motivation will er nicht wahrgenommen haben, die erotische Komponente seines Tuns aber will er gelten lassen.

Auf Fragen meint er außerdem, er hätte sich seinerzeit gegen die Erkenntnis, homophil zu sein, energisch gewehrt. „Ich kann es natürlich nicht ausschließen. Es könnte sein, daß ich das einfach verdrängt habe''. „Bei der Beziehung zu Volker könnte es doch eine Homophilie gewesen sein. Das ist mein Musterschüler, an dem hab' ich schon immer gehangen. Der war anfangs sehr schwierig, ist dann sehr gut geworden. Den kenne ich seit '76''.

A. zählt zweifellos zu jenem Prägnanztyp, den man als „pädophilen Jugendleiter'' bezeichnen kann.

Der Prägnanztyp des pädophilen Jugendleiters weicht bezüglich seiner sozialen Merkmale deutlich von den anderen pädophilen Delinquenten ab. Er entstammt in der Regel einer mittleren oder gehobenen sozialen Schicht, hat meist eine weiterbildende Schule besucht und verfügt über eine abgeschlossene Berufsausbildung. Das gilt auch im Falle des A. Er wuchs in einem durchaus geordneten bürgerlichen Milieu auf, absolvierte die Schule ohne Schwierigkeiten. Ein Hochschulstudium schloß er mit der Promotion ab. Sowohl in den Jahren, die der Straftat vorausgehen, als auch in der Zeit, in die diese fällt, ist der pädophile Jugendleiter gut integriert, steht im Berufsleben und verfügt auch meist über eine eigene Familie. Letzteres trifft im Falle des A. nicht zu. Es ist aber zu beachten, daß seine Bindung an die Eltern, bedenkt man sein Lebensalter, ungewöhnlich eng ist und daß er insofern also auch über eine eigene Familie verfügt. A. ist geschätzt als Mitarbeiter ebenso wie als Teilnehmer an geselliger Freizeitaktivität, so daß die anderen von dem gegen ihn erhobenen Schuldvorwurf gänzlich überrascht werden. Seine sexuelle Entwicklung ist unauffällig, lediglich während der Phase des Delinquierens fällt auf der einen Seite sein sexuelles Desinteresse und auf der anderen Seite sein überraschendes Bevorzugen ungewöhnlicher Praktiken des Vollzuges auf. Bedingt durch den Beruf und aufgrund seiner Aktivitäten in der Freizeit hat er Umgang mit Kindern. Auch das entspricht dem Typ des pädophilen Jugendleiters, die sich befreundeten Familien als „Erzieher'' und Unterhalter der Kinder anbieten — wenn nicht gar ausdrücklich die Freundschaft kinderreicher Familien gesucht wird. Auffällig ist die Fähigkeit des A., von der er selber spricht, sich auf Kinder und deren Wünsche einzustellen, sein Vermögen, sich weit in die kindliche Mentalität einzufühlen. Er gehört zu jenen

Pädophilen, die gerade unter den pädophilen Jugendleitern nicht selten sind, bei denen man durchaus feinsinnige, musikalisch begabte oder interessierte Täter findet, wie überhaupt der Kontakt zu den Kindern gern über vermittelnde Medien — Sport, Musik — gesucht wird.

Durchgehende psychopathologisch bedeutsame Merkmale findet man bei dieser Gruppe von Pädophilen nicht, auch nicht bei A. Man findet auch keine, die Persönlichkeit charakterisierende Infantilität. Wenn A. davon spricht, er fühle sich nicht erwachsen, so meint er damit seine Scheu vor manchen Kontakten, insbesondere vor Frauenbeziehungen. Das aber reflektiert seine besondere sexuelle Neigung, nicht aber Infantilität.

Der Prägnanztypus des pädophilen Jugendleiters repräsentiert am deutlichsten jene Erscheinungsweise der Pädophilie, die ihre großen Vorbilder in der klassischen und romantischen Literatur hat — bis hin zu Thomas Manns Gustav Aschenbach. Häufige Berufsrollen sind diejenigen des Lehrers, des Geistlichen, des Jugend- oder Sportwarts und des — ehrenamtlichen — Leiters von Jugendgruppen. A. hat einige dieser Berufsrollen, z.T. gleichzeitig, realisiert.

Der pädophile Jugendleiter weiß in der Regel um seine Neigung, auch bevor er sie erstmals realisierte. Nicht nur die Kenntnis der angedrohten Sanktionen, sondern auch das eigene Gewissen — die „Kinderliebe", die ihn straffällig macht, läßt ihn nicht selten sein Tun als moralisch verwerflich empfinden — verursacht ständig schwere Schuldgefühle, die manche dieser Täter das Entdecktwerden und die resultierende Bestrafung als Erleichterung empfinden läßt. A. meint zwar, er sei sich seiner Neigung nie bewußt geworden. In der längeren Exploration spricht er dann aber davon, daß ihm gelegentlich doch der Gedanke gekommen sei, den er sofort verdrängt habe. Von schweren Schuldgefühlen allerdings berichtet er, den Eltern aber auch den Kindern gegenüber. Auch meint er, das Entdecktwerden sei ihm schließlich eine Entlastung gewesen.

Gerade für den pädophilen Jugendleiter gilt das bekannte Phänomen des gleitenden Rollenwechsels. Den Kontakten mit den Kindern haftet — deutlich vor allem bei aggressionsgehemmten Tätern — meist über längere Zeit etwas Spielerisches an, bisweilen haben sich diese Pädophilen während vieler Wochen oder Monate als Spielgefährte Zutrauen und Zuneigung der Kinder erworben, ohne daß ihnen schon zu diesem Zeitpunkt der Gedanke an die spätere Tat gekommen wäre. Ähnliches erfahren wir von A., der sich durchaus zunächst als Kamerad der Kinder empfand, der mit ihnen die Freizeit gestaltete etc. Er ist den Kindern ursprünglich in der Rolle des Lehrenden, des Spielkameraden, des beratenden Fachmanns etc. zugewandt und erst schrittweise erliegt er den als sexuelle Stimuli empfundenen Körpern bzw. einzelnen Körperteilen. Gelingt es ihm zunächst, die Appetenz durch scheinbar versehentliches Berühren oder durch gebilligte Formen zärtlichlobender Zuwendung — gelegentlich auch manueller Bestrafung, wie wir hören — zu befriedigen, so kommt es schließlich bei einer sich bietenden Gelegenheit — zufällig oder mehr oder weniger absichtlich herbeigeführt — zu dem inkriminierten Tun. Auch hier vermag A. sein Tun über lange Zeit zu rationalisieren, in dem er von jener „Theorie" spricht, die ihm diese Untersuchungen nahegelegt hätten. Im Falle des A. erweist sich das Hinübergleiten in das von sexueller Appetenz getragene Verhaltensmuster als ein längerfristiger Prozeß, nicht als ein plötzlicher Rollenwechsel.

Von A. wissen wir, daß er über Jahre hinweg die ihm als „Unzuchtshandlungen" angelasteten, von ihm selber so bezeichneten „Untersuchungen" in einer fast ritualisierten Form vollzog. Er begann mit einem Aufklärungsgespräch, ging dann über auf die Beziehungen zwischen Stimmwechsel und Sexualität, um sich dann ganz der Inspektion des Genitale zu widmen. Hier kam es zur Onanie bei den Buben, gelegentlich zu der Anfertigung fotografischer Aufnahmen, in sehr seltenen Fällen auch zu analen Manipulationen. Das Vorgehen spielte sich, so entnahmen wir seinen Angaben, in stets der gleichen Form ab, hatte insofern formal gar den Charakter eines „Untersuchungsganges", ein Umstand, der es A. zweifellos erleichterte, das Strafbare und der verbindlichen Moral Widersprechende seines Tuns vor sich selbst zu verleugnen.

Diese besondere Vorgehensweise läßt daran denken, daß es in der Tat zur Verzerrung der pädophilen Akte in Richtung auf die Perversion gekommen sei.

In dem durchaus als ritualisiert zu bezeichnenden Verhalten des A. scheint ein Gestaltzerfall erkennbar zu sein. Zwar meint er, auch noch in der Exploration, er habe sich den Knaben als einzelnen Individuen zugewandt, sei beratend, untersuchend etc. tätig geworden. Tatsächlich aber wird in dem von ihm geschilderten Handlungsablauf erkennbar, daß es nur eine bestimmte Region des Knabenkörpers war, der ihn anzog, die Oberschenkel, das Genitale. Und es ist nicht das Genitale schlechthin, sondern eben das unbehaarte, das Genitale des noch nicht geschlechtsreifen Jungen. Die anderen von ihm erwähnten „Kriterien" spielen, so kann man seiner Darstellung entnehmen, bei der „Untersuchung" eine allenfalls untergeordnete Rolle. Er erwähnt diese Kriterien später nicht mehr, nur wenn er ausdrücklich nach seiner „Lehre" gefragt wird, zählt er sie auf. Sonst aber bleiben Händedruck, Gesichtsausdruck etc. im Hintergrund, das Genitale tritt ganz in den Vordergrund. In diesem allein ist der sexuelle Stimulus zu sehen, auch nicht in anderen, gemeinhin ebenfalls als sexuell stimulierend erlebten Körperteilen. Das von A. selber geschilderte Vorgehen, die von ihm selbst berichtete Praxis, widersprechen durchaus seiner Angabe, es sei ihm um die Kinder in toto gegangen, um deren charakterliche Entwicklung usw. Tatsächlich reduzierte sich, das entnehmen wir seinen Ausführungen, das Interesse immer mehr auf das Genitale und zwar hier auf den Penis, insbesondere den erigierten. Als erwünscht und ihm selber Freude bereitend erwähnt er den Vorgang der Ejakulation, auch die diese ermöglichende manuelle Onanie. Hier ist zweifellos eine Entwicklung eingetreten, in der ein Teil für das Ganze genommen wird, eine Reduktion des sexuellen Interesses auf einen begrenzten Ausschnitt des Körpers und auch bezüglich dieses Ausschnittes wieder auf einen besonderen Funktionszustand.

Von A. erfahren wir, daß die Frequenz nach 1974 kontinuierlich zunahm und zwar sowohl bezüglich der Zahl der Knaben als auch bezüglich der „Untersuchungen" eines einzelnen. Diese Frequenzzunahme bei — folgt man wiederum seinen Angaben — offensichtlich abnehmender Satisfaktion, darf ebenfalls als ein Kriterium des Abgleitens des devianten Sexualverhaltens in die Perversion gewertet werden. Auf die abnehmende Satisfaktion, d.h. die abnehmende Befriedigung beim einzelnen Akt, schließen wir nicht nur aus der zunehmenden Frequenz, sondern auch daraus, daß A. später zu anderen Manipulationen griff, augenscheinlich um die sexuelle Stimulation zu steigern. Wir meinen hier die analen Manipulationen, das Einführen einer Kerze in den Anus, die digitale Prostatauntersuchung, von der er spricht, d.h., das Einführen des Fingers in den Anus mit der erklärten Absicht, die Prostata zu tasten. Dieser Vorgang wird von ihm nicht mehr mit seiner „Untersuchungsmethode" legitimiert, hier geht es ihm um eine vermeintliche Steigerung des sexuellen Empfindens auf seiten des Knaben.

Der Gestaltzerfall mit dem daraus resultierenden eigenständigen Dominieren eines dem Ganzheitszusammenhang entzogenen Einzelaspektes macht es verständlich, daß das Objekt, hier der Knabe, das eben diesen Einzelaspekt vermittelt, nahezu beliebig austauschbar wird. Der Partner wird nicht nur nicht gesucht, die Begegnung mit ihm wird sogar ausdrücklich gemieden, d.h. eine partnerschaftliche Beziehung wird nicht hergestellt und auch nicht angestrebt. Die Beziehung zum anderen bleibt apersonal und auch A. will seine Identität nicht einbringen.

Gerade Letzteres wird in seinen Schilderungen deutlich, wenn er sich immer wieder als distanziert, als der „Lehrer" beschreibt. Aber auch der apersonale Charakter der Beziehung wird deutlich, wenn er sich in der Rolle des distanzierten Untersuchers schildert, dem es darum geht, eine Theorie, eine Konzeption zu verifizieren.

Aus der erwähnten Frequenzzunahme bei abnehmender Satisfikation ergibt sich schließlich eine Neigung zum Ausbau von Phantasie, Praktik und Raffinement hinsichtlich des Vollzgs. Auch dafür finden wir Anhaltspunkte im Falle des A. Wir verweisen noch einmal auf die anale Manipulationen, auf die Anfertigung fotografischer Aufnahmen des erigierten und erschlafften Gliedes, auf die Fotografien unterschiedlicher Positionen etc. Im übrigen wird eine Tendenz zum Ausbau von Phantasie und Praktik der sexuellen Stimulation auch deutlich angesicht jener Unterlagen, deren sich A. nach eigenen Berichten bei der Onanie bediente. Die entsprechenden Magazine etc. belegen diese Auffassung.

Auf dem Hintergrund des oben Ausgeführten meinen wir davon ausgehen zu müssen, daß A. seine sexuelle Befriedigung in einem devianten Sexualverhalten findet, das dem Begriff der Pädophilie unterzuordnen ist. Über die Jahre, in denen A. sich in diesem Sinne verhielt, haben sich jene Leitsymptome entwickelt, die es gestatten, von einer in die Perversion abgeglittenen pädophilen Delinquenz zu sprechen.

Ein ins Perverse verzerrtes deviantes Sexualverhalten aber verlangt von dem Betroffenen eine ungewöhnlich starke Anspannung der Willenskräfte, die es ermöglicht, wirksame Gegenvorstellungen zu entwickeln und zu realisieren. Ein Teil dieser Energie wurde von A. — zweifellos nicht intendiert — offenbar darauf verwandt, aufkommende Bedenken, moralische Skrupel etc. abzudrängen und sie nicht bewußtseinsfähig werden zu lassen.

Trotzdem meinen wir, es müsse angesichts des perversen Charakters des von ihm praktizierten devianten Sexualverhaltens davon ausgegangen werden, daß er bezüglich der hier in Rede stehenden Delikte in seiner Einsichts- und Steuerungsfähigkeit erheblich beeinträchtigt war.

Häufiger als bei den anderen Prägnanztypen pädophiler Delinquenz begegnet man beim pädophilen Jugendleiter der Verzerrung der Pädophilie als deviantes Sexualverhalten in die Perversion.

Gelingt es dem Untersucher, eine derartige Modifikation und Progredienz hin-

länglich wahrscheinlich zu machen, so wird er nur selten zögern, eine erhebliche Verminderung der Schuldfähigkeit aufgrund einer schweren seelischen Abartigkeit anzunehmen. In dem genannten Beispiel deutete sich eine solche Entwicklung an, Grund für den Sachverständigen, eine erhebliche Beeinträchtigung der Schuldfähigkeit nicht auszuschließen. Die Bedeutung der sexuellen Perversion für die Begutachtung devianten Sexualverhaltens legt es nahe, gesondert auf diesen Begriff einzugehen.

5.1.3 Die sexuelle Perversion

Die sexuelle Perversion stellt jene Erscheinungsweise devianten Sexualverhaltens — gleich welcher Art — dar, bei der der Sachverständige zwar nicht generell, wohl aber in nicht wenigen Fällen eine erhebliche Beeinträchtigung von Einsichts- und Steuerungsfähigkeit unterstellen wird.

Der Begriff der Perversion, der auch in der forensischen Psychiatrie selbstverständlich nichts Wertendes beinhaltet, da er allein der Deskription dient, erlaubt es zunächst einmal, bis in die jüngere Vergangenheit reichende Versuche zu überwinden, deviantes Sexualverhalten generell dem Krankheitsbegriff zu subsummieren, d.h. in seinen einzelnen Erscheinungsformen definierte „Krankheitseinheiten" zu sehen. Sieht sich der Gutachter genötigt die Verhaltensaberrationen als Perversionen zu werten, so wird er ihnen aus der Perspektive der forensischen Psychiatrie Krankheitswertigkeit zusprechen. Das bedeutet allerdings nicht, daß — umgekehrt — die Annahme der Krankheitswertigkeit an den Nachweis einer in die Perversion mündenden Verzerrung des devianten Sexualverhältnis gebunden wäre. Mit dem Perversions-Konzept ist dem Sachverständigen eine wertvolle Hilfe an die Hand gegeben, die noch dadurch an Bedeutung gewinnt, daß der Terminus Perversion auf mehrere Formen devianten Sexualverhaltens Anwendung finden kann.

Unter Berufung auf eine Reihe anderer Autoren hat *Giese* einen Perversionsbegriff entwickelt, der dem Sachverständigen in foro seine Aufgabe ganz wesentlich erleichtern kann. *Giese* spricht von den „Leitsymptomen sexueller Perversion".

Um zu verstehen, vor welchem Hintergrund diese Überlegungen formuliert wurden, sei einleitend noch einmal der bereits erwähnte v. *Krafft-Ebing* zitiert, der in der 1880 erschienen 5. Auflage seiner „Psychopathia sexualis" u.a. schreibt: „Als pervers muß — bei gebotener Gelegenheit zu naturgemäßer geschlechtlicher Befriedigung — jede Äußerung des Geschlechtstriebes erklärt werden, die nicht den Zwecken der Natur, i.e. der Fortpflanzung, entspricht. Die aus Paraesthesien entspringenden perversen geschlechtlichen Akte sind klinisch, sozial und forensisch äußerst wichtig; deshalb muß auf sie hier näher eingegangen werden und jeder ästhetische und sittliche Ekel überwunden werden". v. *Krafft-Ebing* unterscheidet zwischen Perversion als Krankheit und Perversität als Laster. Folgende, tatsächlich oder vermeintlich sexuell determinierte abnorme Verhaltensweisen werden von dem Autor unter der Überschrift „Perversion des Geschlechtstriebes" abgehandelt: Lustmord, anderweitige Akte der Grausamkeit aus krankhafter Wollust, Schinden von Tieren; Flaggelieren und blutig stechen; Leichenschändung; Erwürgen von

Frauen; Mädchen schneiden und Mädchen stechen; passive Flaggelation; Verwertung von Geruchsempfindungen zur Erzielung geschlechtlicher Befriedigung; Fetischismus; Exhibitionismus; Statuenschädigung; einfache Verkehrung der Geschlechtsempfindung; psychischer Hermaphroditismus; Homosexualität; Androgyne. Eine große Anzahl dieser „Perversionen" wird gegenwärtig nicht mehr in diesem Sinne und zum Teil überhaupt nicht mehr als Ausdruck devianten Sexualverhaltens verstanden. Nicht wenige finden sich auch nicht als Straftatbestand aufgeführt. Im übrigen wird das den von v. *Krafft-Ebing* aufgezählten Perversionen durchgehend Gemeinsame nicht deutlich, sieht man einmal davon ab, daß das mit ihnen angeprangerte Sexualverhalten nicht der Fortpflanzung dient. Dieses als tertium comparationis einer Gruppe deliktischer Formen primär sexuell motivierten Verhaltens genannte Charakteristikum scheint uns heute — nicht zuletzt angesichts eines allgemeinen Gebrauchs kontrazeptiver Substanzen — bestenfalls eigentümlich und unbrauchbar.

Es ist sicher erforderlich, den Begriff der Perversion nicht an eine bestimmte Form des sexuellen Vollzugs bzw. der sexuellen Bedürfnisbefriedigung zu binden, sondern ihn auf die Weise zu beziehen, in der sexuelle Gratifikation erlebt wird.

Das von *Giese* sogenannte Leitsymptom des „Verfalls an die Sinnlichkeit" bereitet einige Schwierigkeiten, wohl auch deswegen, weil eine starke Sinnlichkeit, ein intensives sinnliches Verlangen, eine Beziehung zur Perversion zunächst nicht erkennen läßt. Man spricht vielleicht besser von einem Gestaltzerfall bezogen auf das Objekt der sexuellen Begierde. Der sexuellen Lust geht die Affektion eines oder mehrerer Sinne voraus, am häufigsten ist sicherlich der Tastsinn betroffen; es folgt der Gesichtssinn, aber auch der Geruchssinn oder der Gehörsinn vermögen jene ersten Eindrücke zu erwecken, die zur intensiven Wahrnehmung des „Objektes" Veranlassung sind, und die schließlich — auch — die sexuelle Appetenz wecken. Mit all diesen Sinneseindrücken ist aber stets die Person assoziiert, auf die sie verweisen und von der sie ausgehen. Es ist nicht irgendeine Berührung gemeint, sondern die Berührung durch die Person A., nicht irgendeine Physiognomie und nicht irgendeine Leiblichkeit. Analoges gilt für den Geruch des Körpers bzw. eines Partners und für die Stimme. Gerochenes, Gesehenes, Gehörtes etc. verweisen auf eine Ganzheit — eben diesen besonderen Menschen —, stehen gleichsam stellvertretend für ihn und wirken als sexuelles Stimulans weil sie eine personale Ganzheit repräsentieren. Im perversen Erleben kommt es zum Gestaltzerfall, bei dem der einzelne sinnliche Reiz seinen Verweisungscharakter verliert, von seinem Träger abgelöst und aus dem Beziehungsganzen herausgenommen wird, um so als eigenständiges Ziel der sexuellen Begierde Bedeutung zu gewinnen. Natürlich erstreckt sich dieser Prozeß der Ablösung und Verselbständigung über einen längeren Zeitraum. Die Erscheinungsweisen eines solchen, perverses Erleben kennzeichnenden Gestaltzerfalls sind vielgestaltig. So verbindet der Fetischist mit dem gestohlenen Wäschestück anfangs Bild und Person der Besitzerin, um sie sich später während des Onanierens zu vergegenwärtigen. Im weiteren Verlauf bedient er sich wahllos der Kleidung auch gänzlich fremder Frauen, Unterwäche, Strümpfe etc. bedeuten sexuell aufreizende Objekte allein aufgrund ihrer Funktion. Sie symbolisieren allenfalls — wenn diese Symbolisierung überhaupt noch vollzogen wird und für den erstrebten Lustgewinn erforderlich bleibt — einen bestimmten Körperteil. Für den Pädophilen kann auf denselben Wegen nicht nur das kindliche Genitale diesen nicht mehr für ein Ganzes stehenden Charakter eines sich selbst genügenden sexuellen Stimulus gewinnen, von manchen Tätern hört man, es sei auch der kindliche Fuß, die Wade, das kindliche Profil etc. Ähnliches gilt für den Geruch, wenn z.B. ein pädophiler Straftäter davon berichtet, lediglich dann, wenn er in einem Pissoir oder unmittelbar nach dem Verlassen desselben einen Knaben antreffe, überkomme ihn sein Verlangen, dem er dann nur unter Aufbietung all seiner Willenskräfte begegnen könne — oder auch nicht. Beim Exhibitionisten gewinnen beispielsweise der Ausdruck des Erschreckens auf dem Gesicht des überraschten Opfers oder dessen entsetzter oder angewiderter Aufschrei diesen Charakter eines isolierten Stimulus.

Kennzeichnend für den Gestaltzerfall im perversen Erleben ist, daß jener Teil, der ursprünglich für ein Ganzes stand, sich aus jener Summe von Teilen herauslöst, die sich in einer Gestalt zusammenfanden, um zu einem eigenständigen Element zu werden. Dessen Wahrnehmung bewirkt dann eine Handlungssequenz, die sich nur scheinbar auf die Person als das intendierte Objekt richtet.

Angesichts der Tatsache, daß es im Verlauf einer langdauernden Partnerbeziehung — homo — ebenso wie heterosexueller Natur — in der Regel zu einer Abnahme der sexuellen Betätigung kommt, hat *Giese* im Blick auf die Perversion mit Recht den Umstand betont, daß man hier eher einer zunehmenden Frequenz begegnet. Das hängt sicherlich — wenn auch nicht einlinig kausal — damit zusammen, daß parallel dazu die Befriedigung abnimmt, die der einzelne Vollzug gewährt. Das kann dazu führen, daß Bedürfnis und Vollzugsfähigkeit schließlich soweit auseinander klaffen, daß pervers verformte deviante Weisen des Sexualverhaltens, die ursprünglich die Herbeiführung des Orgasmus zum Ziel hatten, in manuelle Spielereien wie Tasten und Streicheln übergehen, als Tribut gleichsam, der an das physische Leistungsvermögen zu zahlen ist. Bei anderen Formen, wie etwa dem Exhibieren, wiederholen sich die Taten in immer kürzer werdenden Abständen, wobei die Täter auf das mit dem Präsentieren anfangs gekoppelte Onanieren verzichten, obwohl die Selbstbefriedigung anfangs notwendiger Bestandteil des Rituals war.

Sowohl mit dem erwähnten Gestaltzerfall als auch mitdem wachsenden Bedürfnis bei abnehmender Satisfaktionsfähigkeit hängt ein weiteres Leitsymptom zusammen und zwar die Tendenz zur Anonymität und Promiskuität.

Der Gestaltzerfall mit dem daraus resultierenden eigenständigen Dominieren eines dem Ganzheitszusammenhang entzogenen Einzelaspekts macht es verständlich, daß die Person, das heißt das Objekt, das eben diesen Einzelaspekt vermittelt, nahezu beliebig austauschbar ist. Der Partner wird nicht nur nicht gesucht, die Begegnung mit ihm wird sogar ausdrücklich gemieden. Die Beziehung zum anderen bleibt apersonal und auch der Täter will seine Identität nicht einbringen. Auch der Exhibitionist, der scheinbar mit seiner ganzen Person in Erscheinung tritt, will im Grunde nur das Genitale präsentieren. Auf diesen Teil seines Körpers sucht er den Blick des entsetzten oder geekelten Opfers zu zwingen, um selber in der Anonymität zu bleiben. Bisweilen hört man von Straftätern, die während des Exhibierens eine Maske tragen, zweifellos nicht allein in der Absicht, einer Verfolgung zu entgehen. Natürlich darf man nicht übersehen, daß auch die Bestrafung bestimmter Formen des Sexualverhaltens — homosexuelle Beziehungen zu Jugendlichen — die Promiskuität fördert, sie ist jedoch aus den genannten Gründen auch dem sogenannten perversen sexuellen Erlebens inhärent.

Aus der erwähnten Frequenzzunahme bei abnehmender Satisfikation ergibt sich schließlich eine Neigung zum Ausbau von Phantasie, Praktik und Raffinement hinsichtlich des Vollzuges. Die eindrucksvollsten Beispiele für dieses Leitsymptom findet man allerdings bei strafrechtlich nicht relevanten Formen sexuellen Fehlverhaltens (Onanie-Rituale).

Wie erwähnt, entwickeln sich die genannten Merkmale bzw. Leitsymptome sexueller Perversion in der Regel im Verlaufe eines meist mehrere Jahre währenden Prozesses. In dieser Zeit finden die Delinquenten zu einem fast ritualisierten Stil der sexuellen Bedürfnisbefriedigung. Diese Stilbildung, die das Geschehen nach einem stets gleichen Muster ablaufen läßt, ist kennzeichnend für die Perversion. Ebenso kennzeichnend aber ist der suchtähnliche Charakter, den das Verhalten annimmt. In immer kürzer werdenden Abständen wird der Täter von einer dranghaften, häufig ganz diffus erlebten Unruhe gepackt, die immer quälender wird und den psychischen Entzugserscheinungen des Suchtkranken durchaus vergleichbar ist. Das Denken kreist mit einer an Zwanghaftes gemahnenden Notwendigkeit um das Thema der sexuellen Gratifikation, die nur zu erlangen ist über einen der inzwischen ausgeformten Stilbildung angemessenen Vollzug. Die Entwicklung wirksamer Gegenvorstellungen wird immer schwerer und schließlich überwindet das Bedürfnis die Furcht vor den drohenden Sanktionen.

Beispiel: *Aus dem Gutachtenauftrag der Staatsanwaltschaft:*

1. Am 17. April 1975 überfiel der Beschuldigte als noch nicht 21-jähriger in ... an einer Bushaltestelle die Zeugin H., würgte sie und brachte ihr mit einem Messer einen ca. 7 cm langen Schnitt unterhalb des Kehlkopfes bei. Wegen der Hilfeschreie des Opfers ließ er von der Zeugin ab und ergriff die Flucht.

2. Am 22. Dezember 1975 überfiel der Beschuldigte in ... die damals 16 Jahre alte W. und versetzte ihr mit einem 1000 g schweren Hammer von hinten zwei Schläge auf den Hinterkopf.

3. Am 7. Januar 1977 überfiel der Beschuldigte auf einem Parkplatz an der Universität.... die Studentin H., um sie zum Geschlechtsverkehr zu zwingen. Als die Zeugin H. um Hilfe schrie und fortlaufen wollte, fuhr er mit seinem PKW mit Vollgas auf sie los. Die Zeugin konnte teilweise noch ausweichen, wurde indessen gleichwohl vom Fahrzeug erfaßt und zu Boden geschleudert. Danach ergriff der Beschuldigte die Flucht.

4. Am 28. März 1977 überfiel der Beschuldigte auf dem Gelände hinter der Universität die Studentin L. und tötete sie durch Schläge mit einem Hammer und Stiche mit einem Schraubenzieher oder einem schraubenzieherähnlichen Werkzeug.

5. In der Nacht vom 12. auf 13. Juli 1980 brach der Beschuldigte in einem Wohnanwesen ein, das der Familie N. gehört. Dort entwendete er unterschiedliche Gegenstände wie Taschenrechner, Schreibmaschine, Bargeld, Bekleidungsstücke, Photoalben und Damenunterwäsche. Der Gesamtwert der Beute betrug etwa DM 4500,—.

6. Am 7. April 1981 brach der Beschuldigte auf einem Parkplatz in der Nähe der Fa. B. den PKW des Zeugen W. auf und entwendete daraus einen Shellatlas.

7. Am 10.4.1981 überfiel der Beschuldigte in der Gemarkung A. die gerade 17 Jahre alte R. und schlug mit einem schweren Hammer auf sie ein. Die Zeugin verlor einen Schneidezahn und erlitt eine Rißwunde am Unterkiefer, konnte jedoch dem Täter entkommen.

8. Am 15. Mai 1981 überfiel er in I. die 10 Jahre alte H. und schlug mit einem schweren Hammer auf sie ein. H. wurde erheblich verletzt.

Deutung der inneren Tatseite: Folgt man den Angaben des A., so ging es ihm bei den hier in Rede stehenden Taten 1, 2, 3, 4, 7 und 8 darum, die geschädigten Frauen gegen ihren Willen zum Beischlaf zu nötigen. Eine jede andere Motivation lehnt er ab. Sein Ziel sei es gewesen, die Mädchen wehrlos zu machen, um sie dann in sein Auto zu ziehen. Er habe mit ihnen entweder nach haus oder in ein abgelegenes Feldstück fahren wollen, um dort mit ihnen den Geschlechtsverkehr auszuüben. Tatsächlich hat er in keinem Fall seine Absicht realisiert, auch dann nicht, wenn dazu nach den äußeren Gegebenheiten die Möglichkeit bestand. Eine der Geschädigten bot ihm in ihrer Angst den Geschlechtsverkehr an. Er ergriff diese Gelegenheit jedoch nicht, sondern flüchtete. Aus sexualpsychopathologischer Sicht fügen sich die hier in Rede stehenden Tatgeschehen auf dem Hintergrund der besonderen Persönlichkeitsstruktur des A. und seiner Entwicklung nicht in das typische Bild des Notzuchtdeliktes.

A. entstammt einer sozial gut integrierten Familie, absolvierte die Schule ohne nennenswerte Schwierigkeiten und beendete sein Studium rechtzeitig. Es gelang ihm, noch vor Abschluß seiner Ausbildung als Stellvertreter in einer Schule angestellt zu werden. Er verfügt über eine überdurchschnittliche Intelligenz. Von Freunden und Familienangehörigen wird er als gesellig, durchaus nicht kontaktarm und warmherzig beschrieben. Sieht man von den in Rede stehenden Delikten ab, so werden gravierende dissoziale Verhaltensweisen nicht berichtet. Er sucht den Umgang mit Gleichaltrigen, schließt sich der katholischen Jugendgruppe an und unternimmt gemeinsame Reisen. In befreundeten Familien ist er gern gesehen. Sein Interesse gilt der Literatur und dem Schach.

Auf der anderen Seite ist seine sexuelle Entwicklung durchaus auffällig. Wir wissen aus seinen eigenen Angaben, denen der Wirtin und der beiden Schwestern K., daß es gelegentlich zu voyeuristischen Handlungen kam. Wir deuten weiterhin die ihm zur Last gelegten Diebstähle, bei denen er u.a. Damenwäsche und Photographien mitnahm, als Indiz für eine fetischistische Komponente in seinem Sexualverhalten. Derartige sexualpsychopathologische Auffälligkeiten sind durchaus uncharakteristisch für Notzuchttäter.

Es scheint nicht angängig, in den zur Last gelegten Delikten Notzuchtdelikte im engeren Sinne zu sehen. Gemeint ist damit, daß es ihm offenbar nicht primär um die sexuelle Befriedigung durch den Partner ging. Es handelte sich vielmehr um eine versuchte Notzucht aus aggressiven Motiven, da die Notzucht in der Hauptsache einen zerstörerischen, aggressiven Akt darstellt. Die vorgetragenen Angriffe des A. waren durchweg durch physische Brutalität gekennzeichnet. Das sexuelle Verhalten, das sich in der Regel auf verbale Bekundungen und auf die selbst erlebte Inten-

tion beschränkte, war nicht primär Ausdruck sexuellen Verlangens, sondern stand im Dienste der Aggression. Es wurde zur Waffe, um das Opfer zu degradieren und zu demütigen. So berichtet er selber, es sei ihm darum gegangen, die Mädchen wehrlos und hilflos zu machen. In einer Tagebucheintragung kommen die angestrebte Demütigung und Erniedrigung noch deutlicher zum Ausdruck.

A. erlebt die Frauen als feindlich und anspruchsvoll. Daneben pflegt er ein Bild der Frau, das in der Realität anzutreffen er nicht erwarten kann. Er idealisiert die von ihm ersehnte Frau, schreibt ihr Eigenschaften und Verhaltensweisen zu, die dem Zeitgeist und den gegenwärtig bestimmenden Moralvorstellungen nicht entsprechen. So ist ein Verhältnis zu Frauen durchaus ambivalent. Einerseits idealisiert er sie als die Quelle der Erfüllung aller kindlichen Bedürfnisse, andererseits haßt und verachtet er sie. Hier mag das Erlebnis eingehen, daß in seinen Augen die eigene Mutter die Familie und insbesondere ihn vernachlässigte. Insoweit stellt die nicht primär auf sexuelle Befriedigung abzielende Aggression auch einen Akt der Rache für erlittene Demütigungen und Frustrationen an einem Ersatzobjekt dar. Wir finden bei A. aber nicht nur die versuchte Notzucht aus aggressiven Motiven, auch eine sadistische Komponente ist nicht zu übersehen. Darüberhinaus erkennt man weitere sexualpsychopathologische Auffälligkeiten und zwar Hinweise auf fetischistische und voyeuristische Verhaltensweisen.

Bei der Entwicklung des Fetischismus spielt offenbar mehr als bei anderen sexuellen Deviationen die Problematik der Ablösung von der Mutter in einer frühen Entwicklungsphase eine Rolle. Es gelingt dem Probanden nicht, die in frühen Jahren physiologische Identifizierung mit der Mutter aufzugeben. Er fürchtet, sich von der Mutter lösen zu müssen. Dieser Angst will der Fetischist begegnen, indem er durch ein Wiederbeleben früher Beziehungsformen die Einheit mit der Mutter zu rekonstruieren sucht. Dabei werden z.B. Berührung und Geruch sehr wichtig und es kommt zur Erotisierung mütterlicher Teilobjekte wie Hand, Brust, Gesäß, Geruch etc. In anderen Fällen wird der Fetisch weniger durch einen Körperteil als vielmehr durch einen vom Körper abgelösten Gegenstand repräsentiert. Letzteres trifft auf A. zu, wenn er sich durch Diebstähle weibliche Wäsche verschafft. Der Voyeur steht dem Exhibitionisten nahe. Auch bei ihm spielt das Sehen, Zusehen, Erblicken die wesentliche Rolle. Im Hintergrund steht die übersteigerte sinnliche Wahrnehmung des Genitalbereiches, vielfach auch eines genitalen Vollzuges. Dem Betroffenen geht es nicht nur um die Beobachtung des unbekleideten Körpers, sondern auch um Masturbationshandlungen, gelegentlich auch um Defäkation und genitale Spielereien. Es handelt sich primär um eine mit dem Auge hergestellte Partnerbeziehung anonymer Art, um ein aufdringliches Verhalten dem Partner gegenüber. Es ist auch dadurch gekennzeichnet, daß der Voyeur unbemerkt sein will, im Versteck steht und dort stehen bleibt. Der Voyeur gibt sich nicht zu erkennen, er bleibt ganz und gar auch selbst anonym. Es kommt ihm nicht auf eine Reaktion von seiten des Partners an. Untersuchung und die Würdigung seiner Angaben machen deutlich, daß A. an gravierenden sexualpsychopathologischen Störungen leidet. Die hier in Rede stehenden Delikte sind als Notzuchtsdelikte unzureichend beschrieben. Wir meinen, daß die sexuellen Deviationen im Falle des A. durchaus geeignet sind, den Begriff der Perversion zu erfüllen. Das impliziert die Überzeugung, daß die hier in Rede ste-

henden Delikte als Bestandteil einer schweren sexuellen Abweichung vom Typ der Perversion zu sehen sind. Diese Feststellung ist deswegen berechtigt, weil im Verhalten des A. ein Moment erkennbar wird, das gerade für die Perversion charakteristisch ist. Die anthropologische Psychopathologie hat vom Suchtcharakter perversen Erlebens gesprochen. Weit häufiger als bei normalen Sexualvollzügen kommt es bei abnormen zum Phänomen der Süchtigkeit. Dem Konzept der sogenannten sexuellen Süchtigkeit liegt die Beobachtung zugrunde, daß einige Sexualstraftäter dieselbe Straftat immer wieder — von einem inneren Zwang getrieben — unter denselben äußeren Bedingungen wiederholen. Die sexuelle Süchtigkeit zeichnet sich durch eine, das übliche Maß übersteigende, dranghafte Intensität des sexuellen Verlangens aus, die in periodischen Anfällen auftritt. Es kommt schließlich zu einer Entwicklung, in deren Verlauf die Befriedigung abnimmt. Gerade diesen Typ kann man im Verhalten des A. erkennen. Auch er selber spricht davon, das Bedürfnis, eine Frau anzugreifen und zu überfallen, habe ihn stets plötzlich überkommen. Er habe dann die erforderlichen Vorbereitungen getroffen und sich auf den Weg gemacht.

5.1.4 Homosexuelle Handlungen

Die Strafvorschrift, gleichgeschlechtliche Handlungen betreffend, die nicht den Begriff der Pädophilie erfüllen, ist im § 175 StGB aufgeführt.

In § 175 Abs. 1 heißt es: Ein Mann über 18 Jahren, der sexuelle Handlungen an einem Mann unter 18 Jahren vornimmt oder von einem Mann unter 18 Jahren an sich vornehmen läßt, wird mit Freiheitsstrafe bis zu 5 Jahren oder mit Geldstrafe bestraft.

Homosexualität — auch speziell die gleichgeschlechtliche Beziehung von Männern unter 18 Jahren — stellt weder ein psychiatrisches Leiden dar, noch kennzeichnet sie einen Menschen unter psychopathologischem Aspekt. Man wird hier deutlich zu unterscheiden haben zwischen Verhaltensmustern, die unmittelbar auf das besondere sexuelle Begehren zu beziehen sind und solchen, die dem Homosexuellen von einer heterosexuellen Umwelt zugeschrieben werden. Während es **den** homosexuellen Charakter nicht gibt, kann doch nicht übersehen werden, daß viele Homosexuelle aus unterschiedlichen Gründen in Kleidung und Gebahren ausdrücklich jenem Stereotyp entsprechen oder sich ihm angleichen, das eine heterosexuelle Gesellschaft mit der Homophilie verbindet. Auch eine häufig anzutreffende Hemmung, Unsicherheit und Ängstlichkeit hat mit der Homosexualität selber nichts zu tun, sondern ist Folge der Einstellung, mit der die Gesellschaft dem Homosexuellen begegnet.

Als Entwicklungshomosexualität bezeichnet man homosexuelle Kontakte im jugendlichen Alter, die viele Männer — auch später heterosexuelle — in den Jahren um die Pubertät aufnehmen. Sie ist forensisch-psychiatrisch ebenso belanglos wie die Pseudohomosexualität. Dabei handelt es sich um ein homosexuelles Verhalten primär heterosexueller Männer, die sich zu gleichgeschlechtlichen Kontakten beispielsweise allein deswegen bereit finden, weil sie damit wirtschaftlichen Gewinn anstreben. Dieser Form der Prostitution begegnet man auch in totalen Institutionen wie Haftanstalten oder Psychiatrischen Großkrankenhäusern. Demgegenüber meint die Neigungshomosexualität eine konstitutionelle, zum Teil sicherlich anlagebedingte Form der gleichgeschlechtlichen Neigung, bei der das Interesse ausschließlich dem eigenen Geschlecht zugewandt ist. Trotz des unverändert massiven gesellschaftlichen Drucks findet man unter Neigungshomosexuellen nicht selten Beziehungen, die ungewöhnlich differenziert, stabil und erfüllt sind, bisweilen von einer Intimität und wechselseitigen emotionalen Bindung, die sie einer besonders geglückten heterosexuellen Partnerschaft in nichts nachstehen läßt. Promiskuität oder auch nur häufiger Wechsel des Partners, Flüchtigkeit der Beziehung und Dominieren der sexuellen Komponente werden unter den Neigungshomosexuellen ebenso häufig bzw. selten angetroffen wie unter den Neigungsheterosexuellen.

Forensisch bedeutsam wird am häufigsten die sogenannte Hemmungshomosexualität. Hier steht am Beginn eine meist neurotisch bedingte Hemmung, Kontakt zu Frauen aufzunehmen, obwohl zumindest anfangs eine durchaus heterosexuelle Appetenz besteht. Aus der Vorgeschichte hört man von vergeblichen oder unter Demütigungen gescheiterten Versuchen, Beziehungen zu Mädchen oder Frauen aufzunehmen. Diese scheitern entweder bereits im Vorfeld am „Ungeschick" des Mannes, seiner neurotischen Angst vor dem weiblichen Geschlecht oder unmittelbar vor dem Vollzug, so daß der Gehemmte seine Impotenz-Furcht bestätigt sieht und vielfach auch vom Partner ausdrücklich bestätigt erhält.

Die Hemmungshomosexualität als Ausdruck einer primär gestörten Persönlichkeitsentwicklung mit einer daraus resultierenden neurotischen Persönlichkeitsstruktur muß unter forensisch psychiatrischem Aspekt in die Nähe der (homophilen) Pädophilie gerückt werden. Wenn sich zeigen läßt, daß zwischen dieser neurotischen Persönlichkeitsstruktur (schwere andere seelische Abartigkeit) und dem inkriminierten devianten Sexualverhalten ein tatkausaler Zusammenhang besteht, kann einmal — erfahrungsgemäß allerdings sehr selten — die Frage nach der Einsichts- und Direktionsfähigkeit zu erörtern sein.

Generell aber gilt: Für den forensischen Psychiater ist keineswegs die homophile sexuelle Appetenz bedeutsam — sie fällt ebensowenig unter die krankhaften seelischen Störungen wie unter die schweren anderen seelischen Abartigkeiten — relevant ist allein eine gegebenenfalls aufweisbare gravierende Alteration des Persönlichkeitsgefüges, die den eigentlich heterosexuellen Täter erheblich in seiner Fähigkeit beeinträchtigt, seine sexuellen Bedürfnisse in sozial gebilligter Form zu befriedigen und so jenes deviante Sexualverhalten erzwingt, das als Hemmungshomosexualität recht zutreffend gekennzeichnet ist.

5.1.5 Sexueller Mißbrauch Widerstandsunfähiger

Der sexuelle Mißbrauch Widerstandsunfähiger beschäftigt den Sachverständigen nur selten. Vermutlich ist allerdings bezüglich dieses Delikts mit einer recht hohen Dunkelziffer zu rechnen. Wird der Gutachter tatsächlich einmal mit einer solchen Fragestellung konfrontiert, so werden von ihm in aller Regel keine Aussagen über den Beschuldigten erwartet, sondern Feststellungen, an denen sich das erkennende Gericht orientieren kann, wenn Zweifel bezüglich der Widerstandsfähigkeit des (der) Geschädigten bestehen. In § 179 StGB heißt es:

1. Wer einen anderen, der 1. wegen einer krankhaften seelischen Störung, wegen einer tiefgreifenden Bewußtseinsstörung oder wegen Schwachsinns oder einer schweren anderen seelischen Abartigkeit zum Widerstand unfähig ist oder 2. körperlich widerstandsunfähig ist, dadurch mißbraucht, daß er unter Ausnützung der Widerstandsunfähigkeit außereheliche sexuelle Handlungen an ihm vornimmt oder an sich von dem Opfer vornehmen läßt, wird mit Freiheitsstrafe bis zu 5 Jahren oder mit Geldstrafe bestraft.

Vergleichsweise einfach liegen die Dinge, wenn es sich bei dem Geschädigten um einen Schwachsinnigen handelt oder um einen geistig erheblich Behinderten, beispielsweise auf der Grundlage einer endogenen Geisteskrankheit oder einer Hirnsubstanzschädigung.

Eine spezielle Problematik illustrieren jene Fälle, bei denen es in der ärztlichen Praxis — z.B. einer psychotherapeutischen — zu sexuellen Handlungen kommt. Hier ergibt sich die Frage nach der Widerstandsunfähigkeit zum einen aus der behandlungsbedürftigen neurotischen Persönlichkeitsstörung, zum anderen — und dieser Aspekt ist von größerer Bedeutung — aus der besonderen Situation, dem sogenannten Setting, das heißt also aus den Rahmenbedingungen, unter denen sich die Behandlung vollzieht.

Beispiel: *Die 20-jährige Roswitha stand seit einigen Wochen in psychotherapeutischer Behandlung. Im Verlauf der letzten Sitzung kam es zum Geschlechtsverkehr mit dem Arzt. Diese Tatsache wird von dem Beschuldigten nicht bestritten, allerdings macht er geltend, er sei der Überzeugung gewesen, er habe in Übereinstimmung mit ihren Wünschen gehandelt. Das Gespräch mit Roswitha bleibt oberflächlich, eine gezielte Exploration ist nicht möglich. Roswitha wirkt nicht eigentlich gehemmt, jedoch deutlich abweisend, mürrisch und verstimmt. Betrachtet man ihre schriftliche Darstellung des Vorgefallenen, so wird deutlich, daß sie mit dem gezeigten Verhalten die Absicht verfolgt, es möge ihr Zuwendung vom anderen entgegengebracht werden. Sie ist außerstande, von sich aus auf den anderen zuzugehen, trotz eines drängenden Bedürfnisses nach Kontakt und emotionaler Beziehung. Ihr Verhalten gewinnt so etwas durchaus demonstrativ-appellatives. Es geht ihr darum, auf diesem Wege den anderen zu zwingen, sich um sie zu bemühen, sich ihrer anzunehmen. Ganz im Vordergrund steht zweifellos eine emotionale Entäußerungsunfähigkeit. Roswitha scheut die Selbstdarstellung, fürchtet erkennbar, möglichen Gefühlsentäußerungen nicht gewachsen zu sein, diese nicht steuern zu können. Dabei offenbart sie einen ungewöhnlich hohen Anspruch, mit dem sie der Umgebung gegenübertritt und den sie nirgendwo befriedigt meint. Bemerkenswert ist ihre Bereitschaft, in der psychologischen Testsituation mitzuarbeiten. Hier erbringt sie gute Leistungen. Auch diese Einstellung macht deutlich, daß sie soziale Situationen durchaus erfassen und ihr Verhalten an den mit diesen gegebenen Erwartungen orientieren kann. Charakteristisch ist eine starke affektive Ambivalenz, zum einen das Bedürfnis nach intensiver emotionaler Zuwendung und zum anderen die Angst vor einer solchen Beziehung.*

In der gutachterlichen Stellungnahme hieß es u.a.: Roswitha leidet zweifellos an einer Persönlichkeitsstörung, diese allein begründet jedoch keine Widerstandsunfähigkeit. Es ist aber das Folgende zu bedenken: Roswitha begab sich in psychiatrische Behandlung, nach ihren eigenen Angaben deswegen, weil sie unter Depressionen litt. Sie suchte Hilfe, ohne daß sie in der Lage war, jene besondere psychische Konfliktkonstellation sprachlich darzustellen, die ihrem Leiden zugrunde lag. Dr. X. erkannte die Notwendigkeit einer psychotherapeutischen Behandlung. In einer solchen Therapie erwartet der Patient nicht nur Hilfe, er will auch über die Ursachen seines Leidens unterrichtet werden. Der Therapeut soll die Verwerfungen und Deformationen der Persönlichkeit aufdecken. Die hohen Erwartungen, mit denen der Kranke in eine psychotherapeutische Beziehung eintritt, ist er zu honorieren bereit durch Offenheit und durch die Erörterung auch solcher Themen, die er als beschämend, den eigenen Selbstwert kränkend erlebt. Die Beziehung zwischen Psychotherapeut und Proband ist deswegen eine ungleich engere und intimere als diejenige etwa zwischen dem Internisten und seinem Patienten. Es ist nicht nur unvermeidbar, sondern wird für den Beginn einer therapeutischen Beziehung geradezu angestrebt, daß der Patient den Therapeuten mit wichtigen Bezugspersonen der Gegenwart oder Vergangenheit identifiziert. Dieses schwierige Phänomen der sogenannten Übertragung impliziert vielfache Gefahrenmomente, deren sich der Therapeut in jeder Phase bewußt sein muß. Aber nicht nur der Proband identifiziert den Therapeuten mit biographisch bedeutsamen Figuren, umgekehrt geschieht auf seiten des Therapeuten ähnliches. Man spricht hier von Gegenübertragung. Das Umgehen mit Übertragung und Gegenübertragung stellt in einer psychotherapeutischen Beziehung das wichtigste Element dar. Es ist Aufgabe des Therapeuten, die jeweils erreichte Konstellation zu analysieren und zu überprüfen, um sein weiteres Vorgehen an dem Ergebnis dieser Überprüfung zu orientieren. Folgt man der Darstellung der Roswitha, so implizierte die Beziehung für sie die Forderung nach rückhaltloser Hingabe, nach der Bereitschaft, den Aufforderungen und Anweisungen des Therapeuten auch dann zu folgen, wenn sie die Bedeutung einer konkreten Anweisung nicht stets zu erfassen vermochte. Über die Wurzeln ihres Fehlverhaltens und Leidens nicht im klaren, war sie bereit, sich auch dann einer Handlung zu unterziehen, wenn sie deren einzelne Schritte nicht stets verstehen konnte. Unabhängig von der Frage, ob Dr. X. tatsächlich beim Streicheln der Oberschenkel äußerte, er wiederhole das, was der Bruder mit ihr gemacht habe: Es ist unverkennbar, daß gerade das Thema Sexualität für die Therapie und damit für die Beziehung zwischen Therapeut und Probanden von außerordentlicher Bedeutung war. Ich meine, nicht nur die besondere Beziehung, die sich zwischen Psychotherapeut und Patientin entwickelt, sondern auch der spezielle Gegenstand des psychotherapeutischen Gesprächs im vorliegenden Fall mußte bei Roswitha zu der Gewißheit führen, daß eine jede verbale und nichtverbale Maßnahme des Therapeuten Bestandteil des therapeutischen Konzepts sei. Die eindeutig definierte Patientenrolle, in der Roswitha Herrn Dr. X. gegenübertrat, mußte es ihr geboten erscheinen lassen, auch solche verbalen und nichtverbalen Eingriffe zu akzeptieren, deren Sinn sie entweder nicht einsah oder die sie als schmerzlich, beängstigend etc. ablehnte. Die besonderen Charakteristika der Arzt-Patienten-Beziehung, insbesondere aber die Beziehung zwischen Patient und Psychotherapeut machen den Patienten zwar nicht unfähig zum Widerstand, wohl aber ist mit dieser besonderen Beziehung ein vorübergehendes Suspendieren der eigenen Einsicht in die Situation und des eigenen intendierten Willens verbunden, weil der Proband sich für die Dauer der Beziehung der durch Fachkompetenz legitimierten Intention des Therapeuten überläßt. Auf dem Hintergrund dieser Feststellungen ist die Frage nach der Widerstandsunfähigkeit Roswithas zu bejahen.

5.1.6 Vergewaltigung

Die Strafvorschriften, die Vergewaltigung betreffend, finden sich in § 177 StGB.

Hier heißt es u.a.: Wer eine Frau mit Gewalt oder durch Drohung mit gegenwärtiger Gefahr für Leib und Leben zum außerehelichen Beischlaf mit ihm oder einem Dritten nötigt, wird mit Freiheitsstrafe nicht unter 2 Jahren bestraft.

Die Bestimmung dessen, was eine Vergewaltigung sei, gelingt aus der Perspektive des Opfers vergleichsweise leicht.

Wenn für den Sachverständigen dennoch gelegentlich Probleme auftauchen, so sind diese in dem Umstand begründet, daß der Begriff aus sexualpsychopathologischer Sicht weit komplexer ist, als es auf den ersten Blick erscheinen mag. In nicht wenigen Fällen zielen die handlungsbestimmenden Motive gar nicht primär und vor allem nicht vordergründig auf den sexuellen Vollzug. Andererseits verbirgt sich bisweilen die Notzucht-Intention hinter einem deliktischen Verhalten, das dann vom Tatrichter ganz anders qualifiziert wird.

In den folgenden Beispielen handelte es sich nach Auffassung des erkennenden Gerichts nur in einem Fall um ein Notzucht-Delikt. Aus sexualpsychopathologischer Sicht weisen aber alle beide enge Beziehung zur Vergewaltigung auf, wenn man bedenkt, daß diese stets eine Vielzahl von handlungsrelevanten Determinanten enthält, von denen der Wunsch nach genitalem Vollzug nur einer unter mehreren ist. Bei keinem der Täter war eine Beeinträchtigung von Einsichts- und Steuerungsfähigkeit zu diskutieren. Daß sich diese Frage allerdings auch angesichts eines solchen Delikts stellen kann, illustriert der oben berichtete Fall A., der auch für die Entwicklung einer forensisch-psychiatrisch bedeutsamen Perversion stand.

Beispiel: *Herr P., der seit langen Jahren an Disharmonien seiner Persönlichkeitsstruktur mit daraus resultierenden Störungen im Sozialverhalten litt, begab sich 1981 in die stationäre Behandlung einer psychotherapeutischen Klinik. Dort traf er auf die ihn später therapierende Ärztin. Nach deren Einlassung kam es zu einer tiefenpsychologisch fundierten psychotherapeutischen Beziehung, zunächst stationär, später ambulant. Zwischen Herrn P. und seiner Therapeutin entwickelte sich jenes Phänomen, das in der psychotherapeutischen Literatur als Übertragungsliebe bezeichnet wird. Dem ungeübten Therapeuten fällt es besonders schwer, dieses Phänomen rechtzeitig zu erfassen, vor allem aber, es zu steuern. Es fällt ihm schwer,* *es für die Therapie nutzbar zu machen, und eben diese Fähigkeit wiederum kennzeichnet den erfahrenen und letzten Endes auch erfolgreichen Therapeuten. Im Falle des Herrn P. ist die Bearbeitung dieser Übertragung zweifellos nicht gelungen. Die Ärztin realisierte sie, nahm die heftige Zuneigung des P. wahr. Sie scheute sich jedoch, zu ihrer Kennzeichnung die geläufigen umgangssprachlichen Formulierungen zu verwenden und zog sich statt dessen auf Fachtermini zurück, die dem P. naturgemäß unverständlich waren und die ihm zum anderen den Eindruck vermittelten, er werde nicht ernst genommen. Aus der Sicht des P. wurde dann aber die therapeutische Strategie nicht konsequent durchgehalten. Er erwartete — sicherlich die persönlichen Möglichkeiten eines jeden Arztes, nicht nur eines Psychiaters, weit überschätzend — von seiner Therapeutin, sie werde in kühler und überlegener Distanz sein Werben zur Kenntnis nehmen, werde in der Lage sein, seine Zuneigung auf einer Ebene zu beantworten, die sozial akzeptabel und der Konvention gemäß sei. Er hoffte, es werde ihr gelingen, aus dieser Zuneigung heraus einen therapeutischen Weg zu finden, mit dessen Hilfe die von ihm erlebten Schwierigkeiten überwunden werden könnten. In dieser Erwartung sah er sich getäuscht, wobei unerheblich ist, ob eine solche Enttäuschung notwendig war. Die Bemerkung der Therapeutin, sie sei glücklich verheiratet, empfand er als ein Aufgeben der Therapeutenrolle. Die Ärztin erlaubte ihm einen Einblick in ihre private Sphäre, das heißt in eine Sphäre, die aus der Therapie hätte heraus gehalten werden müssen. Er schloß daraus auf ein Entgegenkommen, sah die ursprünglich nicht für realistisch gehaltene Möglichkeit, es könne tatsächlich die gewünschte Beziehung verwirklicht werden. Wenn er dann später immer wieder auf Ablehnung stieß, so mußten sich zu seiner Leidenschaft nunmehr Haß und Enttäuschung hinzugesellen. Sein Verhalten in der Folgezeit zeigte eine ambivalente Einstellung. Zum einen immer wieder Liebeserklärungen, zum anderen deutlich aggressive Akte, die sich zunächst gegen den Besitz der Therapeutin richteten, gegen Objekte, mit denen sie täglich Umgang hat. Als die Therapeutin schließlich ihren Mann einbezog, gewann die Beziehung eine neue Charakteristik. Es wurde jetzt zu einem Rivalisieren zweier Männer um eine geliebte Frau, das heißt es entwickelte sich eine Konstellation, die weit ab von jeder therapeutischen Beziehung ist. Herrn P. ging es jetzt darum, die ebenso geliebte wie gehaßte Frau zu demütigen, in die Knie zu zwingen, sie schwach und ängstlich zu sehen. Bei diesem Umkippen von brennender Leidenschaft in ebenso brennenden Haß handelt es sich um ein normalpsychologisches Phänomen, dem man unabhängig von jeder therapeutischen Beziehung auch im alltäglichen Leben begegnet. Der Wunsch, die Frau — sei es eine spezifische, sei es die Frau schlechthin — zu demütigen und zu entwürdigen, motiviert in vielen Fällen auch das Notzuchts-Delikt, das durchaus nicht stets und vordergründig auf sexuelle Befriedigung ausgerichtet ist. Den Vorfall im Wald (P. zwang die Ärztin und ihren Mann in seinen PKW, bedrohte sie dort mit einer Pistole über 2 Stunden und zwang die Frau, ihn auf Knien vor ihm liegend um Verzeihung anzuflehen) wollen wir in diesem Kontext sehen. Hier konnte sich P. in der Rolle des Überlegenen, Starken darstellen, konnte den als Rivalen empfundenen Mann als hilflosen Schwächling der geliebten-gehaßten Frau vorführen, konnte diese durch seine Drohungen zusammenbrechen lassen, sie weinen sehen und um Gnade betteln. Das bedeutete für ihn zweifellos eine Befriedigung, die hinsichtlich des Lustgewinns einem praktizierten sexuellen Vollzug vergleichbar ist.*

Beispiel: *Aus den Angaben der Geschädigten: Er rückte vom Beifahrersitz zu mir näher und wollte, daß ich ihn küsse. Um ihn endlich loszuwerden, habe ich ihn flüchtig geküßt. Das war offensichtlich ein Trick von ihm, denn er packte mich mit einer Hand am Hals und würgte mich, daß ich kaum noch atmen konnte. ...er war sehr ordinär und sagte, ich solle das Maul halten, sonst würde etwas passieren. ...er schrie mich an, ich sollte mich ausziehen und riß mir teilweise die Kleider vom Leib. Dies tat er, weil es ihm nicht schnell genug ging. Ich hatte soviel Angst, daß ich dachte, er würde mich umbringen, wenn ich seiner Aufforderung nicht nachkäme. Als ich ganz nackt war, hat er sich aus ausgezogen. Er hat mich an mein Kinn geschlagen, so daß ich nach hinten flog. Er zerrte mich auf die Rückbank meines PKW über die Lehne des Vordersitzes. Anschließend zerrte er mich wieder nach vorn und zwang mich, mich über die Sitzlehne zu legen. so daß ich mit dem Kopf auf dem Rücksitz lag. Er hielt mir den Mund zu und steckte auch manchmal mit Gewalt die Finger seiner zwei Hände in den Mund. Er bedrohte mich, und ich durfte mich nicht umdrehen. Er steckte sich eine Zigarette an. Ich nehme an, daß es eine Zigarette war, genau habe ich es nicht gesehen. Er steckte sie dann in meinen After. Dies hat sehr weh getan. Ob die brennende Seite oder die andere vorne war, weiß ich nicht. Er hielt sein Feuerzeug an meine Haare und sengte sie leicht an. Er steckte seinen Finger in meinen After. Anschließend hat er mir die Finger weit in den Mund gesteckt. Er verkehrte anal mit mir. Dies wechselte laufend ab. Er forderte mich auf, Kot zu lassen. Ich konnte aber nicht. Er hat mir dann den After auseinandergezogen und es kam etwas Kot heraus. Diesen schmierte er mir ins Gesicht. Ich mußte seine Finger belecken und sogar meinen eigenen Kot essen. Ich hatte Todesangst und kam seinen Aufforderungen nach. Die ganze Zeit beschimpfte er mich und bedrohte mich. Ich sollte Urin lassen, was ich aber auch nicht konnte. Er riß mir bündelweise Geschlechtshaare aus. Die Brustwarzen dreht er herum und zog fest daran. Ich hatte sehr starke Schmerzen. Er drohte mir, die Haare abzubrennen, wenn ich nicht machen würde was er wollte. Ich müßte für ihn auf den Strich gehen. Ich sollte immer „ja" sagen, er würde mich richtig einfahren, damit ich genug Geld anschaffen könnte. Er hat über meinen Rücken uriniert und den Urin auf dem Rücken verrieben. Er hat den ganzen Innenraum so beschmutzt. Er verkehrte nun abwechselnd im After und in der Scheide mit mir.*

Aus unserer Stellungnahme: G. ist am ehesten dem asozialen Notzuchttäter zuzurechnen. Für diese Gruppe ist die Herkunft aus einem ungünstigen Milieu charakteristisch: Es sind vielfach gestörte Familien der unteren sozialen Schicht, häufig mit einem asozialen Einschlag: Uneheliche Geburt, unvollständige Familien sind seltener als formal zwar intakte, in sich aber gestörte und zerrüttete Familienverhältnisse. Es finden sich eine Häufung cerebralorganischer Stigmata in der Familie, Alkoholismus des Vaters, zerstrittene Ehen der Eltern. Der ungenügende Eingliederung in einen intakten Familienverband entsprechen kindliche Verhaltensstörungen, die im Gegensatz zu den anderen Gruppen sexueller Straftäter meist schon asoziale Züge tragen und häufig den Anlaß zur Heimerziehung geben. Entsprechend der Herkunft aus den unteren Sozialschichten ist das Bildungsniveau sehr niedrig, die Lern- und Leistungsmotivation gering. Es überwiegen ungelernte Berufe bei einer oft unsteten Arbeitsanamnese. Das Fehlen einer vorgegebenen Stabilität im

Elternhaus bestimmt die spätere Lebensführung. Die sexuelle Entwicklung ist wenig auffällig und überwiegend durch schichtspezifische Standards bestimmt: Der Beginn der heterosexuellen Aktivität liegt relativ früh — als auffällig läßt sich allenfalls anführen, daß es bald nach dem Eintritt in die Pubertät zu einem „fertigen" sexuellen Vollzug kommt. Die — gelegentlich als obligat angesehene — autoerotische Durchgangsstufe wirde vielfach übersprungen; es ist jedoch nicht zu entscheiden, inwieweit auch dieses Verhalten schichtspezifisch ist. Sexuelle Phantasien, Masturbation sowie homosexuelle Kontakte sind sehr viel seltener als in den übrigen Gruppen; statt dessen spielen anonyme sexuelle Kontakte, Bordellbesuche, häufig wechselnde Intimpartner eine bedeutsame Rolle. Möglicherweise kann man in der Tendenz zur Vernachlässigung zwischenmenschlicher Beziehungen bei den sexuellen Kontakten, in der Reduzierung des Partners auf die alleinige Rolle eines Sexualpartners etwas für dieses Delikt Charakteristisches sehen.

Die Persönlichkeit ist vielfach durch eine dysphorisch-reizbare Verstimmbarkeit gekennzeichnet mit einer Neigung zur aggressiven Explosivität, einer geringen Zielstrebigkeit, die sich in sozialen Bereichen als Unstete und als Zeichen von Verwahrlosung bemerkbar machen können. Die Dysphorie, die hirnorganisch unterlegt sein kann, begünstigt einen Alkoholabusus. Der geringen Bildung und Differenziertheit entspricht ein allgemein niedriges Intelligenzniveau.

G. entspricht weitgehend diesem Typ des asozialen Notzuchttäters. Die Einbindung in den elterlichen Verband ist allenfalls partiell gelungen. G. sucht sich bald dem Einflus zu entziehen. Später ist der berufliche Werdegang unstet, gekennzeichnet durch häufigen und nicht hinlänglich motivierten Stellenwechsel. Die sexuellen Kontakte bleiben anfangs oberflächlich, ganz auf die sexuelle Befriedigung ausgerichtet. Anonyme sexuelle Kontakte und Bordellbesuche spielen eine relativ große Rolle.

Bemerkenswert sind bei G. die offensichtlichen Kontaktschwierigkeiten dort, wo es um die Aufnahme einer Beziehung zu Frauen geht. Daran dringend interessiert, gelingt es ihm allenfalls in alkoholisiertem Zustand. Zu betonen ist die ambivalente Einstellung der Frau generell gegenüber. Sicherlich ist eine jede heterosexuelle Beziehung vielschichtig determiniert. Das heißt, daß in den heterosexuellen Partner wesentliche Bezugspersonen der Biographie oder auch nur Wunschbilder projiziert werden. Bei G. gehen in die Beziehungen zu Frauen zweifellos die wenig befriedigenden Erlebnisse im Kontakt mit der Mutter ein, die Tatsache, daß sie sich in relativ frühen Jahren einem Mann zuwandte, den er selber nicht schätzte. Dabei mag dahin gestellt sein, ob er den Stiefvater deswegen nicht schätzte, weil er einen Teil der Aufmerksamkeit der Mutter absorbierte oder ob er die Mutter abzulehen begann, weil sie sich einem von ihm nicht geliebten Mann zuwandte. Immerhin blieb das Verhältnis zur Mutter getrübt, sie konnte nicht all jene Erwartungen befriedigen, die er während seinen frühen Jahren an sie richtete.

Später gibt es dann für ihn imgrunde nur zwei Frauentypen. Der eine ist der anonyme Sexualpartner, der lediglich der sexuellen Entspannung dient. An den anderen werden weit höhere Ansprüche gestellt. Er soll Geschlechtspartner sein, gleichzeitig aber auch überlegen, mütterlich, fürsorglich und verzeihend. Gerade in diesem Wunsch aber spiegelt sich seine eigene Schwäche, die er durchaus wahrnimmt, seine

Kontaktschwierigkeit, an der er leidet. Insofern erlebt er den Wunsch nach Unterordnung und Schutz auch als Kränkung des Selbstwertgefühls. Die ambivalente Einstellung der Frau als Partner gegenüber bewegt sich zwischen zwei Extrempolen. Auf der einen Seite eine hingebungsvolle Bereitschaft zur Unterordnung, eine schwärmerische Liebe, die viel Kindlich-Naives enthält. Auf der anderen Seite Mißachtung der Frau als Mittel zur sexuellen Entspannung, als Opfer männlichen Jagdtriebes — hier einschlägigen Medienberichten verpflichtet.

Vor dem Hintergrund dieser Ausführungen ist zu bedenken, daß sich eine Vergewaltigung aus der Täter- und Opferperspektive auch hinsichtlich der primären Intention nicht gleichartig darstellen muß. Für das Opfer geht es in erster Linie um den erzwungenen Geschlechtsverkehr, das gesamte Handeln des Täters wird diesem Ziel subsumiert. Aus der Perspektive des Täters ist die Motivationsstruktur vielfach wesentlich komplexer. Hier wird man berücksichtigen müssen, daß der Vollzug des Geschlechtsverkehrs nicht allein der genitalen sexuellen Befriedigung dient. Dieser Aspekt wird leicht übersehen.

Im Akt der Vergewaltigung dominiert u.a. auf seiten des Täters jene sadistische Komponente, die in stark abgeschwächter Form in jedem heterosexuellen Vollzug enthalten ist. Im Akt der Vergewaltigung kann die sadistische Komponente ungewöhnlich stark in den Vordergrund treten. Im Falle des G. wird diese Komponente in dem Tatgeschehen besonders drastisch veranschaulicht. Betrachtet man sein Vorgehen einschließlich seiner verbalen Äußerungen, so ging es ihm keineswegs nur um die sexuelle Entspannung. Er wollte die Demütigung des Partners, die gänzliche Unterwerfung. Sie sollte ihm hörig sein, nicht nur im sexuellen Sinne. Sie sollte seine grenzenlose Überlegenheit anerkennen, ihn als den Stärkeren akzeptieren. Gleichzeitig wollte er sie zeichnen als die Unterworfene. Das Beschmieren mit Kot, das Verlangen, den eigenen Kot zu essen, das Urinieren über dem Opfer dokumentiert uralte Verhaltensmuster. Das Verspritzen des Urins über dem Opfer dokumentiert nicht nur dessen endgültige Niederlage, es degradiert es auch zum Objekt, zum Besitz des Siegers. Das Beschmieren mit Kot zielt in die gleiche Richtung, es demütigt den Menschen, der als Dreck, als stinkendes und abstoßendes Objekt dem Überlegenen zu Füßen liegen soll. Eben in dieser Richtung zielen auch die Äußerungen des G., er wolle die Geschädigte auf den Strich schicken, sie solle für ihn anschaffen, zu allem ja sagen. Die Frau, die auf diese Weise den Lebensunterhalt des Mannes bestreitet, ihm das erworbene Geld abliefert, ist ganz sein Besitz, er verfügt über sie, sie ist ihm auf Gnade und Ungnade ausgeliefert.

Aus psychiatrisch-psychopathologischer Sicht verweist die besondere Charakteristik der G. zur Last gelegten Delikte auf eine tiefgreifende Persönlichkeitsstörung in Form einer Triebvariante. Der ausgebildete Sadismus erfüllt hier den Begriff der Perversität — wenn man unter Sadismus versteht, daß sexuelle Erregung und Orgasmusfähigkeit nur beim Zufügen von Schmerzen erlebt werden kann. Dabei können sich die physischen Schmerzzufügungen in Beißen, Schlagen, Stechen und vor allem Würgen äußern, ober es kann das lustvolle Machtausüben und Demütigen sich im Zusammenhang damit oder unabhängig davon in verbalen Beschimpfungen und Erniedrigungen erschöpfen oder sich bis zu kunstvoll inszenierten, romanhaft ausgestalteten gespielten Szenen wie in abgeschmackten Gruselfilmen versteigen.

Eine scharfe Grenze zwischen sadistischen Elementen des „normalen" heterosexuellen Verkehrs und eindeutig perversen Varianten gibt es nicht. Im Fall des G. aber ist diese imaginäre Grenze zweifellos überschritten. Hier entwickelt sich der sadistische Antrieb in Richtung auf eine sexuelle Perversion, er zeigt eine Tendenz zur Verselbständigung. In dem erwähnten Delikt dominieren eindeutig sadistische Handlungen, denen G. anschließend ratlos gegenübersteht. Der Partner wird als Partner nicht gesucht, allenfalls als Objekt benutzt. So verlangt G., daß die Frau sich mit dem Gesicht zum Sitz nach hinten beugt, er will bei seinem Akt nicht gesehen werden. Er entkleidet sich erst, nachdem die Frau diese Stellung eingenommen hat. Die Schmerzen und Demütigungen, die er ihr später zufügt, nehmen den größeren Teil des Geschehens in Anspruch. Es ist deswegen festzuhalten, daß bei G. zumindest der Beginn einer so gravierenden sexuellen Fehlentwicklung zu konstatieren ist, daß von der Ausbildung perverser Sexualpraktiken gesprochen werden muß. Sicherlich erfüllen derartige Triebvarianten das Eingangsmerkmal der schweren anderen seelischen Abartigkeit.

5.1.7 Exhibitionistische Handlungen

Schließlich wird es für forensische Psychiatrie nicht selten mit jenen Formen devianten Sexualverhalten zu tun haben, die das Gesetz als exhibitionistische Handlungen bezeichnet.

Im § 183 StGB heißt es:

(1) Ein Mann, der eine andere Person durch eine exhibitionistische Handlung belästigt, wird mit Freiheitsstrafe bis zu einem Jahr oder mit Geldstrafe bestraft.

Das folgende Beispiel kann als recht charakteristisch gelten. Die im Zusammenhang mit diesem Fall angestellten Überlegungen sind darüberhinaus auf die Mehrzahl der exhibierenden Delinquenten zu übertragen.

Beispiel: *Aus der Anklageschrift: Der Bauschlosser G. wird angeklagt, im April/Mai 1979 durch rechtlich selbständige Handlungen*

1. sexuelle Handlungen vor einem Kinde vorgenommen zu haben

2. als Mann eine andere Person durch exhibitionistische Handlungen belästigt zu haben.

Zu 1.: An einem nicht mehr genau feststellbaren Tage im April oder im Mai 1969 onanierte der Angeschuldigte in einer Umkleidekabine des Hallenbades in O. Er ließ dabei bewußt die Tür der Kabine etwas offen stehen, damit dies von vorübergehenden Personen wahrgenommen werden konnte oder sollte. Wie es der Angeschuldigte beabsichtigte, wurde er dabei von der Zeugin H. beobachtet. 2. Am Nachmittag des 23. März 1980 holte der Angeschuldigte in einer Straße in N. vor insgesamt 7 Kindern im Alter zwischen 10 und 14 Jahren sein Geschlechtsteil aus der Hose und onanierte vor den Kindern.

Aus unserer Beurteilung: Alle größeren Untersuchungen (z.B. Schorsch) zeigen, daß unter den Sexualdelinquenten die Exhibitionisten die ordentlichste, durchschnittlichste und unauffälligste Gruppe darstellen. Frühere Annahmen, wonach unter den Exhibitionisten Schwachsinnige, Anfallskranke, Alkoholiker etc. überzufällig häufig vorkämen, können als eindeutig widerlegt gelten. Die Tatsache, daß der Exhibitionismus in einzelnen Fällen nur phasenweise die sexuelle Aktivität bestimmt, hat manche Autoren an eine Beziehung zum epileptischen Formenkreis denken lassen. Auch diese Vermutung konnte nicht verifiziert werden. Sehen wir von vielfältigen Deutungen des Phänomens Exhibitionismus ab, die im vorliegenden Zusammenhang vernachlässigt werden können, so zeigt ein Überblick über die derzeitige Literatur, daß die psychopathologische Kennzeichnung der Persönlickeit des „typischen" Exhibitionisten relativ einheitlich ist. Sie ist von Selbstunsicherheit, Schüchternheit, Kontaktarmut, Antriebsarmut, geringer Spontanität, Unreife, Infantilität und mangelnder emotionaler Entwicklung geprägt. Vielfach wird eine auffallende Schamhaftigkeit hervorgehoben, eine Befangenheit und Unfreiheit körperlich-sexuellen Dingen gegenüber, in krassem Widerspruch zu der scheinbaren „Schamlosigkeit" der Exhibition. Das genitale Präsentieren ist nicht Ausdruck einer „Selbstliebe" oder Faszination durch die „eigene Schönheit". Die Diskrepanz zwischen Überschamhaftigkeit und Schamverletzung weist auf ein gestörtes Verhältnis zur Körperlichkeit überhaupt hin. Es sind Persönlichkeiten, wie *Bürger-Prinz* einmal sagte, die nicht imstande sind, das zu vollbringen, was für die Intimbeziehung der Geschlechter entscheidend ist, nämlich den Abbau und Umbau normaler Schamverhaltensweisen. Nach *Boss* ist bei ihnen die Schamschranke zur Kruste verhärtet und der gewaltsame Durchbruch in der Exhibition wird als Befriedigung erlebt. In jedem Fall steht das als mächtig erlebte Tabu der Schamschranke im Mittelpunkt.

Faktorenanalytische Untersuchungen (s. Schorsch) an größeren Exhibitionistenkollektiven ergaben keine für den Exhibitionisten spezifischen Faktoren. Besonders häufig beobachtete man bei ihnen eine periodische Akzenturierung des sexuellen Verlangens mit innerer Unruhe, Progression und Neigung zu sexueller Tagträumerei. Sexuelle Erlebnisse vor der Pubertät und Schlüsselerlebnisse in diesem Zeitraum sowie homosexuelle Erfahrungen sind bei den Exhibitionisten offensichtlich häufiger als bei der Durchschnittsbevölkerung. Weiter kennzeichnet die Mehrzahl der Exhibitionisten Undifferenziertheit, Phantasiearmut, Verwahrlosung, unstete Lebensführung, Kriminalität, Aggressivität und Kontaktarmut. Schließlich finden sich besonders häufig retadierte Spätentwickler unter diesen Delinquenten, die in sexuellen Dingen überaus schamhaft, sexuell wenig erfahren und selbstunsicher sind. Es ist jedoch zu bemerken, daß, bis auf den zuletzt genannten Punkt, die aufgeführten Merkmale generell bei der Mehrzahl der Sexualdelinquenten von Bedeutung sind. Das kann nicht überraschen, wenn man bedenkt, daß eine nicht geringe Anzahl sexueller Delikte der Realisierung eines Bedürfnisses dienen, das sozial grundsätzlich gebilligt wird, für dessen Erreichung dem Delinquenten jedoch die sozial akzeptierten Mittel nicht zur Verfügung stehen.

G. zählt zu den jugendlichen Exhibitionisten, die sich nur unscharf von den erwachsenen abgrenzen lassen. Auch bei ihnen begegnet man der unauffälligen Ordentlichkeit der Lebensführung, dem scheuen, einzelgängerischen, unfreien Wesenszug. Gerade der jugendliche Exhibitionist erscheint vielfach als retardierter Spätentwickler, in sexuellen Dingen unerfahren und überladen mit schuldhaft erlebter Masturbationn. Wenn die Gruppe der sogenannten jugendlichen Exhibitionisten sich auch nicht grundsätzlich von den jugendlichen Sexualstraftätern anderen Typs unterscheidet, so ist doch bei ihnen darauf hinzuweisen, daß Kontaktschwäche, Selbstunsicherheit, Ichschwäche und die subjektive Behauptung einer besonderen Triebhaftigkeit besonders häufig angetroffen werden. Dabei ist gerade diese behauptete Triebhaftigkeit vermutlich mehr die Folge fehlender Entlastungsmöglichkeiten als der Ausdruck einer vitalen Impulsivität. Die verschiedenen Ersatzmöglichkeiten für eine sexuelle Entlastung in einer solchen Lebenslage ohne Kontakt zu Gleichaltrigen scheinen für einen retardierten, unfreien, noch nicht ausgefalteten Jugendlichen nahe beieinander zu liegen: Wenn man von einem weiteren Ausbau der autoerotischen Verhaftung (Masturbation etc.) einmal absieht, dann gibt es als Auswegmöglichkeit aus der erotischen Vereinsamung einmal den Weg zurück in die eigene Vergangenheit: Diese retardierten Jugendlichen fühlen sich den, an ihr Lebensalter gestellten Erwartungen nicht gewachsen, sie kommen mit ihren Altersgenossen nicht zurecht. Schüchtern, unfrei, gehemmt fühlen sie sich nur in der Gesellschaft jüngerer Kinder frei und gelöst; mit ihnen gehen sie vorzugsweise um, spielen mit ihnen wie mit Gleichaltrigen und verharren auf dieser Spielstufe. Dieser Kindergruppe bleiben sie auch mit ihren erotischen Impulsen und Spannungen verbunden, und im Zuge solcher Spielereien kommt es dann leicht zu „Unzucht mit Kindern“ meist gleichgeschlechtlicher Art. Der andere Ausweg zur Abfuhr solcher Spannungen ist die bewußt illegale Aggression, der Weg in die Illegitimität und Kriminalität: Es sind Jugendliche, deren Kontaktmöglichkeiten noch geringer sind, die Frauen auf der Straße zu belästigen, die „Anfasser“, bishin zum Überfall und zur Vergewaltigung. Der dritte, vielleicht „autistischste“ Weg ist die Notlösung der Exhibition. Es ist eine Art „Flucht nach vorn“: Den altersgemäßen Ansprüchen gegenüber voller Insuffizienzgefühle verbergen sie sich hinter einer unpersönlichen männlichen Potenz, demonstrieren die Kraft des Geschlechtlichen, die sie in der Anonymität für sich in Anspruch nehmen, und die sie in der Verbindung mit ihrer Individualität gerade nicht leisten können (Schorsch).

Die genannten allgemeinen Merkmale des Exhibitionisten finden sich im Falle des G. besonders ausgeprägt. G. zeigt sich in der Untersuchung als kontaktgestört, aspontan und antriebsarm, scheu und unfähig, eigene Schwierigkeiten und Lebensprobleme zu artikulieren. Der Anschluß an Gleichaltrige ist ihm kaum gelungen, er erlebt sich in einer randständigen Position zur Gesellschaft, ausgeschlossen und von sich aus nicht in der Lage, den erwünschten Zugang zu finden.

G. repräsentiert den Typ des jugendlichen Exhibitionisten. Nur mit großer Scheu erörtert er mit dem Untersucher das Thema der Sexualität. Ungern und zögernd räumt er die Masturbation ein, auch hier erkennen lassend, daß dieses Thema von ihm schuldhaft erlebt wird. Aufgrund seiner Persönlichkeitsstruktur in der Fähigkeit behindert, gebilligte Sexualkontakte zu Personen des anderen Geschlechts aufzubauen, sieht er sich zur Triebentspannung bzw. Triebbefriedigung auf den Weg der Illegitimität und Kriminalität verwiesen. Dabei fügt sich das begangene Delikt auch insofern in die Persönlichkeitsstruktur, als es ihm die Anonymität des Exhibierens erlaubt, die personale Beziehung zu dem Partner zu vermeiden, in der Anonymität zu bleiben und die sexuelle Entspannung unter Umgehung der Notwendigkeit einer Partnerbeziehung zu finden.

Für die Beurteilung der strafrechtlichen Verantwortlichkeit kann sich der Sachverständige, wie in der Mehrzahl dieser Fälle, auf die Angaben des G. zum Delikt nur wenig stützen. Ausgehend von dessen Darstellung, wird man sich bezüglich der strafrechtlichen Verantwortlichkeit zurückhaltend äußern. Trotz des Lebensalters erscheint G. retardiert, er ist bisher nicht fähig gewesen, gebilligte Formen des Sozialkontaktes zu realisieren. Er sieht sich unverändert verwiesen auf die Anonymität und auf Formen der Triebbefriedigung, die entweder zu schweren Selbstvorwürfen oder aber zu deliktischen Verhaltensweisen führen. Dabei entspringt dieses Verhalten jedoch nicht einer ungewöhnlichen Triebstärke. Diese ist bei G. eher unterdurchschnittlich entwickelt. Das entscheidende ist, daß eine allenfalls normale Triebspannung aufgrund der vorgegebenen Persönlichkeitsartung nicht in sozial gebilligter Form abgeführt werden kann. Dieses Nichtkönnen wiederum reflektiert keine krankhafte seelische Störung und keine schwere seelische Abartigkeit. G. ist sich des Unrechtscharakters seines Handelns bewußt und auch in der Fähigkeit nicht erheblich vermindert, entsprechend dieser Einsicht zu handeln. Wenn es trotzdem zu den Delikten gekommen ist, so deswegen, weil eine zwar nicht überdurchschnittlich intensive Triebhaftigkeit ihr Ziel sucht, G. aber aufgrund seiner speziellen Persönlichkeitsstruktur zur Verwirklichung normaler, das heißt gebilligter Sexualkontakte nur in vermindertem Umfang fähig ist. Die Tat wächst demnach aus der vorgegebenen Wesensstruktur des G. heraus, ohne daß die Tatdynamik bezogen auf die Persönlichkeitsstruktur Hinweise dafür ergäbe, daß Einsichts- oder Steuerungsfähigkeit erheblich beeinträchtigt gewesen wären.

Generell ist bei Straftaten nach § 183 StGB auch die Frage nach dem Vorliegen einer Perversion zu prüfen. Dabei kann die exhibitionistische Handlung für sich genommen im Verlauf von Jahren die Züge der Perversion annehmen, sich also ins Perverse verzerren. Es ist auch gar nicht so selten, daß das Exhibieren am Anfang einer Entwicklung devianten Sexualverhaltens steht, in deren Verlauf es zusätzlich oder alternativ zu anderen Formen sexueller Devianz kommt, so daß die Synopsis der einzelnen Entwicklungsschritte zur Annahme einer Perversion zwingt. Hier sei auf den weiter oben berichteten Fall A. verwiesen.

Neben der möglichen Verzerrung in die Perversion begegnet man gerade unter den Exhibitionisten bisweilen Tätern, bei denen sich die Frage nach der Schuldfähigkeit aus einem anderen Grunde stellt. So werden exhibitionistische Handlungen manchmal bei Männern angetroffen, deren Persönlichkeit durch vorzeitige oder zeitgerechte Alterserscheinungen in einem Ausmaß verändert ist, das, beim Hinzutreten von Faktoren, die das delinquente Verhalten begünstigen, erhebliche Zweifel an der Fähigkeit zur einsichtsgemäßen Steuerung des Handelns aufkommen läßt. Ähnliche Überlegungen ergeben sich bei zweifelsfrei schwachsinnigen Straftätern.

Es konnten hier naturgemäß nicht alle, einen Straftatbestand verwirklichenden Formen devianten Sexualverhaltens behandelt werden, sondern nur diejenigen, mit denen der psychiatrische Sachverständige in foro verhältnismäßig häufig konfrontiert wird. Sieht man von den im engeren Sinne geisteskranken Tätern, den hirnorganisch Kranken, den Schwachsinnigen und Altersdementen ab — bei ihnen wird die Begutachtung angesichts des nachweisbaren Grundleidens und der Möglichkeit, dieses für das inkriminierte Tun gegebenenfalls als tatkausal aufzuweisen, vergleichsweise problemlos sein — so stellen nur solche Straftäter den Sachverständigen vor besondere Schwierigkeiten, bei denen an jene spezifische neurotische Persönlichkeitsstörung zu denken ist, die den Begriff der sexuellen Perversion erfüllt.

5.2 Neurotische Persönlichkeitsstörung

Neurotische Persönlichkeitsstörungen werden nur in Ausnahmefällen forensisch-psychiatrisch relevant. Gerade im Blick auf sie ist besonders sorgfältig nach einem evidenten tatkausalen Zusammenhang zwischen Persönlichkeitsstörung und inkriminiertem Handeln zu fahnden. Wollte man allein die Diagnose „Neurose" zum Anlaß der Expulpierung nehmen, bliebe kaum ein schuldfähiger Straftäter.

Von großer praktischer Bedeutung ist die Diskussion eines ursächlichen Zusammenhanges zwischen neurotischer Persönlichkeitsstörung und Straftat bei den sogenannten Diebstählen geringwertiger Sachen, also etwa dem Laden- bzw. Kaufhausdiebstahl. Wegen der Häufigkeit, mit der hier eine Neurose als Schuldminderungsgrund geltend gemacht wird, möchte ich auf das Problem der sogenannten Kleptomanie eingehen.

5.2.1 Die sogenannte Kleptomanie

Aus der Perspektive des psychiatrischen Sachverständigen hat es den Anschein, als sei es in den letzten Jahren zu einer Zunahme jener Eigentumsdelikte gekommen, die gemeinhin als „Ladendiebstahl" oder „Kaufhausdiebstahl" bezeichnet werden. Es handelt sich dabei um das Entwenden meist relativ geringwertiger Gegenstände, die in der Regel zum unmittelbaren Gebrauch bestimmt sind und vom Delinquenten nur selten weiterveräußert werden. Die Gründe für diese Zunahme liegen vermutlich in einem Bereich, welcher der juristischen und psychiatrischen Kompetenz im engeren Sinne entzogen ist. Je nach Profession und Glaubensbekenntnis wird man einmal eine gewandelte Einstellung dem fremden Eigentum gegenüber anschuldigen, das andere Mal die Anomie einer im Umbruch befindlichen Sozialstruktur, zum dritten eine repressive, die Realisierung elementarer Triebbedürfnisse inhibierende Gesellschaft verantwortlich machen und schließlich die Ursache in einer, Delikte dieser Art begünstigenden Strategie des Konsumanreizes der großen Kaufhäuser sehen.

Praktisch gelangen fast alle Delinquenten deswegen zur Begutachtung, weil entweder im Zusammehang mit der aktuellen Straftat oder aber im Zuge eines früheren Verfahrens von dem Beschuldigten eine „Kleptomanie" geltend gemacht oder unter Verwendung anderer Begriffe auf das Vorliegen einer psychischen Abnormität abgehoben wird, die den Betroffenen daran hinderte oder gar außerstande setzte, dem Bedürfnis zu stehlen durch die Entwicklung und Realisierung wirksamer Gegenvorstellungen zu begegnen. In dem Begriff der „Kleptomanie" und den implizit mitgegebenen Vermutungen hinsichtlich der Schuldfähigkeit des „Kleptomanen" hat sich ein Stück Psychiatriegeschichte erhalten. Als Monomanie beschrieb der französische Psychiater *Esquirol* seelische Störungen, die lediglich zu Gemütveränderungen führen, die intellektuelle Leistungsfähigkeit jedoch unbeeinträchtigt lassen. Vor allem die „instinktive Monomanie" fand seinerzeit starke forensische Beachtung, und auf sie beziehen sich auch in der Gegenwart gelegentlich die Psychiater in foro, obwohl in der wissenschaftlichen Diskussion die Monomanielehre seit mehr als hundert Jahren als obsolet gilt. Als Kennzeichen der sogenannten instinktiven Monomanie galt eine isolierte Schädigung des Willens — die deutsche Psychiatrie meinte Ähnliches, wenn sie, wie etwa *Kraepelin,* eine eigenständige Gruppe von Geistesstörungen unter der Bezeichnung „impulsives Irresein" herausstellte — und man sprach neben der Kleptomanie von einer Dipsomanie (pathologische Trunksucht), einer Pyromanie (pathologisches Bedürfnis, Feuer zu legen), einer Mordmonomanie und einer Selbstmordmonomanie. Kritik an der Monomanielehre wurde früh vor allem von forensisch-psychiatrisch interessierten Ärzten geübt, so meinte etwa *v. Krafft-Ebing,* die Psychiatrie habe „in ihrer Durchgangsperiode monomanischer Begriffe und instinktiver Antriebe" sich dem besonderen Vorwurf der Juristen ausgesetzt, sie wolle „die Grenze zwischen Lasterhaftigkeit und Krankheit verwischen und der heiligen Themis schuldige Opfer entreißen". *Griesinger* traf präzise das forensisch-psychiatrisch Fragwürdige einer solchen Konstruktion, als er meinte, in der Lehre von den Monomanien werde „die That selbst zum wesentlichen Criterium eines anomalen Zustands" gemacht, ein Vorgehen, das „für die Wissenschaft wie für deren praktische Anwendung gleich gefährlich war und nur dazu diente, das ärztliche Urteil — mit Recht — bei den Richtern in Verruf zu bringen". Das Reden von einer Kleptomanie im Sinne dieser Monomanielehre widerspricht einem Grundprinzip psychiatrischen und damit auch forensisch-psychiatrischen Denkens. Die Erörterung der Frage nach der Schuldfähigkeit wird sich niemals an formalen, transindividuelll verwirklichten äußeren Tatmerkmalen orientieren dürfen. Zu prüfen sind nicht die besonderen Charakteristika deliktischen Verhaltens unter Bezug auf soziale Normen oder explizite Strafvorschriften — eben das ist nicht die Aufgabe des Sachverständigen. Das Ergebnis einer solchen Prüfung ist für ihn im übrigen auch irrelevant. Ihm geht es um den aktuellen psychischen Befund des Täters zum Zeitpunkt der Tat und um dessen Auswirkungen auf Einsichts- und Steuerungsfähigkeit. Es gibt kein Verhalten — sei es inkriminiert oder nicht —, das es ohne eine genaue Kenntnis des in seiner Individualität und damit auch in seiner individuellen Pathologie einmaligen Täters erlaubte, auf den das Verhalten determinierenden psychischen Befunde rückzuschließen. Das bedeutet, daß die an der nur noch historisch bedeutsamen Monomanielehre orientierte Diagnose „Kleptomanie" wissenschaftlich unhaltbar und forensisch-psychiatrisch nichtssagend ist.

Von Kleptomanie wird aber noch in einem anderen, tiefenpsychologischen Sinne gesprochen. Der Tenor einer unübersehbaren Vielzahl von Arbeiten psychoanalytischer Autoren zu diesem Thema lautet, daß das Bedürfnis zu stehlen stellvertretend für ein anderes, aus unterschiedlichen Gründen nicht zu befriedigendes Bedürfnis stehe, daß ein der freien Willensbestimmung gänzlich oder weitgehend entzogener seelischer Spannungszustand im Akt des Stehlens als einer Ersatzhandlung zur Lösung führe. Diskutiert werden ein allgemeiner, thematisch nicht fixierter Spannungsdruck, der gleichsam zufällig im Eigentumsdelikt seine Entladung findet. Aber auch spezifische Triebregungen drängen nach der Überzeugung mancher Autoren im „Stehltrieb" stellvertretend nach Befriedigung. So wird davon gesprochen, es bestehe eine Beziehung zur Sexualität, bei der entweder der gestohlene Gegenstand nach Art eines Fetisch zum Sexualobjekt oder der Stehlakt selber zur Ersatzbefriedigung sexueller Bedürfnisse wird. In einem umfassenderen Sinn wird das Stehlen als „symbolischer Diebstahl" interpretiert, wenn der Täter sich emotional vernachlässigt fühlt oder — wie es etwa von Jugendlichen und Heranwachsenden berichtet wird — durch das Entwenden symbolischer Attribute der Männlichkeit bzw. der Weiblichkeit einem erlebten spezifischen Insuffizienzgefühl begegnen will.

Derartige Deutungen, die stets aus der Analyse des Einzelfalles und aus der Perspektive einer schulgebundenen Theorie innerseelischer Regelhaftigkeiten und Funktionsabläufe abgeleitet sind, mögen im Blick auf einen bestimmten Täter in Verbindung mit kennzeichnenden Merkmalen überzeugend und auf dem Hintergrund einer spezifischen psychologischen Vorentscheidung auch evident sein. Man wird aber zu bedenken haben, daß auch das Aufzeigen eines stimmigen Sinnzusammenhanges einer Handlungssequenz durchaus keine Aussage zur Schuldfähigkeit impliziert. Diesem Irrtum erliegen diejenigen, die mit dem Hinweis auf eine Kleptomanie im hier skizzierten tiefenpsychologischen Sinne die Annahme einer verminderten oder gar aufgehobenen Schuldfähigkeit unterstellen, mit der Behauptung, es seien damit Voraussetzungen des Eingangsmerkmals „schwere seelische Abartigkeit" der §§ 20, 21 StGB gegeben. Diese Schlußfolgerung stützt sich auf zwei Überlegungen, die allerdings selten auseinandergehalten werden. Zum einen wird argumentiert, es gebe bestimmte Triebbedürfnisse und -regungen, die, als handlungsbestimmend ausgemacht, einen Schuldvorwurf bezogen auf das von ihnen getragene Handeln ausschließen. Zum anderen steckt in dieser Schlußfolgerung die Überzeugung, ein Tun könne nicht schuldhaft sein, das einer Motivationslage erwächst, die der Täter nicht erkennen und sich nicht bewußtmachen kann.

Das erste Argument ist von geringem Gewicht. Das „Ewigkeitsproblem" der menschlichen Freiheit ist bekanntlich nicht zu lösen. Ausgehend von der Überzeugung, der Mensch könne nur in dem Bewußtsein von Freiheit und Verantwortung existieren, ist die Bejahung der Frage nach der Willensfreiheit des Menschen eine legitime gesellschaftliche Entscheidung. Das kann aber nur heißen, daß kein Trieb per se geeignet sein kann, die Schuldfähigkeit zu tangieren. Man darf nicht übersehen, daß es sich bei einem Trieb nicht um einen empirisch verifizierbaren Sachverhalt handelt. Wahrgenommen wird lediglich ein zielgerechts Verhalten, verbaler oder nichtverbaler Natur, das auf die Realisierung einer bestimmten Beziehung zu einem Objekt drängt. Man mag vermuten, daß hinter der Motivation eines solchen Verhaltens ein Trieb, ein Antrieb steht; eine solche Vermutung bleibt aber in das Belieben des jeweiligen Forschers gestellt. Ein Gleiches gilt für die Anzahl und die Natur der postulierten Triebe. Auch wenn man mit diesem Konstrukt arbeiten will, legitimiert nichts die Annahme, irgendeiner der so konzipierten Triebe führe notwendig zu einem Verhalten, das dem Handelnden nicht vorwerfbar sei und demnach keine Schuld begründen könne. Wenn man aber unterstellt, daß diese Ersatzbedürfnisse, deren wahre Antriebe im Verborgenen bleiben, eine besondere Intensität besitzen, ist man rasch wieder bei dem obsoleten Konzept der Monomanielehre des 19. Jahrhunderts. Denn ein solcher, ungewöhnlich heftiger Trieb als Zeichen einer partiellen seelischen Störung könnte ja nur dann die Schuldfähigkeit tangieren, wenn er eine elektive Willenshemmung einschlösse oder sogar bedingte — und damit werden die seit über hundert Jahren mit Recht als Leerformeln aufgegebenen Begriffe der „instinktiven Monomanie" oder des „impulsiven Irreseins" gleichsam durch die tiefenpsychologische Hintertür wieder eingeführt. Der Motivation eines jeden Handelns kann ein Trieb als treibende Kraft unterstellt werden. Doch gerade deswegen muß die vermeintliche Triebbestimmtheit einzelner Verhaltensweisen forensisch-psychiatrisch irrelevant bleiben, da der heute vorherrschenden Auffassung vom Wesen und Sinn der Strafe der Gedanke zugrundeliegt, daß der Mensch seine Handlungen zu verantworten habe, weil er auf freie, verantwortlich-sittliche Selbstbestimmung angelegt und fähig sei, sein Verhalten nach den geltenden Normen einzurichten und das rechtliche Verbotene zu vermeiden.

Das andere Argument lautet, ein dem Täter motivisch unklares, in seinen Wurzeln unbewußtes Verhalten könne niemals schuldhaft sein. Dazu ist zu sagen: Zweifellos gibt es Eigentumsdelikte der hier interessierenden Charakteristik, bei denen das Mißverhältnis zwischen dem Gewinn und den drohenden sozialen Konsequenzen eklatent ist. Die sich angesichts dieser Fälle aufdrängende Frage nach dem Warum der Tat wird von diesem Ansatz aus mit dem Hinweis auf einen nicht bewußten und ohne Hilfe auch nicht bewußtseinsfähigen Trieb beantwortet, der eben wegen seiner Verwurzelung im Unbewußten auch der Einsicht und Direktion nicht zugänglich sei. Gerade sein verdecktes Wirken ermögliche es ihm, das Verhalten des Betroffenen in einer Weise zu determinieren, die diesem keine Handlungsalternative lasse. Da bezüglich einer jeden Verhaltenssequenz behauptet werden kann, nicht nur der bewußtseinsfähige und vom Handelnden angegebene Trieb sei der bestimmende, sondern ein verdeckter, dem Bewußtsein nicht zugänglicher, wird auf diese Weise die seinswissenschaftlich nicht beweisbare, aber unerläßliche Vorannahme preisgegeben, wonach von jedem Delinquenten ein normengerechtes Verhalten gefordert werden darf. Die tiefenpsychologische Interpretation suspendiert damit die für unser Strafrecht grundlegende und unverzichtbare Überzeugung eines relativen Indeterminismus und setzt einen absoluten Determinismus an dessen Stelle.

Das Vergebliche des Bemühens, das offensichtliche Unbehagen des Psychiaters in der Begutachtung mancher Eigentumsdelinquenten in rechtlich relevanter Form zu artikulieren, ohne dabei den gegenwärtigen Kenntnisstand der Psychiatrie zu leugnen, resultiert aus einem falschen Ansatz der Argumentation. Stets ging das Bestreben der Psychiater und Psychologen dahin, den Schuldvorwurf zu entkräften. Sie setzten bei der Zueignungsabsicht an und versuchten z. B. zu erklären, daß diese im Zusammenhang mit einem der biologischen Gründe der verminderten Schuldfähigkeit zu sehen sei. Dabei dachten sie entweder an eine „krankhafte seelische Störung" oder an eine „schwere andere seelische Abartigkeit". Diese krankhafte oder krankheitswertige Störung sei von einem solchen Erheblichkeitsgrad, daß dadurch die psychologischen Merkmale der Zurechnungsunfähigkeit bzw. der verminderten Zurechnungsfähigkeit gegeben seien. Die Zueignungsabsicht wurde nicht in Frage gestellt, wohl aber die Fähigkeit, dieser Absicht durch die Entwicklung von wirksamen Gegenvorstellungen zu begegnen, die dem Täter ein normgemäßes Verhalten bei einem vertretbaren Anspruch an Willensstärke und Direktionsfähigkeit ermöglichen. Abgehoben wurde in dieser Argumentation vor allem auf das voluntative Moment. Auch in den Deutungsversuchen, die in dem Eigentumsdelikt eines Symbolhandlung bzw. die Substitution eines anderen Bedürfnisses sehen, wird nach diesem Modell verfahren. Nicht die Zueignungsabsicht wird bestritten, wohl aber dem gestohlenen Objekt eine Bedeutung unterstellt, die es in den Augen der anderen, das heißt der „normalen“ Käufer, nicht hat. Die Autoren sahen demnach das Problem in der Frage, warum gerade dieser Täter sich diesen Gegenstand in dieser konkreten Lebenssituation widerrechtlich zugeeignet hat.

Die tiefenpsychologisch argumentierenden Autoren fragen demnach, was den Täter am Stehlakt reizt und welche besondere Bedeutung die gestohlene Sache für ihn gewinnt. Dem ist aber entgegenzuhalten, daß es aus forensisch-psychiatrischer Sicht durchaus irrelevant ist, welchen konkreten Gebrauch der Delinquent von dem widerrechtlich in seinen Besitz gebrachten Objekt zu machen beabsichtigt — ob er die Strümpfe tragen, als Fetisch verehren oder seiner Freundin schenken will — entsprechende Erörterungen dürfen deswegen in einem Gutachten keinen Platz finden. Werden sie in foro vorgetragen, so verbirgt sich dahinter die unzutreffende Annahme, mit dem konkreten Bedürfnis, das mit der Diebstahlshandlung befriedigt wird, sei eine Aussage zur Schuldfähigkeit verbunden, da eine Gruppe von Bedürfnissen per se auf stärkere Realisierung dränge als andere, und damit höhere Anforderungen an die Fähigkeit des Täters stelle, hemmende Gegenvorstellungen zu entwickeln.

Die folgenden Überlegungen scheinen eher geeignet, das Unbehagen des psychiatrischen Sachverständigen in einer möglicherweise auch rechtlich relevanten Form zu artikulieren.

In § 242 StGB heißt es... „in der Absicht wegnimmt, diesselbe sich rechtwidrig zuzueignen...“. Das bedeutet, zu den Tatbestandsmerkmalen des Diebstahls zählt das Gesetz nicht nur das Wegnehmen einer fremden beweglichen Sache, sondern gleichzeitig eine bestimmte Intention, eben die Zueignungsabsicht. Nicht berücksichtigt wird, welchen Gebrauch der Täter nach erlangter Sachherrschaft von dem Gegenstand zu machen beabsichtigt.

Für den Strafrichter mag allerdings in dem Akt des Wegnehmens eine bestimmte Intention so zweifelsfrei mitgegeben sein, daß sich deren ausdrückliche Feststellung erübrigt. Dem psychiatrischen Sachverständigen ist dieser Zusammenhang jedoch nicht selbstverständlich. Er weiß aufgrund seiner spezifischen Fachkenntnis, daß intraindividuell formal analoge Handlungssequenzen nicht notwendigerweise gleiche Intenionen der Agierenden anzeigen. Das Interesse des psychiatrischen Sachverständigen zielt also angesichts gleicher Handlungsweisen verschiedener Individuen stets auf die individuelle Intention ab. Dabei geht er davon aus, daß nicht auf dessen potentielle Beweggründe, das heißt auf das Motiv, rückgeschlossen werden darf. Fragt man, wodurch ein im einzelnen konkret motiviertes Verhalten charakterisiert ist, so sind etwa die folgenden Antworten möglich: Zum einen kann ein Verhalten durch ein aufkommendes Motiv überhaupt erst induziert werden: Der Durst veranlaßt zum Diebstahl der Bierflasche, die Eifersucht bringt den Ehemann dazu, den Sekretär der Gattin aufzubrechen. Verhalten kann auch durch die Wirksamkeit einer bestimmten Motivationslage lediglich verstärkt werden: Der Verliebte kleidet sich mit besonderer Sorgfalt. In diesen Fällen wird auf das Motiviertsein des Handelns aus der Verhaltensaktivität geschlossen. Daß ein Verhalten motiviert ist, kann sich aber auch aus seiner spezifischen Richtung ergeben. Die motivationale Gerichtetheit des Verhaltens wird beispielsweise offenbar, wenn das durstige Tier das Wasser aufsucht und den gefüllten Futternapf ignoriert, oder wenn der Eifersüchtige in dem konsequenten Nachspüren Beweise für seine quälende Vermutung sucht. Die spezifische Gerichtetheit des Verhaltens wird vor allem als motivational ausgeprägte kognitive Perspektivität (Selektivität) manifest: Nicht nur, daß der Verliebte eher auf die Dinge aufmerksam wird, die auf die Geliebte verweisen, er erlebt diese Hinweise in einer ganz spezifischen Bedeutung und Bedeutsamkeit, die sich durchaus von der Perspektive unterscheiden, unter der sie etwa der Eifersüchtige wahrnimmt.

Beim Eigentumsdelikt wird man in aller Regel — auch unter motivationspsychologischem Aspekt — aus der Verhaltensaktivität und der Gerichtetheit des Verhaltens auf die Motivationslage des Handelnden rückschließen dürfen. Diese, für die Mehrzahl der Fälle zweifellos zutreffende, charakterisierende Interpretation bleibt allerdings bei manchen Tätern unbefriedigend. Zu denken ist dabei etwa an jene Delinquenten, die auch in der längeren Exploration keinen Zugang zu den Beweggründen ihres Handelns finden und bei denen die sorgfältige Analyse der Persönlichkeit und ihrer Triebdynamik auch dem Untersucher keinen überzeugenden Hinweis auf den motivationalen Grund des Handlungsgeschehens liefert. Das vorwissenschaftliche Bemühen um einen verstehenden Zugang scheitert hier ebenso, wie die fachkundige Untersuchung. Rat- und Verständnislosigkeit des Gutachters gründen dabei in dem Umstand, daß er in seine analysierende Interpretation des Verhaltens die Elemente der konkreten Situation, in der sich die Handlung begibt, nicht miteinbezieht. Er läßt außer acht, daß die motivationale Gestimmtheit während einer umschriebenen Zeitspanne nicht nur innere Bedürfnisse reflektiert, sondern daß ebenso die jeweilige Situation von sich aus die Motivationslage des Agierenden pofiliert und damit auch Motive weckt und handlungsdeterminierend werden läßt, die vor Eintritt in die Situation nicht von handlungsrelevanter Bedeutung waren.

Nicht gemeint sind jene Täter, denen sich, ziellos durch ein Kaufhaus schlendernd, überraschend die Gelegenheit zum Diebstahl bietet und die diese „Chance" wahrnehmen, obwohl sie ursprünglich das Kaufhaus durchaus nicht mit einer entsprechenden Intention betraten. Zu denken ist vielmehr an die Fälle, bei denen unter dem „Aufforderungscharakter" der Situation ein Motiv zum bestimmenden Beweggrund des Handelns wird, das für den Außenstehenden keine Beziehung zu der konkreten Situationsdefinition erkennen läßt. Das heißt mit anderen Worten: Der Täter gibt durch das Motiv seines Handelns zu erkennen, daß er die aktuelle Situation mit einem ganz spezifischen, von den anderen nicht wahrgenommenen Aufforderungscharakter erlebt.

Zum Begriff des Aufforderungscharakters ist eine Anmerkung erforderlich: Motiviertes Subjekt und motivierende Situation stehen in wechselseitiger Abhängigkeit zueinander, da zum einen das Subjekt die Situation perspektivisch wahrnimmt und sie gemäß seiner aktuellen Bedürfnislage profiliert, zum anderen aber auch die einzelnen Elemente der Situation die motivationale Gestimmtheit des Subjekts mitdeterminieren. Der Aufforderungscharakter einer Situation, ihre Valenz für das in ihr handelnde Subjekt, offenbart sich dem Beobachter im Verhalten des Handelnden. Daß uns etwas als interessant, abstoßend, begehrenswert, unpraktisch, lecker, widerlich usw. erscheint, verweist als der jeweilige Aufforderungscharakter auf unsere Bedürfnisse oder unsere Interessen. Hindernisse, Mängel, Drohungen, aber auch alltägliche Aufgaben „fordern" motivationspsychologisch: Sie modifizieren Aktivität und Gerichtetheit des Verhaltens des Individuums.

Die Situation, in der z.B. der Warenhausdieb handelt, ist vergleichsweise einfach strukturiert. Wesentliche konstituierende Elemente sind folgende: Ein Warenangebot, das insbesondere Gegenstände des täglichen Bedarfs umfaßt; direkte Zugänglichkeit der Objekte ohne Zwischenschaltung eines Verkäufers oder einer technischen Sperre; ausdrückliche Aufforderung an den Kunden, sich selbst zu bedienen; Kontrolle und Entrichtung des Kaufpreises erst beim Verlassen der Abteilung; Aufforderung, bis zum Bezahlen die Objekte in firmeneigenen Körben oder Wagen zu transportieren; Sanktionsdrohungen zur Verhütung eines Regelverstoßes in Gestalt allenthalben sichtbar angebrachter Hinweistafeln, deren Befolgung durch wahrnehmbare Spiegel und das Wissen um unsichtbar bleibende Hausdetektive kontrolliert wird; Gegenwart anderer Menschen, die sich jederzeit als freiwillige oder professionelle Denunzianten entlarven können.

Gemäß einem allgemeinen, vom Besitzer des Kaufhauses mit Recht unterstellten Konsens besteht der Aufforderungscharakter der Situation darin, den vorgeschriebenen Regeln gemäß einen Einkauf zu tätigen.

Unter bestimmten, in der Person des Betroffenen liegenden Bedingungen kann der Aufforderungscharakter der Situation für diesen ein anderer sein, das heißt, die Situation ist dann aus der Perspektive des Warenhausbesuchers in einer Weise thematisch definiert, die dem allgemeinen Konsens widerspricht. Diese spezifische, gegebenenfalls dissensuelle Wahrnehmungsperspektive kann das Verhalten determinieren, zumindest so lange, bis zusätzliche flankierende Informationen den Täter wieder in das konsensuelle Situationsverhältnis zurückzwingen.

Beim Durchmustern einer großen Anzahl eigener Gutachten, die wegen eines Schuldvorwurfs aus § 242 StGB erstattet wurden, sind relativ häufig etwa die folgenden Beispiele eines dissensuellen Situationsverständnisses zu finden:

A) Es treten jene Wahrnehmungselemente, die die Situation als „potentieller Kunde in einem Warenhaus" definieren, zurück zugunsten solcher, die sie als „Aktionsfeld eines potentiellen Straftäters" kennzeichnen. Nicht, daß der Handelnde sich etwa plötzlich zu einer auch von ihm als solcher qualifizierten Straftat entschlösse: Es ist die situative Konstellation, die ihn passiv in die Rolle des Straftäters hineinformuliert. Wohl sieht er das Warenangeobt, wohl hat er das Geschäft ursprünglich in dem Wissen betreten, damit zum (möglichen) Kunden zu werden: Im Anblick des Warenangebotes aber erlebt er sich plötzlich isoliert, der Masse der ihn umgebenden Käufer nicht mehr zugehörig. Er nimmt die Verbotstafeln wahr und die Spiegel, die die unsichtbare Gegenwart der aufmerksam sein Tun überwachenden Detektive signalisieren. Wir wissen aus der Psychopathologie des Sensitiven, wie rasch eine scheinbar belanglose Situation dergestalt „umkippen" kann, daß sich der Betreffende plötzlich im Mittelpunkt der allgemeinen Aufmerksamkeit wähnt, daß er bedeutungslose, keineswegs auf ihn abzielende Bemerkungen in einem plötzlichen Mißverstehen der aktuellen Konstellation auf sich bezieht, daß ihn ein überraschendes Mißtrauen bezüglich der Einstellung der anderen ihm gegenüber überwältigt. Bringt er noch die Kraft auf, sich dieser sogartigen Wirkung der mißverstandenen Situation und ihrem spezifischen Aufforderungscharakter zu entziehen, indem er sich in das konsensuelle Situationsverständnis zurückzwingt, so wird er das Geschäft, mindestens aber die Abteilung, verlassen. Mißlingt diese Korrektur oder wird er von dem dissensuellen Aufforderungscharakter so abrupt überwältigt und eingefangen, daß es gar nicht mehr zum Ansatz einer Korrektur kommt, so wird er gemäß seinem Situationsverständnis handeln. Er nimmt die ihm scheinbar angebotene, aus der besonderen Wahrnehmungsperspektive zwangsläufig resultierende Rolle des Delinquenten an und greift — mit allen Anzeichen der Vorsicht und des Bemühens um Heimlichkeit — in das Regal, um die — meist wahllos zusammengerafften und nicht am persönlichen Bedarf orientierten Gegenstände — in seinem Mantel zu verbergen.

B) Vor allem bei Jugendlichen, aber keineswegs nur bei diesen, begegnet man gelegentlich einer anderen Form handlungsdeterminierender Verzerrung der Wahrnehmungsperspektive mit einer — in der Regel flüchtigen — daraus resultierenden Situationsverkennung. In der Exploration hört man etwa von den Tätern, daß sie an dem gestohlenen Gut nicht das mindeste Interesse hatten und gelegenltich erst anläßlich der Entdeckung erfuhren, um welche Gegenstände es sich gehandelt hat. Man erfährt, daß die Objekte — gemessen an der Bedürfnislage des Täters oft völlig unbrauchbar — nach dem Verlassen des Geschäftes achtlos weggeworfen wurden. Ein Teil jener Fälle, die früher im Schrifttum unter dem Stichwort „pathologischer Stehltrieb" erörtert wurden, gehört sicherlich hierher. Auch diese Delinquenten fallen, nachdem sie das Kaufhaus ursprünglich durchaus „ohne böse Absicht" und mit hinreichenden Barmitteln versehen, aufsuchten, plötzlich aus dem gemeinsamen Situationsverständnis heraus und erliegen dem Aufforderungscharakter einer Situation, die sich ihnen vorübergehend anders darstellt, das heißt, inder Elemente in den Vordergrund treten, die aus der Perspektive der anderen zwar auch gegenwärtig, aber nicht thematisch bestimmend sind. Spiegel, Hinweistafeln, unsichtbar beobachtende Hausdetektive sind bei ihnen, im Unterschied zum ersten Beispiel, nicht geeignet, sie kurzfristig die Rolle des Delinquenten realisieren zu lassen. Sie fühlen sich vielmehr aufgefordert, sich an einer Inszenierung zu beteiligen, in der das uralte Thema „Jäger-Gejagter" verwirklicht wird. Sie wissen sich belauert, beobachtet und argwöhnisch betrachtet und handeln, indem sie eben jenen Erwartungen entsprechen, mit denen nach ihrem aktuellen Verständnis der Situation die anderen ihnen begegnen. Wir kennen aus der Soziologie das Phänomen der Self-fullfilling-prophecy, jener Erscheinung, daß die präzisen Erwartungen einer Bezugsgruppe einen Menschen schließlich dazu bringen, ein Verhalten an den Tag zu legen, das seinen ursprünglichen Intentionen durchaus nicht entspricht, ihnen sogar zuwiderlaufen kann. Analoges begibt sich bei dem hier in Rede stehenden Täter: Ausgehend von seinem dissensuellen, in der verzerrten Wahrnehmungsperspektive gründenden Situationsverständnis, nimmt er nur jene Situationselemente als bestimmend wahr, die ihm die Überzeugung vermitteln, man erwarte von ihm die Realisierung der Rolle des Gejagten, wobei der Erwartungsdruck subjektiv von dem gleichen Gewicht sein kann wie bei der Self-fullfilling-prophecy. Diese Rolle des Gejagten, die allein imstande ist, die subjektiv angetroffene Konstellation „sprungbereite und gut getarnte Jäger" zu bestätigen, kann er aber nur dann übernehmen, wenn er das tut, worauf die ihn Umlauernden scheinbar warten: Das heißt, durch den Griff ins Regal. Andere Beispiele einer Situationsverkennung ließen sich nennen. Sie sind unter forensisch-psychiatrischem Aspekt der „schweren anderen seelischen Abartigkeit" analog, so daß im konkreten Fall die Frage nach einer Verminderung der Schuldfähigkeit zu diskutieren ist.

Obwohl ich meine, daß das Vorbringen einer Kleptomanie nahezu stets forensisch-psychiatrisch irrelevant ist, sollte mit diesen Sätzen gezeigt werden, daß in Ausnahmefällen zumindest eine erhebliche Beeinträchtigung von Einsichts- und Steuerungsfähigkeit anzunehmen ist.

Das folgende Beispiel steht für jene Fälle, bei denen im Stehlakt ein abgedecktes qualitativ anderes Bedürfnis stellvertretend befriedigt wird.

Beispiel: *Frau L. wird vorgeworfen, in mehreren Kaufhäusern Kleidungsstücke, Kosmetika und Nahrungsmittel gestohlen zu haben. Sie berichtet von langjährigen Spannungen zwischen ihr und dem Ehemann. Dieser, in einer Reihe von Vereinen tätig, vernachlässige sie seit langem. Sie habe sich immer wieder um seine Zuwendung bemüht, Gespräche auch in Gegenwart der Eltern seien erfolglos geblieben. Im Hinblick auf die letzte Straftat meint sie: „Vorher habe ich meinem Mann gesagt, ich nehm' halt wieder was weg, wenn das so weitergeht". Es werde, dessen sei sie sich sicher, für ihn eine besondere Kränkung bedeuten, wenn sie eingesperrt werde. Es werde ihm eine Lehre sein, und ihm die Notwendigkeit zeigen, sich ihrer mehr anzunehmen. Vor allem müßten ihn die sozialen Konsequenzen einer Inhaftierung der Ehefrau treffen.*

Sie sei bereits in der Absicht in das Kaufhaus gegangen, dort etwas wegzunehmen. Sie habe direkt neben dem Detektiv stehend die Sachen eingepackt. Der Detektiv habe sogleich gesehen, was sie tue. Noch einmal formuliert sie: „Der soll mal sehen, wenn ich im Gefängnis bin". Sie habe ihn mit diesen Diebstählen kränken wollen, weil sie wisse, wie wichtig ihm sein Ansehen sei und wie sehr er als Mitglied vieler Vereine und einer bedeutenden Fastnachtsfamilie darunter leiden werde.

Aus der Beurteilung:

Frau L. machte geltend, daß es ihr nicht primär um den Erwerb der gestohlenen Dinge gegangen sei, sondern daß sie vielmehr mit diesem Delikt ihren Mann treffen wollte. Sie unterstellt damit der deliktischen Verhaltensweise gleichsam eine Stellvertreterfunktion.

Unabhängig von der Frage, ob man die mit dem Kleptomanie-Begriff behaupteten psychodynamischen Zusammenhänge zwischen deliktischem Verhalten und

Persönlichkeitsstruktur bzw. Persönlichkeitsentwicklung für evident hält, ist hier die von Frau L. angebotene Interpretation des Fehlverhaltens im Hinblick auf die Frage nach der Schuldfähigkeit zu erörtern. Frau L. ist mehrfach einschlägig vorbestraft. Ähnlich wie anläßlich früherer Delikte deutet Frau L. auch jetzt einen Zusammenhang zwischen der besonderen familiären Konstellation und dem ihr zur Last gelegten Fehlverhalten an. Während sie früher lediglich global davon sprach, daß Schwierigkeiten in der Ehe bestünden, die sie bedrückten, so schildert sie jetzt die häusliche Situation detaillierter.

Frau L. versieht zweifellos eine ungewöhnlich umfangreiche Hausarbeit. Sie versorgt nicht nur einen Haushalt mit zwei Kindern und einem Mann, sie hilft darüber hinaus in den späten Abendstunden bis in die Nacht hinein den Eltern beim Führen ihrer Gastwirtschaft. Mit diesem hohen Einsatz wird sie in ihrer eigenen Einschätzung zwei Ansprüchen gerecht, demjenigen der eigenen Familie und demjenigen der Elternfamilie. Es mag dahingestellt bleiben, welche weiteren Gründe es sind, die sie zu dieser kräftezehrenden Arbeit veranlassen. Es mag auch dahingestellt bleiben, ob die ehelichen Spannungen Ursache oder Folge der mannigfaltigen Verpflichtungen sind, die Frau L. eingegangen ist. Tatsache ist jedoch, daß sie sich für diesen hohen Einsatz nicht hinlänglich honoriert sieht. Der Ehemann, einer wie sie sagt, bekannten Fastnachtfamilie entstammend, widmet sich offenbar in seiner Freizeit vorwiegend seinem intensiven Vereinsleben. Die Beziehung zur Ehefrau hat darunter so sehr gelitten, daß sich Frau L. schließlich nicht mehr in der Rolle der Partnerin sieht, sondern sich auf diejenige eines Objektes reduziert fühlt, das den physiologischen Bedürfnissen des Mannes zur Verfügung zu stehen hat. In dieser Einstellung sieht sie sich sicherlich durch gegenwärtig vertretene Meinungen in Zeitschriften und Zeitungen unterstützt. Was die Eigentumsdelikte angeht, so stellt sie überzeugend dar, daß wirtschaftliche Not nicht der Antrieb sind und daß sie durchaus in der Lage ist, die gestohlenen Gegenstände auch käuflich zu erwerben. In die Motivation dieser Delikte gehen demnach sicherlich zwei Determinanten sein, die gesondert zu benennen sind. Zum einen ist sie bestrebt, die Aufmerksamkeit und Zuwendung des Mannes zu erzwingen. Dabei geht sie von der Überzeugung aus, daß eine soziale Diskriminierung, die mit ihrer Verurteilung auch für den Mann gegeben wäre, von diesem gefürchtet wird angesichts des Ansehens, das seine Familie genießt. Sie will ihn dadurch zu einem erwünschten Verhalten zwingen, indem sie ihr eigenes Sozialverhalten von dem Verhalten des Mannes in der ehelichen Beziehung abhängig macht. Das bedeutet, sie will ihm vor Augen führen, daß sie sich nicht scheut, ihn „sozial unmöglich" zu machen, falls er seine Aktivitäten außerhalb der Familie nicht einschränkt und in den Familienverband zurückkehrt. In diesem Sinne verwendet sie die Strafhandlungen als Druckmittel, diese haben aber auch die Bedeutung einer Trotzreaktion mit einer deutlich aggressiven Komponente, die gegen den Ehemann gerichtet ist.

Eine zweite Determinante ist zu nennen. Frau L. fühlt sich sexuell vernachlässigt, sie vermißt liebevolle Zuwendung und meint sich auf die Rolle des Sexualobjekts reduziert. Sie fühlt sich in ihrer Würde verletzt, als Partnerin nicht akzeptiert und vermißt die Bereitschaft des Ehemannes, ihren hohen Arbeitseinsatz angemessen durch Zuwendung und Geborgenheit zu honorieren. Insofern haben die Eigentums-

delikte durchaus eine Stellvertreterfunktion. Da sie die für berechtigt gehaltenen Erwartungen zu Hause nicht befriedigt sieht und auch keine Möglichkeit erkennt, die ständig erlebten Frustrationen zu kompensieren, weicht sie in die Strafhandlung aus und kompensiert hier die zu Hause ausbleibenden Gratifikationen durch Eigentumsdelikte.

Insofern kommt den inkriminierten Verhaltensweisen auch eine sexuelle Komponente zu, da ein Triebziel durch ein anderes ersetzt wird. Dieser sicherlich unreflektierte Wechsel des Triebziels wird durch den Umstand begünstigt, daß Frau L. offenbar über keinen Menschen verfügt, mit dem sie die Partnerschaftsproblematik erörtern könnte. Es erscheint überzeugend, wenn sie angibt, das hier in Rede stehende Delikt sei unmittelbar am Anschluß an den mißglückten Versucht erfolgt, mit der Großmutter die Problematik zu erörtern.

Aus der Sicht des Sachverständigen ist demnach zu sagen, daß als bestimmende Determinanten ihres inkriminierten Verhaltens primär Beweggründe zu nennen sind, die nicht auf den unrechtmäßigen Erwerb von Besitz gerichtet sind.

Es kann nicht die Aufgabe des Sachverständigen sein, zu entscheiden, ob ein formal als Eigentumsdelikt ausgewiesenes Verhalten dann eines der Eingangsmerkmale des § 20 StGB erfüllt, wenn ihm Ursachen zugrunde liegen, die aus anderen Persönlichkeitsbereichen stammen. Das heißt, es ist nicht Aufgabe des Sachverständigen, zu entscheiden, ob ein Eigentumsdelikt mit dem Ziel, Zuwendung und Aufmerksamkeit des Mannes zu erreichen und sexuelle Befriedigung zu erfahren, forensisch anders zu beurteilen ist als ein auf Bereicherung abzielender Diebstahl. Festgestellt werden kann aber, daß sich Frau L. in den zurückliegenden Jahren eine seelische Fehlhaltung entwickelt hat, die es ihr unmöglich macht, eine tatsächlich bestehende Konfliktthematik verbal auszutragen und mit angemessenen Mitteln zu lösen. Die Exploration macht deutlich, daß eben ein solcher Prozeß der Konfliktbewältigung mit hoher Wahrscheinlichkeit geeignet wäre, für die Zukunft ähnliche deliktische Verhaltensweisen zu verhindern.

Der Sachverständige ist der Auffassung, daß die bestehende Fehlhaltung und die von Frau L. praktizierten inadäquaten Versuche einer Problemlösung so wie eine schwere seelische Abartigkeit im Sinne des Gesetzes gewertet werden sollten. Diese schwere seelische Abartigkeit hat in der Tat insofern zu einer Verminderung der Einsichtsfähigkeit geführt, als Frau L. sich über die wirklichen Beweggründe ihres Handelns nicht voll im klaren und darüber hinaus erheblich beeinträchtigt in dem Vermögen ist, das Fehlverhalten durch eine adäquate Lösung ihrer Lebensschwierigkeiten zu korrigieren.

5.2.2 Sensitiv — querulatorische Entwicklung

Sensitiv-querulatorische bzw. -paranoide Entwicklungen, die ebenfalls zu den Persönlichkeitsstörungen zählen, disponieren den Betroffenen gelegentlich auch zu strafrechtlich bedeutsamen Regelverstößen. Bei den Straftaten, die von diesem Personenkreis verwirklicht werden, handelt es sich bevorzugt um die folgenden:

Beleidigung, falsche Verdächtigung und Widerstand gegen die Staatsgewalt. Seltener sind falsche uneidliche Aussage und Meineid sowie Straftaten gegen die öffentliche Ordnung. Anhand des folgenden Beispiels sollen auch die für den psychiatrischen Sachverständigen bedeutsamen psychologischen und psychopathologischem Aspekte dieser Persönlichkeitsstörung dargestellt werden.

Beispiel: *Mitteilung der Oberfinanzdirektion X an die Staatsanwaltschaft beim Amtsgericht Z: Der Vollziehungsbeamte, Herr Hubert K., Steuerhauptsekretär beim Finanzamt Z, versuchte bei dem Steuerpflichtigen A. eine Kraftfahrzeugsteuerrestschuld einzutreiben. Herr K. mußte jedoch die Beitreibung abbrechen, da Herr A. ihn durch sein drohendes Verhalten an der Durchsetzung des Vollstreckungsauftrages hinderte.*

Bericht des Hubert K. über den Vorfall: Herr A. ist mir als brutaler Mensch bekannt und bereits wegen Widerstandes gegen Polizeibeamte vorbestraft. Ich traf den Schuldner vor seinem Haus, wo er an einem halbfertigen Wohnwagen beschäftigt war. Auf meine Zahlungsaufforderung gab er mir freche Antworten, obwohl ich meine Forderung mit Rücksicht auf seine mir bekannte Frechheit freundlich gestellt hatte. Sein Benehmen gegen mich war zuerst nur durch Worte provozierend; erst als ich ihn aufforderte, meine Anständigkeit nicht mit Frechheit zu beantworten — für mich sei er kein unbeschriebenes Blatt — ging er tätlich gegen mich vor, indem er mehrmals versuchte, mir auf den Fuß zu treten und mich mit seinem Körper nach hinten umzustoßen. Als ihm dies nicht gelang, griff er nach einem größeren Holzscheit, um mich damit wegzujagen. Nur mein sicheres Auftreten hielt ihn vom Zuschlagen ab. Da mir eine weitere Verhandlung unmöglich erschien, habe ich diese abgebrochen. Beim Weggehen rief er mir noch nach, ich könne ruhig die Polizei holen, mit der werde er auch fertig.

Aus der Beurteilung:

Am Beginn der Entwicklung, die zu der jetzt erkennbaren Persönlichkeitsverformung geführt hat, steht ein Ereignis, das nur in Umrissen von Herrn A. zu erfahren ist. Dessen wesentlichen Merkmale waren offenbar eine subjektiv als massiv erlebte Kränkung seines Selbstwertgefühls. Er bemühte sich in der Folgezeit, für diese Kränkung Wiedergutmachung zu erhalten. In den von ihm ergriffenen Mitteln zeigte sich immer deutlicher ein Mißverhältnis zwischen angestrebtem Ziel und eingesetzten Mitteln. Statt die von ihm ursprünglich angestrebte Genugtuung zu erhalten, kam es immer wieder zu Zusammenstößen mit Vertretern der Staatsgewalt mit dem Ergebnis, daß sich immer wieder neue Strafverfahren anschlossen. Es gelang Herrn A. zunehmend weniger, das Mißverhältnis zwischen angestrebtem Ziel und eingesetzten Mitteln zu erkennen, sein Denken engte sich immer weiter allein auf die erstrebte Genugtuung und die Gewißheit ein, es werde ihm Unrecht von allen Seiten zugefügt. Ausufernd bezog er in diese Entwicklung fast alle Bezugspersonen ein, die er als Gegner meinte identifizieren zu müssen. So sah er sich schließlich von Nachbarn, Polizisten und anderen umstellt, denen es nach seinem Dafürhalten allein darum ging, ihn zu kränken und zu schädigen.

Das zentrale Thema dieser wahnhaften Entwicklung wurde die Beanspruchung eines „Rechts", von dem er überzeugt war, es werde ihm vorenthalten. Alle Autoritätspersonen, alle Menschen, die mit Ansprüchen an ihn herantraten, wurden in diese wahnhafte Entwicklung eingebaut, erschienen ihm als Gegner, die es zu bekämpfen und abzuwehren galt. Er wurde unfähig, sein eigenes Verhalten in Relation zu dem der anderen zu sehen und zu erkennen, daß das Verhalten der anderen unmittelbare und notwendige Folge seiner eigenen Fehleinstellung war. Es manifestierte sich das, was wir eine wahnhafte und paranoide Entwicklung nennen. In der älteren Psychiatrie spricht man auch vom sensitiven Beziehungswahn.

Die Bezeichnung Paranoid, paranoide Reaktion oder paranoide Entwicklung meint im gängigen Schrifttum jene Eigenbeziehungen, die unmittelbar verständlich aus Affekten, Wünschen, Strebungen etc. hervorgehen und eine diesen entsprechende Intention im subjektiven Erleben realisieren. Paranoid in diesem Sinne ist die Furcht des Kindes, das in beziehungslosen Äußerungen oder Bewegungen der Mutter die Bestätigung seiner Sorgen erkennt, sie wisse von dem unerlaubten Griff in die Zuckerdose. Ein Paranoid trägt auch die Befürchtung des Mädchens, belanglose Bemerkungen der Kollegen und Vorgesetzten seien verkappte Anspielungen auf die bis dahin tatsächlich unentdeckt gebliebene Schwangerschaft. Paranoid wird man aber auch jene Einstellung des Delinquenten nennen, der in jedem uniformierten Polizisten einen eigens ihm auf die Spur gesetzten Verfolger wittert. Eigenbeziehungen dieser Art können durchaus Element einer wahnhaften Verfassung sein, sie allein aber machen diese nicht aus. Sie sind in der Regel einer Korrektur durchaus zugänglich und es fehlt ihnen die eigentümliche Gewißheit wahnhaften Erlebens. Die Unsicherheit in der Deutung des Erlebten und Beobachteten beunruhigt den Betroffenen fast mehr als der tatsächliche Gehalt der paranoiden Befürchtung bzw. Ahnung.

In der paranoiden Eigenbeziehung wird für den anderen eine Einstellungsänderung deutlich, die sich entweder aus einer Neuinterpretation der eigenen Identität oder derjenigen der Mitglieder des sozialen Kontext herleitet. Paranoides Erleben kann demnach entweder einen zentrifugalen oder einen zentripetalen Grundzug tragen. Im ersten Fall äußert der Betroffene die Überzeugung, er habe sich gewandelt, sei ein anderer geworden und demgemäß habe sich auch das Verhalten der Umwelt ihm gegenüber ändern müssen. Im anderen Fall erlebt er seine Ich-Identität als stabil, während die anderen ihm gegenüber zu einer neuartigen Einstellung gelangt sind, sei es gänzlich ohne Grund oder aber in einem Ausmaß, das in keinem Verhältnis zu einem zwar vorliegenden aber tatsächlich belanglosen Anlaß steht. Zweifellos ist Herr A. den Paranoiden des zweiten Typs zuzuzählen.

Wenn der Paranoide davon spricht, die geflüsterten Bemerkungen der Bürokollegen bezögen sich auf ihn, man spiele hinter seinem Rücken auf Peinliches in seinem Leben an oder plane ungute gegen ihn gerichtete Machenschaften, so gewinnt die Situation für ihn eine ganz andere thematische Relevanz als für seine Partner. Der vertraute Büroalltag wird unvertraut. Versucht man, jene Elemente innerhalb der gegebenen Situation auszumachen, die für den Paranoiden problematisch werden und die ihn veranlassen, die Strukturierung zwischen Horizont und thematischem Kern in einer neuartigen, vom allgemeinen Konsens abweichende Weise zu bestimmen, so bietet der Betroffene nur scheinbar eine Hilfe. Er verweist auf einzelne Beobachtungen, die er in einem anderen und befremdlichen Sinne interpretiert. Gelingt es, ihm diese Interpretation „auszureden", so ändert das nichts an seiner Grundüberzeugung, man sei übereingekommen, ihn zu prüfen, man beabsichtige ihn zu vernichten, man spiele auf seine Verliebtheit an etc. Wenn damit gesagt wird, die aus der Sicht des anderen problemlose und alltägliche Situation verliere den Charakter der Vertrautheit, dann muß das erläutert werden.

Der alltägliche Umgang mit Menschen und Dingen der näheren oder weiteren Umgebung geschieht in der Regel auf der Basis eines anonym bleibenden, nicht artikulierten Konsens. Man geht davon aus, daß der andere dasselbe erlebt und macht sich über dessen spezifische Auffassungsperspektive keine Gedanken. Diese basale Vertrautheit wird nur unter ganz besonderen Umständen in Frage gestellt, auf ihr gründet die Mehrzahl zwischenmenschlicher Kommunikationen. Vertrautheit lebt von ihrem Vergangenheitsbezug. Die Orientierung am Gewesenen strukturiert die Erwartungen bezüglich des Gegenwärtigen, indem sie dessen Möglichkeiten zahlenmäßig begrenzt und damit die Situation im ganzen vereinfacht.
Das aber ist es, was in der Beziehung, in der der eine als paranoid identifiziert wird, zunächst auffällt. Die Themen und Wahrnehmungsgegenstände, an denen er seine Befürchtungen und abwegigen Gewißheiten festmacht, sind austauschbar und es kann auch gelingen ihm die absonderlichen Bedeutungen, die er ihnen zuschreibt, auszureden. Jedesmal bleibt aber jene Element in der Beziehung, das sich abrupt unter Bezug auf andere Objekte und Beobachtungen im Paranoid erneut konkretisieren kann.

Als paranoid wird eine Einstellung also dann bezeichnet, wenn der eine Partner — derjenige, der als psychisch Abnormer im Sinne des Paranoiden identifiziert wird — den anonymen Konsens hinsichtlich einer vertrauten Welt überraschend substitutiert. Er bedient sich, im Unterschied zu seinen Interaktionspartnern, nicht des Vertrauensmechanismus zur Reduktion der sozialen Komplexität, sondern des Mißtrauens. Er handelt die thematischen Relevanzen nicht in der sozialen Interaktion mit den anderen aus, sondern bedient sich solcher Auslegungsrelevanzen, die sich sinnvoll aus seinen idiosynkratischen in die Situation eingebrachten Erfahrungen ergeben, um so die ihm unvertraute Welt übersichtlich und erwartbar zu strukturieren. Indem er aber den gemeinsamen Konsens aufgibt oder bestreitet, macht er nun dem Partner die Situation fremd und unvertraut. Die von ihm als Auslegungsrelevanz behandelten bedeutsamen Gegebenheiten gewinnen für den Partner den Charakter auferlegter Relevanzen, mit deren Hilfe er sich bemüht, die vom anderen zerstörte Basis unreflektierter Vertrautheit zu rekonstruieren, um in die Beziehung wieder jenes Element des Vertrauens einzuführen, ohne das die Interaktion nicht kalkulierbar wird und keine Orientierungshilfe für das eigene Verhalten bieten kann. Tatsächlich aber wird eine solche Korrektur nur dann gelingen, wenn der Partner sein gesamtes Vorwissen suspendiert, die voraussetzende Annahme einer fraglos selbstverständlichen, weitgehend konsentierten Welt aufgibt und ebenso diese Welt gleichermaßen als eine unvertraute, in ihrer Komplexität nur durch die Einstellung des Mißtrauens zu reduzierende erfährt. Da eine solche generelle Einstellungsänderung keine der freien Willensbestimmung zugängliche Handlung darstellt, kommt es stets nur über kurze Zeitabschnitte zu einer konsensuellen Beziehung.

Auf dem Hintergrund dieser Überlegungen wird verständlich, wie sich dem A. die Welt, d.h. insbesondere seine näheren Bezugspersonen und deren Verhalten, darstellen. Er sieht sich isoliert und außerstande, die Wahrnehmungswelt unter einer anderen als der paranoiden Perspektive wahrzunehmen.

Dabei wird diese paranoide Grundhaltung immer dann von entscheidender behandlungsbestimmender Relevanz werden, wenn bestimmte Themen durch die Situation angesprochen werden. Im konkreten Falle heißt das, daß die paranoide Eigenbeziehung immer wieder dann durchbricht und die Weltsicht des A. bestimmt, wenn er sich Personen konfrontiert sieht, die durch Merkmale charakterisiert sind, die ihn in der latenten Gewißheit bestätigen, daß er das Opfer vielfältiger Machenschaften von Amtsträgern und anderen in ihrem Sinne Agierenden sei.

Auf der anderen Seite heißt das, daß es durchaus einen Bereich des Handelns gibt, in dem sich bei A. die paranoide Einstellung nicht auswirken wird, diese ist insofern gegenstandsbezogen.

In jedem Falle wird also zu prüfen sein, welcher Art das ihm zur Last gelegte Delikt ist, angesichts der Frage, ob gerade im Bezug darauf die als schwere seelische Abartigkeit im Sinne des Gesetzes einzustufende paranoide Fehlhaltung eines der Eingangsmerkmale der §§ 20/21 StGB erfüllt und damit geeignet ist, Einsichts- und Steuerungsfähigkeit erheblich zu tangieren.

In diesem Fall handelt es sich um typische Konstellationen, die immer wieder geeignet sein werden, die bei Herrn A. latent vorhandene Neigung zur wahnhaften Eigenbeziehung aufbrechen zu lassen. Derartige Konstellationen zwingen ihm immer wieder jene Auffassungsperspektive auf, die ihn an der konkreten Situation allein jene Elemente wahrnehmen läßt, die seine realitätsverzerrende, paranoide Wahrnehmung bestätigen. Er ist dann unfähig, andere Situationselemente, die seiner paranoiden Auffassung widersprechen, zu erkennen, richtig zu interpretieren und zu verwenden, um sein Bild der aktuellen Situation und des Verhaltens der Mitmenschen zu korrigieren.

Es ist demnach gerechtfertigt, im Falle des Herrn A. aufgrund der bestehenden paranoiden Eigenbeziehungen bzw. des bestehenden sensitiven Beziehungswahns die Schuldfähigkeit generell in Frage zu stellen.

Bezogen auf die hier in Rede stehenden Delikte halte ich es auf dem Hintergrund des oben umrissenen Begriffs der gegenständlich beschränkten Schuldunfähigkeit bzw. verminderten Schuldfähigkeit für gerechtfertigt, eine tatrelevante erhebliche Minderung der Einsichts- und Steuerungsfähigkeit anzunehmen.

Ich möchte nochmals darauf hinweisen, daß es eine Reihe von Delikten gibt, für die die hier beschriebene psychische Behinderung tatirrelevant ist, bei deren Begehung sich also das Eingangsmerkmal der schweren seelischen Abartigkeit nicht schuldmindernd auswirken wird.

5.3 Sozio-(psycho-)pathische Persönlichkeitsstörungen

5.3.1 Zum Begriff des Psychopathischen

Der Begriff des Psycho- bzw. Soziopathen hat insbesondere in der deutschsprachigen Psychiatrie einen schlechten Klang. Dafür sind vor allem historische Gründe anzuschuldigen, auf die im einzelnen nicht einzugehen ist. Vor allem die sogenannte kritische Psychiatrie der vergangenen Jahre und Jahrzehnte hat sich energisch gegen diesen Terminus gewandt und den Sachverhalt, auf den er zielt, als eine Fiktion bezeichnet, deren Langlebigkeit eine ungute Tradition der Psychiatrie und Psychopathologie widerspiegele. Da es gerade die kritische Psychiatrie ist, die das umgangssprachliche Verständnis des Psychopathiebegriffs gegenwärtig allenthalben bestimmt, ist es — ähnlich wie bei den Neurosen — angezeigt, einige allgemeine Feststellungen und Überlegungen zu referieren.

Auf drei miteinander zusammenhängende Prämissen hatte sich das Psychopathiekonzept *K. Schneider's* gestützt: Auf den statistischen Normbegriff, die Stellung des Psychopathischen in einer Systematik seelischer Leidenszustände und auf die Vorstellung von einer primär hereditär-konstitutionellen Prädisposition psychopathischer Persönlichkeitsabberationen.

Besonders bedeutsam für das tradierte Psychopathieverständnis war die Problematik des *Schneider'schen* statistischen Normbegriffs, die nicht allein in dessen vermeintlicher Wertfreiheit lag, sondern vor allem in der Forderung, die Begriffe Norm und Normales an ein objektivierbares Außenkriterium zu binden. *Freud* hatte demgegenüber auf den uns heute selbstverständlich erscheinenden Umstand aufmerksam gemacht, daß „normal" durchaus nicht den Tatbestand des Nichtgestörtseins, den Zustand unauffälliger Angepaßtheit und Durchschnittlichkeit meinen kann. Er beschrieb Normalität als ein ständig bedrohtes Gleichgewicht zwischen Bewußtsein und Verdrängtem, als ein Verhältnis, das sich nicht nur in jedem Einzelfall höchst individuell darstellt, sondern dessen Ausgewogenheit darüber hinaus immer nur angestrebt niemals aber erreicht werden kann. Bei *Freud* aber — ebenso wie bei *K. Schneider* — gewinnt seelische Abnormität jedweder Gestalt die Qualität einer Eigenschaft, beispielsweise als eine charakterologische Variante verstanden, deren Identifizierung nicht nur die Verständigung mit dem Betreffenden ermöglicht, sondern die vor allem auch seiner Be- oder Verurteilung dient.

In allen psychiatrischen Äußerungen zum Thema „psychopathische" oder „abnorme" Persönlichkeit meint Abnormität eine Störung im Sinne von Einengung, Freiheitsverlust, Reduktion, Disharmonie, Ungleichgewichtigkeit usw. Ein solches Verständnis psychischer Abnormität war schließlich unerläßliche Voraussetzung des Anspruchs einer Nach-*Kraepelin'schen* Psychiatrie, für die Identifizierung, Klassifizierung und gegebenenfalls auch Versorgung des Psychopathen kompetent zu sein. Der Versuch, das Thema Psychopathie im Kontext einer Theorie des sozialen Handelns neu zu formulieren und zu bearbeiten, erlaubt es jedoch nicht, Abnormität — verstanden als eine besondere Form der Abweichung — in die Nähe von Destruktion, Gefährdung, Störung oder Desorganisation zu rücken. Schließlich kann Abweichung ebenso der Stützung einer vorgegebenen Ordnung dienen: So kann etwa abnormes, das heißt vom vorgegebenen Durchschnitt abweichendes Verhalten sogar konstruktiv wirken, wenn es der Bewältigung einer überraschenden, die aktuellen Regeln außer kraft setzenden Situation dienlich ist. Aber auch ein solches Verhalten, das gleichsam als „Sicherheitsventil" eine gravierende Abweichung verhindert, wäre nicht dysfunktional.

„Psychopathie" oder „psychopathische Persönlichkeit" stehen unter diesem Aspekt durchaus nicht mehr für dysfunktionale Eigenschaften oder Leiden verursachende innerseelische Ungereimtheiten und Dominanzverschiebungen. Beschrieben wird damit vielmehr ein nicht erwartbares Verhalten, dem mit den Begriffen Norm und Störung im geläufigen Sinne nicht beizukommen ist. Es kann allenfalls auf seine Zweckmäßigkeit hin geprüft werden unter der Voraussetzung, daß zuvor die Erwartungen der Anderen und die aktuelle Situation definiert sind. Man mag dann beispielsweise denjenigen für einen psychopathisch Abnormen halten, der sich in einer gegebenen oder möglichen Situation nicht normativ verhalten kann. Als eine psychopathische Persönlichkeit wäre jedoch auch derjenige zu bezeichnen, der außerstande ist, die das augenblicklich Normale definierende Norm zu überschreiten.

Die klassische Psychopathologie hatte im Verstehen den wichtigsten Zugangsweg zu den sogenannten psychopathologischen Tatbeständen gesehen. In der Behandlung des Psychopathieproblems gab sie jedoch mit der Betonung der hereditär dispositionellen Komponente eben diese Perspektive einer „verstehenden Psychologie" auf. Jene offensichtliche Inkonsequenz hat ursächlich vermutlich mit der Tatsache zu tun, daß die Psychiatrie, einem eigenen Anspruch ebenso wie den an sie herangetragenen Erwartungen der Strafjustiz folgend, ein Thema ursurpiert hatte, zu dessen Behandlung sie weder durch spezielle Kenntnisse noch durch ein methodisches Rüstzeug legitimiert war. Einem medizinischen Krankheitsmodell verpflichtet, durfte sie die Geisteskrankheiten als ihr ureigenes Forschungsgebiet betrachten, zumindest solange, als ausgemacht schien, daß auch die endogenen Psychosen sich schließlich als körperlich begründbare erweisen dürfen. Ohne eine eigene Psychologie, von der Entwicklung der medizinischen Anthropologie abgekoppelt und den Sozialwissenschaften mit skeptischer Ignoranz gegenüberstehend, vermochte sie die „abnormen Spielarten seelischen Wesens" nur durch die Behauptung in ihren Zuständigkeitsbereich zu zwingen, daß sich in ihnen eine konstitutionell bedingte Disharmonie ausspreche.

Mit diesem Standpunkt, der die eigene Ohnmacht deutlicher widerspiegelt als kritische Einsicht, hatte sich die Psychiatrie zu einer Position bekannt, die in den Sozialwissenschaften unter den Begriff der Präventionsperspektive fällt. Praktisch bedeutet dies für die Psychiatrie das Eingeständnis der eigenen Unzuständigkeit für die Behandlung des Themas Psychopathie. Sollte das Problem angesichts dieser Situation weiter diskutiert werden, dann konnte eine solche Diskussion nur unter der Voraussetzung sinnvoll sein, daß die Psychiatrie die Überlegungen jener Sozialwissenschaften zur Kenntnis nahm, von denen eine kompetente Erörterung des, das psychiatrische Psychopathieverständnis bestimmenden, Präventionsdenkens zu erwarten war. Es galt einen Ausweg aus einem Widerspruch zu finden, der darin bestand, daß die Psychiatrie das Psychopathische zwar als einen sozialwissenschaftichen Tatbestand behandelte, gleichzeitig aber den Versuch unternahm, den Psychopathen mit den Begriffen einer der herrschenden Persönlichkeitstheorien darzustellen.

Praktisch konnte das nur heißen, daß die Überzeugungen einer von *Koch* bis zu *Schneider* reichenden Tradition suspendiert wurden zugunsten einer kritischen Betrachtung der Präventionsperspektive traditioneller Psychopathiekonzepte aus der Sicht zeitgenössischer Devianztheorien der Sozialwissenschaften. Nur durch eine Wende des Denkens in diesem Sinne, die auch ein Wiederanknüpfen an verschüttete Ansätze früherer psychiatrischer Forschung bedeutete, konnte die Erörterung des psychopathisch Abnormen wieder Anschluß an die Art des Betrachtens und Begreifens des seelisch Abwegigen gewinnen, die bei *Jaspers* durchaus vorgezeichnet, in der späteren klinischen Psychopathologie aber fast vollständig aufgegeben worden war.

In ihrer Kritik an der Soziologie der Zeit vor dem ersten Weltkrieb hatten Autoren wie *Sutherland, Lemert* und andere gefordert, beim Studium von Struktur, Aufbau und Normen dissozialer Randgruppen den Standpunkt desjenigen einzunehmen, der Gegenstand der Untersuchung ist. Aufgabe des Sozialwissenschaftlers sei es, die Welt so zu interpretieren, wie sie sich dem Betroffenen darstellt. Für die Psychopathieforschung heißt das, daß einer jeden Klassifizierung oder Typisierung psychopathischer Persönlichkeiten eine Analyse der jeweils individuell verbindlichen — weil handlungsrelevanten — Situationsdefinition voran gehen muß. Eine derartige Änderung der Sichtweise, die primär nach der Bedeutung der aktuellen Situation in den Augen des psychopathisch Abweichenden fragt, muß naturgemäß zu der oben angesprochenen Relativierung des Gewichts so geläufiger Begriffe wie Störung, Desorganisation und Dysfunktionalität führen. Keineswegs aber impliziert sie jene romantisierende Blindheit mancher zeitgenössischer Psychiatriekritiker für das subjektive Leiden, das denjenigen trifft, der aus der konsensuellen Situationsdefinition herausfällt. Gemeinsam mit den Sozialwissenschaftlern und aus deren Untersuchungen lernte die Psychiatrie des Psychopathischen, daß der naturalistische Forschungsansatz einer frühen Soziologie zu voreiligen, weiterführende Einsichten verstellenden Festlegungen verleiten muß. Das geforderte Hinüberwechseln auf den Standpunkt des Abweichenden, verträgt sich nicht mit dem die herkömmliche Psychiatrie kennzeichnenden Bemühen, die ungewöhnlichen, das heißt diskonformen und erwartungsfremden Einstellungen und Verhaltensweisen auf einen oder mehrere „charakteristische Grundzüge" (z.B. willensschwach, haltlos, selbstunsicher) zu reduzieren. Zu einer, Merkmalskataloge dieser Art anstrebenden analytischen Zusammenschau direkt wahrnehmbarer und induktiv erschlossener Verhaltensweisen wird insbesondere ein Forscher neigen — etwa auch der forensisch tätige Psychiater — zu dessen Aufgabe die Entwicklung von Strategien der Eingrenzung, Etikettierung oder zumindest der Abwehr solcher Menschen gehört, die eine vorgegebene Organisation stören. Sie muß aber den Elan derjenigen Studien hemmen, die sich um Sinn und Bedeutung einer registrierten Abweichung bemühen. Wie sehr die herkömmliche Psychopathielehre einer frühen naturalistischen Sozialwissenschaft verpflichtet war — *Anderson's* Untersuchungen der Land- und Stadtstreicher sind ein berühmtes Beispiel für diesen Ansatz — spiegelt sich in ihrem bis in die Gegenwart reichenden Bemühen, aus der Vielzahl faktischer Verhaltensabweichungen griffige Typologien abnormer Persönlichkeiten abzudestillieren, deren Bezeichnung sich an denjenigen Regeln und Normen orientiert, deren Verletzung nachhaltig störend wirkt. Sehr viel weniger Mühe wurde statt dessen auf die Aufgabe verwandt, detailliert zu beschreiben, was etwa ein jugendlicher Psychopath den ganzen Tag tut, was er über sich, seine Handlungen und über die Gesellschaft denkt. Es konnte deswegen nicht überraschen, daß die jüngsten Kritiker dieser Psychopathieverständnisse den Spieß gleichsam umdrehten und behaupteten, nicht der festgelegte Verhaltensregeln Verletzende sei der Außenseiter sondern sein Richter erweise sich vielmehr in seiner Bindung an einen vorgegebenen Kodex als der Abweichende.

Nur ein wirklichkeitsfremdes, imgrunde dem medizinischen Pathologiebegriff verhaftetes Denken, konnte zu dem Begriff der „Gruppe der Psychopathen" führen. Gerade die sorgfältigen Studien von *Gofmann, Becker, Lemert* und anderen hatten aber gezeigt, daß für das Verhältnis zwischen Abweichung und Konformität nicht die scharfe übergangslose Zäsur, sondern die breite und unscharfe Überschneidung charakteristisch ist. Überschneidung meint dabei aber durchaus nicht jenen gleitenden Übergang vom Noch-Normalen ins Schon-Pathologische. Überschneidung heißt vielmehr, daß auch jedes psychopathische Verhalten ein hochkomplexes Phänomen ist, in dem abweichende und konforme Aspekte miteinander interferieren. Es bedeutet darüber hinaus, daß der Grenzverlauf zwischen beiden in Abhängigkeit von der Frage nach der speziellen Sinnhaftigkeit des Verhaltens variiert.

In den Sozialwissenschaften, die eine auf die Sinnhaftigkeit der Verhaltensabweichung zielende Betrachtungsweise dem Präventionsgedanken als überzeugende Alternative gegenüber gestellt hatten, war es gerade durch diesen Gedanken gelungen, das anfangs aus der Medizin übernommene Pathologiekonzept durch dasjenige der Komplexität bzw. Vielfalt zu ersetzten. Praktisch bedeutet das, daß ein erwartungsdiskonformes Verhalten nach eingehender deskriptiver Analyse nicht auf eine — wie auch immer zustande gekommene — deformierte Struktur ursächlich zurückzuführen, sondern auf seine Sinnhaftigkeit bzw. Funktionalität in einem bestimmten situationalen Kontext zu befragen ist. Dabei gilt es allerdings jenen von einer modernen Psychiatriekritik leidenschaftlich begangenen Fehler zu vermeiden, Sinnhaftigkeit und Funktionalität eines Verhaltens einfach gleichzusetzen. Auch wenn *Dilthey* seinerzeit verlangt hatte, die scheinbare Sinnlosigkeit einzelner Lebensäußerungen als Aufforderung zu begreifen, diese in einem „intellektuellen Prozeß von höchster Anstrengung" in einem anderen strukturellen Kontext neu zu bestimmen, um so doch noch zum Sinn des Ganzen zu gelangen, so meinte er damit nicht, daß der erfaßbare Sinn auch stets funktional sei. Sinnhaftes Verhalten ist nicht selten durchaus dysfunktional, sei es aus der Perspektive des individuellen Schicksals, sei es aus der Sicht der Gesellschaft und der ihren Zusammenhalt tragenden Ordnung. Ebenso darf Dysfunktionalität des Verhaltens nicht mit Abnormität verwechselt werden, wenn man nicht angesichts der unendlichen Vielzahl denkbarer Situationen für jede von ihnen eine „normale" Form der Bewältigung festlegen will, die alle vorstellbaren externen und situationsimmanenten Implikationen berücksichtigt. Dysfunktionalität ist auch Indiz für eine psychopathische oder gestörte Persönlichkeit, da man ein tatsächlich soziales Phänomen nicht als individuelle Eigenschaft interpretieren kann.

Der Begriff des Psychopathischen bzw. der psychopathisch abnormen Persönlichkeitsstruktur wird in der forensisch-psychiatrischen Literatur immer eine bedeutsame Rolle spielen. Bei dem Versuch, die innere Tatseite eines Deliktes zu erhellen, sieht sich der Sachverständige nicht selten auf diese Begriffe verwiesen. Er sollte sich aber klar darüber sein, daß er damit keine Diagnose ausspricht, sondern lediglich etwas über eine individuelle Hierarchie der Einstellungen und Verhaltensbereitschaften sowie über deren Aktualisierung in Abhängigkeit von inneren und äußeren determinierenden Faktoren aussagt.

Nur in Ausnahmefällen vermag eine deviante Persönlichkeitsentwicklung, die in dem erwähnten Sinn dem Bereich des Psychopathischen und nicht dem Neurotischen zuzuordnen ist, einen Zweifel an der Einsichts- und Steuerungsfähigkeit zu begründen. Dabei ist noch einmal darauf hinzuweisen, daß die Grenze zwischen Neurose und Psychopathie keineswegs scharf ist. Es ist durchaus vertretbar, etwa in der psychopathischen Persönlichkeitsstruktur die frühe Fixierung neurotischer Einstellungen und Verhaltensmustern zu erkennen.

5.3.2 Beispiel Schwerer Raub

Beispiel: *Der 30-jährige P. ist in den zurückliegenden 15 Jahren insgesamt 12 mal deliktisch in Erscheinung getreten. Diesmal geht es um einen schweren Raub. Zusammen mit 3 Kameraden zwang P. den Pächter einer Tankstelle mit vorgehaltener Waffe dazu, die Tageseinnahmen heraus zu geben.*

Eigene Stellungnahme: Aufgrund der Vorgeschichte und der Analyse der Persönlichkeitsstruktur des P. ergab sich die Notwendigkeit, die Frage zu erörtern, ob eine tatsächlich gegebene schwere andere seelische Abartigkeit im Sinne der soziopathischen Persönlichkeitsstörung von tatrelevantem Gewicht gewesen sei.

Nach der herrschenden Meinung fallen unter dieses Eingangsmerkmal die verschiedenen Erscheinungsbilder von Neurosen, Psychopathien und Triebstörungen. Vielfach wird gefordert, daß, um von einer „schweren anderen seelischen Abartigkeit" sprechen zu können, das Merkmal der Schwere durch das Äquivalent „Krankheitswertigkeit" auszudrücken sei. Dem ist entgegen zu halten, daß Krankheit als Gradmesser keine feste Skala abgeben kann und daß es allein auf das jeweilige Zustandsbild der speziellen Anomalie ankommt. Insofern ist der Ausdruck „Krankheitswertigkeit" sicherlich unglücklich.

Demgegenüber läßt sich allgemein sagen, daß dann, wenn die Symptome einer soziopathischen Störung die Lebensgestaltung des betroffenen Individuums in so massiver Weise tangieren, wie es sonst nur psychotische Phänomene tun, die schwere andere seelische Abartigkeit bei der Bestimmung der Schuldfähigkeit zu berücksichtigen ist.

Mit einigem Vorbehalt gilt: eine soziopathische Persönlichkeitsstörung erfüllt dann die Kriterien des Tatbestandsmerkmals der schweren anderen seelischen Abartigkeit, wenn sie zu einer den endogenen Psychosen vergleichbaren Beeinträchtigungen führt oder wenn — wie *Müller-Suur* es ausdrückt — ihre Seinsgradminderung jener bei körperlich begründbaren Krankheitsprozessen und endogenen Psychosen äquivalent ist. Grundsätzlich aber gilt für die schwere andere seelische Abartigkeit das gleiche, was auch bezüglich der anderen Eingangsmerkmale gelten muß: zwischen Abnormität und inkriminiertem Verhalten muß ein tatkausaler Zusammenhang wahrscheinlich sein. Das heißt, daß der Nachweis einer soziopathischen Störung im Sinne der schweren anderen seelischen Abartigkeit nicht genügt. Es muß vielmehr dargetan werden, daß diese von forensisch-psychiatrischer Relevanz war.

Der Lebensweg des P. ist auffallend, wobei sich die folgenden Ausführungen auf seine eigenen Einlassungen stützen. Er entstammt durchaus geordneten Familienverhältnissen und wuchs als einziges Kind unter nicht belastenden wirtschaftlichen Verhältnissen auf. Die Bindung insbesondere an die Mutter blieb bis in die Gegenwart erhalten, wenn sie ihn auch nicht hindern konnte, immer wieder aus dem scheinbar vorgezeichneten Lebensweg auszubrechen.

Der Sachverständige kann nicht entscheiden — dazu wäre eine Exploration der Eltern erforderlich — wie es dazu kam, daß sich bei P. bereits mit 12 Jahren Anhaltspunkte für eine Tendenz zu dissozialem Verhalten zeigten. Man wird allerdings diese Lebensphase nicht überbewerten dürfen, da sie in den kritischen Entwicklungsabschnitt der Pubertät fällt, in dem gerade kleine Eigentumsdelikte, begangen an den Eltern, nicht ungewöhnlich sind und Indizien für eine unterschwellig gestörte Eltern-Kind-Beziehung sein können. P. hat sich dann bald wieder gefangen, das in der Schule Versäumte aufgeholt und einen guten Hauptschulabschluß erreicht. Auch nach der Schule bleibt sein Verhalten zunächst normgemäß, bis es dann zu einem erneuten Einbrechen kommt.

Trotz der sich nun anschließenden Delikte wird er immer wieder von den Eltern aufgenommen, findet nach seinen eigenen Angaben Verständnis bei ihnen und auch die Bereitschaft, ihm jene Geborgenheit zu vermitteln, die einem drohenden Abgleiten in die Dissozialität entgegenstehen könnte. Tatsächlich erfolgt aber doch sukzessiv eine Lösung vom Elternhaus, dessen Einfluß geringer wird. Statt dessen beginnt eine Karriere deliktischen Verhaltens, die mit Unterbrechungen zunächst bis in das Jahr 1976 reicht.

P. spricht hier rückblickend von Abenteuerlust, von einer allgemeinen, nicht zu verbalisierenden Unzufriedenheit und einem Drang nach Neuem. Diese durchaus alterstypischen und an sich nicht ungewöhnlichen Bedürfnisse befriedigt er allerdings in einer sozial nicht gebilligten Weise, das heißt er wird in unterschiedlicher Form straffällig. Dabei spielen bei dieser Entwicklung sicherlich Wesenszüge eine Rolle, die auch gegenwärtig nachweisbar sind. Gemeint ist die hohe Suggestibilität, die P. dazu veranlaßt, vergleichsweise unreflektiert den Aufforderungen eines vermeintlich Stärkeren und Überlegenen zu folgen. Er sucht die unmittelbare Bedürfnisbefriedigung, unfähig, eben diese Befriedigung aufzuschieben und auf ihre Realisierung zu verzichten, wenn dadurch die Interessen anderer gefährdet oder verletzt werden. Er handelt aus der Situation heraus, die möglichen Implikationen seines Handelns nur ungenügend bedenkend. Er gibt sich passiv, läßt sich treiben und ignoriert jene Normen und Regeln der Gesellschaft, von deren Verbindlichkeit er zwar weiß, an denen er sein Handeln jedoch nicht orientiert. In diesem Zusammenhang ist auch der immer wieder einbrechende Alkoholmißbrauch zu sehen.

Es entwickelt sich das Bild der Verwahrlosung, gekennzeichnet z. B. durch die ungenügende Bindung an geltende Normen, durch die unreflektierte Bereitschaft, sich jeweils der Subkultur einzugliedern, die eine Bedürfnisbefriedigung ohne die Notwendigkeit garantiert, die erstrebten Gratifikationen am eigenen Einsatz, an der eigenen Leistung zu messen. Sein Leben wird insofern haltlos, als die orientierenden Leitfiguren immer wieder wechseln, eine durchgehende und realitätsangepaßte Zukunftsorientierung nicht erkennbar wird. Noch einmal 1976 gelingt es ihm in der Bindung an eine Freundin sich vorübergehend sozial leidlich zu integrieren. Die geringe Frustrationstoleranz allerdings, die Unfähigkeit, auch allfällige Enttäuschungen zu verarbeiten, führt dazu, daß das Zerbrechen dieser Beziehung ihn jedes Haltes beraubt. Er läßt sich wiederum treiben, gibt sich dem Alkoholgenuß hin, streift umher, gibt die geregelte Arbeit auf und setzt die für längere Zeit unterbrochene deliktische Karriere fort. Zusammenfassend sehen wir die bisherige Entwicklung des P. durch die folgenden Züge gekennzeichnet: Die Fehlentwicklung, die bei ihm zweifellos zu erkennen ist, mag zum Teil auf anlagemäßige Dispositionen zurückgeführt werden. Hinzu kommt aber sicherlich auch eine Milieuschädigung, im besonderen Falle des P. in Gestalt einer verwöhnenden Erziehung zu Hause. Hier fehlte es offenbar an einem eindeutigen Erziehungsstil mit einem vernünftigem Verhältnis zwischen verständnisvollem Akzeptieren von dissozialem Verhalten und dem deutlichen Aufzeigen von Grenzen. Folgen dieses Erziehungsstils waren Schwächen in der Gestaltung lebenswichtiger Antriebe und Gefühlsregungen mit dem Resultat eines mangelhaften Aufbaus von Leistungsmotivation und Leistungsfähigkeit. Ebenso folgte aus diesen frühen Prägungen aber auch eine Tendenz zu Verstimmungszuständen verbunden mit einer unverkennbaren Verunsicherung des Selbstwertgefühls.

In der Folgezeigt wurden die Spannungen zwischen hinlänglich kontrollierten und gegebenenfalls korrigierten Antrieben auf der einen Seite und Anforderungen der Umwelt auf der anderen Seite stärker. Der Umweltbezug in Gestalt der Bindung an die Familie lockerte sich, an die Stelle der Realität traten Wunschphantasien.

Dominierend wurde nun die eigentliche Verwahrlosung. Leistungsfähigkeit und Verantwortungsbereitschaft verminderten sich zusehends, die Gebundenheit des P. an Befriedigungsmöglichkeiten in der Außenwelt nahm zu. Gleichzeitig empfand er schmerzlich die mitmenschliche Isolierung. Es entwickelten sich Resignation und ein nihilistische Weltgefühl, das mindestens einmal ineine suizidale Handlung mündete. Schuldgefühle beim Vollzug triebhafter, auch antisozialer Handlungen gelangten kaum noch ins Bewußtsein. Gemeinschaftsbeziehungen wurden meist nur noch unter dem Nützlichkeitsgesichtspunkt geknüpft. Sein Erleben bekam sowohl im Gefühlsbereich wie im Bereich des Denkens und Wollens immer mehr Züge der Unechtheit. Neben diesen Elementen der Verwahrlosung sind bei P. aber auch solche zu erkennen, die sich als Ausdruck einer neurotischen Persönlichkeitsstruktur erweisen. Zwischen Verwahrlosungsprozeß und neurotischer Delinquenz bestehen zweifellos Überschneidungen. In beiden Fällen sind ähnliche Entstehungsbedingungen der Fehlentwicklungsrichtungen zu erkennen. Als solche kommt der Konflikt zwischen den Forderungen der Gesellschaft und den Triebansprüchen des Individuums in Frage, die jedenfalls teilweise primitiv gebliebene, ungenügend bewältigte Triebverfassung sowie die Affektbestimmtheit und Irrationalität des Verhaltens.

Obschon also auf der Ebene der Symptome manchmal nur geringe Unterschiede zwischen Verwahrlosung und neurotischer Delinquenz zu konstatieren sind und auch die Entstehungsbedingungen zumindest ein Stück weit ähnlich sind, scheint es doch möglich zu sein, auch grundsätzliche Unterschiede zu sehen. Sicher ist, daß sich die einzelnen Neurosetrukturen und psychopathischen Persönlichkeitsstörungen auf der Basis jeweils spezifischer — internalisierter und damit intrapsychischer — Konflikte bilden. Ebenso sicher entwickelt sich die Verwahrlosung — ob sie nun nur mit Konflikten zwischen Individuum und Außenwelt oder auch mit innerseelischen Konflikten einhergeht — als Folge bestimmter Defizite in der Befriedigung primärer Bedürfnisse. Das führt dazu, daß fortan spezifische Defekte den betroffenen Menschen prägen. Daß die Übergänge dabei fließend sind, liegt auf der Hand. Es mag sein, daß der ein primär Verwahrloster mehr das Erscheinungsbild eines Psychopathen bietet, während ein anderer eher als ein — eventuell bisweilen ausagierender — Neurotiker imponiert.

Es ist relativ leicht verständlich, daß sich ein strukturell Verwahrloster, der einerseits wesentliche Defizite erlitten hat, andererseits aber gerade deswegen gar nicht zur Ausbildung differenzierter Hemmungsmechanismen gelangt ist, im Delinquentwerden symbolisch „holt" was er entbehrt hat.

Die frühen Prägungen, auf die im Zusammenhang mit seiner Verwahrlosungstendenz hingewiesen worden war, haben sich bei P. im Laufe der Jahre soweit verfestigt, daß sie jetzt als Charaktermerkmale zu bezeichnen sind. Damit ist nicht nur die Haltlosigkeit, die Bindungsschwäche, die geringe Frustrationstoleranz und die geringe Bereitschaft, geltende Normen auch für das eigene Verhalten als verpflichtend zu erkennen gemeint, sondern auch, daß P. sich relativ frühzeitig mit der Rolle des Außenseiters, ja, mit derjenigen des Delinquenten identifiziert hat. Er sieht sich in der Rolle desjenigen, dem positive und angestrebte soziale Gratifikationen nicht zugänglich sind, wobei er subjektiv davon überzeugt ist, daß diese seine eigene Insuffizienz in frühen Jahren vermittelt wurde und von ihm unter Anspannung eigener Willenskräfte nicht überwunden werden kann. Er hat sich in dieser Identität eingerichtet und handelt aus diesem Selbstverständnis heraus. Dem steht auch seine stete Versicherung nicht entgegen, er werde in Zukunft jedes Fehlverhalten meiden. Es kann mit Sicherheit gesagt werden, daß P. ohne eine entsprechende Intervention, aufgrund seiner besonderen Persönlichkeitsstruktur dazu disponiert ist, auch in Zukunft straffällig zu werden.

P. weiß durchaus um das Strafbare seines Tuns und um die Sanktionen, deren er gewärtigt sein muß. Die soziopathische Persönlichkeitsstörung, die sich bei ihm zeigt, bedingt aber, daß er auch in Kenntnis der Konsequenzen seines Fehlverhaltens einer besonders starken Willensanspannung bedarf, um einen abweichenden Handlungsentwurf zu korrigieren.

Sein Verständnis als devianter, delinquenter Außenseiter legitimiert zwar auch in seinen eigenen Augen das Fehlverhalten nicht, wohl aber relativiert es seine Bindung an gesellschaftlich vermittelte Normen. In seiner Darstellung wird häufig die hintergründige Überzeugung erkennbar, daß er sich durch seine Delikte nur das „holt", was eine Gesellschaft ihm verweigert, der er mit überhöhten, niemals zu realisierenden Ansprüchen begegnet. Es ist deswegen festzustellen, daß durchaus ein tatkausaler Zusammenhang zwischen der beschriebenen Persönlichkeitsstörung und den P. zur Last gelegten Delikten wahrscheinlich ist.

Zusammenfassend heißt das, daß aus forensisch-psychiatrischer Sicht bei P. eine soziopathische Persönlichkeitsstörung vorliegt, die einer „anderen schweren seelischen Abartigkeit" entspricht. In sein deliktisches Verhalten gehen demnach nicht nur die erwähnten Züge der Verwahrlosung ein sondern auch diejenigen der soziopathisch begründeten Delinquenz. Es sollte allerdings nicht übersehen werden, daß P. nach eigenem Schildern in der Lage war, für einige Jahre ein sozial geordnetes Leben zu führen. Das heißt, daß er unter günstigen äußeren Einflüssen sozial integriert blieb. In dem Moment aber, in dem Forderungen an ihn gestellt wurden, denen er aufgrund seiner Persönlichkeitsstruktur nicht gewachsen war und in dem Augenblick in dem er Enttäuschungen bewältigen mußte, ohne bisher Konfliktlösungsstrategien erlernt zu haben, fiel er rasch wieder aus der ihn tragenden Ordnung. So ist in dem zweifellos desolaten Entwicklungsgang des P. ein unmittelbarer Ausdruck der gestörten Entwicklung zu sehen, wobei sich nach Art eines Circulus vitiosus deliktisches Verhalten und resultierende Sanktionen gegenseitig bedingen. Es war deswegen die Frage nach dem Vorliegen einer Abnormität der Persönlichkeitsstruktur im Sinne der schweren anderen seelischen Abartigkeit bei P. zu bejahen, einer Persönlichkeitsstörung, aufgrund derer er zum Zeitpunkt der Tat bezüglich Einsichts- und Direktionsfähigkeit erheblich beeinträchtigt war.

6 Altersveränderungen

Das Altern bedeutet weder einen Krankheitsprozeß, noch einen Krankheitszustand. Insofern wäre es sachlich durchaus gerechtfertigt, die forensische Psychiatrie des alten Menschen als diejenige des psychisch Gesunden, nicht gestörten abzuhandeln. Angesichts des Prävalierens bestimmter Delikte in gerade dieser Altersgruppe ist jedoch eine gesonderte Darstellung geboten.

Es gibt keine numerische Grenze, jenseits derer ein Mensch als alt bezeichnet werden muß. Selbstverständnis, Zeitgeist und individuelle Eigengesetzlichkeit der Entwicklung verbieten es, den Begriff „Alter" an der Zahl der gelebten Jahre festzumachen. So wie man von Greisen weiß, die von einer ungeheuren Lebhaftigkeit des Geistes und fortdauernden Kreativität waren, gibt es ebenso Menschen, die schon vor Vollendung des 5. Lebensjahrzehnts in einem solchen Ausmaß erstarrt sind und an Flexibilität eingebüßt haben, daß sie ängstlich alles Ungewohnte und Überraschende meiden müssen, um dem eingeschränkten Kreis ihrer alltäglichen Pflichten genügen zu können.

Ein Teil der Altersveränderungen ist, vom Erscheinungsbild her, zweifellos den chronischen Gehirnerkrankungen zuzurechnen. Sie zeigen sich in Gestalt jener Zustände einer krankhaften seelischen Störung, über die in dem entsprechenden Kapitel berichtet wurde. Auch der psychiatrisch Ungeschulte erkennt in diesen Fällen die charakteristischen Defizienzen und Affektverschiebungen, aufgrund derer sich dann, im Blick auf ein konkretes Delikt, die Frage nach der Einsichts- und Steuerungsfähigkeit stellt.

Daneben aber wird der forensische Psychiater bisweilen mit älteren Probanden konfrontiert, bei denen auf den ersten Blick keine gröberen Auffälligkeiten erkennbar sind, obwohl die Art des Delikts und insbesondere dessen Ausführung den Verdacht auf das Vorliegen seelischer Veränderungen aufkommen läßt, wie sie sich bei jedem Menschen im letzten Lebensdrittel einstellen können.

Die Psychologie — und damit auch Psychopathologie — des Alters bzw. des alten Menschen gibt es nicht, wohl aber lassen sich einige Aspekte dieses durchaus physiologischen Geschehens skizzieren; Aspekte, aufgrund derer dieser Lebensabschnitt forensisch-psychiatrisch bedeutsam werden kann, weil sie es bedingen, daß der alte Mensch zu manchen Delikten eher neigt als der jüngere.

Die seelischen Altersveränderungen als psychisches Korrelat biologischen Alterns werden in ihren Grundzügen durchweg einheitlich beschrieben. Neben Gedächtnisschwäche, Merkfähigkeits- und Konzentrationsstörungen sowie einer verminderten affektiven Steuerungs- und einer reduzierten emotionalen Schwingungsfähigkeit gehört zu ihnen sicherlich ein Intelligenzabbau (dabei ist natürlich die Problematik dieses Begriffs zu bedenken). Bei dieser Feststellung wird man allerdings einschränkend berücksichtigen, daß die aufs Ganze gesehen relativ ungünstigen Testresultate in erster Linie durch schlechte Ergebnisse in denjenigen Untetest zustande kommen, die das unmittelbare Lernen und das Erfassen der Testsituation betreffen. Demgegenüber gewinnt im Alter der vorhandene Wissensbestand besondere Bedeutung für die Bewältigung auch überraschend sich konstellierender Situationen und das ihnen angemessene Verhalten, was jedoch auf der anderen Seite auch Starrheit und Rigidität dieses Lebensabschnitts bedingt. Eng mit der Rigidität zusammen hängt die abnehmende Aktivität, das langsame Reagieren, das Verkümmern des Reservoirs an Assoziationen, das Haften am einmal gefaßten Denkinhalt und die geringe Zahl verfügbarer Denkinhalte. Von der klinischen Psychiatrie wurde stets vor allem auf die Leistungsminderung abgehoben. Man sprach etwa von einer Senkung des vitalen Reservoirs und Antriebs und von einer Minderung der emotionalen Schwingungsfähigkeit. Die Persönlichkeit büße ihre Plastizität ein und falle einem zunehmenden Entblößungs- und Verkargungsprozeß anheim. Aber auch andere, bislang nicht realisierte Leistungen und Fähigkeiten können im Zuge der psychischen Alterungsvorgänge ermöglicht werden, weswegen man etwa von einer Umstrukturierung spricht, in der man auch ein Reifen der Persönlichkeit erkennen mag. So wurden die seelischen Manifestationen des physiologischen Alterns von manchen Autoren in drei Gruppen eingeteilt, indem von Leistungsminderung, Leistungswandel und innerer Umbildung gesprochen wurde.

Der mit den altersabhängigen Persönlichkeitsveränderungen bisweilen verbundene Verlust an Takt und Feingefühl, das Abblassen der Empfindungsfähigkeit und die Sensibilitätseinbuße etwa im Wahrnehmen und Erleben zwischenmenschlicher Beziehungen ermöglichen bisweilen Sexualdelikte, die man bei den betreffenden Menschen in früheren Jahren niemals gesehen hätte. Auf die Problematik sexueller Deviationen vom Typ der Greisen-Pädophilie ist in einem der vorangehenden Kapitel hingewiesen worden, dort ist auch ein einschlägiges Fallbeispiel zu finden.

Die mit zunehmendem Lebensalter gelegentlich eintretende Entprofilierung und Nivellierung einer primär differenzierten Persönlickeit mit einer daraus resultierenden Delinquenz illustriert das folgende Beispiel eines 60-jährigen Mannes, der in jüngeren Jahren wegen seiner Zuverlässigkeit und Akkuratesse als Kassierer ein besonders geschätzter Mitarbeiter eines größeren Unternehmens war.

***Beispiel:** In der Strafanzeige heißt es u.a.:*

Anläßlich einer unvermutet durchgeführten Prüfung der Geschäftsführung des Herrn I. wurde bei einem Vergleich der von der Klinik beschafften Essensmarken mit dem Eingang der Erlöse aus der Abgabe von Essensmarken ... ein Fehlbestand von rund 1.200 Essensmarken im Gegenwert von rund 4.400 DM festgestellt, für die keine Belege vorhanden waren. Außerdem befand sich in der Schublade des Schreibtisches von Herrn I. ein Betrag von 1.480 DM, der von ihm der Kasse zugeführt wurde. Auf Vorhalt gab Herr I. zu, seit ca. April 1981 Essensmarken an Bedienstete der Klinik verkauft und die Erlöse teilweise für sich behalten zu haben. Bei weiteren, darauf veranlaßten dienstlichen Anhörungen bestätigte Herr I. erneut, ab März 1981 sich widerrechtlich einen Gesamtbetrag von 3.500 DM bis 4.000 DM aus dem Erlös aus Essensmarkenverkäufen angeeignet zu haben. Gleichzeitig bestritt er jedoch, darüber hinaus, insbesondere in den Vorjahren, Erlöse aus Essenmarkenverkäufen widerrechtlich an sich genommen zu haben. Auf Zahlungsaufforderung hat Herr I. am 11.9.81 3.000 DM und am 14.9.81 weitere 1.343,80 DM, insge-

samt 4.343,80 DM erstattet. Aufgrund einer von uns zwischenzeitlich veranlaßten Überprüfung der Belege ergab sich ein Fehlbestand von insgesamt 25.306 Essensmarken fürdie Zeit ab 1978 = 86.986,30 DM.

Aus einer Gesprächsnotiz vom 4.9.81:
Auf Befragen von Herrn I. konnte dieser keinerlei Erklärungen zu den ihn erhobenen Vorwürfen abgeben. Er war sofort bereit, den entstandenen Schaden zu zahlen, konnte aber nicht erklären, wieso er die Essensmarkenverkäufe nicht über die Kasse getätigt hatte. Herr I. verneinte auch die Frage, ob er wissentlich den Erlös aus dem Verkauf der Essensmarken nicht der Kasse zugeführt habe.

Herr I. beginnt die Erörterung der ihm zur Last gelegten Straftat mit der pauschalen Feststellung, manches in der Anklageschrift Aufgeführte sei richtig, anderes wiederum treffe zweifelsfrei nicht zu. Er wisse nicht genau, wo er beginnen solle.

Angefangen habe alles mit der dem Nachlassen seiner geistigen Leistungsfähigkeit um den Jahreswechsel 80/81. Erst seit dieser Zeit sei es zu Fehlverhalten von seiner Seite gekommen. In dieser Zeit, vielleicht auch ein wenig später, habe er dann angefangen, Essensmarken zu unterschlagen. Das sei, das wolle er gleich betonen, bedingt durch eine „gewisse Gleichgültigkeit". Es falle ihm auch wegen dieser Gleichgültigkeit schwer, den genauen Ablauf zu rekonstruieren. Er könne aber sagen, daß er ab Mai 81, damit begonnen habe, die Einnahmen für sich zu behalten. Zuvor habe er einen Teil abgeführt, jetzt habe er es ganz einbehalten. Insgesamt seien dadurch etwa 4 1/2tausend Mark zusammengekommen. Er räume ein, daß er diesen Betrag veruntreut habe. Er habe es auch zugegeben, habe den Schaden wieder gutgemacht.

Er wolle betonen, daß er sein Fehlverhalten im Zusammenhang mit der allgemeinen Erschöpfung und der geringer werdenden Konzentrationsfähigkeit sehe. Er sei gleichgültiger geworden gegenüber seinen Dienstgeschäften, auch vergeßlicher und unaufmerksamer. Es sei ihm schwerergefallen, sich neue Dienstanweisungen zu merken.

Obwohl er ursprünglich den Plan gehabt habe, solange zu arbeiten, wie es sein Vertrag gestatte, so sei er nun entschlossen gewesen, mit Vollendung des 60. Lebensjahres auszuscheiden. Er habe gemerkt, daß er abbaue „grob gesagt, ich war nicht mehr aufnahmefähig. Man merkte, daß der Kalk rieselt". Er beschreibt die einzelnen Dienstgeschäfte, die er zu verrichten gehabt habe. Sehr detailliert geht er dann auf jenen Automaten ein, dem die Essensmarken in der Regel zu entnehmen waren. Es gelingt dabei nur schwer, ihn zu unterbrechen. An einem aufgegriffenen Thema haftet er, spinnt es weiter, verliert sich in Einzelheiten, um nur gelegentlich selber wahrzunehmen, daß der ursprüngliche Gedankengang längst verlassen wurde. Darauf hingewiesen entschuldigt er sich, lächelt etwas verlegen und greift bereitwillig die an ihn gerichtete Frage auf.

Im Verlaufe der Exploration zeigen sich Ermüdungserscheinungen, Umständlichkeit und Weitschweifigkeit werden deutlicher, eine gezielte, thematisch zentrierte Gesprächsführung wird immer schwieriger. Er berichtet von Konzentrationseinbußen, von vorzeitiger Erschöpfbarkeit. Er spricht davon, wie sich auch die Gestaltung seiner Freizeit änderte. War er früher an vielfältiger Lektüre interessiert, so widmet er sich jetzt lediglich noch der Tageszeitung. Er verbringe viel Zeit mit

Dösen, Herumsitzen. Er beschreibt eine Antriebsminderung, ein Nachlassen der Aufmerksamkeitsspannung und des Interesses.

Aus der Beurteilung:

Während die äußere Fassade gut erhalten erscheint, Herr I. im verbalen und nichtverbalen Verhalten differenziert, korrekt und höflich bleibt, wird doch in der Exploration deutlich, welche Anstrengung es ihn kostet, eben diese Fassade zu bewahren.

Typisch sind auch seine Angaben, was die Reduktion des Antriebs angeht. Früher durchaus interessiert an den Geschehnissen der Umgebung, an der Lektüre u.ä., verbringt er jetzt viel Zeit damit, wahllos dem Fernsehprogramm zu folgen, einfache Tätigkeiten im Garten zu verrichten. Er bedarf der Fremdanregung, der eigene Antrieb ist erkennbar reduziert.

Was die Frage nach der Schuldfähigkeit angeht, so ist diese nur für den Zeitraum zu diskutieren, der mit dem subjektiven Registrieren eines Nachlassens der geistigen Spannkraft beginnt. Es scheint überzeugend und psychiatrisch stimmig, wenn Herr I. berichtet, seit dieser Zeit seinen Aufgaben nur noch mit Mühe nachgekommen zu sein. Es erscheint überzeugend, wenn er angibt, seine ursprüngliche Sorgfalt habe in dieser Zeit nachgelassen, die Dinge seien ihm gleichgültiger geworden. Fehlern gegenüber habe er sich indifferent verhalten.

Er läßt allerdings keinen Zweifel daran, daß er sich des Unrechtmäßigen seines Tuns bewußt war.

Auch in früherer Zeit, d.h. vor Einsetzen seines Fehlverhaltens, habe er die Möglichkeit erkannt, sich durch Unregelmäßigkeiten zu bereichern. Er habe einen entsprechenden Gedanken damals aber stets sofort zurückgewiesen und dessen Realisierung nicht erwogen.

Später ist es ihm dann, folgt man seiner eigenen Einlassung, besonders schwergefallen, die sich bietende Gelegenheit nicht zu nutzen. Das heißt, er macht geltend, daß er erheblich in seiner Fähigkeit beeinträchtigt gewesen sei, wirksame Gegenvorstellungen zu entwickeln und zu realisieren.

Auf dem Hintergrund der beschriebenen psychopathologischen Symptome, die als vorzeitige Akzentuierung alterstypischer Veränderungen zu interpretieren sind, erscheint es durchaus überzeugend, wenn Herr I. angibt, es sei ihm nun leichter gefallen, jene Barriere zu überwinden, die ihm in früheren Jahren ein deliktisches Verhalten unmöglich gemacht habe. Wohl wußte er um die Sanktionen, die sich daraus ergeben würden. Es fiel ihm nun jedoch zweifellos schwerer, diese beim Vollzug seines Handelns antizipierend vorwegzunehmen, damit sie korrigierend auf den Handlungsentwurf hätten einwirken können. Er bedachte die Konsequenzen und wußte um sie. Sie gewannen jedoch nicht jenes Gewicht, das nötig gewesen wäre um ihn von dem jetzt zur Last gelegte Tun abzuhalten.

Unterscheidet man ein kognitives und ein voluntatives Element der Schuldfähigkeit, so wirkte sich die hirnorganische Leistungsminderung bei Herrn I. zweifellos vor allem im Bereich des Voluntativen aus. Wohl erkannte er den Unrechtscharakter seines Tuns, wußte um die Strafdrohungen und um die möglichen sozialen Konsequenzen etc. Gleichzeitig aber bewirkte die allgemeine Nivellierung, die sich aus der altersphysiologischen hirnorganischen Beeinträchtigung ergab, eine Beeinträchtigung des Vermögens, eine erkannte Einsicht in Handeln bzw. Unterlassen umzusetzen. Die beschriebene altersinvolutive Veränderung behinderte, wie erwähnt, sein Vermögen, die kognitiv als erforderlich erkannten Gegenvorstellungen wirksam werden zu lassen. Die Voraussetzungen des § 21 StGB konnten — aufgrund des Vorliegens einer krankhaften seelischen Störung — zumindest nicht ausgeschlossen werden.

7 Maßregeln der Besserung und Sicherung

7.1 Zum Begriff

Strafe hat die Möglichkeit eines Schuldvorwurfs gegen den Täter zur notwendigen Voraussetzung. War diese zur Zeit der Tat schuldunfähig oder in seiner Schuldfähigkeit erheblich beeinträchtigt, so kann eine Bestrafung entweder gar nicht erfolgen oder lediglich im Rahmen der zuzumessenden Schuld. Das bedeutet, daß in diesen Fällen mit Hilfe des Strafensystems dem Schutzbedürfnis der Gesellschaft entweder gar nicht oder unter Umständen in einem nicht hinlänglich erscheinenden Maße Rechnung getragen werden kann. Vor diesem Hintergrund ist die sog. Zweispurigkeit des geltenden Rechtes zu sehen, das neben den Strafen die **Maßregeln** als einen Katalog der Sicherung und Besserung dienender Maßnahmen kennt. Die Maßregeln dienen allein der Verbrechensprophylaxe, sie implizieren im Unterschied zu der Strafe keine soziale Mißbilligung. Das schließt allerdings nicht aus, daß mit ihrer Anwendung für den Betroffenen in der Regel ein Übel verbunden ist. Aus diesem Grund darf eine Maßregel der Besserung und Sicherung nur unter bestimmten Bedingungen verhängt werden, die festlegen, ob überhaupt ein solcher Eingriff in die Persönlichkeitsrechte des Betroffenen erforderlich ist und an denen sich die Entscheidung für eine der möglichen Maßregeln zu orientieren hat.

Erforderlich ist eine Maßregel nur dann, wenn das erstrebte Ziel — Schutz der Allgemeinheit — auf einem anderen Wege nicht erreicht werden kann.

Bezüglich der Wahl der Maßregel gilt, daß sie den Betroffenen nur soweit und solange als es unerläßlich scheint belasten darf. Das Problem der Verhältnismäßigkeit beschäftigt den Sachverständigen allenfalls am Rande. Die Aufgabe, eine entsprechende Abwägung vorzunehmen, fällt in die Zuständigkeit des Richters. Immerhin wird der Sachverständige gelegentlich die Frage zu beantworten haben, welche Straftaten von einem Delinquenten aufgrund jenes Eingangsmerkmals, aufgrund dessen Einsichts- und Steuerungsfähigkeit zum Zeitpunkt der Tat erheblich beeinträchtigt oder gar aufgehoben waren, in Zukunft mit Wahrscheinlichkeit zu erwarten sind. Hier ist es wichtig, daß der Gutachter weiß, daß im Gesetz von einer „Gefahr“ die Rede ist und nicht etwa von einer Belästigung. So mag ein Querulant immer wieder mit ehrverletzenden Äußerungen seiner Umwelt lästig werden, ohne daß sein Tun als gefährlich zu qualifizieren wäre. Im übrigen wird auch der Sachverständige wohl beachten, daß das geltende Recht von „Maßregeln der Besserung und Sicherung“ spricht, als erstes Ziel also die Besserung des Täters nennt.

Den Grundsatz der Verhältnismäßigkeit formuliert der § 62 StGB.

§ 62 StGB: Eine Maßregel der Besserung und Sicherung darf nicht angeordnet werden, wenn sie zur Bedeutung der vom Täter begangenen und zu erwartenden Taten sowie dem Grad der von ihm ausgehenden Gefahr außer Verhältnis steht.

7.2 Der Maßregelkatalog

§ 61 StGB: Übersicht: Maßregeln der Besserung und Sicherung sind
1. die Unterbringung in einem Psychiatrischen Krankenhaus,
2. die Unterbringung in einer Entziehungsanstalt,
3. die Unterbringung in einer sozialtherapeutischen Anstalt,
4. die Unterbringung in der Sicherungsverwahrung
5. die Führungsaufsicht,
6. die Entziehung der Fahrerlaubnis
7. das Berufsverbot.

Für den psychiatrischen Sachverständigen sind die hier aufgeführten Maßregeln von unterschiedlicher Bedeutung. In nahezu allen Fällen, in denen er aufgrund eines der Eingangsmerkmale einen erheblichen Zweifel an der Schuldfähigkeit des Delinquenten oder dessen Schuldunfähigkeit feststellt, wird er sich zu der Frage seiner Unterbringung in einem Psychiatrischen Krankenhaus oder einer Entziehungsanstalt zu äußern haben. Die Vorschriften über die Unterbringung in einer sozialtherapeutischen Anstalt sind bislang nicht in Kraft getreten, ihre Erörterung kann deswegen unterbleiben. Auch auf die weiteren, im § 61 StGB aufgeführten Maßregeln muß im vorliegenden Zusammenhang nicht eingegangen werden. Sie berühren entweder die Kompetenz des psychiatrischen Sachverständigen nur am Rande (Führungsaufsicht, Berufsverbot) oder sind Gegenstand eigenständiger Darstellungen. Bezüglich der Unterbringung in der Sicherungsverwahrung gilt darüber hinaus, daß damit das Problem der Kriminalprognose angesprochen ist, für das angesichts der Tatsache, daß es dabei gewöhnlich nicht um die Beurteilung krankhafter oder krankheitswertiger Störungen geht, in der Regel der Psychologe eher zuständig ist als der forensische Psychiater.

7.2.1 Die Unterbringung in einem Psychiatrischen Krankenhaus

§ 63 StGB: 1. Hat jemand eine rechtswidrige Tat im Zustand der Schuldunfähigkeit (§ 20 StGB) oder der verminderten Schuldfähigkeit (§ 21 StGB) begangen, so ordnet das Gericht die Unterbringung in einem Psychiatrischen Krankenhaus an, wenn die Gesamtwürdigung des Täters und seiner Tat ergibt, daß von ihm infolge seines Zustandes erhebliche rechtswidrige Taten zu erwarten sind und er deshalb für die Allgemeinheit gefährlich ist.

2. Das Gericht ordnet jedoch die Unterbringung in einer sozialtherapeutischen Anstalt an, wenn die Voraussetzungen des § 65 Abs. 3 vorliegen.

Aus der Formulierung des § 63 StGB folgt eine Reihe von Konsequenzen, die auch für den Sachverständigen von Belang sind. Die Tat muß im Zustand der Schuldunfähigkeit oder der verminderten Schuldfähigkeit begangen worden sein. Das heißt, daß zumindest die Voraussetzungen des § 21 StGB positiv festgestellt worden sein müssen. Die Unmöglichkeit, sie auszuschließen, genügt hier nicht. Die prospektive Gefährlichkeit des Täters muß sich der Gesamtwürdigung seiner Person und der von ihm begangenen Tat erschließen. Das meint zunächst einmal, daß ein Zusammenhang zwischen der begangenen Straftat und der einen Schuldausschluß oder eine

Schuldminderung begründenden seelischen Störung aufgewiesen werden muß. Diese Tat muß nicht notwendigerweise für die Allgemeinheit gefährlich gewesen sein, in ihr muß sich aber ein Aspekt der erwähnten seelischen Störung offenbaren, der ein Hinweis auf die Gefährlichkeit zu erwartender Taten ist. Gefordert ist außerdem, daß der Täter „für die Allgemeinheit" gefährlich ist. Damit entfallen nicht nur solche Personen, deren Tun allenfalls eine „Allgemeinlästigkeit" zukommt. Es werden auch solche Straftäter ausgegrenzt, aus deren schuldmindernder oder schuldausschließender psychischer Krankheit Gefahr lediglich für einen ganz bestimmten Menschen resultiert. Derartigem begegnet man beispielsweise bei Tätern, die an einer Persönlichkeitsstörung nach Art der paranoiden, wahnähnlichen Entwicklung leiden. Solche Fälle können nur außerhalb des § 63 StGB gelöst werden, etwa gemäß den landesrechtlichen Unterbringungsgesetzen. Schließlich ist zu betonen, daß es sich bei dem „Zustand" des Täters nicht um einen vorübergehenden handeln darf, wie ihn z.B. der akute Alkoholrausch darstellt. Anders wäre die mit dem Befürworten einer Maßregel nach § 63 StGB verbundene Aussage zur Prognose nicht zu rechtfertigen. Mögliche Schwierigkeiten, die sich hier für den Sachverständigen angesichts einer in Phasen verlaufenden Affektpsychose oder einer schubhaft rezidivierenden schizophrenen Psychose ergeben können, werden durch die Bestimmungen aufgefangen, die die Dauer der Unterbringung und deren bedingte Aussetzung betreffen. Zwar kann die Unterbringung naturgemäß nicht an eine zeitliche Grenze gebunden werden, sie darf jedoch jene Zeitspanne nicht überschreiten, die für das Erreichen des Maßregelzwecks unerläßlich ist. Deswegen wird kontinuierlich zu überprüfen sein, ob die Voraussetzungen zur Unterbringung fortdauernd gegeben sind oder ob — im bewußten Eingehen eines Risikos — versucht werden kann, den Maßregelvollzug bedingt auszusetzen. Da niemals mit Sicherheit gesagt werden kann, daß ein Straftäter außerhalb des Maßregelvollzugs keine strafbaren Handlungen mehr begehen wird, hängt es von dem Gewicht des ursprünglichen Deliktes ab, welcher Grad der Wahrscheinlichkeit normengemäßen Verhaltens zu fordern ist, wenn es gilt, eine bedingte Aussetzung des Vollzugs zu befürworten.

Das geltende Recht kennt keine Entlassung aus dem Maßregelvollzug, sondern lediglich dessen Aussetzung zur Bewährung. Kommt es nach einer Aussetzung, die stets von flankierenden Hilfsmaßnahmen begleitet sein soll, wiederum zu Straftaten, so wird das Gericht die Aussetzung widerrufen und die erneute Vollstreckung anordnen.

7.2.2 Die Unterbringung in einer Entziehungsanstalt

§ 64 StGB: 1. Hat jemand den Hang, alkoholische Getränke oder andere berauschende Mittel im Übermaß zu sich zu nehmen oder wird er wegen einer rechtswidrigen Tat, die er im Rausch begangen hat oder die auf seinen Hang zurückgeht, verurteilt oder nur deshalb nicht verurteilt, weil seine Schuldunfähigkeit erwiesen oder nicht auszuschließen ist, so ordnet das Gericht die Unterbringung in einer Entziehungsanstalt an, wenn die Gefahr besteht, daß er infolge seines Hanges erhebliche rechtswidrige Taten begehen wird.

2. Die Anordnung unterbleibt, wenn eine Entziehungskur von vornherein aussichtslos erscheint.

Eine Maßregel nach § 64 StGB dient ausschließlich der Therapie bzw. der Resozialisierung des Täters, der in § 63 StGB enthaltene Gedanke der Sicherung spielt hier keine Rolle. Deswegen kommt die Unterbringung in einer Entziehungsanstalt dann nicht in Betracht, wenn Gründe, die in der Person des Täters bzw. seiner Krankheit liegen, eine Behandlung als von vornherein aussichtslos erscheinen lassen. Der Sachverständige äußert sich hier also ausdrücklich auch in der Rolle des Therapeuten, d.h. es wird von ihm erwartet, daß er über Kenntnisse bezüglich der Behandlungsprognose verfügt, unter Berücksichtigung der gegenwärtig gegebenen Möglichkeiten, ein therapeutisches Konzept zu realisieren. Die Verwirklichung dieser Möglichkeiten hängt naturgemäß entscheidend von der Bereitschaft des Delinquenten zur Mitarbeit ab, die zu beurteilen der Sachverständige also ebenfalls gehalten ist.

Als weitere Voraussetzung nennt das Gesetz „den Hang, alkoholische Getränke oder andere berauschende Mittel im Übermaß zu sich zu nehmen". Das bedeutet, daß eine Suchtkrankheit vorliegen muß. Dabei bindet das Gesetz diese Diagnose — in Übereinstimmung mitder Psychiatrie — nicht an den Nachweis der physischen Abhängigkeit, der Begriff Sucht bzw. Hang ist auch mit dem Vorliegen einer psychischen Abhängigkeit erfüllt. Somit werden von der Maßregel nach § 64 StGB neben der Alkoholkrankheit und dem süchtigen Mißbrauch von Schlaf-, Schmerz- und Beruhigungsmitteln auch jene Drogenkrankheiten erfaßt, bei denen während einer freiwilligen oder erzwungenen Abstinenz körperliche gegenüber den psychischen Entzugserscheinungen nur eine untergeordnete Rolle spielen (z.B. Cannabis, Kokain usw.). Steht die Sucht allerdings in einem ursächlichen Zusammenhang mit einer funktionellen oder körperlich begründbaren psychischen Störung — im Beginn mancher schizophrenen Erkrankungen kommt es bisweilen zum süchtigen Mißbrauch von Weckmitteln oder auch Halluzinogenen —, so kommt nur eine Maßregel gemäß § 63 StGB in Betracht. Stets aber ist nach einer Suchtkrankheit gefragt, der aktue Rausch als Exkulpierungsgrund rechtfertigt nicht die Unterbringung in einer Entziehungsanstalt.

Das Gesetz spricht aber nicht nur von einer im Rausch begangenen Tat, sondern auch von Delikten, die auf den „Hang" zurückgehen. Damit wird auf Straftaten hingewiesen, die von einem zwar Suchtkranken, zum Zeitpunkt der Tat jedoch nicht intoxizierten Täter begangen werden. Hier ist vor allem an die Delikte einer sog. Beschaffungskriminalität gedacht, bei denen zwischen dem suchttypischen Verlangen — meist auf dem Hintergrund einer bereits krankhaft veränderten Persönlichkeitsstruktur — und dem inkriminierten Handeln ein evidenter Kausalzusammenhang besteht. Zu denken ist etwa an den Apothekeneinbruch des bereits unter beginnenden Entzugserscheinungen Leidenden und an den Täter, der unter dem Eindruck der gleichen körperlichen Beschwerden und psychischen Notlage sich durch eine Straftat in den Besitz jener Barmittel setzt, die er zur Beschaffung des dringend benötigten Suchtmittels benötigt.

Selten einmal kann auch eine fortgeschrittene Destruktion des Persönlichkeitsgefüges in Gestalt einer organischen oder psychosozial determinierten Wesensänderung zur Exkulpierung und damit zur Anwendung einer Maßregel aus § 64 StGB führen.

Schuldunfähigkeit bzw. verminderte Schuldunfähigkeit sind — anders als im § 63 StGB — nicht gefordert. Sie werden lediglich alternativ erwähnt. Das heißt, daß eine Maßregel gemäß § 64 StGB auch beim schuldfähigen Hangtäter in Frage kommt. Die Maßregel wird von dem Gericht angeordnet, unabhängig davon, ob der Angeklagte sich zu einer freiwilligen Entziehungskur bereitfindet oder sich anderen therapeutischen Verfahren unterziehen will.

Auch bei einer Einweisung in eine Entziehungsanstalt ist der Grundsatz der Verhältnismäßigkeit zu beachten. Die „erheblichen rechtswidrigen Taten", die von dem Angeklagten aufgrund seiner Erkrankung zu befürchten sind, müssen dem mit der Maßregel verbundenen Eingriff in seine Persönlichkeitsrechte angemessen sein. Verglichen mit der Vorschrift des § 63 StGB ist bei dieser notwendigen Abwägung zu bedenken, daß die Einweisung in eine Entziehungsanstalt ausschließlich der Therapie des Betreffenden gilt und daß die Dauer auf zwei Jahre begrenzt ist. Nach dieser Zeit muß der Untergebrachte in jedem Fall entlassen werden, falls der Zweck der Maßregel nicht schon vor Ablauf dieser Zeit erreicht ist. Eine vorzeitige Entlassung kann nur als Aussetzung der Unterbringung zur Bewährung erfolgen mit dem Ziel, zu erproben, ob der Täter außerhalb des Maßregelvollzugs zu einem straffreien Leben zurückfindet.

7.3 Beziehungen zwischen Maßregel und Strafe

Ebenso wie von einer Zweispurigkeit des Strafrechts gesprochen werden kann — Strafen, Maßregeln — ist auch der Vollzug zweispurig zu nennen, da die Strafe durch die Maßregel ersetzt und die Maßregel auf die Strafe angerechnet werden darf.

§ 67 StGB:

1. Wird die Unterbringung in einer Anstalt nach den §§ 63 bis 65 neben einer Freiheitsstrafe angeordnet, so wird die Maßregel vor der Strafe vollzogen.
2. Das Gericht bestimmt jedoch, daß die Strafe vor der Maßregel zu vollziehen ist, wenn der Zweck der Maßregel dadurch leichter erreicht wird.
3. Das Gericht kann eine Anordnung nach Absatz 2 nachträglich treffen, ändern oder aufheben, wenn Umstände in der Person des Verurteilten es angezeigt erscheinen lassen.
4. Wird die Maßregel vor der Strafe vollzogen, so wird die Zeit des Vollzuges der Maßregel auf die Strafe angerechnet.

§ 67a StGB: 1. Ist die Unterbringung in einem Psychiatrischen Krankenhaus, einer Entziehungsanstalt oder einer sozialtherapeutischen Anstalt angeordnet worden, so kann das Gericht nachträglich den Täter in den Vollzug einer der beiden anderen Maßregeln überweisen, wenn die Resozialisierung des Täters dadurch besser gefördert werden kann.

§ 67b StGB: Ordnet das Gericht die Unterbringung in einem Psychiatrischen Krankenhaus, einer Entziehungsanstalt oder einer sozialtherapeutischen Anstalt an, so setzt es zugleich deren Vollstreckung zur Bewährung aus, wenn besondere Umstände die Erwartung rechtfertigen, daß der Zweck der Maßregel auch dadurch erreicht werden kann. Die Aussetzung unterbleibt, wenn der Täter noch Freiheitsstrafe zu verbüßen hat, die gleichzeitig mit der Maßregel verhängt und nicht zur Bewährung ausgesetzt wird.

§ 67c StGB: 1. Wird eine Freiheitsstrafe vor einer zugleich angeordneten Unterbringung vollzogen, so prüft das Gericht vor dem Ende des Vollzugs der Strafe, ob der Zweck der Maßregel die Unterbringung noch erfordert. Ist das nicht der Fall, so setzt es die Vollstreckung der Unterbringung zur Bewährung aus; mit der Aussetzung tritt Führungsaufsicht ein.

§ 67d StGB: Es dürfen nicht übersteigen die Unterbringung in eine Entziehungsanstalt zwei Jahre, die Unterbringung in einer sozialtherapeutischen Anstalt nach § 65 Abs. 1, 2 fünf Jahre und die erste Unterbringung in der Sicherungsverwahrung zehn Jahre. Die Fristen laufen vom Beginn der Unterbringung an. Wird vor einer Freiheitsstrafe eine daneben angeordnete freiheitsentziehende Maßregel vollzogen, so verlängert sich die Höchstfrist um die Dauer der Freiheitsstrafe, soweit die Zeit des Vollzuges der Maßregel auf die Strafe angerechnet wird.

Grundsätzlich muß also die Maßregel vor der Strafe vollzogen und deren Dauer voll auf die Strafzeit angerechnet werden. Überschreitet die Dauer der Strafe die für die Unterbringung in einer Entziehungsanstalt festgesetzte zeitliche Grenze, so verlängert sich der Maßregelvollzug um den Differenzbetrag aus Maßregel und Strafe. Es ist aber auch möglich, daß der Verurteilte nach Ablauf von zwei Jahren aus dem Maßregelvollzug entlassen und ihm der verbleibende Strafrest zur Bewährung ausgesetzt wird. Macht das Gericht von dieser Kann-Bestimmung keinen Gebrauch, so bedeutet das nicht die Verlegung des Betroffenen in den Strafvollzug, sondern eine entsprechende Verlängerung des Maßregelvollzugs. Die Fortdauer der Anstaltsunterbringung trotz Erreichung des Unterbringungszieles wird mit dem Argument begründet, die Überführung in den Strafvollzug in diesem Stadium bedeute eine Gefährdung des Therapieerfolgs. Nur in Ausnahmefällen wird das Gericht von der Möglichkeit Gebrauch machen, den Täter in den normalen Vollzug zu überstellen und zwar dann, wenn es die Kriminalprognose als ungünstig einschätzt. Unter diesen Umständen wird dann allerdings der eigentlichen Intention des Gesetzes zuwider gehandelt, da die Maßregel nach § 64 StGB ausschließlich der Resozialisierung des Täters dienen soll. Eine Verlängerung der Unterbringung über die Frist von zwei Jahren hinaus mit dem Hinweis auf die ungünstige Prognose, das heißt mit der Feststellung, der Zweck der Unterbringung sei noch nicht erreicht, ist jedoch offenbar dem Gedanken der Generalprävention verpflichtet.

Das Gericht kann bestimmen, die Strafe vor der Maßregel zu vollziehen, „wenn der Zweck der Maßregel dadurch leichter erreicht wird“. Für den psychiatrischen Sachverständigen impliziert dieser Passus des § 67 die Frage nach der Bereitschaft des Täters, sich den Mühen einer Therapie zu unterziehen. Deren zuverlässige Beurteilung ist naturgemäß außerordentlich schwer, insbesondere wenn man bedenkt, daß der Betreffende in der Untersuchungssituation in aller Regel bestrebt sein wird, sich hinsichtlich einer möglichen Behandlung als besonders kooperationsbereit darzustellen. Das gilt allerdings nur in der Regel, denn der Gutachter begegnet bisweilen Probanden, die aufgrund unguter eigener Erfahrungen oder nach entsprechenden Informationen durch Mitgefangene den normalen Vollzug der Unterbringung in einem psychiatrischen Krankenhaus oder in einer Entziehungsanstalt ausdrücklich vorziehen. Im übrigen läßt sich nur schwer die Auffassung begründen, der vorgezogene Aufenthalt in einer Haftanstalt wirke in der Weise auf den Inhaftierten ein, daß dieser sich später mit größerer Bereitschaft und höherer Erfolgsaussicht einer Behandlung unterziehen wird.

In der Praxis wird der Sachverständige deswegen in der überwiegenden Zahl der Fälle die Reihenfolge der Vollstreckung gemäß § 67 Abs. 1 empfehlen.

In seltenen Fällen geschieht es, daß nach Auffassung des Gerichts die Voraussetzungen mehrerer Maßregeln erfüllt sind.

§ 72 StGB: 1. Sind die Voraussetzungen für mehrere Maßregeln erfüllt, ist aber der erstrebte Zweck durch einzelne von ihnen zu erreichen, so werden nur sie angeordnet. Dabei ist unter mehreren geeigneten Maßregeln denen der Vorzug zu geben, die den Täter am wenigsten beschweren.

2. Im übrigen werden die Maßregeln nebeneinander angeordnet, wenn das Gesetz nichts anderes bestimmt.

3. Werden mehrere freiheitsentziehende Maßregeln angeordnet, so bestimmt das Gericht die Reihenfolge der Vollstreckung. Vor dem Ende des Vollzugs einer Maßregel ordnet das Gericht jeweils den Vollzug der nächsten an, wenn deren Zweck die Unterbringung noch erfordert...

Hier muß, was die Entscheidung bezüglich der Reihenfolge der Maßregeln betrifft, zunächst der Gedanke der Besserung des Täters bestimmend sein, derjenige der Sicherung tritt demgegenüber zurück. Ist der Schutz der Allgemeinheit durch den Vollzug nur einer Maßregel nicht hinlänglich garantiert oder gelangt das Gericht zu der Überzeugung, das angestrebte Ziel sei durch Verhängung nur einer Maßregel nicht zu erreichen, so wird es beide in Frage kommenden nebeneinander anordnen. Die Reihenfolge bestimmt das erkennende Gericht, das sich bei seiner Entscheidung auf die Ausführungen des Sachverständigen stützt. Vor Ablauf der einen Maßregel muß die Vollstreckungskammer — gegebenenfalls wieder mit psychiatrischer Assistenz — prüfen, ob der Unterbringungszweck tatsächlich nur durch den anschließenden Vollzug der zweiten Maßregel erreicht werden kann. Ebenso bedarf die Kammer der fachkundigen Beratung, wenn sie sich auf die Anordnung nur einer Maßregel beschränken will, wobei der Gutachter ihr durch Darlegung seiner Befunde helfen muß, zu entscheiden, ob eine solche Beschränkung — und wenn ja auf welche der in Frage stehenden Maßregeln — der beabsichtigten Besserung und Sicherung angemessen Rechnung trägt.

Weiterführende Literatur

Battegay, R.; Glatzel, J.; Rauchfleisch, U. u. W. Pöldinger (Hrsg.): Handwörterbuch der Psychiatrie. Stuttgart 1984

Blau, G. u. H. Kammeier: Straftäter in der Psychiatrie. Stuttgart 1984

Bleuler, E.: Lehrbuch der Psychiatrie. 15. Aufl. Berlin — Heidelberg — New York 1983

Boor, W. de: Über motivisch unklare Delikte. Berlin — Göttingen — Heidelnberg 1959

Boor, W. de: Bewußtsein und Bewußtseinsstörungen. Berlin — Heidelberg — New York 1966

Böker, H. u. H. Häfner: Gewalttaten Geistesgestörter. Berlin — Heidelberg — New York 1973

Dechêne, H.C.: Verwahrlosung und Delinquenz. Profil einer Kriminalpsychologie. München 1975

Degkwitz, R.; S.O. Hoffmann u. H. Kindt: Psychisch krank. München — Wien — Baltimore 1982

Diesinger, J.: Der Affekttäter. Berlin — New York 1977

Forster, B. u. D. Ropohl: Rechtsmedizin. Stuttgart 1976

Füllgrabe, U.: Kriminalpsychologie. Stuttgart 1983.

Gerchow, J.: Zur Handlungsanalyse einer Tat. Berlin — Heidelberg — New York — Tokio 1983

Giese, H. (Hrsg.): Psychopathologie und Sexualität. Stuttgart 1982

Glatzel, J.: Allgemeine Psychopathologie. Stuttgart 1978

Glatzel, J.: Spezielle Psychopathologie. Stuttgart 1981

Glatzel, J.: Psychiatrische Gutachten bei Tötungsdelikten. Heidelberg [in Vorbereitung]

Göppinger, H. (Hrsg.) *u. H. Witter:* Handbuch der forensischen Psychiatrie. Bd. I u. II. Berlin — Heidelberg — New York 1972

Grosbüsch, G.: Die Affektat. Sozialpsychologische Aspekte der Schuldfähigkeit. Stuttgart 1981

Heinz, G.: Fehlerquellen forensisch-psychiatrischer Gutachten. Heidelberg 1982

Huber, G.: Psychiatrie. 3. Aufl. Stuttgart — New York 1982

Jaspers, U.: Allgemeine Psychopathologie. 8. Aufl. Berlin — Heidelberg — New York 1965

Kaiser, G.: Kriminologie. Heidelberg — Karlsruhe 1980

Landelüddeke, A. u. P.H. Bresser: Gerichtliche Psychiatrie. 4. Aufl. Berlin — New York 1976

Lempp, R.: Jugendliche Mörder. Bern — Stuttgart — Wien 1977

Lempp, R.: Gerichtliche Kinder- und Jugendpsychiatrie. Bern — Stuttgart — Wien 1982

Luthe, R.: Verantwortlichkeit. Persönlichkeit und Erleben. Berlin — Heidelberg — New York 1981

Rasch, W.: Tötung des Intimpartner. Stuttgart 1964

Remschmidt, H. u. H. Schüler-Springorum: Jugendpsychiatrie und Recht. Köln — Berlin — Bern — München 1979

Scharfetter, C.: Allgemeine Psychopathologie. 2. Aufl. Stuttgart 1983

Schneider, K.: Die Beurteilung der Zurechnungsfähigkeit. 4. Aufl. Stuttgart 1961

Schorsch, E.: Sexualstraftäter. Stuttgart 1971

Schwerd, W.: Kurzgefaßtes Lehrbuch der Rechtsmedizin. Köln 1975

Undeusch, U.: Forensische Psychologie. In: Handbuch der Psychologie. Bd. 11. Göttingen 1967

Vogel, T. u. J. Vliegen (Hrsg.): Diagnostische und therapeutische Methoden in der Psychiatrie. Stuttgart 1977

Waller, H.: Zwangseinweisung in der Psychiatrie. Bern — Stuttgart — Wien 1982

Wegener, H.: Einführung in die forensische Psychologie. Darmstadt 1981

Weis, U.: Die Vergewaltigung und ihre Opfer. Stuttgart 1982

Weitbrecht, H.J. u. J. Glatzel: Psychiatrie im Grundriß. 4. Aufl. Berlin — Heidelberg — New York 1979

Witter, H.: Grundriß der gerichtlichen Psychiatrie. Berlin — Heidelberg — New York 1970

Sachregister